GRAMÁTICA INTELIGENTE
DO PORTUGUÊS DO BRASIL

ILUSTRADA E COM EXERCÍCIOS

Consulte nosso catálogo completo e últimos lançamentos em **www.editoracontexto.com.br**.

Lorenzo Vitral

GRAMÁTICA INTELIGENTE DO PORTUGUÊS DO BRASIL

ILUSTRADA E COM EXERCÍCIOS

editora**contexto**

Todos os direitos desta edição reservados à
Editora Contexto (Editora Pinsky Ltda.)

Montagem de capa e diagramação
Gustavo S. Vilas Boas

Ilustrações de miolo
Ricardo Paonessa
(págs. 41,42, 44, 46, 48, 59, 62, 63, 65, 69, 93, 105 (superior), 110, 115, 119, 130, 137 (superior), 154, 160, 165, 178, 196, 201, 242, 243, 244, 246, 254, 265, 297, 320, 321, 339, 350, 353, 360)
Thomás Coutinho
(págs. 19, 28, 29, 32, 33, 38, 43, 55, 72, 102, 105 (inferior), 114, 137 (inferior), 140, 290, 294, 295, 357)

Preparação de textos
Lilian Aquino

Revisão
Daniela Marini Iwamoto

Dados Internacionais de Catalogação na Publicação (CIP)
Andreia de Almeida CRB-8/7889

Vitral, Lorenzo
  Gramática inteligente do português do Brasil / Lorenzo Vitral. –
São Paulo : Contexto, 2017.
  416 p. : il.

  Bibliografia
  ISBN 978-85-520-0012-9

  1. Língua portuguesa – Gramática 2. Língua portuguesa –
Sintaxe 3. Língua portuguesa – Morfologia I. Título

17-0829   CDD 469.5

Índice para catálogo sistemático:
1. Língua portuguesa – Gramática

2017

Editora Contexto
Diretor editorial: *Jaime Pinsky*

Rua Dr. José Elias, 520 – Alto da Lapa
05083-030 – São Paulo – SP
PABX: (11) 3832 5838
contexto@editoracontexto.com.br
www.editoracontexto.com.br

Para Bernadete,
que ilumina nossos dias

SUMÁRIO

AOS LEITORES

Quando nos deparamos com a palavra **gramática**, logo pensamos em livros cheios de regras sobre como usar a língua portuguesa corretamente. Esses livros são encarados, pela grande maioria de nós, como chatos porque, apesar de estudar por eles durante anos, temos a impressão de que, quando acaba o semestre, já não lembramos mais da maior parte da matéria. Além disso, muitas vezes, é difícil entender para que memorizar tantas normas e regras, uma vez que sabemos escrever o suficiente para redigir os textos de que precisamos, escrever e-mails, bilhetes e coisas assim.

Temos que admitir que essa opinião a respeito da gramática e das aulas de Português tem muito de verdade. Mas vamos tentar entender por que as coisas são assim e, a partir daí, nos perguntar se é possível fazer alguma coisa para melhorar essa situação.

GRAMÁTICA, FALA E ESCRITA

As palavras da nossa língua podem ter mais de um significado, isto é, podem querer dizer mais de uma coisa. Vamos considerar, por exemplo, a palavra *manga*, que pode significar a fruta ou parte de uma camisa. A palavra *gramática* também é assim.

Gramática pode, então, significar o livro cheio de regras sobre o português, mas pode também ter outros significados. Vamos usar a expressão **Gramática Mental** para um desses significados.

Para explicar o que é Gramática Mental, vamos prestar atenção no que acontece com uma criança que aprende uma língua materna, que, no nosso caso, é o português tal qual ele é falado nas várias regiões do Brasil. Até no máximo 4 anos de idade, qualquer criança, seja ela pobre ou rica, tenha a mãe que trabalhe fora ou fique em casa e, importante, não tenha nenhum problema cerebral, aprende a falar – e isso com tanta desenvoltura que, muitas vezes, surpreende os adultos que estão à sua volta. Mesmo que ela não fale da maneira como os livros de gramática recomendam, podemos dizer que ela sabe, sem se dar conta disso, como formar uma oração do português. Ora, tanto isso é verdade que ela consegue dizer coisas como:

(1) Eu quero passear agora.

ou ainda,

(2) Me dá os brinquedo(s) *ou* Me dá o brinquedo.

No exemplo (1), a criança soube colocar o que chamaremos de **sujeito**, isto é, *Eu*, antes do verbo *quero*, e, além disso, o sujeito e os **verbos** concordam um com o outro. Ela usou ainda um verbo no **infinitivo**, isto é, *passear*. Nos exemplos em (2), ela conseguiu, entre outras coisas, empregar o **pronome** *me* antes do verbo *dá* e também utilizar o **plural**, *os brinquedo(s)*, e o **singular**, *o brinquedo*.

Assim, embora não saiba o que quer dizer *sujeito*, *verbo*, etc., uma criança usa adequadamente a língua que aprendeu na convivência com sua família. É essa habilidade de usar a língua na FALA que chamamos de Gramática Mental.

Quando chega à escola, a criança domina então a língua falada, que tem uma gramática que se localiza, de alguma forma, na sua mente. Porém, nas aulas de Português, ela vai aprender, primeiro, como representar, por meio de letras, os sons de sua fala e, depois, como escrever textos usando palavras e orações. Num primeiro momento, os alunos vão escrever seus textos, maiores ou menores, de acordo com a Gramática Mental de que já dispõem, ou seja, é também a Gramática Mental que vai servir de referência também para o uso da língua na ESCRITA.

Os problemas começam aí: o aluno percebe que o (a)professor(a) quer que ele aprenda a falar e a escrever de um determinado jeito que é considerado mais *certo* e mais *bonito*. E, para isso, ele precisa aprender uma grande quantidade de normas que estão no livro de português, que é também, como dissemos, uma gramática. Essas normas dizem para nós como devemos falar e escrever de acordo com o que a escola e o(a) professor(a) acham correto. Mesmo sem perceber, os alunos vivem um conflito com essa situação: ora, eles sabem falar e se comunicar com as pessoas, mas vão ter dificuldades, alguns mais outros menos, de se comunicar quando estiverem escrevendo.

Notamos, então, que há dois modos de usar a língua: na *fala* ou na *escrita* e que, para utilizá-los, fazemos uso de uma Gramática Mental; e que a escola exige que utilizemos a língua, na *fala* e na *escrita*, de acordo com um conjunto de normas que estão contidas num livro, que é também chamado de gramática.

Vamos comentar alguns exemplos para deixar essas ideias mais claras. Considerem a seguinte oração, que é típica da *fala*:

(3) Carlinhos viu **ele** na festa.

A pessoa que falou a oração (3), mesmo que nunca tenha ido à escola, seguiu, sem perceber, algumas regras da Gramática Mental: ela pronunciou primeiro o sujeito *Carlinhos*; depois o verbo *viu*; em seguida, o objeto *ele*; e, por fim, a expressão *na festa*, que indica lugar. Mas, nas aulas de português, o(a) professor(a) vai ensinar que, ao escrever um texto, o aluno deve utilizar, em vez de (3), a oração seguinte:

(4) Carlinhos o viu na festa.

No exemplo (4), seguimos quase todas as regras que utilizamos para falar (3). Porém, embora (3) e (4) expressem a mesma coisa, existe uma diferença: no caso de (3) o objeto é *ele*, que aparece depois do verbo; enquanto no caso de (4), o objeto é *o*, que aparece antes do verbo. Essa maneira de utilizar o objeto em (4) é considerada, por razões que estudaremos adiante, a mais correta e é mais exigida na *escrita*. É claro que podemos utilizar (4) também na *fala*, mas, nessa hora, estaremos reproduzindo na *fala* um recurso que é típico ou mais esperado na *escrita*.

O jeito considerado mais certo de usar a língua é chamado de **português padrão** (e também de **norma culta**) e é ele que o livro de gramática quer ensinar. A escola quer que o aluno escreva sempre de acordo com as normas do português padrão e, se possível, que fale também obedecendo a essas normas. É bem mais fácil controlar, no entanto, a maneira como escrevemos do que a maneira como falamos. Quando estamos com os amigos, namorando ou convivendo com a nossa família, não há como a escola nos corrigir. Isso explica, em parte, porque a escola vigia mais o uso do português padrão quando estamos escrevendo.

A escola tem ou não razão em agir assim? Parece que sim. Vejamos por quê.

O PORTUGUÊS PADRÃO E A FALA

O Brasil tem uma língua oficial, que é o português, e essa língua precisa ser usada da maneira mais homogênea possível nos vários estados e regiões. Imaginem se, em cada estado brasileiro, os falantes escrevessem da maneira como falam. Aos poucos, os *falares* regionais poderiam se tornar línguas diferentes do português padrão. Isso não é desejável politicamente, pois os brasileiros perderiam a noção de que são, ainda que com muitas diferenças, um povo só, com interesses em comum e com um futuro comum a ser construído. Para resumir, poderíamos perder a nossa unidade nacional. O português padrão ajuda, portanto, a nos mantermos unidos enquanto país. De que maneira?

Ora, é o português padrão que é utilizado, por exemplo, (1) na redação da Constituição Federal e das leis que regem nossa vida; (2) nos artigos de jornais, virtuais ou não, por meio dos quais temos acesso a informações; (3) nos contratos comerciais entre as pessoas, empresas ou estados brasileiros, etc. A escola tem um papel, portanto, na manutenção da nossa unidade enquanto país, já que cabe a ela ensinar o português padrão. Mas, além disso, como estudaremos mais adiante, dominar esse uso da língua tem importância para cada um de nós como pessoa e como cidadão.

A defesa do português padrão que fizemos não quer dizer que podemos desprezar a língua tal qual é falada pelos vários grupos sociais e regiões brasileiras. Pelo contrário! Como também veremos neste livro, é importante valorizar as inovações, criadas principalmente pelos jovens, e também as palavras e as pronúncias usadas nas várias regiões brasileiras. Mostraremos adiante que as inovações da fala têm um papel importante na mudança e na evolução da língua. Sim, *a língua muda*! Também veremos como isso acontece.

Apesar de sua importância social e política, o português padrão e suas normas podem também ser entendidos como uma tentativa de "frear" a mudança da língua. Podemos dizer, assim, que o uso da língua gera uma "briga" entre a tentativa de conservar a língua "parada" ou imutável, que é exercida, sobretudo, pela escrita na qual é mais exigida a obediência às normas do português padrão, e a tentativa de mudar ou "avançar" a língua, que fica a cargo da fala e da convivência entre os falantes.

A escola deve encontrar um equilíbrio nesse confronto. Ela deve ensinar e cobrar o uso do português padrão, mas, ao mesmo tempo, deve compreender e valorizar o papel e a liberdade da língua falada. Cabe à escola, portanto, tomando como base a sua fala, levar o aluno a se exprimir também por meio do português padrão.

Não se trata, assim, de excluir da escola o jeito que falamos, mas de incluir a **escrita** *e as normas do português padrão.*

Como você já percebeu, os usos diferentes do que recomenda o português padrão são considerados errados pela sociedade e pela escola. Discutir esse assunto, em nosso país, ou em qualquer outro, é sempre muito difícil: as pessoas reagem com muita emoção e pensam que, ao trazer ideias como as que estou comentando aqui, estamos defendendo que os alunos estão autorizados a falar ou escrever "errado".

Mas não é nada disso! Há, na verdade, muita confusão e desinformação nesse debate. Ninguém defende que os alunos possam falar "errado". O objetivo da escola continua sendo, como dissemos, levar os alunos a dominar os recursos do português padrão. São a postura e os métodos para alcançar esse objetivo que evoluíram.

Há pelo menos duas razões para aceitar, de início, o que é considerado errado: a primeira razão é que a fala, trazida para a escola pelo aluno, é a sua fala natural, materna e regional, e servirá de base para ele aprender os recursos do português padrão; a segunda razão é que o acesso ao português padrão será facilitado se o aluno for levado a comparar um recurso considerado "errado" com um recurso considerado "certo". Vejamos como isso pode ser feito.

Podemos pedir ao aluno que compare o modo como ele normalmente fala com o modo como se espera que ele escreva de acordo com o português padrão. Preste atenção nos seguintes exemplos:

TEXTO FALADO

↓

(5) Sabe... o cara que eu conversei com ele falou pra mim pra não viajar pra Porto Seguro porque a estrada tá muito ruim, né?

TEXTO ESCRITO

↓

(6) Devido ao fato de a rodovia não estar em boas condições, foi-me aconselhado, pela pessoa com quem eu conversei, não fazer a viagem a Porto Seguro.

Apesar de (5) e (6) dizerem a mesma coisa, fazem isso de maneiras diferentes, isto é, os recursos da língua utilizados em (5) são diferentes dos recursos empregados em (6). O que a escola deve fazer então é que os alunos, além de se expressarem como em (5), aprendam também a usar a nossa língua do jeito que aparece em (6). *E uma maneira de fazer isso é pensar que recursos do texto falado correspondem aos recursos do texto escrito.* Por exemplo, no texto falado aparece "falou pra mim" que corresponde a "foi-me aconselhado" no texto escrito.

Capacitar os alunos a usar a língua que está em (6), tendo em vista o que foi utilizado em (5), é, portanto, o objetivo deste livro. Mas para realizá-lo, vamos explicar como pensamos que isso deve ser feito.

GRAMÁTICA INTELIGENTE

Aprender a usar a língua de acordo com o português padrão, como está em (6), não é uma tarefa fácil por várias razões. Uma delas é porque, como vimos, precisamos incluir recursos da língua que aparecem, principalmente, nos textos escritos sem abandonar a maneira natural como falamos. Uma ideia que surge, então, é a seguinte: se os alunos lerem muitos textos, e textos de vários gêneros, isto é, de jornal, história, romances, etc., eles verão como se escreve o português padrão e, aos poucos, passarão também a escrever da maneira como a escola recomenda. Essa conclusão é bastante válida e é, aliás, o que acontece em boa parte das aulas de Português hoje em dia: pede-se aos alunos, por exemplo, que leiam cada vez mais, que discutam as ideias e opiniões dos autores e, no final, que respondam às perguntas que examinam se os textos foram bem compreendidos. Nas respostas que os alunos produzem, o professor verifica também se eles estão reproduzindo os recursos do português padrão e os estimula a isso.

Quando bem utilizadas, estratégias de ensino como essa são bastante proveitosas e acreditamos que ela pode ter um papel central nas aulas de Português.

Pensamos, porém, que, além disso, o acesso aos recursos do português padrão pode ser facilitado caso *o aluno entenda e saiba os nomes, as regras e as normas que explicam como funciona a gramática da nossa língua*. Veremos isso com calma. Observe os seguintes exemplos:

(7) **A** *criança* do bairro.
(8) **As** *criança* do bairro.
(9) **As** *crianças* do bairro.

Muitas vezes, sem perceber, falamos como está em (8), mas, de acordo com o português padrão, devemos usar a língua como aparece em (9). Qual é a diferença? É que, em (9) (mas não em (8)), o -**s**, que aparece junto do **A**, deve aparecer também junto de *criança*, já que se trata de mais de uma criança. O que acabo de dizer tem nome. Assim, o fato de se referir a mais de *uma criança* é chamado de *plural*; quando se tratar de *uma só criança*, como em (7), temos o *singular*. Já o fato de -**s** aparecer em dois lugares em (9) é chamado de *concordância*. Dizemos, assim, que **As** concorda com *crianças*, assim como, em (7), **A** concorda com *criança*.

Por que é importante saber o que quer dizer nomes como *plural, singular, concordância* e tantos outros? É porque são esses nomes que também nos permitem descrever, em primeiro lugar, como a Gramática Mental está organizada e a partir daí compreender, em segundo lugar, como utilizar os recursos do português padrão. Nós acreditamos, então, que entender *a estrutura e o funcionamento* da Gramática Mental facilita e acelera o aprendizado dos recursos do português padrão.

Por outro lado, a aprendizagem dos recursos do português padrão não pode ser realizada decorando os nomes que descrevem as propriedades gramaticais. A "decoreba" não ajuda porque nós sabemos que quem decora alguma coisa, com o tempo, acaba esquecendo. O que devemos fazer, então?

Em primeiro lugar, devemos *pensar sobre a gramática*. Isso quer dizer que a melhor maneira de aprender gramática é *refletir e compreender seu funcionamento e estrutura*. Se nós agirmos assim, os nomes que explicam os fatos da língua entrarão em nossa cabeça de maneira natural. Vamos ilustrar o que acabo de dizer com um exemplo.

Observe a seguinte lista de palavras: *no, pegue, a, pregos, coloque, martelo, com, tábua, chão, o, pregue*. Numa leitura rápida, é difícil memorizar essa lista de palavras. Mas quando organizamos essas palavras e entendemos o que elas querem dizer, a memorização fica mais fácil: "*Coloque a tábua no chão, pegue os pregos e, com um martelo, pregue os pés na tábua*". Entendemos, portanto, que se trata do que temos de fazer para montar uma mesa.

Com a gramática também é assim: temos de entender as relações que as palavras como *concordância, plural, sujeito, objeto, verbo* e muitas outras mantêm entre si.

Chamaremos essa maneira de estudar gramática de **abordagem reflexiva da gramática**. Como é isso? É estudar gramática tentando descobrir a "lógica" que está por trás dela. A esperança é que, quando entendemos como ocorrem os fatos da língua e aprendemos a dar nomes a esses fatos, conseguiremos extrair dela as regras que explicam como ela funciona.

Estamos agora em condições de explicar o título do nosso livro. *Gramática inteligente* quer dizer, então, que o estudo gramatical proposto aqui é realizado por meio de uma abordagem *reflexiva*. Portanto, o significado da palavra *inteligente* do título não quer dizer que o aluno tem que ser muito inteligente ou que essa nossa gramática é mais inteligente que as outras.

Mas será que tudo que a gramática contém pode ser aprendido dessa maneira? Ou seja, todos os fatos da gramática do português são organizados, ou lógicos, a ponto de poderem ser estudados dessa maneira?

A resposta é não! Vamos falar mais disso.

REGRAS E EXCEÇÕES

Vamos propor agora que a gramática possui duas partes: uma parte sistematizada, isto é, os fatos que ocorrem sempre, de onde podemos extrair regras que servem para grande parte dos casos. É essa parte que permite o que chamamos de abordagem reflexiva da gramática. Chamamos essa primeira parte de **regras principais**. Já a segunda parte é feita de exceções ou particularidades da língua, ou seja, são os casos que não ocorrem sempre, de onde também podemos extrair regras, mas são regras válidas para um menor número de casos. Chamamos essa segunda parte de **regras secundárias**.

Para entender essa divisão, vamos analisar os seguintes exemplos:

(A) Para a maior parte das palavras, o plural é formado com o acréscimo de -s:

    (10) cadeira/cadeiras, ponte/pontes; inteligência/inteligências, etc.

(B) Para palavras terminadas em "x", o plural não é formado pelo acréscimo de -s, que só aparece no determinante:

(11) o tórax/os tórax; o ônix/os ônix

Para as palavras como as que estão no caso (A), podemos propor a seguinte regra de formação do plural:

Regra de Formação do Plural: acrescentar o -s.

Essa regra vai valer para a grande maioria das palavras do português e faz parte das regras principais.

Mas para casos como os que estão em (B), que são minoritários, essa regra não vale. É um caso que compõe as regras secundárias. Muitos desses casos são exceções que entraram na língua devido a mudanças que ela sofreu com o tempo, ou são resíduos que sobreviveram na língua, originados de épocas antigas do português ou do latim. No caso em (B), por exemplo, a palavra portuguesa *tórax* era *thorax* no latim que, por sua vez, veio do grego *thórax*. A palavra *tórax*, então, não forma o plural com -s por essa razão.

Exceções como essa ocorrem em grande quantidade e estão espalhadas pela língua.

Nós privilegiamos, neste livro, o estudo das regras principais, que são mais apropriadas para o estudo por meio da abordagem reflexiva. Para alguns poucos fenômenos, mencionamos também as regras secundárias, mas não nos preocupamos em listar *todas* as regras secundárias para *todos* os casos. As razões dessa escolha são as seguintes: as regras secundárias são muito numerosas e listá-las todas tornaria nosso livro uma espécie de enciclopédia que desfavorece o que chamamos de abordagem reflexiva; nossa prioridade é dar base teórica para que os alunos comecem a tomar a linguagem como objeto de reflexão e a partir daí possam melhorar seu desempenho nas modalidades falada e escrita.

Nossa gramática é então de natureza *incompleta*, o que, sob esse ponto de vista, é natural porque, em primeiro lugar, novas palavras, novos usos e recursos inovadores da língua estão sempre sendo criados, e isso, ao longo dos séculos, gerou um volume de recursos e construções consideráveis. Tudo isso torna impossível descrever todos os produtos que podemos gerar com a língua, que são, na realidade, infinitos.

O livro não tem a pretensão, portanto, de conter todas as informações sobre a língua portuguesa tal qual a utilizamos no Brasil. Porém, essas características desta gramática funcionam também como um convite para o leitor, a partir daqui, buscar outras informações em outros livros, gramáticas e dicionários, e para que continuem a pensar e a se conscientizar, cada vez mais, dos recursos da língua portuguesa do Brasil.

Algumas palavras finais sobre os exercícios deste livro: os exercícios vão explorar os temas de gramática levando os alunos a encontrá-los e a ver o funcionamento deles em textos de vários *tipos* e *gêneros*, isto é, textos de literatura, de jornal, de e-mails e outros. Já que o objetivo, no fim das contas, é ensinar o leitor a escrever e a interpretar textos, nada melhor do que pensar a gramática no interior das orações que compõem os textos da língua.

1

O PORTUGUÊS E SUAS VARIAÇÕES

AS LÍNGUAS PORTUGUESAS E A VARIAÇÃO DA LÍNGUA

A língua que falamos em nosso país é chamada de **português do Brasil**. Dizer isso dá a entender que existem outras línguas portuguesas. E é verdade: há o português de Portugal, o português de Moçambique, de Timor Leste e outros. Em cada lugar desses, a língua portuguesa é usada de determinada maneira. O mapa a seguir nos mostra os países que têm o português como língua oficial:

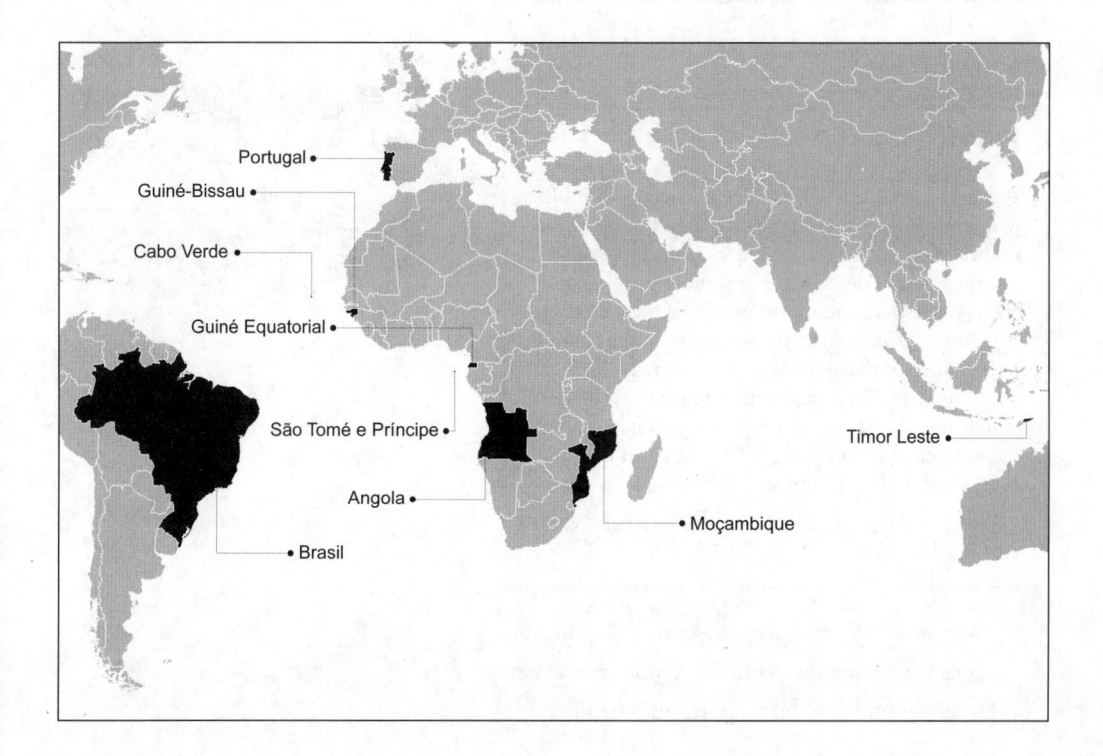

Acontece que cada língua portuguesa mostrada no mapa tem uma "cara", isto é, elas são diferentes em muitos aspectos. Para ter certeza disso é só ler os dois textos a seguir. O primeiro é um texto do português europeu, que foi extraído do site do jornal português *Correio da Manhã*; e o segundo texto é do português de Angola: trata-se de um trecho de uma receita culinária retirada de um site da capital Luanda.

Português de Portugal

↓

HÁ MAIS CASAIS A PEDIR AJUDA DE TERAPEUTAS

No dia em que o tampo da sanita se torna a arma de arremesso o casal nota que está em ruptura. A imagem é já um clássico da vida a dois, mas é precisamente na esfera da intimidade que a relação de Ana e João sofre o maior abalo.

Com terapia, o casal, que está junto há 20 anos e tem dois filhos adolescentes, aprende a sobreviver mais uns tempos. "Pode não ser para a vida, mas estamos a fazer um esforço", admite Ana B., comerciante, 47 anos, que apenas acede a falar via internet.

Fonte: disponível em: <http://www.cmjornal.pt/mais-cm/do-mingo/amp/ha-mais-casais-a-pedir-ajuda-de-terapeutas>, acesso em: 19 abr. 2017.

Português de Angola

↓

GALINHA DE GINGUBA

Primeiro corta-se a galinha aos pedaços não muito pequenos. A seguir tempera-se com alho, sal, sumo do limão ou vinho branco e depois deixa-se uns 10 minutos para a descançar para tomar gosto. Entretanto vai-se refogando num pouco de óleo, a cebola e o tomate. Deita-se na panela quer a galinha como o preparado onde a galinha esteve a marinar (limão ou vinho branco). Vai-se juntando água para ter líquido suficiente para não agarrar e para a galinha ir cozendo. Retifica-se os temperos e deixa-se cozer em lume brando até o molho engrossar.

Fonte: disponível em <http://www.sanzalangola.com/etno031.php>, acesso em 14 fev. 2017.

Ginguba é uma pasta que tem por base um tipo de amendoim.

Em Angola, **maka** é "problema" e **kamba** é "amigo".

No primeiro texto, aparecem expressões que não são usadas no português do Brasil, como, por exemplo, "tampo da sanita", que, no português de Portugal, se refere ao que nós chamamos de *tampa do vaso sanitário*, e também como uma maneira para mostrar os desentendimentos constantes entre casais. Outro exemplo é a palavra "acede", seguida da preposição "a", que significa *concorda*. É empregado ainda o recurso do **infinitivo** precedido por **preposição**, como em "a pedir ajuda" e "estamos a fazer": no português do Brasil, nós utilizamos, com esse mesmo valor, a forma verbal que chamamos de **gerúndio**, ou seja, *pedindo ajuda* e *estamos fazendo*.

Há também diferenças, no segundo texto, em relação ao nosso português: aparece "corta-se a galinha aos pedaços" e não *em pedaços*; em "a descançar" o *a* se refere à galinha que a pessoa vai cozinhar e, pela nossa ortografia, escreveríamos *descansar*; nesse texto, a **conjunção** "entretanto" quer dizer *enquanto isso* e não, como é usado no português do Brasil, com o significado de *oposição* ou *quebra de expectativa*; em "deita-se na

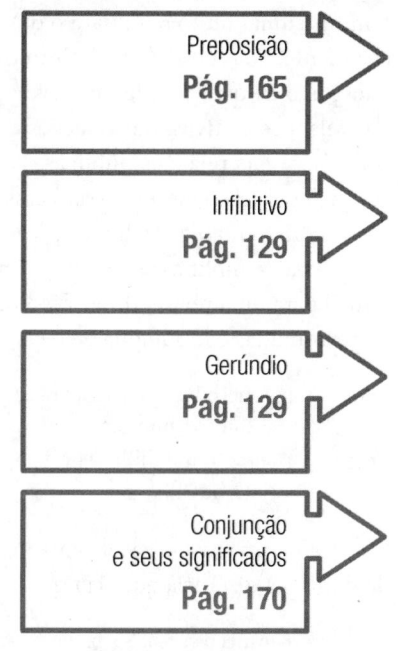

Preposição
Pág. 165

Infinitivo
Pág. 129

Gerúndio
Pág. 129

Conjunção e seus significados
Pág. 170

panela quer a galinha como o preparado" o que se quer dizer é algo como: "coloca-se na panela a galinha e também o preparado"; a oração "onde a galinha esteve a marinar" é similar à que se usa no português europeu: como comentamos há pouco, trata-se do emprego do infinitivo precedido por preposição – esteve *a marinar* – onde nós usaríamos o gerúndio – *esteve marinando*. Por fim, em lugar de "retifica-se", usaríamos *corrige-se* e em vez de "lume brando", *fogo brando*.

É muito natural e esperado que as línguas portuguesas sejam diferentes umas das outras porque a história, as influências de outras línguas nas várias línguas portuguesas e outros aspectos foram também diferentes. Não podemos dizer, então, que o português de Portugal, por exemplo, é mais certo que o português de Angola: *eles são simplesmente diferentes!*

O português de Portugal não pode também ser considerado o mais certo de todos só porque ele é o "primeirão" ou porque foi a partir dele que as outras línguas portuguesas surgiram. Se fosse assim, o português europeu também deveria ser considerado errado em relação ao **latim**, que foi a língua a partir da qual ele surgiu, e o latim, por sua vez, seria considerado errado em relação a uma língua antiga, chamada **indo-europeu**, que o gerou

> O **indo-europeu** é uma língua antiga falada em regiões da Europa e da Ásia. O latim, de onde vem o português, é uma das línguas dessa família de línguas.

e assim por diante, ou seja, esse raciocínio não teria fim e nos levaria à conclusão inútil de que só a língua mais antiga do mundo é "certa" e todas as outras são "erradas".

Vamos então tentar entender o "certo" e o "errado" em relação ao uso da língua de outra maneira.

Em primeiro lugar, todos estão satisfeitos com a língua que têm: nós não vemos, por exemplo, revoltas políticas de um povo com o objetivo de mudar de língua. Pelo contrário: ocorrem manifestações em defesa de uma língua! Isso quer dizer que a língua que cada um tem funciona muito bem para o que precisamos fazer com ela. E o que fazemos com ela? Basicamente, duas coisas: (1) definimos o que somos: quem sou eu, filho de quem, gosto de que, não gosto de que, sou de onde, vou fazer o que na vida, etc.; (2) interagimos com os outros: nas relações afetivas, nas relações de família, nas relações de aprendizagem, nas relações de trabalho e nas relações públicas. Por causa dessas duas "coisas", bastante amplas, que fazemos com a língua, ela pode ter várias "caras", isto é, ela pode ser usada e aparecer de maneiras diferentes. Vamos dizer então que a língua apresenta **variação**.

Para exemplificar isso, vamos imaginar a seguinte situação: quando uma garota escreve um e-mail para uma revista de adolescentes, como no exemplo a seguir, ela vai fazer certas escolhas entre as muitas que a língua oferece.

> Amei o V.I.P com o Rafinha (aiai... q tankinho...) e tbm o comportamento... minha amiga eh uma traíra!!!!!!!!! Ela Mi abandonou com otra TRAÍRA!!!!!

> Para quem não sabe: **traíra** é **traidora**.

Mas essa mesma garota enviou, em outro momento, o seguinte e-mail elogiando um curso de estilista à distância que ela fez.

> Amei o curso! Surpreendeu-me muito! O fato de ter chegado ao final do curso implicou muito na competência da Ebe que me prendeu a atenção. Por isso, o meu sucesso também é o de vocês!

Como se vê, as escolhas da garota são diferentes em cada caso.

Não se pode dizer que, no e-mail para a revista, ela "erra mais" do que no e-mail para o curso de estilista. Quando ela optou por usar abreviações com *q* e *tbm* ou escrever *Mi* não é porque ela não sabia escrever *que*, *também* ou *me* – tanto é assim que ela escreve desta última maneira no segundo e-mail – mas é porque ela sabe, mesmo que não seja completamente consciente, que as escolhas que ela fez no primeiro e-mail são mais *adequadas* para uma revista de adolescentes. E sabe também que as escolhas de língua feitas para o agradecimento ao curso de estilista são também mais adequadas nesse caso.

O exemplo mostra que uma pessoa pode mudar o seu jeito de usar a língua para se *comunicar* de maneira mais eficiente. Funciona parecido com a maneira de vestir das pessoas: quando vamos à praia, estamos de um jeito: de calção de banho ou de biquíni, de sandálias, etc.; mas quando vamos a uma festa de quinze anos, trajamos um terno, um vestido longo, usamos maquiagem e assim por diante. Portanto, certo tipo de roupa é mais *adequado* para uma situação e outro tipo de roupa é mais adequado para outra. Com o uso da língua também é assim: a linguagem do primeiro e-mail foi adequada para a revista de adolescentes e a linguagem do segundo e-mail foi adequada para o agradecimento ao curso de estilista.

Os dois e-mails citados serviram de exemplos para usos adequados da língua, mas quando ocorrem usos inadequados? Para exemplificar o uso inadequado, imagine a situação de um almoço de família, num domingo, com todos reunidos e, de repente, o filho de 18 anos se dirige à sua mãe e diz:

> Por obséquio, a senhora poderia passar-me a travessa de salada?

O uso da língua da maneira que está nesse exemplo é completamente inadequado para a situação. Ora, é uma situação de informalidade da qual participam pessoas com fortes laços afetivos e que têm muita intimidade umas com as outras. As escolhas que o filho fez (a expressão "por obséquio" – que quer dizer *por favor* – ; o uso de "me" em *passar-me* ou mesmo a maneira precisa de dizer "travessa de salada" e não apenas *salada*) seriam adequadas, por exemplo, em uma reunião de trabalho de advogados, mas não em um "almoço" familiar. Nesta situação, o filho, provavelmente, diria algo como:

Mãe, passa a salada (por favor).

Nesse caso, talvez nem precisasse dizer "por favor" tamanha é a intimidade entre mãe e filho: por isso o "por favor" entre parênteses.

Por outro lado, não é impossível que um filho use a língua da maneira como está no primeiro exemplo mesmo em um almoço de família. Se isso acontecer, temos de buscar outra forma de entender a situação: talvez ao usar expressões como "por obséquio" para se dirigir à sua mãe, o que o filho quer é mostrar distância em relação a ela; neste caso, é possível que ele esteja, por alguma razão, magoado ou com raiva dela.

Com essas ideias, não estamos apenas trocando "certo" por "adequado" e "errado" por "inadequado". Não é isso! É que nossa maneira de pensar o "certo" e o "errado" em relação ao uso da língua se modifica bastante. *Isso porque o uso da língua que consideramos inadequado para uma situação pode ser completamente adequado para outra situação.* Certo/adequado e errado/inadequado são diferentes: encarar o certo e o errado no uso da língua dizendo que determinado uso é sempre certo ou sempre errado é considerar certo/errado como uma noção **absoluta**; já com o adequado e o inadequado depende da situação: algo pode ser adequado numa situação e inadequado noutra situação e vice-versa, ou seja, é uma noção **relativa**.

A sociedade em geral e suas instituições como a escola, as empresas, os órgãos públicos e privados, a imprensa, etc., esperam que nós, os usuários da língua, usemos o português do Brasil de acordo com o português padrão em todas as situações, sem pensar que não seguir o português padrão pode ser, muitas vezes, adequado em determinados contextos. Além disso, vão vigiar e cobrar isso da gente. Essa cobrança começa, muitas vezes, com os próprios pais, que corrigem a fala das crianças, depois continua na escola, que vai cobrar o uso considerado correto da língua, sobretudo, na *escrita*, e prossegue, pela vida afora, na vida profissional e no desempenho social em geral. Vamos tentar entender agora, com mais detalhes, por que isso acontece e como a sociedade faz para conseguir vigiar o uso da língua.

O PORTUGUÊS PADRÃO DO BRASIL

Para que tenhamos uma sociedade, isto é, a convivência entre pessoas regida por interesses comuns, é preciso estabelecer regras que regulamentem essa convivência. Existe um enorme conjunto de leis de vários tipos que preveem como essa convivência deve ocorrer. Já que os membros de uma sociedade interagem uns com os outros por meio de uma língua, faz parte das leis que a

As leis idealizam como a convivência deve ocorrer. Quando as leis são descumpridas, a sociedade prevê também as punições devidas. No caso de não obediência a uma norma do português padrão, ninguém será preso, mas o usuário perderá *prestígio* social.

regulamentam um conjunto de normas que estabelecem como a língua deve ser usada naquela comunidade. Como já dissemos anteriormente, esse conjunto de normas para o uso da língua é chamado de **português padrão do Brasil**. E é por meio dele que a escola e a sociedade em geral vão vigiar o uso que fazemos da língua. A exigência de uso do português padrão tem sua razão de ser, embora isso incomode muita gente, principalmente, os mais jovens. O motivo do incômodo é fácil de entender: as normas do português padrão são vistas como uma limitação da nossa liberdade como usuários da língua e podem também servir para inferiorizar ou discriminar as pessoas que não tiveram ou que tiveram pouco acesso à escola.

Para atenuar um pouco esse incômodo, vamos pensar o seguinte: em relação à limitação de liberdade, é só ficar ciente de que podemos usar a língua da maneira mais criativa que quisermos, mas devemos saber escolher quando e em que ambiente empregar os diferentes recursos da língua. Por sua vez, o efeito da discriminação social deve ser evitado, o que é bastante complexo, já que envolve nossas decisões éticas. A questão da discriminação social no nosso país, ou em qualquer outro, é muito mais ampla já que, não apenas o uso da língua, mas também as roupas que as pessoas usam, os locais e as residências onde moram, o fato de possuir tal carro ou não ter carro, etc., podem infelizmente servir para inferiorizá-las.

Seja como for, a existência de algo como o português padrão – e qualquer língua vai ter sua versão padrão – é inevitável e negar isso é, como se diz na gíria do futebol, "jogar para a torcida", isto é, é só para agradar e sem ganhos reais. Mesmo porque, como já dissemos, uma versão padronizada da língua tem muitos pontos positivos. Vamos falar um pouco mais disso.

O Brasil tem uma língua oficial, que é o português, e essa língua precisa ser usada da maneira mais parecida possível nos vários estados e regiões. Imaginem se, em cada estado brasileiro, os falantes escrevessem da maneira como falam. Aos poucos, os *falares* ou *dialetos* regionais poderiam se tornar línguas diferentes do português. Isso não é desejável politicamente, pois, com o tempo, os brasileiros perderiam a noção de que são um povo só, com interesses comuns e com um futuro comum a ser construído. Para resumir, poderíamos perder a nossa unidade nacional O português padrão ajuda, portanto, a nos mantermos unidos enquanto país. De que maneira?

Há **"limites"** impostos pela nossa convivência em sociedade que não tem jeito de "sair fora", o que não quer dizer que temos de aceitar tudo que a sociedade quer.
Amadurecer inclui saber separar o que "não tem jeito de sair fora" e aquilo que não precisamos obedecer.

De onde vem o português padrão?

A língua portuguesa é uma transformação do latim vulgar, falada pelos antigos romanos, e começou a ser escrita na Idade Média, há mais de 800 anos! De lá até hoje, ela tem mudado bastante. Para organizar nossa vida social, precisamos de um conjunto de normas e dentre essas normas estão as que predizem como a língua deve ser usada. Assim, os usuários da língua, sobretudo aqueles que lidam profissionalmente com a língua escrita, isto é, os escritores, jornalistas, advogados, professores, políticos e outros profissionais, cuidam para que ela seja usada da maneira mais homogênea ou igual possível. Da maneira como, sobretudo, esses grupos sociais usam a língua, podemos tirar um conjunto de normas que dizem como a sociedade espera que a usemos, e é isso que forma o que chamamos de português padrão.

Dialetos
Pág. 41

Ora, é o português padrão que se espera que seja utilizado, por exemplo, (1) na redação da Constituição Federal e das leis que regem nossa vida; (2) nos artigos de jornais, por meio dos quais temos acesso a informações; (3) nos contratos comerciais entre pessoas ou estados brasileiros; (4) numa versão falada, nos jornais da televisão; etc. Em relação a este último ponto, você já observou como é a fala dos apresentadores desses jornais? Por exemplo, no *Jornal Nacional*, mesmo que os apresentadores sejam do Rio de Janeiro, é muito difícil encontrar na fala deles características do jeito de falar desse estado. A razão disso é óbvia: o *JN* é assistido por brasileiros de todas as regiões e a linguagem utilizada deve ser, então, bastante "neutra".

A escola tem um papel na manutenção da nossa unidade enquanto país, já que cabe a ela ensinar o português padrão. Mas, além disso, dominar esse uso da nossa língua tem importância para cada um de nós. Vejamos isso: em praticamente todas as profissões mais bem remuneradas, os profissionais precisam produzir textos escritos na forma de relatórios, cartas comerciais, petições (no caso de advogados), pareceres, propostas de trabalho, projetos, etc.; além disso, todos os profissionais do mundo contemporâneo necessitam estar o tempo todo se atualizando e, para isso, fazem cursos ou treinamentos e as novas informações são obtidas por meio de textos escritos. É também a leitura de textos e livros de várias épocas que nos permite progredir culturalmente e nos tornarmos cidadãos que reivindicam seus direitos e se expressam socialmente.

A defesa do português padrão que fizemos não quer dizer que podemos desprezar as variedades da língua tal qual elas são faladas pelos vários grupos sociais e regiões brasileiras. Pelo contrário! É importante que (1) os jovens e cada grupo social encontrem novas formas de expressão oral e utilizem gírias e códigos próprios para se comunicar; que (2) sejam valorizadas as palavras e as pronúncias usadas nas regiões brasileiras; e que (3) nossa língua incorpore novas palavras criadas de acordo com a necessidade da comunidade, o que pode incluir, inclusive, palavras vindas de línguas estrangeiras. Tudo isso, aliás, é inevitável, ou seja, vai acontecer quer a gente goste, quer não goste, e não só comprova o vigor e a riqueza da nossa língua, como é o que também permite que a língua varie, mude e continue viva e encantadora. E a contribuição da fala dos jovens é essencial para que isso aconteça.

> Na época atual, no entanto, o teste dos limites sociais tem levado muitos jovens, de todas as classes sociais, a experimentar a transgressão ou a criminalidade. É um bom tema para pensar: Por que na nossa época a **criminalidade** parece tão atraente para muitos jovens?

O uso do português padrão, por outro lado, não ocorre o tempo todo. É verdade que a sociedade tem a idealização de que vamos utilizá-lo sempre, mas não é isso que acontece. Em primeiro lugar, porque o uso da língua é bastante instável e sujeito a variações, ou seja, não conseguimos, na verdade, utilizar o sistema da língua sempre da mesma maneira. Essa instabilidade é natural e tem a ver com nossas limitações cognitivas. Em segundo lugar, dependendo da situação em que estamos usando a língua, o que inclui a quem nos dirigimos e com que intenção, podemos fazer escolhas de recursos da língua que não fazem parte do português padrão. Voltaremos a comentar estes aspectos a seguir. Por hora, concluímos que há recursos ou escolhas do português do Brasil que podem ser classificados como parte do português padrão e também que há recursos ou escolhas que fazem parte do que chamamos de *português não padrão*.

Nada impede, por outro lado, dependendo das informações de que dispomos ou da nossa consciência a respeito do uso da língua, que apareçam, numa conversa ou num texto, recursos que pertencem às duas versões do português do Brasil, ou seja, em outras palavras, mesclamos constantemente os recursos das duas versões do português do Brasil.

> Nesta gramática, estaremos, a todo momento, atentos a como se diz ou a como se escreve algo de acordo com (1) **o português padrão do Brasil** e com (2) **o português não padrão do Brasil**.

O português padrão é mais vigiado na *escrita* e é a versão utilizada, ou esperada, na redação das nossas leis, dos jornais de grande imprensa e dos livros em geral; já o português não padrão é observado, sobretudo, na *fala*, na língua do cotidiano, isto é, na língua que usamos para interagir com os amigos, com a família, para namorar, etc. É claro que podemos usar, na *fala*, recursos do português padrão quando, por exemplo, uma pessoa dá uma entrevista ou faz uma palestra; o contrário também pode ocorrer, isto é, usarmos recursos do português não padrão na *escrita*, como, por exemplo, numa mensagem ou num e-mail para uma pessoa conhecida; ou também, por desconhecer o que é cobrado no português padrão, escrever – e isso ocorre com muita frequência – textos com características do português não padrão.

Para simplificar a nossa exposição dos vários temas nesta gramática, sempre nos referiremos à *fala* como a modalidade de uso da língua em que predomina o português não padrão e à *escrita* como a modalidade em que predomina (ou se espera) a utilização do português padrão. Mas, como explicado, estejam atentos ao fato de que a realidade é mais complexa.

Para resumir nossa discussão até aqui, concluímos que (1) a sociedade, por meio de seus agentes, como a escola, espera que usemos a língua sempre de acordo com o português padrão, mas a realidade é outra, já que (2) a língua é naturalmente variável, isto é, muitas vezes, há mais de uma maneira de dizer a mesma coisa.

Vamos dar, na próxima seção, mais detalhes sobre os fatores que provocam *variação* na língua.

A ATENÇÃO E OS FATORES QUE PROVOCAM VARIAÇÃO NA LÍNGUA

Tivemos uma ideia então do que quer dizer *a língua é **variável***. Mas o que provoca essa variação? Como dissemos anteriormente, precisamos da língua para fazer basicamente duas coisas: definir quem somos e interagir com as outras pessoas. Dessas duas "atividades", é possível extrair alguns **fatores** que estão na origem dessa variação. Um deles já foi explicado, isto é, uma mesma pessoa pode escolher usar recursos diferentes da língua dependendo de quem for a outra pessoa com quem ela conversa ou para quem ela escreve um texto. Foi o caso que exemplificamos com os e-mails de uma garota que são diferentes quando ela se dirige a uma revista de adolescentes e quando é para agradecer a uma escola pelo curso de estilista. Exemplos como esses podem ser encontrados facilmente: é só pensar na maneira como falamos quando nos dirigimos às pessoas que amamos; às pessoas que não conhecemos ou às pessoas mais velhas que respeitamos.

Mas, além desses, outros fatores fazem com que a língua varie:

FATORES QUE PROVOCAM VARIAÇÃO NA LÍNGUA:

1. A fala
2. A escrita
3. Os lugares
4. As épocas
5. A pessoa que fala

Todos esses fatores fazem com que a língua tenha "caras" diferentes, isto é, muitas vezes podemos dizer alguma coisa de um jeito ou de outro. Além deles, há algo que influencia muito a maneira como usamos a língua e ajuda a entender, principalmente, as diferenças entre a *fala* e a *escrita*. Trata-se da nossa capacidade mental ou cognitiva de **atenção**. Vamos começar explicando como a atenção funciona e, em seguida, detalharemos os fatores citados.

A atenção

O uso da língua na *fala* e na *escrita* depende de certas capacidades mentais do ser humano. Para acompanhar a fala de uma pessoa e para ler um texto, precisamos *focar a atenção* no que estamos escutando ou no que estamos lendo. A nossa **capacidade de atenção**, que é então utilizada, pode variar muito dependendo do nosso interesse no assunto, da relevância da situação, da importância que a pessoa com quem conversamos tem para nós naquele momento, do nosso cansaço, etc. Por mais interesse que tenhamos numa conversa com alguém ou num texto, nós não conseguimos prestar atenção o tempo todo em tudo o que a pessoa está dizendo. Ou seja, nossa capacidade de atenção é *limitada*. Essa limitação é natural, isto é, tem a ver com nossas capacidades mentais biológicas. O que é interessante observar é que nossa capacidade de focar a atenção determina algumas das características da fala e da escrita. Vamos explicar primeiro como funciona nossa atenção. Certos psicólogos consideram que nós só conseguimos focar a nossa atenção em, mais ou menos, sete ou oito informações de cada vez. É como se ela tivesse mais ou menos sete ou oito recipientes, ou sete ou oito "caixas", como na seguinte ilustração:

Os pais e os professores reclamam muito hoje em dia que boa parte dos adolescentes estão muito **desatentos**.

↓

Essa **desatenção** é muito estimulada pela vida contemporânea que (1) oferece tantas oportunidades que não sabemos o que escolher e que (2) criou uma **vida virtual** cheia de informações onde, só nela, podemos ser quem quisermos e na qual tudo é possível.

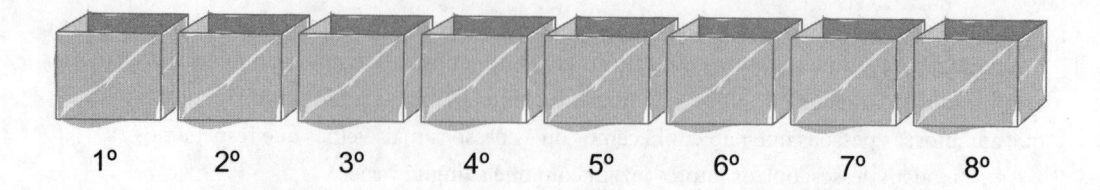

1°   2°   3°   4°   5°   6°   7°   8°

Nossa capacidade de atenção, quando estamos ouvindo alguém falar e também quando lemos um texto, funciona, aproximadamente, da seguinte maneira: nós vamos preenchendo os oito recipientes com as informações que estamos recebendo e vamos tentando interpretar ou compreender as informações que estão em cada recipiente. Quando os oito estão cheios, nós precisamos esvaziar todos os recipientes para receber as oito informações seguintes e é assim que nós vamos acompanhando a sequência da fala de alguém ou o que está escrito em um texto. O que pode caber dentro de cada recipiente varia muito e depende de como dividimos as informações que recebemos: pode ser um número de telefone como 94385132, em que cada número ocupa um recipiente; pode ser um número de CPF, como 43.88.61.09.81-32, em que cada dezena ocupa um recipiente; pode ser uma lista de compras como: sabão, açúcar, sal, mortadela, pregos, fósforos, duas pilhas e veneno de barata, em que cada item ocupa um recipiente; e pode ser também um texto maior que lemos, como o seguinte sobre as origens do rock:

> Este gênero musical de grande sucesso surgiu nos Estados Unidos nos anos 50 (década de 1950). Inovador e diferente de tudo que já tinha ocorrido na música, o rock unia um ritmo rápido com pitadas de música negra do sul dos EUA e o country. Uma das características mais importantes do rock era o acompanhamento de guitarra elétrica, bateria e baixo. Com letras simples e um ritmo dançante, caiu rapidamente no gosto popular. Apareceu pela primeira vez num programa de rádio no estado de Ohio (EUA), no ano de 1951.
>
> Fonte: disponível em: <www.suapesquisa.com/rock>, acesso em: 22 abr. 2008.

Vamos imaginar agora que, ao ler o texto anterior, fizemos um "fatiamento" das informações em oito partes da maneira que está a seguir e ocupamos cada recipiente com uma das partes:

Texto Fatiado
↓

> Este gênero musical de grande sucesso → **1º**
> surgiu nos Estados Unidos nos anos 50 (década de 1950). → **2º**
> Inovador e diferente de tudo que já tinha ocorrido na música, → **3º**
> o rock unia um ritmo rápido com pitadas de música negra do sul dos EUA e country. → **4º**
> Uma das características mais importantes do rock era o acompanhamento de guitarra elétrica, bateria e baixo. → **5º**
> Com letras simples e um ritmo dançante, → **6º**
> caiu rapidamente no gosto popular. → **7º**
> Apareceu pela primeira vez num programa de rádio no estado de Ohio (EUA), no ano de 1951. → **8º**

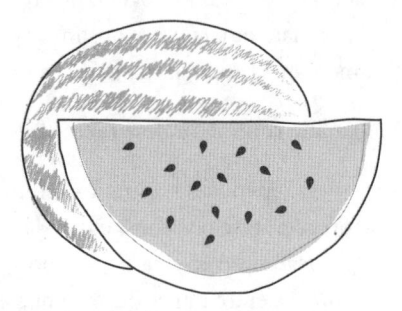

Para entender um texto, nós o **fatiamos**, assim como fazemos para conseguir comer uma **melancia**.

Sempre que enchemos um recipiente com alguma informação nós tentamos conservá-la o máximo de tempo possível (o que normalmente são milésimos de segundos!) para poder interpretá-la e, para fazer isso, consultamos nossa *memória*, na qual estocamos todo tipo de informação que sabemos, a fim de verificar o que já sabemos sobre o que está no recipiente e assim entender o que estamos ouvindo ou lendo. Essas características da nossa capacidade de atenção determinam, como veremos a seguir, certas propriedades da *fala* e da *escrita*.

Vejamos como isso acontece ao comentarmos os fatores que provocam *variação* na língua.

A fala

A língua aparece então com uma "cara" quando a usamos na modalidade da *fala*. Vamos ver como isso ocorre.

A *fala* é a maneira natural ou instintiva que o ser humano tem de usar a língua. O uso da língua na *fala* é tão espontâneo para nós como é respirar. É por meio da *fala* que nós adquirimos a língua quando crianças e todas elas, se não tiverem uma dificuldade como, por exemplo, *lesão cerebral* ou *autismo*, conseguirão adquirir uma (ou mais) língua(s) com muita rapidez e desenvoltura.

Autismo é uma alteração mental que afeta a capacidade da pessoa de se comunicar, deixando-a isolada e fechada em si mesma.

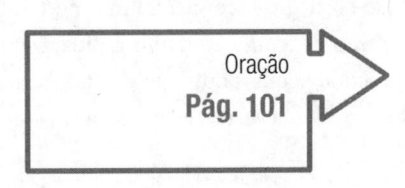

Oração
Pág. 101

Um filósofo chegou até a dizer que *a língua fala em nós*, isto é, usamos a língua de modo automático: mesmo quando estamos sozinhos ou dormindo (já que sonhamos), a língua é usada, pois não conseguimos parar de pensar. Quando falamos, estamos também "on-line", isto é, a *fala* é "ao vivo" ou "em tempo real": ao mesmo tempo, nós temos de planejar *o que* queremos dizer e elaborar *como* vamos dizer o que queremos dizer.

O fato de a *fala* ser "on-line", associado com a limitação da nossa capacidade de atenção, que comentamos antes, faz com que a *fala* tenha as seguintes características:

(1) a fala contém muitas repetições:

As repetições são muito comuns quando estamos conversando. Repetimos palavras, tipos de orações, tipos de sons, etc. Veja o exemplo seguinte extraído de uma conversa real. Foi feita a gravação da conversa que, depois, foi transcrita: a numeração indica cada fala que a pessoa produziu e entre uma e outra, o que está sinalizado pelos pontinhos (......), ela fez pausas breves:

> **1**...eu acho que o meu conceito de **morar bem** é diferente..............
> **2**... um pouco d**a maioria das pessoas** que eu conheço...................
> **3**..................... **a maioria das pessoas** pensa.......................
> **4**...que...............................**morar bem**........................
> **5**...................................é **morar** num apartamento de luxo
> **6**.................................. **é morar** no...centro da cidade
> **7**...perto de tudo..............
> **8**......nos locais onde tem mais facilidade............................
>
> Fonte: Marcuschi, 1986: 35.

Nesse exemplo, podemos ver, por meio das partes em negrito, que a repetição de palavras e tipos de orações é muito grande.

Provavelmente, cada um dos oito trechos citados ocupou, um de cada vez, a atenção do falante. A razão da presença de muitas repetições na *fala* é devido à repetição ser uma estratégia que torna *mais fácil* o fato de o falante precisar focar a atenção nas ideias que queria comunicar e, ao mesmo tempo, elaborar como dizê-las. Assim, como não há muito tempo para o falante escolher recursos diferentes da língua, já que a *fala* é em tempo real, acontece a repetição dos mesmos recursos, como é o caso de **morar** (**bem**) no exemplo citado.

(2) a fala é muitas vezes imprecisa:

A *fala* contém muitas **imprecisões** e isso também é por causa do fato de que, ao falar, temos de fazer duas "coisas" ao mesmo tempo: planejar e elaborar a *fala* em tempo real. Há também a razão de a *fala* ser muito rápida, o que é uma maneira de tentar manter a atenção de quem nos escuta, já que a outra pessoa também quer falar.

Observe, por exemplo, a fala de um adolescente de uma escola municipal de Belo Horizonte:

> **1**...eu acho que...muita gente fala que num acredita igual a meu pai
> fala que num acredita..
> **2**...que é besteira...que **não sei o quê**...mas na hora do aperto...lá...vai
> ver....oh meu Deus do céu me ajuda que **não sei o quê**........................
>
> Fonte: Starling, 1990: 46.

No exemplo, o falante usa a expressão **não sei o quê** duas vezes, mas não fica claro em que ele pensava ao utilizá-las: quem está ouvindo ou lendo é que imagina o que ele queria dizer e complementa a informação.

Na *fala*, nós muitas vezes também não usamos as palavras precisas para dizer algo. Preste atenção no diálogo seguinte entre um gerente de uma floricultura e uma freguesa:

> **Freguesa**: ....esses girassóis....eles duram...quer dizer...eles são para plantar ou só são flores?.....
> eles vão morrer logo?
>
> **Gerente**: A senhora quer saber se eles são para cultivo ou para ornamentação?
>
> Fonte: Ferreira, 2007. Disponível em: <www.atenasnotícias.com.br>, acesso em: 19 maio 2011.

Nesse exemplo, o gerente da floricultura, que é um profissional e tem o hábito de lidar com tudo que se relaciona com flores, deixa claro para a freguesa que a informação que ela deseja obter não é saber se "as plantas vão morrer logo" ou se "são só flores", mas sim se são para "cultivo" ou "ornamentação".

Outra "coisa" muito comum na *fala* é a ocorrência de **hesitações** e **lapsos**. Observe o seguinte exemplo:

> Eu olhei... peguei a minha fi..era... meu filho menor que tava comigo e saí correndo sem olhar
> pra trás.....
>
> Fonte: conversa com o autor.

Nesse caso, o falante parece querer dizer, de início, que era sua filha que estava com ele, mas hesita e, em seguida, se corrige e afirma que quem estava com ele era seu filho mais novo.

(3) a fala permite usar o ambiente onde falamos:

Quando estamos conversando com alguém, podemos mostrar o que está no ambiente sem que seja preciso dar nome ao que apontamos. A pessoa com quem estamos conversando sabe do que se trata porque ela também está no mesmo ambiente. Para apontar o que está no ambiente, existem palavras apropriadas como, por exemplo: *isto*, *lá*, *aquela* e outras. Veja o seguinte exemplo dito a mim por um colega da minha faculdade:

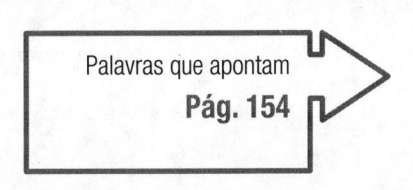

Palavras que apontam
Pág. 154

> Ela guardou aquilo mais pra lá....um pouquinho mais pra frente....

Para entender o que o colega disse, isto é, que "*aquilo*" se referia a um envelope pardo com os formulários para pedir férias e que "*mais pra lá*" e "*um pouquinho mais pra frente*" se referia ao canto esquerdo do armário de aço da sala de professores, era preciso estar na sala onde ele conversava comigo.

(4) a fala pode levar em conta a pessoa com quem falamos:

Quando estamos conversando com alguém, nós, o tempo todo, checamos se a pessoa que está diante de nós está compreendendo e acompanhando o que estamos falando. Por essa razão, aparecem na *fala* o que chamamos de **palavras interacionais**, isto é, são palavras e expressões que usamos para interagir com nosso ouvinte perguntando se ele está acompanhando o que dizemos. Alguns exemplos são: *né?*; *sabe?*; *entendeu?* e muitas outras. Veja o seguinte exemplo de um diálogo entre dois falantes:

Falante 1: é....então...ele se vê no ápice da glória como jogador de futebol sempre...ele joga bem **sabe?**....mas ele acha que é Pelé....**né?**...então a gente...tá pensando...como encaminhá-lo nos estudos... mas também sem desencorajar....

Falante 2: ahn ahn....**entendi**...

Falante 1: gosto dele...precisa praticar esporte...precisa... é necessário é fun...fundamental o esporte **né?**

Fonte: Silva, 1995.

O diálogo mostra muita coisa que ocorre numa conversa. É possível ver as palavras interacionais como *sabe?* e *né?*, que são usadas para monitorar a reação do falante 2: ao empregar *ahn ahn entendi*, esse último dá sinais de que participa da elaboração do diálogo, demonstrando acompanhar o que o falante l está dizendo.

Além disso, na *fala*, nós, com muita frequência, não pronunciamos tudo o que estamos querendo dizer, deixando assim muita informação subentendida. Vamos prestar atenção no seguinte diálogo:

Falante 1: Você viu a Marcinha na festa?

Falante 2: Eu vi_____...mas ela tava com um cara.

Nesse diálogo, o falante 2 deixa subentendido que ele viu a *Marcinha*, o que está representado pelo traço, isto é, ele não pronuncia o nome da *Marcinha* nem usa, por exemplo, a palavra *ela* no lugar onde está o traço. O falante 2 pode falar assim porque o nome *Marcinha* está presente no diálogo e, portanto, está na cabeça dos dois falantes.

Vamos entender agora outro exemplo de informações subentendidas. Considerem a seguinte história: Pedro contou para Mateus, um colega de sala, que ele fez uma prova no fim de semana para conseguir uma bolsa de estudos para estudar percussão; na segunda-feira, eles se encontram na porta do colégio e Pedro diz para Mateus:

Consegui!

> A **riqueza** da língua é que ela nos permite dizer muito mais coisas do que pronunciamos.

Se eu, ao ver da janela, a cena acima e gritar:

– Começou a chover!

O que posso estar querendo dizer, na verdade, é que devemos correr lá fora e tirar as roupas do varal!

Nesse enunciado, Pedro não precisa dizer de novo que *ele conseguiu ganhar uma bolsa de estudos para estudar percussão,* ou seja, Mateus já sabe disso, o que mostra que, ao usarmos a *fala,* nós podemos não pronunciar informações que temos certeza, ou imaginamos, que o nosso ouvinte já sabe.

(5) a fala tem maior frequência de orações curtas e simples:

A natureza da *fala,* ou seja, o fato de que ela é "on-line", a limitação da nossa capacidade de atenção e a rapidez da fala, que é efêmera, fazem com que nós elaboremos, mais frequentemente, orações mais simples e curtas.

Esse tipo de oração ajuda também a prender a atenção do ouvinte porque são mais fáceis de serem compreendidas e, assim, passam a mensagem com mais eficiência. Observe o exemplo de uma fala de um adolescente de uma escola municipal de Belo Horizonte:

> Falar com desenvoltura depende de mais coisas. Por exemplo: de nossa **personalidade**, isto é, se somos muito ou pouco inibidos; da pessoa com quem estamos conversando, do assunto, etc.

1. já tive sim experiências com drogas....
2. conversei com muitos amigos....
3. e eles falaram...
4. nó cara...não faz isso não...que...
5. nooossa...é ruim demais...
6. hoje...graças a Deus...eu consegui parar...
7. mas...conseg...queria ter parado antes...
8. ou melhor...nem queria ter começado...

Fonte: Starling, 1990.

Como se vê, a fala do adolescente está fatiada em orações muito curtas e simples. Entre uma e outra foi feita uma pausa e, provavelmente, a atenção do falante e do ouvinte é focada em cada uma delas por vez. É provável também que o assunto *drogas* colaborou com isso e deve ter inibido o falante.

> Hoje em dia, a ciência defende que o ser humano, ao nascer, já dispõe de uma **Gramática Mental**, isto é, estruturas cerebrais que nos permitem adquirir uma língua. Falaremos mais sobre essa **Gramática Mental** no capítulo "As funções e os papéis temáticos dos sintagmas".

É claro que podemos produzir uma fala muito mais elaborada do que está no exemplo comentado, mas, neste caso, precisamos de um planejamento maior, isto é, preparar mais o que vamos dizer. Com a maturidade e o domínio de um assunto, por razões profissionais ou, simplesmente, porque gostamos de um determinado assunto e temos muitas informações sobre ele, a *fala* pode se tornar mais complexa, mas, nesse caso, a complexidade se deve à influência de nossas leituras sobre o assunto e das informações que estocamos em nossa *memória,* ou seja, a *fala* mais elaborada depende da influência da *escrita.*

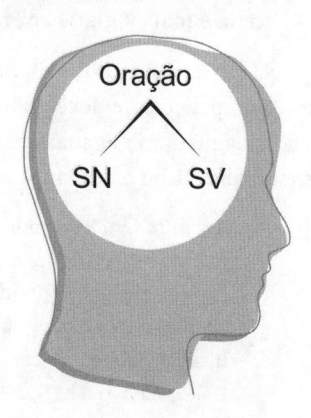

A escrita

Na modalidade *escrita*, a língua é, em muitos aspectos, diferente da *fala*.

Para entender tudo o que está em jogo, temos que, em primeiro lugar, parar de pensar que a *escrita* é simplesmente o registro, por meio de letras, do que falamos. Não é só isso. A *fala*, que é, como vimos, adquirida de forma espontânea desde a primeira infância, é uma habilidade natural do ser humano. Por isso, alguns autores chegam a propor que nós nascemos com a capacidade mental de adquirir uma ou mais línguas. Com a *escrita* não é bem assim: nós precisamos, geralmente, ir à escola para sermos alfabetizados, e praticar muita leitura e escrita para conseguir, aos poucos, ler e redigir textos cada vez mais complexos. Em outras palavras, para ser um bom leitor e escrever textos com desenvoltura, é preciso dispor de informações sobre o assunto e também aperfeiçoar nosso desempenho com práticas constantes. Ninguém nasce sabendo escrever: trata-se de uma habilidade que pode ser desenvolvida com um bom treinamento.

É claro que podemos também aperfeiçoar a elaboração da nossa *fala*, mas isso depende, entre outras coisas, do nosso contato com a *escrita*, isto é, quanto mais lermos e escrevermos, mais elaborada pode se tornar nossa *fala*.

A *escrita*, diferentemente da *fala*, não é "on-line". Quando escrevemos um texto, temos normalmente tempo para corrigi-lo e o leitor só vai ler a versão final. Além disso, não estamos limitados pela capacidade restrita da nossa memória ligada à atenção, como acontece com a *fala*. Essas características fazem com que a *escrita* permita ser mais vigiada em relação ao uso do português padrão, o que não quer dizer que todos os textos empregarão os recursos do português padrão o tempo todo. Como já dissemos, há uma expectativa de que utilizemos apenas os recursos da língua considerados cultos. Porém, não é isso que acontece já que vai depender da consciência que a pessoa que está escrevendo tem dos recursos do português padrão. Além disso, o uso de um recurso que não é do português padrão, muitas vezes, pode ser completamente adequado para determinada situação, como foi o caso, por exemplo, dos e-mails da adolescente comentados anteriormente.

Apesar de tudo, uma das tarefas da escola e das aulas de Português é, como já vimos, aumentar a consciência dos alunos sobre como se espera que escrevam de acordo com o português padrão. Essa tarefa não é fácil de ser executada por várias razões que apontaremos ao longo deste livro.

Vejamos agora as principais características da *escrita,* contrastando-as com as da *fala*.

(1) A escrita é mais vigiada em relação ao uso do português padrão.

Na *escrita*, tentamos evitar o uso de muitos recursos que são comuns na *fala*. Já que, como vimos, as repetições se devem ao fato de a *fala* ser "on-line" e são também consequência das limitações da memória ligada à atenção, espera-se que, na *escrita*, se busque não repetir sempre as mesmas palavras ou os mesmos tipos de oração. Observe o texto a seguir:

> *A música sertaneja* vinha de longe espraiando-se no campo, coando-se nos cafezais, cavalgando o vento sutil da noite, acalentando os pássaros adormecidos, o gado, os eucaliptos... da fazenda. <u>Aqueles rústicos e tímidos acordes</u> tinham a força de harmonizar e dominar em seus ritmos simples, a sonoridade que vagava incerta no espaço. <u>A toada humilde</u> absorvia as inumeráveis e inominadas vozes e crescia, como se fosse o canto exclusivo de toda a natureza.
>
> Fonte: Graça Aranha, 1929, apud Sousa da Silveira, 1996: 104.

O texto é antigo, de 1929, e fala sobre a música sertaneja. Observe que os dois trechos sublinhados, isto é, *aqueles rústicos e tímidos acordes* e *a toada humilde*, são um outro jeito que o autor encontrou para fazer referência ao assunto do texto, que é a música sertaneja, acrescentando novas informações. O texto ficaria mais pobre se o autor repetisse as palavras *a música sertaneja*. Veja como piora bastante o texto:

> *A música sertaneja* vinha de longe espraiando-se no campo, coando-se nos cafezais, cavalgando o vento sutil da noite, acalentando os pássaros adormecidos, o gado, os eucaliptos...da fazenda. A música sertaneja tinha a força de harmonizar e dominar em seus ritmos simples, a sonoridade que vagava incerta no espaço. A música sertaneja absorvia as inumeráveis e inominadas vozes e crescia, como se fosse o canto exclusivo de toda a natureza.

A troca que fizemos não torna o texto exatamente "errado" ou inadequado; apenas o torna mais simplificado ou de estilo mais pobre devido à presença de repetições, o que é mais comum, como vimos, na *fala*. Veja, portanto, como é difícil, às vezes, classificar uma determinada escolha de um recurso da língua como dentro ou fora do português padrão: há casos em que temos mais de uma escolha adequada em relação ao português padrão.

Há, por outro lado, certos recursos do português padrão que são ainda mais cobrados na *escrita*. Vamos ver um exemplo: na *fala* do português do Brasil, é muito comum a presença de palavras como *ela*, *ele*, *eles*, *você*, etc., que são **pronomes**, logo depois do **verbo** funcionando como um **objeto**. Observe o texto seguinte da fala de um adolescente de Belo Horizonte:

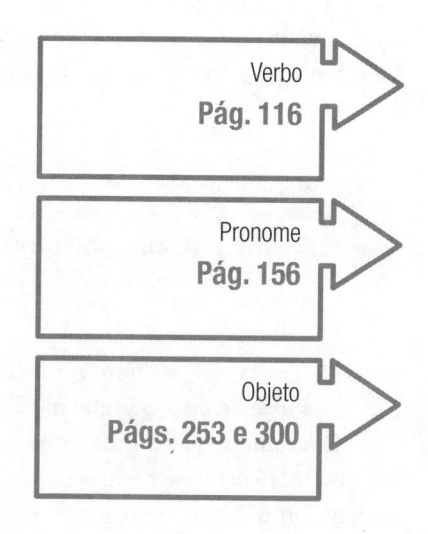

> Eu sempre vejo **ele** lá no shopping....e eu achei que cê tinha falado que não ia encontrar **ela** lá porque os mano tava de olho.......

Nesse texto, que é comum e adequado na *fala*, o jovem usa os pronomes **ele** depois do verbo *ver* e o pronome **ela** depois do verbo *encontrar*. Mas numa versão da *fala* mais próxima do português padrão ou numa versão *escrita*, algumas modificações serão necessárias: espera-se que, em lugar dos pronomes **ele** e **ela**, nós utilizemos outros tipos de pronomes, que, nesse caso, são **o** e **a**, que deverão ser colocados antes do verbo. Uma versão desse texto mais próxima da adequação que se espera na *escrita*, ou mesmo, numa versão de *fala* mais próxima do português padrão, seria a seguinte:

> Eu sempre **o** vejo no shopping e pensei que você tinha garantido que não **a** encontraria lá porque aqueles colegas estavam vigiando...

Fizemos algumas outras modificações que explicaremos adiante: preste atenção, principalmente, na diferença entre *tava* e *estavam*, entre *cê* e *você*. Trocamos também algumas palavras como, por exemplo, a expressão "os mano tava de olho" por "aqueles colegas estavam vigiando", que tornam as informações mais precisas.

Esse exemplo mostra com clareza por que o português padrão é mais exigido na escrita. Como dissemos, é bem mais fácil tentar controlar a maneira como escrevemos do que a maneira como falamos. Quando estamos, por exemplo, com os colegas ou amigos, não há como sermos corrigidos. Mas, além disso, o texto escrito é um tipo de registro que pode se tornar permanente. Pense, por exemplo, em documentos como certidão de batismo, escritura de imóvel, ou seja, são textos que devem ser guardados porque têm valor legal; os livros e artigos importantes, assim como textos de jornal ou processos jurídicos são também lidos e estudados em épocas diferentes.

Para resumir, o texto escrito pode ser arquivado para ser lido noutro momento do tempo, o que faz com que a sociedade exija que ele seja o mais padronizado possível.

(2) Na escrita, distanciamos do ambiente onde escrevemos.

Normalmente, quando escrevemos algum texto, nós o produzimos num ambiente e ele será lido em outro ambiente, num outro momento. Assim, diferentemente do que acontece na *fala*, nós, normalmente, não podemos usar palavras que apontam, como *isto*, *aquilo*, *lá*, etc., sem que ocorra uma explicação do que se trata, isto é, nós precisamos dar nome ao que estamos falando. Por exemplo: vamos retomar a fala do meu colega de faculdade que comentamos anteriormente e dar-lhe uma versão que seja mais adequada na *escrita*. A *fala* dele era a seguinte:

> Ela guardou aquilo mais pra lá....um pouquinho mais pra frente....

A versão mais adequada na *escrita* seria algo como:

> A funcionária da Faculdade de Letras guardou o envelope pardo com os formulários para pedir férias no canto esquerdo do armário de aço da sala de professores.

É só comparar os dois textos para perceber as diferenças: as referências às coisas e aos lugares estão bem mais precisas no segundo texto, o que permite entendê-lo sem que precisemos mais estar no ambiente onde o primeiro texto foi falado.

Concluímos que, normalmente, o texto escrito é redigido num ambiente – na sala de aula, num escritório, etc. – e é lido em outro ambiente e que, por essa razão, as referências ao que está presente no ambiente em que escrevemos devem ser bastante explícitas e completas, sob pena de não sermos compreendidos.

(3) Na escrita, o leitor não está diante de nós.

Quando escrevemos um texto, o leitor não está, normalmente, na nossa frente e não podemos, portanto, interagir com ele. Mesmo quando isso acontece, como é o caso de uma professora que acompanha a aplicação de uma prova, ela lerá a prova na casa dela ou em outra sala da escola. Uma das consequências disso é que na *escrita* não ocorrerão palavras interacionais como *sabe? entendeu?* e outras que são tão comuns na *fala*.

Há, entretanto, alguns recursos da *escrita* que nos permitem estabelecer um tipo de interação com o leitor. Observe o seguinte texto:

> O curso de Formação Inter-Cultural de Educadores Indígenas... traz para a Universidade um novo pensamento sobre as formas de inclusão social. Primeiro, porque propõe um ensino sem modelo e padrões preestabelecidos. <u>Será que o saber deve ser sempre extraído do mesmo lugar? A razão ocidental é a única dona da verdade? Não seríamos mais ricos e felizes se pudéssemos igualmente viver na diferença?</u>
>
> Fonte: Almeida, 2008: 24.

A autora termina o texto com três perguntas que funcionam como uma maneira mais direta de ela interagir com seu leitor, convidando-o, naquele momento, a pensar mais particularmente sobre o que é perguntado.

O fato de o leitor não estar diante de nós tem outras consequências. Dependendo do **tipo** e do **gênero** do texto, o leitor não é uma pessoa específica, e sim alguém idealizado, ou seja, imaginamos as pessoas que poderão se interessar em ler o que escrevemos. Para alguns **gêneros textuais**, como, por exemplo, um **bilhete** com um recado ou uma **carta**, nós sabemos de que pessoa se trata e contamos com o que imaginamos que ela saiba sobre o assunto. Veja, por exemplo, o bilhetinho, que pode ser também uma mensagem de celular:

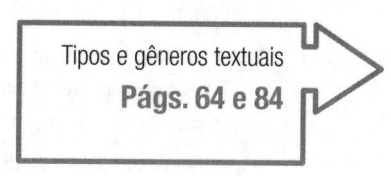

Tipos e gêneros textuais
Págs. 64 e 84

> Carminha,
> As chaves estão debaixo da pedra.

Nesse texto, a pessoa que o escreveu tem certeza de que *Carminha* sabe de que *chaves* se trata e onde encontrar a tal *pedra*. Porém, em uma **crônica**, que é um texto do gênero literário publicado em jornal, o escritor só pode imaginar o leitor, já que qualquer um, em princípio, pode comprar o jornal e ler a crônica. Assim, antes de escrever o texto, o escritor deve decidir (1) que leitor ele quer atingir; (2) as informações sobre o assunto que ele supõe que o leitor já sabe e que, portanto, ele não precisa incluir no seu texto; (3) as informações sobre o assunto que ele supõe que o leitor não sabe e que, se ele quiser e puder, deverá incluir no seu texto. Em relação a (1), o escritor deve imaginar, por exemplo, o grau de escolaridade do leitor com quem ele pretende se comunicar, a idade média desse leitor, se deve ser mulher ou homem ou os dois, a área profissional desse leitor, etc. De acordo com o grau de escolaridade, fazemos uma estimativa do nível de informações de que ele dispõe; nós sabemos também que um texto escrito para adolescentes ou para crianças é diferente de um texto escrito para, por exemplo, engenheiros interessados em obter informações sobre o novo sistema de injeção eletrônica dos automóveis, e por aí vai.

Dependendo, então, do leitor imaginado, nós selecionaremos o assunto e a maneira de tratá-lo no nosso texto fazendo as escolhas que a língua nos oferece. Observe o texto seguinte, um artigo de opinião publicado em um jornal:

> Consciente da distinção entre comunidade política e comunidade religiosa, base da sadia laicidade, a Igreja não deixará de se preocupar pelo bem comum dos povos e, em especial, pela defesa de princípios éticos não negociáveis porque estão arraigados na natureza humana.
>
> Fonte: D. Walmor Oliveira de Azevedo, *O Estado de Minas*, 16/5/2008, p. 7.

O autor desse texto imaginou um leitor culto que já dispõe de informações sobre o tema do papel da Igreja Católica na nossa sociedade e que sabe, portanto, o que quer dizer *laicidade*, isto é, a separação, estabelecida por lei, da atuação dos governos e da Igreja, e que também tem uma ideia do que são os princípios éticos que fazem parte da natureza humana.

Leia agora o texto a seguir, um comentário crítico sobre um disco chamado *X*, da cantora australiana Kylie Minogue:

> Kylie, por sua vez, não se libertou do estilo "I Should Be So Lucky", que nada mais é do que uma cicatriz oitentista ainda aberta. Há muitas modificações em seu décimo trabalho – o bastante para soar como um pastiche electro-pop por vezes gloriosamente frívolo, mas sempre com melodias fáceis e agridoces.
>
> Fonte: Camilo Rocha. Disponível em: <www.rraurl.uol.com.br>, acesso em: 26 maio 2008.

> A **escrita** é uma atividade relativamente recente na história da humanidade. O livro, na forma que o conhecemos, é um *suporte*, isto é, a "coisa" onde escrevemos, desenvolvido há menos de 1000 anos e, na sua forma impressa, tem, mais ou menos, 500 anos.

Nesse texto, o leitor visado é muito diferente do leitor do primeiro texto. Ele deve ter ideia do estilo musical utilizado na canção "I Should Be So Lucky" da mesma cantora; deve conhecer algo da cena musical dos anos 1980 para entender a expressão "cicatriz oitentista" e também já ter escutado músicas suficientemente para entender o que pode soar como uma mistura ou pastiche "electro-pop".

Um texto pode se tornar difícil ou fácil para a gente quando nós não dispomos ou dispomos das informações que o autor supõe que saibamos: quem não souber, portanto, o que está por trás de "laicização" e de "princípios éticos" vai ter dificuldade de acompanhar o primeiro texto, e quem não souber o que é "electro-pop", como era a música da década de 1980, etc., não vai compreender muita coisa do texto citado. Por outro lado, os dois textos serão considerados fáceis se o leitor dispõe das informações necessárias.

(4) Na escrita, ocorre maior frequência de orações mais complexas.

Como já dissemos, na *escrita*, não estamos "on-line", isto é, produzindo um texto em tempo real. Nós normalmente reservamos algum tempo para elaborar o nosso texto, o que permite revisá-lo e corrigi-lo: o leitor só vai ler a versão final. Temos a possibilidade então de refletir muito mais sobre o que queremos escrever e também sobre como vamos escrever o que queremos. Isto faz com que a *escrita* tenha, com mais frequência, orações mais elaboradas e complexas que aquelas que ocorrem na *fala*. Veja o seguinte exemplo:

A escrita pode ter muitos **suportes** diferentes. O *papiro*, usando na antiguidade, o *papel* e, hoje, a *tela do computador* são três marcos da história dos suportes da escrita.

Ao lado, fornecemos duas receitas excelentes *que* garantirão bem-estar a seus cabelos, *mas* você pode pesquisar um pouco sobre cada ingrediente, *inventando* fórmulas *que* sejam mais adequadas a você.

Fonte: *Revista Vida Integral*, Seven Boys, p. 8.

Nesse texto, os vínculos estabelecidos entre as orações são complexos e vamos estudá-los com muito cuidado no capítulo 6. Por enquanto, apenas destaquei as palavras *que*, *mas* e *inventando*, que criam esses vínculos. Por exemplo: o primeiro *que* vincula a oração

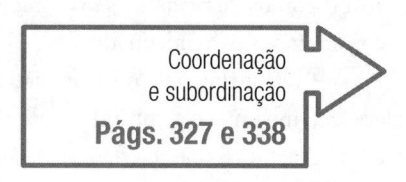

Coordenação
e subordinação
Págs. 327 e 338

"Ao lado, fornecemos duas receitas excelentes" com a oração "garantirão bem-estar a seus cabelos".

Os vínculos entre as orações são de dois tipos: (1) **coordenação** e (2) **subordinação**, que serão explicados no capítulo 6. Por hora, é importante saber que a subordinação é mais comum na *escrita* do que na *fala*, o que faz com que, na *escrita*, as orações estejam, muitas vezes, bastante articuladas por recursos que explicaremos adiante.

(5) A escrita é menos usada que a fala.

A *escrita* é mais usada no período escolar, para fazermos os trabalhos e as provas, e naquelas profissões, como a de advogado ou a de jornalista, em que os produtos do trabalho são textos escritos. Boa parte das pessoas usa a língua escrita no máximo para fazer listas de compras, escrever mensagens de celular ou pequenas anotações. A dificuldade de todos nós com a *escrita* se deve em parte a isso. Como já dissemos, escrever é uma habilidade diferente da *fala* e é uma atividade que sempre pode ser aperfeiçoada ao longo da nossa vida.

É verdade, por outro lado, que, com a internet e o celular, essa situação está mudando muito rapidamente: como parte da comunicação entre as pessoas é feita por mensagens ou e-mails, a *escrita* encontrou um novo veículo e suporte para se desenvolver. É interessante observar que o tipo de escrita usado nas mensagens e e-mails é, com muita frequência, diferente do que é proposto pelo português padrão. Observe a mensagem que recebi de uma prima:

Olá pessoas,

Taza passou aqui indo pro sul e volta no sábado.
Pediu pra gente organizar pra encontrar no domingo pois estará com toda a família tb.
A ideia é almoçarmos juntos no domingo, ok?
Pode ser no Icaraí pois quer ver os velhos.
Aguardo sugestões.

Nessa mensagem, apesar do texto ser escrito, há muitas características da *fala*. Por exemplo: a palavra *ok*, que é uma maneira que temos de interagir com o falante quando estamos conversando; ela usa também um recurso que é típico da linguagem de mensagens: a palavra *também* está escrita de maneira reduzida, isto é, *tb* e, além disso, emprega as formas reduzidas *pro* e *pra*, isto é, "para o" e "para a", muito frequentes na *fala*; as orações são simples e utiliza palavras mais típicas da *fala* como, por exemplo, *os velhos* para se referir a um casal de tios.

De acordo com o português padrão, porém, a *escrita* usada em mensagens, como a que está citada, não é adequada para todo tipo de texto. Numa proposta de trabalho para uma empresa, num trabalho escolar para a matéria de História ou numa reclamação de um produto dirigida ao Procon da sua cidade, são os recursos do português padrão, explicados neste livro, que são considerados mais adequados.

Para concluir, chamo a atenção para o fato de que, apesar de haver diferenças entre a *escrita* e a *fala*, uma não é o contrário da outra. Como já apontamos, a realidade é evidentemente mais complexa: muitas características da *fala* aparecem, como vimos, em, por exemplo, e-mails e mensagens e muitos recursos típicos da *escrita* são usados na *fala* quando, por exemplo, alguém faz uma palestra ou dá uma entrevista. Em vez de dizer que a *fala* e a *escrita* estão em polos opostos, é melhor considerar a ideia que as duas modalidades se dispõem num *continuum* no que se refere ao português não padrão e ao português padrão, o que vai depender de vários aspectos, como, por exemplo, o grau de consciência dos recursos da língua por parte do usuário; do **tipo** e do **gênero** do texto e outros aspectos.

Vamos continuar a estudar a seguir outros fatores que provocam variação na língua.

Os lugares

Trataremos agora do fato de o chamado **português do Brasil** ser, na verdade, um conjunto de **dialetos** ou **falares**. Como esses dialetos ou falares são diferentes uns dos outros, dá para concluir que o espaço geográfico é um dos fatores que provoca *variação* na língua. Vamos estudar isso em detalhes.

Em nosso país, existem várias maneiras da língua portuguesa ser usada na *fala*. Nós sabemos – basta reparar na *fala* das pessoas entrevistadas em um jornal de televisão – que os falantes da Bahia falam diferente dos falantes de Goiás, que, por sua vez, falam diferente das pessoas de Santa Catarina, o que é também diferente do que escutamos no Rio de Janeiro e assim por diante. Essas maneiras de usar a língua na *fala* são chamadas de **dialetos**, que enriquecem muito o português do Brasil e são naturais em qualquer língua. As fronteiras dos dialetos não são sempre as mesmas fronteiras entre os estados do país. Por exemplo: o **dialeto paulista** ou **caipira** é falado também na região do triângulo mineiro.

Observe agora um mapa que localiza, de maneira aproximada, a grande maioria dos dialetos do português do Brasil e, em seguida, a lista desses dialetos:

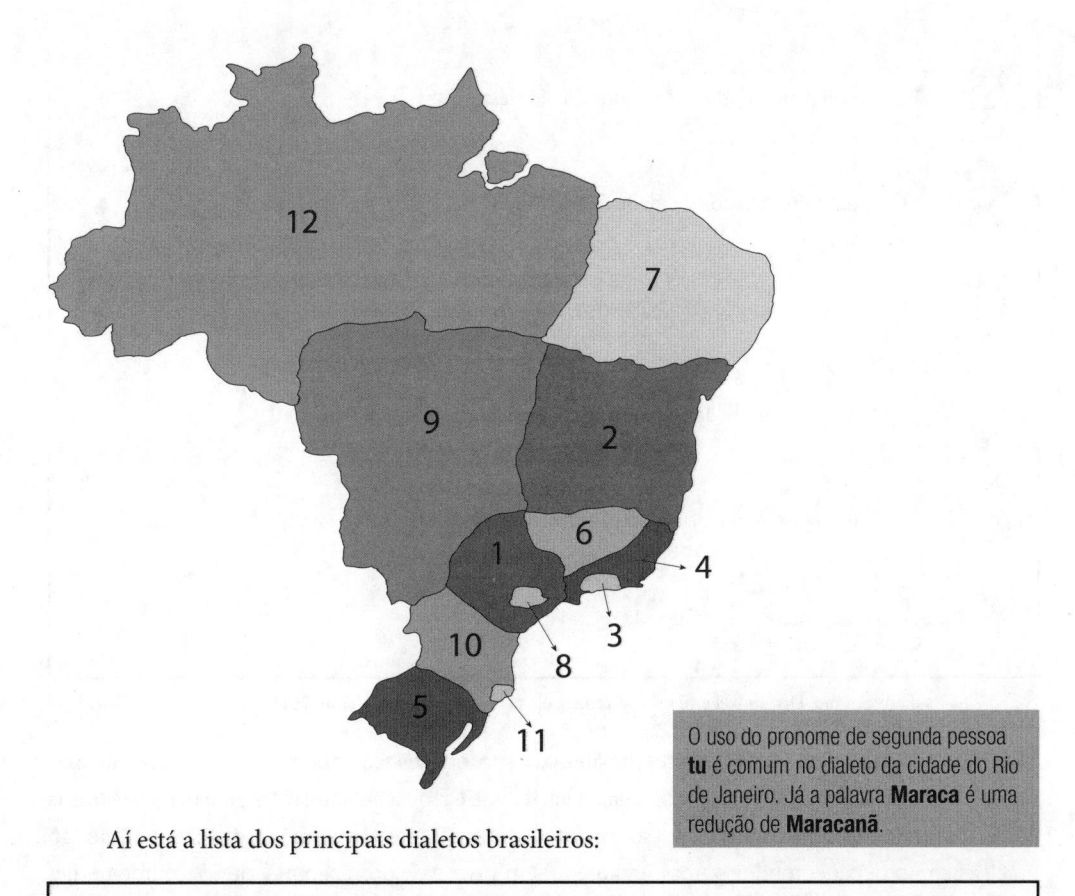

> O uso do pronome de segunda pessoa **tu** é comum no dialeto da cidade do Rio de Janeiro. Já a palavra **Maraca** é uma redução de **Maracanã**.

Aí está a lista dos principais dialetos brasileiros:

 [1] Caipira ou Paulista: falado em boa parte do interior de São Paulo e em parte de Goiás, no norte do Paraná, em parte do Mato Grosso e do Mato Grosso do Sul, no sul de Minas Gerais e no triângulo mineiro.

 [2] Baiano: falado no estado da Bahia, em algumas regiões do norte de Minas Gerais, em regiões do estado de Goiás e em boa parte do estado de Sergipe.

 [3] Carioca: falado na cidade do Rio de Janeiro.

 [4] Fluminense: usado no estado do Rio de Janeiro e em parte da zona da mata mineira.

 [5] Gaúcho: falado no estado do Rio Grande do Sul.

 [6] Mineiro: falado na região central do estado de Minas Gerais.

[7]   Nordestino: usado nos estados do Nordeste.

 [8]   Paulistano: falado na cidade de São Paulo.

 [9]   Sertão: empregado em parte de Goiás e em Mato Grosso.

 [10] Sulista: em parte do Paraná e em Santa Catarina.

 [11] Florianopolitano: na cidade de Florianópolis.

 [12] Amazônico: nos estados da região do Amazonas.

Fonte: Ana Paula de Araújo. Disponível em: <www. Infoescola.com>, acesso em: 10 out. 2016.

Essa lista de 12 dialetos ou falares brasileiros e sua localização é apenas uma tentativa aproximada e tem como finalidade dar uma ideia da variedade e riqueza da nossa língua: mais pesquisas poderão diferenciar ainda mais os nossos dialetos. Além disso, as fronteiras entre eles não são tão precisas como deixa entender o nosso mapa. É bem provável, por exemplo, que a grande região amazônica contenha mais de um dialeto: a maneira de falar o português da região de Belém do Pará é, seguramente, diferente do uso da língua no estado do Acre. Precisamos ficar atentos igualmente à influência das línguas indígenas em toda essa região. Muitas vezes, também, a maneira de falar das capitais do Brasil é diferente do que se escuta no interior dos estados. Vale a pena distinguir, provavelmente, o falar de Porto Alegre e de Recife dos falares que se encontram no interior desses estados. Tudo indica, enfim, que a região Nordeste não apresenta um único dialeto: o falar do Ceará, por exemplo, tem diferenças daquele usado em Pernambuco.

Para ilustrar alguns dialetos brasileiros, observe a lista de palavras seguintes, usadas no dialeto utilizado na região da cidade de Londrina, no estado do Paraná:

Brumadão significa "moita cerrada e baixa".
Calo d'água significa "bolha que se forma nos pés com o uso dos sapatos muito apertados".
Panela significa "dente molar".
Orelha-de-padre significa "cogumelo".
Capuchinho significa "cavanhaque".

Fonte: Aguilera, 1994: 181.

Veja agora a lista de palavras seguintes, que ocorrem no falar do estado de Sergipe:

Dordolho significa "conjuntivite".
Troncho significa "pessoa desajeitada, de corpo malfeito".
Arapuá significa "um tipo de abelha".
Malino significa "menino bagunceiro".
Jererê significa "coceira forte".

Fonte: Ferreira et al.,1987.

Outro fenômeno interessante que distingue muitos dos dialetos do português do Brasil é o uso de **você** e de **tu**. A palavra *você* é a forma de tratamento, isto é, uma maneira que temos de dirigir a nossa fala para uma pessoa, mais comum no Brasil. Nós a usamos para conversar com qualquer pessoa, a não

Conjugação verbal
Pág. 213

ser com aquelas mais velhas ou que estão em algum cargo importante, como diretora de escola ou prefeito, a quem nos dirigimos empregando as formas de tratamento *senhor* ou *senhora*. Porém, em alguns dialetos, a palavra *tu* é amplamente utilizada, principalmente, no Rio Grande do Sul e no Rio de Janeiro. Na grande maioria das vezes, *tu* e *você* conjugam o verbo da mesma maneira, por exemplo:

Você *fala* – Tu *fala*   Você *vai* – Tu *vai*.

Mas, em algumas circunstâncias, o *tu* pode aparecer conjugado de maneira diferente do *você*, sobretudo, na região do Rio Grande do Sul:

Você *fala* – Tu *falas*   Você *vai* – Tu *vais*.

A *pronúncia* também varia muito nos nossos vários dialetos. Percebemos isso facilmente quando viajamos para outro estado ou quando escutamos pessoas de outros estados falando na televisão.

Como já dissemos, embora as diferenças dialetais sejam naturais, quando usamos a *escrita* para, por exemplo, redigir uma proposta de trabalho ou uma redação escolar, espera-se, de acordo com as normas do português padrão, que evitemos registrar recursos que pertencem aos dialetos. O português padrão tem, portanto, como também já vimos e como o próprio

Neste convite de festa junina, foi feita, no final, uma caricatura da maneira de falar do **dialeto mineiro**.

nome indica, a função de tentar padronizar, sobretudo, o uso escrito do português. Por outro lado, é claro que, como no exemplo, ao lado, de um convite para uma festa junina, é possível e muito adequado registrar por meio da escrita recursos ou maneiras de pronunciar próprios de um dialeto.

As épocas

A língua varia também com a época, isto é, a língua, assim como tudo que existe, muda muito com o tempo. Observe, por exemplo, os textos a seguir: o primeiro foi escrito no século XIV e o segundo no século XIX, em 1888:

Século XIV

↓

Que soidade....
quando me nembra d'ela qual a vi
e que me nembra que bem a oi
falar, e, por quanto bem d'ela sei,
rogu'eu a Deus, que end'há o poder,
que mh-a leuxe, se lhi rouguer, veer

Fonte: Sousa da Silveira, 1966: 378.

TUDO MUDA! A gente gostando ou não. Quem souber conviver com isso vai poder aproveitar mais o breve período de tempo que é a nossa vida neste planeta.

O texto citado é muito difícil de entender, o que nos leva a duvidar de que seja mesmo o nosso português. Mas é, sim, português, europeu é claro, e para compreendê-lo é preciso ser um especialista. Esse texto é uma cantiga de amor de El-rei D. Denis, típica dos trovadores medievais. Vamos "traduzir" algumas de suas expressões para que você tenha uma ideia de como a língua muda:

"soidade" = saudade
"nembra" = lembro
"qual a vi" = como a vi
"oi" = ouvi
"rogu'eu" = rogo eu (isto é, *eu peço*)
"end'há" = disso tem
"mh-a leixe veer" = me deixe vê-la
"se lhi rouguer" = se lhe aprouver (isto é, *se lhe agradar*)

Você pode também **reescrever** o texto medieval com as "traduções" propostas.

O texto seguinte está bem mais próximo do nosso português de hoje. Trata-se de um trecho de uma das cartas trocadas pela família do casal Cristiano e Bárbara Ottoni, residente no Rio de Janeiro, no final do século XIX:

Século XIX

↓

Esta carta ja irá chegar em plena primavera, que é o tempo alegre na Europa; quando as arvores ate alli de galhos denegridos, começaõ a cobrir-se de brotos e folhas. Por compensação, haõ de vocês divertir-se menos, por faltar ahi o patusco Thio Lulu...

Fonte: Lopes, 2005: 185.

Embora esse texto seja bem mais fácil de compreender do que o texto medieval, há ainda muitas diferenças em relação à língua contemporânea. Observe, por exemplo, a maneira de escrever as palavras: *alli* (ali), *ahi* (aí), *Thio* (tio), *começaõ* (começam). Ocorrem ainda algumas palavras e expressões de pouco uso atualmente ou usadas com significado diferente do que têm hoje: *patusco* (festeiro, brincalhão); *Por compensaçaõ* (porém; por outro lado), *haõ de vocês divertir-se menos* (vocês vão se divertir menos).

Esses dois exemplos são suficientes para se ter certeza de que a língua muda com o tempo. É interessante observar também que, muitas vezes, o que é considerado

> É possível fazer uma comparação entre as palavras e demais recursos da língua com as casas e prédios de uma cidade: numa cidade, os habitantes utilizam construções de várias épocas assim como, ao usar a língua, os falantes utilizam palavras e recursos que são também de épocas diferentes.

errado em uma época passa a ser considerado certo em uma época posterior. Aliás, é muito parecido com o que ocorre com os comportamentos em geral: quando surge uma atitude ou um comportamento novo, a sociedade o estranha e, geralmente, o condena ou o considera algo a ser evitado, mas se esse comportamento se expande na sociedade, ou seja, se muita gente passa a adotá-lo, com o tempo ele será aceito ou, pelo menos, tolerado. Pense, por exemplo, no caso de homens usando brinco: há 20 ou 30 anos, pouco se via isso e, por essa razão, não era bem visto; mas hoje é tão comum que ninguém mais se dá o trabalho de condenar ou combater o uso desse adereço.

Assim também é a língua. Veja o caso da palavra *você*, que é originária de *vossa mercê* e que hoje pode se realizar, na *fala*, como *cê*. Vamos resumir seu percurso na língua da seguinte maneira:

Vossa Mercê → você → cê

Essa transformação demorou alguns séculos para ocorrer e apresentou ainda certas etapas intermediárias como *vosmecê* e *ocê* (embora esta última seja talvez mais típica do dialeto paulista ou mineiro). Acontece que a palavra *você* já foi considerada errada quando *vossa mercê* ainda ocorria na língua e, hoje, *você* é adequado; *cê* é, por enquanto, restrito à *fala* e não se considera adequado utilizá-la, por exemplo, em cartas comerciais. Começamos, no entanto, a admitir a presença da palavra *cê* na escrita: há propagandas que a utilizam e ela é o nome de uma banda que acompanhava o compositor Caetano Veloso. Esses primeiros registros escritos de *cê* são, na verdade, esperados, pois, como mostram pesquisas recentes, já que *cê* é mais usado pelos jovens, há boas chances da palavra *cê* ser considerada, no futuro, como a palavra adequada a ser usada tanto na *fala* quanto na *escrita*; e *você* poderá ser considerada uma palavra antiga, arcaica, tal qual nos parece, hoje, a expressão *vossa mercê*. Quem viver verá!

Palavras, expressões e outros recursos podem então deixar de ser usados e se tornarem o que chamamos de *arcaísmos*. Veja uma pequena lista deles com os significados que tinham:

Físico = médico
Palmeirim = peregrino
Fremoso = formoso
Asinha = rapidamente
Arreio = enfeite
Entonces = então

Como se vê, a língua está em constante evolução, criando palavras novas e deixando de usar outras. Mas essa substituição não acontece de uma só vez, e sim gradualmente. Ocorre normalmente, numa mesma época, convivência entre palavras e outros recursos novos com palavras e outros recursos que estão deixando de ser usados. É comum que o que é novo seja, de início, considerado errado ou inadequado, e o que é mais antigo seja considerado certo ou adequado. Mas acontece muitas vezes que, num período posterior, aquilo que era novo seja enfim aceito e reavaliado como certo ou adequado. Vamos ilustrar o que acabamos de dizer com o exemplo do percurso da expressão *vamos em boa hora*, que tem cinco etapas:

Os torcedores do time do Bahia, de Salvador, tem o seguinte "grito de guerra": BORA, BAÊA!

1º *vamos em boa hora* – século XV
2º *vamos embora* – usada a partir do século XVI
3º *vamo embora* – criada no Brasil em meados do século XX
4º *vambora* – surgida no Brasil, na década de 1980
5º *bora* – frequente no Brasil, a partir dos anos 1990

A expressão *vamos em boa hora*, no século XV, significava, aproximadamente, "sair no momento apropriado", mas com o tempo foi se reduzindo e passando a significar simplesmente "sair de um lugar". Com esse significado, podemos usar mais quatro expressões diferentes que convivem no português do Brasil contemporâneo: *vamos embora* é a mais antiga delas e a única aceita na escrita e *bora* é a mais nova e limitada, pelo menos por enquanto, à *fala*. Assim, essas quatro expressões – *vamos embora*, *vamo embora*, *vambora* e *bora* –, mesmo sendo de épocas diferentes, estão disponíveis na fala do português do Brasil contemporâneo e um mesmo falante pode, dependendo do contexto de uso, empregar ora uma ora outra dessas expressões.

Vamos falar agora sobre o papel da pessoa do falante no que se refere à variação da língua.

A pessoa que usa a língua

Dependendo da pessoa que está, principalmente, falando, mas também escrevendo, a língua pode também variar. Os fatores sociais que podem provocar essa variação são os seguintes:

> 1º Gênero
> 2º Faixa etária
> 3º Classe social
> 4º Profissão

O primeiro deles, o **gênero**, refere-se ao sexo do falante. É só ficar atento e observar que homens e mulheres escolhem certos recursos da língua que podem ser diferentes. É comum as mulheres usarem as partes de palavras *-inho* ou *-zinho* para formar o que chamamos de *diminutivo*. O exemplo seguinte é exagerado, mas ilustra bem o que queremos mostrar:

Você viu que lindinho aquele colarzinho de pedrinhas?

Não é que os diminutivos não apareçam na *fala* dos homens, mas é mais frequente na feminina. Outro exemplo de fala mais tipicamente feminina, mas não exclusiva, é a pronúncia alongada de alguns sons das palavras para enfatizar uma ideia. Por exemplo:

Am**eeeee**i você ter ficado comigo ontem a tarde toda!

Como se vê, o som **e** foi *alongado* e é um recurso a mais que temos para expressar a intensidade de algo. Esse exemplo, como ficou claro, quer dizer que a pessoa *gostou muito* do que aconteceu com ela.

A *fala* masculina também tem suas manifestações mais típicas como, por exemplo, maior frequência de *palavrões*, embora este comportamento esteja, hoje em dia, bastante disseminado também na *fala* feminina, o que se deve ao fato de que atualmente os papéis sociais do homem e da mulher são muito menos nítidos do que eram quarenta ou cinquenta anos atrás.

As pesquisas mostram também que as mulheres, quando são conscientes que determinado recurso da língua é uma inovação, são mais conservadoras do que os homens, isto é, usam com mais frequência os recursos do português padrão. A variação da língua que diz respeito ao sexo dos falantes está, com certeza, ligada aos papéis sociais exercidos pelo homem e pela mulher. Embora tudo esteja mudando muito rapidamente, ainda se espera dos homens que sejam mais "durões", menos emotivos, sendo esperado das mulheres o contrário, o que explica os dois exemplos citados da *fala* feminina, que são recursos que expressam afeto e manifestação estética, isto é, sobre o que é *belo*. Já que a sociedade atribui a eles papéis diferentes, a expectativa é que tenham também comportamentos distintos, o que inclui o comportamento linguístico.

O segundo fator do quadro anterior é a **faixa etária**, isto é, os falantes mais jovens fazem escolhas de uso da língua que diferem das escolhas dos falantes mais velhos e isso tem um papel muito importante em relação a inovações e mudanças na língua e também em relação à conservação da língua tal qual ela se encontra num determinado período.

Também esse fator é fácil de ser observado. Compare, por exemplo, a conversa do seu avô com um amigo dele e a conversa que você tem com um colega: muita coisa é diferente! O que chama mais atenção é a enorme presença de gírias na fala dos mais jovens. Elas variam muito de região a região e de momento também, isto é, elas estão sempre caindo em desuso e sendo renovadas. Na década de 1960, por exemplo, usou-se chamar *rapaz bonito* de "pão" e *moça bonita* era um "chuchu". Mas não são só as gírias que caracterizam a *fala* dos mais jovens. Eles são os falantes que impulsionam as mudanças da língua. Assim, são os jovens que usam, com maior frequência, os recursos da língua mais inovadores. Por exemplo, a palavra *cê*, que é uma forma reduzida de falar *você*, é mais usada pelas faixas etárias mais jovens enquanto as mais velhas usam, com maior frequência, o *você* mesmo. Veja que interessante: isso explica como a língua muda: com o tempo e a troca de gerações, os recursos inovadores sobrevivem com as faixas etárias mais jovens e os recursos antigos desaparecem ou ficam em desuso com o desaparecimento das faixas etárias mais velhas. Claro que isso acontece de maneira lenta e gradual e, além disso, a mudança da língua não é obrigatória, isto é, pode ocorrer que uma palavra nova e outra antiga, que tenham o mesmo significado, convivam na língua por muitos séculos!

O terceiro fator do quadro é a **classe social**, que também causa variação na língua. Definir com exatidão classe social não é uma tarefa simples, sobretudo no Brasil, onde se vê grande mobilidade social, isto é, do ponto de vista do nível de renda, os brasileiros podem, num curto período de tempo, progredir ou regredir de maneira significativa. O nível de escolaridade é também um critério usado na caracterização da classe social, ou seja, as classes mais pobres são também, muitas vezes, as menos escolarizadas. Mas esse critério tem que ser considerado com outros devido ao aumento da escolarização dos brasileiros nas últimas décadas. Distinguir classes por meio da antiga separação entre o Brasil rural e o Brasil urbano não é também muito seguro porque essa separação é hoje menos nítida: nas últimas décadas, a urbanização foi intensa e acelerada e, com a democratização das informações por meio da televisão, da internet e dos telefones celulares, há uma tendência a certa homogeneização de comportamentos e da língua. Talvez a distinção social mais nítida hoje em dia seja entre as comunidades pobres que vivem nas periferias e morros das grandes cidades e as classes médias. Nesses dois mundos, que, entretanto, não são separados e convivem um com o outro, é possível destacar com clareza usos de língua diferentes. Através da música popular, que sempre foi uma vitrine das inovações da língua, dá para observar o universo linguístico dessas comunidades pobres e verificar de que maneira é diferente do português padrão. Veja, por exemplo, a seguinte lista de palavras e significados usados no meio da música *funk* do Rio de Janeiro:

Abalar: ter sucesso
Bolado: surpreso
Bonde: turma de amigos
Bucha: pessoa inconveniente
Cachorra: mulher fácil
Caô: mentira, boato
Cap (quép): boné
Chapa quente: lugar que o ambiente é animado ou agitado
Colar com: andar junto com, aproximar-se
Cortar na mão: tomar a namorada de alguém
Demorô: vamos, é isso aí
Incorporar: fazer coisas ruins, encarnar o mau.
Martelão: pênis
Mercenária: mulher interesseira
Tá osso: difícil, desfavorável
Pisante: tênis
Popozuda: mulher de bunda grande
Porpurinada: mulher bem tratada, cheirosa
Preparada: mulher fácil e experiente
Presepeiro: pessoa que não cumpre o que promete
Sangue bom: pessoa de qualidade, boa índole
Tá dominado: situação sob controle
Tchutchuca: mulher muito bonita
Tigrão: homem de aparência rude, mas que consegue namorar mulheres bonitas
Ir pra vala: morrer
Veneno: bebida alcoólica
X9: dedo duro, informante
Zoar: agitar, se divertir

Fonte: disponível em: <www. forum.valinor.com.br>, acesso em: 10 jan. 2011.

Algumas palavras que são muito usadas pelos jovens foram incluídas na última edição do dicionário *Aurélio* (2011) e passaram a ser palavras da língua portuguesa. Dentre elas estão:

blogar
balada

Além de caracterizar, de início, a *fala* de certas comunidades do Rio de Janeiro, essas palavras são, com certeza, típicas da *fala* das faixas etárias mais jovens dessas comunidades, o que mostra que, muitas vezes, os fatores que causam variação na língua podem se misturar. É interessante observar também que algumas dessas expressões podem se espalhar para outros grupos sociais e para outras cidades e regiões do Brasil, como, por exemplo, *zoar* e *popozuda*. Já outras serão sempre do domínio da comunidade de origem e poderão desaparecer ou ser substituídas por outras.

O exemplo citado diz respeito à criação de novas palavras, mas outros fenômenos da língua podem também diferenciar classes sociais. Um deles é o uso do que chamamos de **concordância verbal** que será estudado no capítulo 4. A concordância é uma relação entre duas ou mais palavras. Nas classes mais escolarizadas, ela é realizada, com maior frequência, da seguinte maneira:

Concordância verbal
Pág. 212

(1)   ⬚NÓS⬚ DANÇA⬚MOS⬚ FORRÓ A NOITE TODA.

Nesse exemplo, trata-se da relação entre NÓS e DANÇAMOS que se torna visível por -MOS, que aparece grudado a DANÇAMOS. Essa concordância pode se realizar também de outra maneira, que é como ocorre, muitas vezes, no uso da língua das classes menos escolarizadas:

Esses "pedaços" de palavras
são chamados de **morfemas**
Pág. 107

(2)   ⬚NÓS⬚ DANÇ⬚OU⬚ FORRÓ A NOITE TODA.

Nesse caso, NÓS e DANÇOU estão concordando de outra maneira: na terminação de DANÇOU é o pedaço de palavra ou morfema -OU que aparece.

O exemplo em (1) é o que está de acordo com o português padrão, mas deixaremos para explicar os detalhes da concordância no capítulo 4. Repito, enfim, que a concordância verbal como é feita em (2) é mais típica das classes sociais menos escolarizadas, mas não é impossível, mesmo com o trabalho da escola no treinamento do português padrão, que essa concordância se espalhe na língua, sendo usada – e há sinais de que isso pode estar acontecendo nas faixas etárias mais jovens – na *fala* de outros segmentos sociais.

Por fim, o último fator do quadro citado que provoca variação é a **profissão** ou a área de atuação profissional das pessoas. Normalmente, a prática profissional e as informações específicas necessárias a essa prática geram um conjunto de hábitos de uso da língua que nos permite distinguir grupos de falantes. O **jargão** profissional, isto é, um conjunto de palavras usadas por profissionais de uma determinada área, é uma das características da língua usada por uma área profissional. Observe, por exemplo, na televisão, quando um economista dá sua opinião a respeito de algum aspecto da vida econômica do país: muitas das palavras usadas são específicas da área de economia e são, por isso, difíceis de entender. Algumas delas são:

Ação: é um título que garante a quem a tem uma parte ou uma fração correspondente ao valor de uma empresa.

Acionista majoritário: é a pessoa que possui a maior parte das ações de uma empresa.

Holding: empresa que tem participação acionária em uma ou mais empresas.

IGP-M: é o índice geral de preços calculado pela Fundação Getúlio Vargas que serve para calcular a inflação.

Informação privilegiada: são informações que não são públicas e que podem servir para vender ou comprar ações de uma empresa e, com isso, obter ganhos de capital significativos.

Como se vê, os termos da área de economia podem ser de língua estrangeira, como *holding*, siglas como *IGP-M* ou palavras comuns como *ação*: essa última nós usamos no dia a dia, mas, na área de economia, tem um significado específico.

A LÍNGUA VARIA. O QUE FAZER?

Vamos fechar o capítulo pensando na seguinte pergunta:

Já que a realidade é que a língua varia e muda, o que devemos fazer?

Não podemos simplesmente fechar os olhos para essa realidade e continuar pensando que só existe, ou só deve existir, o português padrão, ou, ainda, que só o português padrão é correto e que qualquer diferença de uso de língua em relação a ele é errada.

Devemos, *em primeiro lugar*, **acolher** e **valorizar** as várias possibilidades de uso da língua, sejam do português não padrão – o que inclui os regionalismos, as línguas dos vários segmentos sociais, a língua dos jovens, os estrangeirismos... –, sejam do português padrão, e ter consciência do momento em que devemos usar essa ou aquela "língua", ou, em outras palavras, devemos nos tornar "poliglotas" na nossa própria língua.

A partir daí, devemos, *em segundo lugar*, ter como objetivo dominar e aprimorar os recursos do português padrão, pois é ele que organiza o Estado brasileiro, a vida profissional e nos permite ser cidadãos que reivindicam seus direitos. Assim, usaremos a língua, de forma *adequada,* quando nos dirigirmos a uma autoridade, quando estivermos escrevendo um texto para qualquer finalidade, mas também usaremos a língua, de forma *adequada*, sem preocupação de estarmos errados, quando estivermos em família ou com os amigos.

Neste livro, estaremos, portanto, preocupados em desenvolver, de maneira *reflexiva* ou *inteligente*, como foi explicado na introdução, na parte "Aos leitores", os recursos do português padrão, que são mais exigidos na *escrita*, mas tendo o cuidado de apontar, sempre que possível, para que possa ser feita a comparação, os recursos equivalentes usados na *fala* ou no português não padrão. Ora, a razão desse nosso procedimento é muito clara: é o cotejamento dos recursos do português não padrão com os recursos do português padrão que nos permitirá compreender e adquirir esses últimos.

EXERCÍCIOS

Para fazer os exercícios do capítulo 1 e de outros capítulos, vamos aprender um procedimento chamado de **retextualização**. Trata-se do seguinte: para aumentar nossa habilidade de escrita, podemos fazer transcrições de textos, ou seja, converter um texto de um tipo num texto de outro tipo. É possível, assim, passar um texto da *fala* para um texto da *escrita*, ou vice-versa; passar um texto do *português de Portugal* para o *português do Brasil*, ou vice-versa; passar um texto de um *dialeto* para um texto de outro dialeto, ou vice-versa, e assim por diante. A consciência sobre as diferenças entre a *fala* e a *escrita* pode, dessa maneira, ser ampliada com as atividades de retextualização. Ao fazer uma retextualização, como é pedido nas tarefas a seguir, você deverá utilizar os seus conhecimentos do português padrão escrito vigentes no português do Brasil contemporâneo.

A fim de realizar uma retextualização da *fala* para a *escrita*, você deverá se orientar pelas seguintes operações:

OPERAÇÕES DE RETEXTUALIZAÇÃO

1ª operação: eliminar as palavras interacionais e as hesitações.
2ª operação: eliminar repetições e introduzir pontuação.
3ª operação: estruturação e articulação das orações de acordo com os recursos do português padrão que você conhece.
4ª operação: aperfeiçoamento do *estilo* do texto – trocar palavras repetidas por palavras com o mesmo significado e, se necessário, mudar as orações de lugar para organizar melhor seu texto.

Fonte: Marcushi, 2001: 75.

---

1. **Tarefa:** Você deverá retextualizar os dois textos a seguir.

TEXTO 1

1 Olha só...eu num penso assim não...porque
2 se rola uma pulada de cerca deve sim ir
3 cada um pro seu lado mesmo...

O texto a seguir é um depoimento de uma mulher na faixa de 40 anos, comentando o que ela acha sobre a escolarização de crianças muito novas.

TEXTO 2

1 bom...é a minha menina por experiência própria a
2 minha menina tem três anos agora ela foi a escola
3 com um ano e quatro meses e...eu a coloquei na maternal
4 com um ano e quatro meses e acho que es/a criança
5 deve ir o mais cedo possível a escola né?...e... uma
6 coisa que eu não me arrependi foi ter botado ela com
7 um ano e quatro meses...quando eu matriculei quando
8 eu cursou começou a cursar em março ela tinha um ano
9 e seis meses...ainda levava mamadeira para a escola
10 levava o leite levava...essas coisa MAS ela se
11 desenvolveu MUIto a escola é MUIto boa...uma escola
12 particular...geralmente maternal só em es/em colégio
13 particular ce não vê em colégio público maternal...
14 MAS ACHO válido você botar a criança o mais cedo
15 possível na escola...

Fonte: Koch, 1996: 87.

DICAS

1. Há alguns recursos presentes no texto que mostram que a pessoa tem um bom nível de escolaridade. Por exemplo, na linha 3, ela usa "eu a coloquei...": a presença do pronome **a** antes do **verbo** é mais usado na *escrita* e na *fala* que se orientam pelo português padrão.

Lugar dos pronomes
Pág. 360

2. Os trechos em letras maiúsculas no texto 2 indicam que a falante colocou *ênfase* na sua *fala*.

2. O texto 2 a seguir é uma retextualização do texto 1

TEXTO 1

Minha avó já tinha <u>arrumado um serviço</u> para mim numa loja.

TEXTO 2

Minha avó já tinha <u>conseguido um emprego</u> para mim numa loja.

Nessa retextualização, substituímos um trecho sublinhado, *arrumado um serviço*, do texto 1 pelo trecho *conseguido um emprego* do texto 2.

Leia agora os textos seguintes. O texto 4 é uma retextualização do texto 3:

TEXTO 3

Fui um entre os milhares de fiéis que peregrinaram até o Santuário de Nossa Senhora de Caravaggio, neste ano. Durante o percurso, vi alguns comportamentos que, em tese, não condizem com atitudes cristãs e, provavelmente, desagradariam à santa.

Um deles diz respeito ao meio ambiente. Qual é a relação entre fé e meio ambiente? Se acreditarmos, como cristãos, que Deus nos criou e criou todos os elementos da natureza, bem como os demais seres vivos, então, nossa atitude deveria ser de preservar o meio ambiente, obra divina do Criador. Deveria ser considerado pecado fazer o contrário.

Fonte: Claudia Teixeira Panarotto apud Fontana et al., 2009: 95.

TEXTO 4

Esse ano eu fui junto com milhares de fiéis <u>fazer o caminho a pé</u> até a igreja de Nossa Senhora de Caravaggio. Na caminhada, eu vi as pessoas <u>fazendo umas coisas que não é de cristão não</u>. Eu acho até que a santa não ia gostar de ver o que eu vi.

Uma dessas coisas <u>tem a ver</u> com o meio ambiente. Que relação tem a fé com o meio ambiente? <u>Nós achamos, os cristãos</u>, que <u>Deus criou a gente e tudo que existe, os bichos, a natureza</u>, etc., então, o que a gente deve fazer é preservar o meio ambiente. Eu acho que <u>devia ser pecado não agir assim</u>.

Tarefa: Você deverá encontrar, no texto 3, os recursos equivalentes aos trechos sublinhados empregados no texto 4.

3. Podemos também tomar consciência das particularidades do português do Brasil em relação ao português de Portugal por meio das retextualizações. Considerem os dois textos a seguir. O primeiro relata o que aconteceu num jogo de futebol e foi retirado do jornal esportivo português *A Bola*:

TEXTO 1

01 Minuto 55, Yoav Ziv disputa a bola junto à linha lateral; é
02 pisado por um adversário e perde a bota que acabaria por
03 pontapear na direcção do árbitro assistente. Arrependido,
04 o jogador foi lesto a desculpar-se, mas o mal estava feito.
05 Resultado: viu o cartão vermelho directo e recolheu mais
06 cedo aos balneários.

Fonte: disponível em: <www.abola.pt>, acesso em: 21 out. 2011.

O segundo texto é um trecho de *A vida numa quinta do Minho*, do escritor português Eça de Queiroz (1846-1900).

TEXTO 2

01 De madrugada os galos cantam, a quinta acorda, os cães de fila
02 são acorrentados, a moça vai mungir as vacas, o pegureiro
03 atira o seu cajado ao ombro, a fila dos jornaleiros mete-se às
04 terras – e o trabalho principia, esse trabalho que em Portugal
05 parece a mais segura das alegrias e a festa sempre incansável,
06 porque é todo feito a cantar.

Por serem do português europeu, o primeiro contemporâneo e o segundo do século XIX, há várias diferenças entre os recursos de linguagem empregados e os seus equivalentes no português do Brasil.

Tarefa: Você deverá retextualizar os dois textos citados, transformando-os em textos que estejam adequados ao português padrão do Brasil. Para isso, será também necessário consultar um dicionário, o que pode ser feito acessando sites que fornecem significados das palavras, como, por exemplo, o *Dicionário Online de Português* (www.dicio.com.br).

4. O texto a seguir é um trecho de uma história contada por uma mulher de 35 anos, com ensino fundamental concluído, moradora da cidade de São João da Ponte, localizada na região norte de Minas Gerais (o nome e o apelido são fictícios):

> 01 Meu nome é Maria José meu apilido é Zezé. Intão era
> 02 uma vez né tinha um homem que ele tinha um monte de
> 03 filho né mais eles era muito priguiçoso ele era muito
> 04 priguiçoso né, todo dia a muié dele batia nele né pegava
> 05 um pedaço de pau e falava: vai trabalhá, seu priguiçoso, aí
> 06 ele **pegava** e colocava o machado nas costas né e ia
> 07 trabalhá aí um dia ele saiu chorando né aí ele incotrô
> 08 Nossa Sinhora aí Nossa Sinhora **pegô** e falô: ô, meu fiho
> 09 o que que cê tem? Aí né ele **pegô** e falo assim: ah eu tô
> 10 sem destino, tô procurano um serviço pra mim trabalhá aí
> 11 Nossa Sinhora **pegô** e falô: ô meu filho, eu vô te dá uma
> 12 tualha intão intão aonde cê chegá cê põe ela cê **pega** e fala
> 13 que ela dá...**pegô** a tualha foi imbora...
> 14 chegô lá falo acumpanha tualha e a tualha acumpanhava
> 15 né colocava todo tipo de cumida na mesa aí o filho, a
> 16 mulhé cumia e aí.......
>
> Fonte: *corpus* de dados do grupo de pesquisa Nupevar (Fale/UFMG).

Tarefa 1: Faça a retextualização desse trecho, procurando convertê-lo em uma versão que esteja de acordo com a sua consciência a respeito do português padrão do Brasil. Fique atento ainda ao seguinte: além de ser do dialeto do norte de Minas Gerais, esse texto é da modalidade da *fala*.

Tarefa 2: Por enquanto, apenas observe os diferentes usos do verbo *pegar* no texto citado. Faremos um exercício sobre isso no capítulo 3.

5. O texto seguinte é um trecho de um poema muito conhecido, que se tornou um clássico da literatura de cordel:

LITERATURA DE CORDEL

Ai! Se sêsse!...
Autor: Zé da Luz
Se um dia nós se gostasse;
Se um dia nós se queresse;
Se nós dois se impariásse,
[...]
e a minha faca puxasse,
e o buxo do céu furasse?...
Tarvez qui nós dois ficasse
tarvez qui nós dois caísse
e o céu furado arriasse
e as virge tôdas fugisse!!!

Fonte: Academia Brasileira de Literatura de Cordel. Disponível em: <www.ablc.com.br>, acesso em: 10 mar. 2009.

A **literatura de cordel** é um tipo de poesia muito popular na região Nordeste. Ela é originalmente oral e depois passou a ser impressa em folhetos. O nome se deve ao fato de esses folhetos ficarem expostos em barbantes nas feiras.

Tarefa: Apesar de perder toda a graça, você deverá retextualizar o texto em destaque.

6. O texto a seguir é do português de Portugal do século XIV:

Este rei dom Denis foi a Castela e chegou a Aragom a ua vila que dizem Taraçona com a rainha dona Isabel, sa molher, a meter pazes antre el rei dom James d'Aragom, filho d'el rei dom Pedro, seu padre, e antre el rei dom Fernando de Castela, filho d'el rei dom Sancho.

Fonte: Mattoso, 1983: 73.

Tarefa: Tomando por base o português do Brasil padrão, você deverá propor a retextualização dos seguintes trechos:
1. *a ua vila que dizem Taraçona.*
2. *a meter pazes antre.*

7. O trecho a seguir é baseado num texto de um blog para adolescentes:

Esse *blush* que vou mostrar já faz sucesso há um bom tempo... Eu sempre quis testá-lo, mas quem disse que o encontrava? De fato, procurei-o em várias lojas e não o encontrava em nenhum lugar! Mas a solução acabou por se apresentar: tive de recorrer às maravilhosas lojas *online*! Pensei que seria mais fácil, mas estava muito enganada! Esse produto é tão desejado que está esgotado até na página da distribuidora da *Fenzza*! Por sorte, localizei uma unidade de uma única cor que estava à venda em um link confiável. Tratava-se de uma das tonalidades que eu queria, então decidi comprá-lo!

Fonte: Amanda Mércuri. Disponível em: <amandamercuri.blogspot.com.br>, acesso em: 20 set. 2012.

Tarefa: Elabore uma retextualização desse texto de acordo com a *fala* de uma adolescente de uma grande cidade.

8. O texto seguinte é um depoimento de uma adolescente de 17 anos, aluna do ensino médio (o nome que aparece no texto é fictício):

1.....a ROTAM [polícia] né... passando é rápido... passaram uns
2 quatro carros assim todos armados e tal homens por lado de
3 fora com arma... aí nos desesperamos né olhamos assustados
4 né.... aí só que o Carlos que tava dirigindo ele não tinha
5 carteira...aí minha irmã falou: "Carlos vai embora porque
6 senão eles podem parar aqui e pedir sua carteira né...de
7 motorista...aí você tá ferrado e tal..." aí ele decidiu ir embora...
8 aí nós falamos com meu pai né que passando o carro da
9 polícia e tal o helicóptero rondando... meu pai chegou foi lá
10 pra fora pra ver... aí a gente falou: "Pai para com isso vai lá pra
11 dentro e tal..." a gente tava com medo é lógico... aí meu pai
12 foi pro fundo lá de casa no quintal e subiu em cima de uma
13 cadeira e ficou olhando lá pra vê o helicóptero... aí a gente
14 falou "Pai volta pra casa, tá dando tiro e tal"...

Fonte: *corpus* de dados do projeto Mineirês, Fale/UFMG.

Tarefa 1: Extraia do texto uma expressão, usada de forma repetida pela adolescente, que mostra a *imprecisão* que caracteriza a *fala*.

Tarefa 2: Como na *fala* não tem ponto final, a falante emprega, também de forma repetida, uma palavra para finalizar uma *fatia de informação* e outra palavra para iniciar a fatia de informação seguinte. Encontre essas palavras.

Tarefa 3: Identifique outras palavras ou outros recursos da língua que são típicos da *fala*.

9. Os textos a seguir são da *escrita*. O primeiro é do final do século XIX e o segundo é contemporâneo, de 2010.

TEXTO 1

01 Veja lá! Disse ele, apontando para certo ponto da rocha.
02 Olhe p'r'aquilo! Sua gente tem ido às cegas no trabalho
03 desta pedreira! Deviam atacá-la justamente por aqueloutro
04 lado, para não contrariar os veios da pedra... Pois olhe só
05 o que eles tem tirado de lá – umas lascas, uns calhaus que
06 não servem p'ra nada!

Fonte: Azevedo, *O cortiço*; apud Sousa da Silveira, 1966: 149.

TEXTO 2

01 A calça jeans parou um pouco acima dos joelhos. Nem
02 fazendo muita força ela quis passar pelas minhas coxas.
03 Eu imaginei que ela tivesse encolhido por algum motivo,
04 peguei uma calça preta que estava dependurada no
05 armário, que costumava até ficar meio folgada na cintura,
06 e aconteceu o mesmo com ela! Coloquei então a blusa e,
07 pra minha surpresa, a manga ficou muito apertada, a
08 ponto de quase prender a circulação do meu braço! Foi aí
09 que eu caí na real...Eu estava gorda.

Fonte: Pimenta, 2010: 15.

Tarefa 1: Apesar de ser da *escrita* e de séculos diferentes, os textos registram, ortograficamente, a maneira como pronunciamos certas palavras. Encontre essas palavras.

Tarefa 2: Retextualize, da maneira que você quiser, os seguintes trechos:

1. "Sua gente tem ido às cegas no trabalho desta pedreira!"
2. "A calça jeans parou um pouco acima dos joelhos."
3. "Deviam atacá-la justamente por aqueloutro lado, para não contrariar os veios da pedra."
4. "Foi aí que eu caí na real... Eu estava gorda."

10. Os textos a seguir foram retirados de um livro sobre Psicologia e de uma revista para adolescentes:

---

01 Uma taxa de glicose no sangue provoca a fome. Mas **você**
02 não sente conscientemente a química do corpo. Ao
03 contrário, o cérebro monitora de forma automática as
04 informações sobre o estado interno de seu organismo.
05 Sinais do estômago, intestinos e fígado... avisam o cérebro
06 para motivar a comer ou não. Mas em que ponto do
07 cérebro essas mensagens são integradas?...

Fonte: Myers, 2000: 258.

Olha o ex aí!
01 Alguns encontros inesperados têm o dom de dar um nó na
02 nossa garganta, já reparou? Encontrar um ex-ficante ou
03 namorado, pode bagunçar **nossos** sentimentos numa
04 piscada de olho e mandar pra longe a tranquilidade que foi
05 bem difícil de conquistar depois do fim do romance... Mas,
06 e aí, o que fazer quando **somos** surpreendidas pelo cara?

Fonte: *TodaTeen*, n. 191, outubro/2011, p. 79.

Embora sejam da *escrita*, os textos citados utilizam recursos para interagir diretamente com o leitor, como se a interação fosse da *fala*.

Tarefa 1: Você deverá extrair dos textos os trechos em que os autores utilizam recursos com a intenção de interagir mais diretamente com o leitor.

Tarefa 2: Que semelhanças de interpretação você percebeu entre os usos de **você**, **nossos** e **somos** destacados nos dois textos?

11. O texto a seguir é um trecho da letra da canção "Samba do approach", de Zeca Baleiro, que emprega muitas palavras do inglês e uma expressão do francês:

SAMBA DO APPROACH

Zeca Baleiro

Venha provar meu *brunch*
Saiba que eu tenho *approach*
Na hora do *lunch*
Eu ando de *ferryboat*
Eu tenho *savoir-faire*
Meu temperamento é *light*
Minha casa é *hi-tech*
Toda hora rola um *insight*
Já fui fã do Jethro Tull
Hoje me amarro no Slash
Minha vida agora é *cool*
Meu passado é que foi *trash*...
Venha provar meu *brunch*

Tarefa 1: Cite cinco exemplos de palavras estrangeiras (que não sejam do grego e do latim), com suas respectivas definições, diferentes das usadas por Zeca Baleiro, que são utilizadas cotidianamente pelos falantes do português do Brasil contemporâneo.

Tarefa 2: Cite cinco exemplos de palavras de origem estrangeira que, incorporadas ao português do Brasil há algum tempo, já são escritas de acordo com a nossa ortografia.

12. Observe o texto a seguir, que é um fragmento de um poema de Carlos Drummond de Andrade:

João amava Teresa que amava Raimundo que amava Maria que amava Joaquim que amava Lili que não amava ninguém...

Fonte: Andrade, 1977: 69.

Observe, inicialmente, que o nosso poeta usa um recurso de forma repetida. Trata-se de orações que desempenham a função de **delimitador**, conhecidas também por *orações relativas ou adjetivas*. No trecho em destaque, essas orações começam pela palavra *que*. Como se vê, é possível utilizar essas orações de forma repetida na *escrita*, mas, na *fala*, isso é muito difícil de ocorrer da maneira como está descrito. A pesquisa linguística atribui essa impossibilidade na *fala* às limitações da nossa memória ligada à atenção, ou seja, é difícil processar uma sequência de orações relativas que, como veremos no capítulo 5, requer interpretação de itens como correferentes.

Tarefa: Você deverá retextualizar o texto citado eliminando a sequência de orações relativas elaboradas por Drummond e substituindo-a por recursos da língua que você conhece.

2
O TEXTO E A ARGUMENTAÇÃO

A COMUNICAÇÃO: O TEXTO E A ORAÇÃO

Quando falamos ou escrevemos, nós produzimos **textos** falados ou escritos. *Toda manifestação da língua é* **texto**.

Um texto é, então, um produto que elaboramos, composto de um conjunto de sinais falados ou escritos, com a finalidade de realizar a comunicação, de maneira a organizar nossa vida individual e participar da vida social.

Observe o seguinte diálogo entre dois colegas de trabalho. O conjunto dos enunciados produzidos por eles constituem um texto, que tem uma função comunicativa relacionada à troca de informações sobre a disponibilidade ou não de um computador:

Todo texto, portanto, é o resultado da realização de uma interação comunicativa.

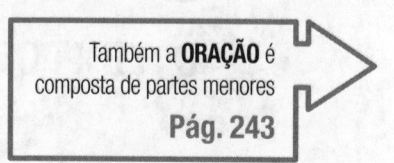

O Chacrinha, um antigo apresentador de televisão, dizia "Quem não comunica se estrumbica!".

Os atos comunicativos se realizam, assim, por meio de textos que, por sua vez, são formados por uma ou mais **orações** ou **frases**. Essa ideia está representada a seguir:

Também a **ORAÇÃO** é composta de partes menores
Pág. 243

TEXTOS

↓

ORAÇÕES ou **FRASES**

Assim, em cada balão do diálogo, aparece uma ou mais **orações** ou **frases**. Vamos estudar, no capítulo 5, quais são as partes da oração e como se monta uma delas. Por enquanto, precisamos distinguir o que é oração e o que é frase. Consideraremos que as orações sempre dispõem de um constituinte que chamamos de **verbo** e que as frases não dispõem desse constituinte. No diálogo, "*Que ótimo!*" é uma frase, já que não contém um verbo, ao passo que "*Você ligou o computador?*" é uma oração, pois apresenta o verbo "*ligou*".

Observe ainda que, quando estamos conversando com alguém, como no diálogo, nem sempre pronunciamos tudo o que estamos querendo dizer. Uma oração, então, pode ter apenas uma palavra e dizer mais coisas. Por exemplo, quando a mulher disse "*Liguei!*", sabemos que o que ela ligou foi o computador, mas ela não precisou pronunciar essa última palavra porque, no contexto da conversa, os dois falantes sabiam do que se tratava.

Como já explicamos no capítulo 1, essa possibilidade que temos de deixar palavras não pronunciadas é típica da *fala*. Na *escrita*, esse recurso, normalmente, não é esperado porque nela não temos, em geral, o leitor na nossa frente, e corremos o risco de o pensamento que queremos transmitir não ficar suficientemente claro.

Veja agora o exemplo do seguinte texto:

> Quando nós chegamos na casa, a mãe dela explicou que a gente não poderia ligar o som muito alto porque tinha um posto de saúde ao lado.

Esse texto é bem mais complexo do que o que contém apenas *Liguei!*: trata-se de um texto formado por quatro orações. Como prometi, no capítulo 5, estudaremos como encontrar e classificar as orações de um texto.

Já que os textos são a matéria-prima da comunicação, vamos concluir essa parte falando um pouquinho sobre como é a dinâmica de uma conversação.

Normalmente, um dos falantes toma a palavra e diz o que tem para dizer e, em seguida, é a vez de outro falante tomar a palavra e dizer o que quer. A alternância entre os falantes acontece por meio dos chamados *turnos conversacionais*, ou seja, a cada momento, um dos falantes dispõe de um *turno*. Nós falantes temos uma habilidade natural que nos orienta a participar de uma conversação. Assim, em uma conversa prevemos em que momento podemos entrar no "papo" fazendo uso do nosso turno. Conhecemos também algumas estratégias que são comuns nas conversas. Por exemplo, há meios para (1) *manter* o turno, isto é, para assegurar a continuidade da nossa fala, nós evitamos pausas muito longas, corrigimos rapidamente algo que tenhamos dito ou aproveitamos alguma correção que o interlocutor tenha feito, etc.; podemos também (2) "roubar" o turno do interlocutor, ou seja, interrompemos o interlocutor, falando mais alto, corrigindo-o, aproveitando uma pausa mais longa, etc.; mas também podemos (3) *consentir* que o interlocutor exerça seu turno chamando-o para participar da conversa com perguntas como: *qual é a sua opinião?* Ou, *o que que você acha?*, etc. Pode ocorrer também – aliás, é muito frequente – de duas pessoas falarem ao mesmo tempo ou haver sobreposição de turnos, isto é, um falante não acabou ainda de falar, mas o outro falante, simultaneamente, já exerce seu turno. Nesses casos, ou um dos falantes cede a vez e para de falar ou os dois continuam a falar ao mesmo tempo, o que pode significar um desentendimento, com consequências desagradáveis.

Vejamos a seguir outros aspectos das nossas interações comunicativas.

TEMA, ATOS DE FALA E INTENCIONALIDADE

Quando formamos textos e os comunicamos a alguém, o que queremos? Ou seja, com que finalidade nós fazemos isso?

Para responder a esta pergunta, prestemos atenção ao que chamamos de *pensamentos*. Nossos pensamentos têm, normalmente, um **tema**, isto é, são estados mentais que têm um *conteúdo* que se refere a alguma coisa, que pode ser um objeto, uma pessoa, um animal, uma ideia, uma coisa que aconteceu ou pensamos que vai acontecer, etc. Por exemplo, se temos uma crença, é uma *crença* numa determinada coisa; se temos um *temor*, é um temor de alguma coisa ou de algum acontecimento, se temos um *desejo*, é um desejo de alguma coisa e assim por diante. Aí está uma lista de estados mentais que visam um **tema**:

Crença, temor, desejo, esperança, amor, ódio, aversão, agrado, desagrado, dúvida, alegria, exaltação, depressão, ansiedade, orgulho, remorso, pesar, culpa, regozijo, irritação, perplexidade, aceitação, perdão, hostilidade, afeição, expectativa, raiva, admiração, desprezo, respeito, indignação, anseio, vontade, imaginação, fantasia, vergonha, nojo, animosidade, terror, abominação, desapontamento e certeza.

Fonte: Searle, 2002: 5.

Às vezes, percebemos um estado mental nosso, como, por exemplo, a **ansiedade**, mas não sabemos seu tema ou causa. Nesses casos, o tema da ansiedade é **inconsciente**.

Por meio do uso da língua, e *se a gente quiser*, os estados mentais com tema, como os da lista, podem ser comunicados às outras pessoas; o mesmo tema pode também ser comunicado por mais de um estado mental. Vamos imaginar, por exemplo, que pensamos no seguinte:

você fique na sala.

Nós podemos então:

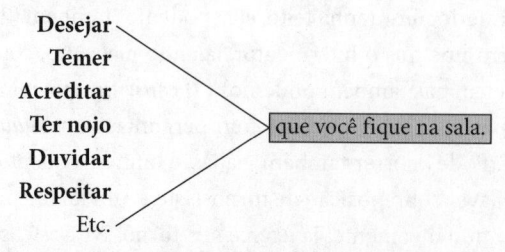

Desejar
Temer
Acreditar
Ter nojo — que você fique na sala.
Duvidar
Respeitar
Etc.

Como o exemplo também mostra, os estados mentais com tema expressam igualmente *algo que queremos obter*. Essa última ideia é importante: quando interagimos com as outras pessoas, queremos sempre obter alguma coisa, que pode ser, por exemplo, *um copo d'água, um beijo, que a janela seja fechada, uma assinatura num contrato, o reconhecimento de que temos razão*, etc. Vamos chamar o que queremos obter de **intenção**. Para conseguir satisfazer nossas intenções, nós realizamos uma **ação**, um **ato** de **fala** ou elaboramos uma **argumentação** e, com isso, nós pretendemos fazer com que o mundo, ou o que está à nossa volta, corresponda às nossas intenções. Para exemplificar isso, vamos considerar o estado mental **desejo** que tem o seguinte *tema*:

A arrumação do quarto da minha filha.

Em relação a esse desejo, nós podemos, em primeiro lugar, **agir**, isto é, realizar uma **ação**: ir ao quarto da filha e arrumá-lo.

Mas podemos também, em vez de partir para a ação nós mesmos, realizar os seguintes **atos** de **fala**:

1. Fazer um PEDIDO:

Você poderia arrumar seu quarto agora?

2. Dar uma ORDEM:

Arrume seu quarto agora!

3. Fazer uma AMEAÇA:

Se você não arrumar seu quarto agora, eu não vou te deixar fazer a viagem com suas amigas.

FECHE A PORTA!

Na ordem dada no desenho, o homem usou a palavra **feche**, que é um verbo, mas poderia usar também **fecha**. São maneiras diferentes de usar o modo **imperativo**.

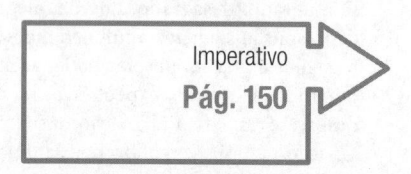

Imperativo
Pág. 150

Observe que, para fazer um pedido, os recursos da língua são diferentes: elaboramos o pedido fazendo uma pergunta e o verbo **poderia** está no TEMPO que chamamos de **futuro do passado**.
É interessante comparar como damos ordens e como fazemos pedidos.

4. Fazer uma SUGESTÃO:

> Quem sabe dá tempo ainda de você arrumar seu quarto antes de sair.

Em todos esses *atos de fala*, o que queremos é que o quarto fique arrumado naquela hora. Quando tomamos a atitude de *agir*, nós mesmos atuamos no mundo de maneira a obter o que queremos, mas se tomamos as atitudes de *pedir*, *ordenar*, *ameaçar* ou *sugerir*, nós esperamos que a outra pessoa faça o que queremos que aconteça.

Para obter o que queremos, nós podemos, por fim, usar o procedimento da **argumentação**. Ao argumentar, nós tentamos **convencer** uma ou mais pessoas a fazer o que queremos, isto é, a realizar nossas intenções. Com a argumentação, nós também tentamos fazer com que as pessoas reconheçam que estamos certos ou que temos razão em relação às nossas ideias, às nossas crenças, à nossa proposta de trabalho ou em relação ao que aconteceu ou acontece no mundo. Assim, *os falantes argumentam, no fim das contas, para convencer o outro de que têm razão.*

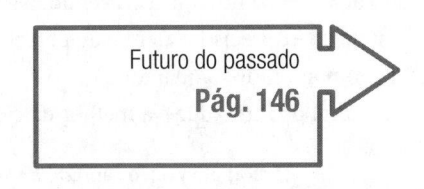

Futuro do passado
Pág. 146

Uma argumentação desenvolvida para obter *a arrumação do quarto da minha filha* pode então ser algo como o que segue:

> Você precisa me ajudar nos serviços da casa, arrumando, por exemplo, o seu quarto, já que não temos empregada e eu trabalho dois horários. Além disso, você não é mais uma criança e precisa aprender a se responsabilizar por você mesma e pelas suas coisas.

Vamos estudar, ainda neste capítulo 2, os muitos recursos que empregamos para argumentar. Por hora, vamos pensar um pouco na seguinte pergunta: *qual é a nossa intenção ao tentar convencer alguém de que temos razão?*

Muitas vezes a resposta a essa pergunta é fácil. Por exemplo, se tento convencer minha mulher de que a chuva vai parar neste fim de semana usando como argumento o fato de que vai haver mudança de lua e que a chuva sempre para quando muda a lua, pode ser porque minha intenção é ir à praia no domingo e não na semana seguinte, como ela pretendia. Mas, além disso, podemos pensar também no seguinte: sempre que alguém nos dá razão e faz o que queremos, nós conseguimos o **reconhecimento** do outro, ou, em outras palavras, o que queremos, no fim das contas, é que o outro nos valorize, nos admire ou que tenha afeto por nós. É fácil observar nossa busca de reconhecimento quando estamos tentando "provar" para alguém, por exemplo, que existe a possibilidade real de haver vida em outros planetas. Se a pessoa que escuta ou lê nossos **argumentos** se convence de fato do que estamos tentando "provar", isso significa que ela, ao nos dar razão, nos oferece seu reconhecimento.

Em outros tempos (e ainda hoje), a busca de reconhecimento dos homens se exercia, sobretudo, na luta corporal e na guerra!

Em relação ainda às nossas intenções, sabemos também, por outro lado, que a intenção de uma pessoa pode estar "escondida". Nós, naturalmente, ao ler um texto ou interagir com alguém numa conversação, fazemos uma hipótese a respeito do que o autor ou o interlocutor pretende com o que está escrevendo ou dizendo. Muitas vezes, o autor ou o interlocutor finge ter uma intenção, mas que, na realidade, é outra. Acontece também de atribuirmos uma intenção a um texto que não corresponde à do autor ou do interlocutor. Para descobrir uma intenção é preciso fazer uma **inferência**, isto é, tentar descobrir o que o interlocutor ou autor pretende obter ou provar com o que está dizendo ou escrevendo. Na maioria das vezes, no que é dito ou escrito, não aparece a intenção e é preciso ir além para percebê-la. Por exemplo, vamos imaginar que você saiu com o seu novo namorado, o qual ainda não conhece muito, para assistir a um filme. Depois, você propõe ir a uma pizzaria, que é a melhor da cidade, e ele responde o seguinte:

> Estou um pouco cansado e amanhã a gente tem que acordar cedo.

Ele não disse explicitamente que não queria ir à pizzaria, mas você faz a *inferência* de que a intenção dele é que vocês retornem para casa. Você pode continuar pensando no porquê de sua recusa: você pode aceitar o motivo que ele dá ou imaginar outro motivo: *a pizzaria é cara demais*; *ele não está gostando muito da sua companhia*; etc. Como esse exemplo simples mostra, estamos o tempo todo tentando descobrir o que as pessoas pretendem obter com o que dizem e por que motivo isso acontece. No capítulo 3, vamos explicar mais detalhadamente o **significado** dos recursos da língua, isto é, como entender melhor o que as palavras, orações e textos querem dizer.

ORAÇÃO NARRATIVA, ORAÇÃO DESCRITIVA E ARGUMENTAÇÃO

Vamos explicar agora os dois **tipos de oração** que destacaremos. Eles podem ocorrer sozinhos quando falamos ou escrevemos algo, mas podem também ocorrer juntos, o que é bastante comum.

O primeiro tipo é a **oração narrativa**, isto é, são as orações que produzimos para narrar ou contar os acontecimentos que ocorreram conosco, com outras pessoas ou que ocorreram no mundo em geral. É claro que podemos narrar algo que aconteceu de fato ou algo que é imaginado ou fictício.

Vamos supor, por exemplo, que um ônibus bateu em um Uno em um cruzamento de avenidas numa cidade grande. Esse *evento* pode ser *representado* pelo seguinte desenho:

Esse mesmo evento pode também ser *representado* pela seguinte oração narrativa:

Oração narrativa
↓

Um ônibus bateu em um Uno no cruzamento
das avenidas Amazonas e Brasil às 10 horas da noite de ontem.

Assim, se compararmos o desenho com a oração em destaque, vemos que há correspondências, isto é, o desenho do ônibus é representado, na oração, pelas palavras "*Um ônibus*", o desenho do Uno é representado, na oração, pelas palavras "*um Uno*", e assim por diante. Concluímos, assim, que as orações narrativas representam **eventos** que ocorrem no mundo.

Se quisermos narrar de maneira *completa* os eventos do mundo, as orações narrativas têm que incluir quais são os participantes do evento, o que cada participante fez ou como participou do evento, onde ocorreu o evento, quando ele ocorreu, de que modo o evento ocorreu, por que razão aconteceu e quais foram as consequências. Nessa narração, que chamamos de completa, as seguintes perguntas são, portanto, respondidas:

Isto não é um ônibus!
↓

O que quero dizer é que é apenas uma ilustração de um ônibus. A imagem acima e a palavra *ônibus* **representam** a mesma "coisa".

Narração →	O quê?	→	O evento que ocorreu.
	Quem?	→	Os participantes do evento.
	Papel?	→	As atitudes ou o papel de cada participante do evento.
	Onde?	→	O lugar onde aconteceu o evento.
	Quando?	→	A época ou o momento em que ocorreu o evento.
	Por quê?	→	A causa ou o motivo do evento.
	Como?	→	O modo como ocorreu o evento.
	O que resultou?	→	As consequências do evento.

Quando narramos algo, nem sempre respondemos a todas essas perguntas. Mas veja o exemplo seguinte no qual boa parte dessas perguntas é respondida:

Assassinato no centro

Porque não lhe quis pagar uma dívida (*por quê*), Pedro da Silva (*quem/papel: agente*), funcionário público, trinta anos, residente na Rua Xavier, 25, matou (*o que*), ontem (*quando*), no bar Esquinão, no centro da cidade (*onde*), com uma facada no coração (*como*) o seu colega Joaquim de Oliveira (*quem/papel: paciente*).

É interessante notar que, para realizar a narração da notícia, só uma oração não foi suficiente: foram necessárias várias, ou seja, o exemplo é de um *texto narrativo* mais complexo.

A narração completa, ou quase completa, é mais comum nas notícias de jornais, escritos ou televisivos. Veja, por exemplo, o seguinte trecho do jornal *Notícia já*, de Campinas (nº 1412, de 26 de julho de 2011):

Frentista leva tiros em Sousas

O frentista Pedro Hiago Bertolini, 19 anos, foi baleado em frente a uma casa de shows no distrito de Sousas, em Campinas, na noite de anteontem. Segundo a polícia, o motivo foi uma briga, que começou dentro do local e continuou do lado de fora, onde 2 homens, ainda não identificados, deram 2 tiros na vítima e fugiram de moto. Ele passou por cirurgia e não corre risco.

Nessa notícia, aparecem os participantes do evento, o que ocorreu, quando e onde ocorreu o evento, como aconteceu, a razão de ter ocorrido o evento e suas consequências.

> Gêneros textuais
> **Pág. 84**

Mas, evidentemente, a narração aparece não apenas em textos de jornal, mas também em outros **gêneros textuais**. O texto seguinte, por exemplo, é um texto do gênero **literário** e contém, majoritariamente, orações narrativas. Para facilitar a visualização, a maior parte delas está <u>sublinhada</u>.

Era tão graciosa que até as bobagens lhe aumentavam o encanto. <u>Mas perguntava demais. Ele já não podia equilibrar-se na conversa. Quando ela queria saber marca de um carro, ele respondia com o nome de uma fábrica de biscoitos...</u> Seria tão melhor que tudo fosse em silêncio... deixar que agissem os olhos, as mãos, os lábios...

<u>Quedaram longo tempo diante do arranha-céu em construção. Uma das alças do *soutien* dela partira-se entre os dedos de Ternura.</u> Era ele agora que precisava conversar para proteger os movimentos da mão...

<u>Começou a beijá-la.</u> Parecia que outro personagem respondia por ele, a fim de deixá-lo à vontade.

— Mas quem vê você não diz que é tão...

<u>A garota tinha as mãos em seus ombros. Ficaram parados, apertando-se.</u>

— Como vai se chamar o prédio, meu bem? — <u>perguntou ela, desmaiando quase.</u>

> A palavra **quedaram** quer dizer "ficaram".

> A **sensualidade** desse texto é sutil e mostra que nem sempre é necessário ser explícito ou "mostrar tudo" para despertar este sentimento.

— Hein?

— O edifício, como vai se chamar?

— Ah, sim... o edifício, não é... vai se chamar... edifício... edifício, espera aí... EDIFÍCIO JOÃO TERNURA.

— Ai, que amor! – suspirou ela, entregando-lhe de novo a boca molhada.

Fonte: Machado, 1965: 112.

Vamos agora falar do segundo tipo, a **oração descritiva**, ou seja, são as orações que utilizamos para descrever ou dizer como são as pessoas – seja do ponto de vista físico ou psicológico –, os animais e as plantas, as coisas que existem ou os objetos em geral, os lugares, as paisagens e os ambientes do mundo. Como no caso das orações narrativas, as orações descritivas podem descrever coisas reais ou fictícias.

Continuando a usar o exemplo da batida representada no desenho, podemos dizer agora, para exemplificar a oração descritiva, como são o *ônibus* e o *Uno*, isto é, que aparência eles têm. Observe:

Oração descritiva
↓

O ônibus é amarelo com listas azuis, novinho e o Uno é azul, velho e não tinha as luzes traseiras.

Observe a seguir um exemplo literário de um texto composto quase exclusivamente de orações descritivas, que estão em **negrito**:

> Entrei. **O apartamento tinha uma sala, corredor, dois quartos, banheiro, copa e cozinha, uma pequena área e dependências de empregada, um quarto e um banheiro minúsculos. Estava totalmente vazio. Não exatamente. Havia uma estante na sala, sem livros, e uma lata de lixo cheia**, na área de serviço. Peguei a lata de lixo e esvaziei o seu conteúdo no chão. **Havia uma garrafa com um pouco de vinho francês Saint-Émilion, safra 1981, restos de queijo, uma caixa vazia do tranquilizante Lorax, uma caixa vazia de moderador de apetite Moderex** (ela devia tomar o Moderex para perder a fome, ficava nervosa e tomava o Lorax para se acalmar), **um invólucro plástico de pão de centeio, com algumas fatias dentro, uma plantinha com florzinhas redondas e um sapo, morto.**

Fonte: Fonseca, 1985: 79.

Com as orações descritivas, podemos também falar, por exemplo, sobre as pessoas que conhecemos, isto é, se são altas ou baixas, alegres ou tristes, usam sempre jeans ou minissaia, etc.; sobre nós mesmos ou sobre coisas **abstratas**, como por exemplo, quando tentamos definir o que é "insatisfação", "felicidade" ou "misticismo". Veja o exemplo seguinte de uma declaração da ginasta brasileira Jade Barbosa, que utiliza orações descritivas para definir seu *jeito de ser*:

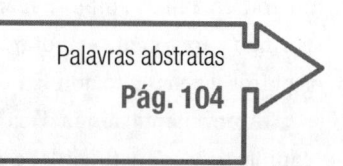

Palavras abstratas
Pág. 104

"Mas não quer dizer que eu não esteja madura. Cada um tem sua maneira de expressar o que sente. Eu geralmente choro. É a maneira de expressar o que estou sentindo na hora, é o meu jeito. Tem gente que sorri, tem gente que grita", compara a ginasta, que neste ano foi prata na etapa de Cottbus no solo e no salto.

Fonte: Eduardo Omata, *Folha de S.Paulo*, 10/08/2008, D1.

No texto, dá para perceber como, muitas vezes, há uma mistura dos dois tipos de orações: quando Jade diz "eu geralmente choro", ela está aproveitando algo que ocorre com frequência com ela para criar uma **generalização**, isto é, informando algo que lhe ocorre sempre com a finalidade de *descrever* seu jeito de ser.

Como se vê, as orações narrativas e descritivas são instrumentos muito poderosos que os falantes têm para interagir uns com os outros. Nós podemos contar as coisas que aconteceram com a gente em qualquer momento das nossas vidas ou comentar tudo que ocorre no mundo e também descrever qualquer coisa ou qualquer pessoa que conhecemos.

Além disso, podemos também empregar os dois tipos de orações para **argumentar** e tentar *convencer* o outro de que estamos certos a respeito de qualquer coisa que seja e, como já vimos, sempre queremos obter algo com o que dizemos ou escrevemos, ou, em outras palavras, há normalmente uma **intenção** *por trás* do que dizemos ou escrevemos. Para deixar mais clara a relação entre os dois tipos de orações e a argumentação, vamos considerar o seguinte: montamos orações narrativas e orações descritivas com a finalidade de (1) *informar* algo a quem nos escuta ou lê; e também com a finalidade de (2) *argumentar,* buscando obter algo que queremos. Vamos exemplificar: considerem o seguinte diálogo por telefone: a pergunta é "*Por que vocês estão demorando? Estávamos preocupados!*", e a resposta vem a seguir:

A roda do carro está com um defeito e não dá para andar mais rápido.

A pessoa que respondeu está usando uma *oração descritiva*, a respeito do estado da roda do carro, e uma *oração narrativa* para dizer que o carro não pode andar mais rápido. Nesse caso, a resposta serve para *informar* o interlocutor com a finalidade de justificar ou explicar a demora. Mas o mesmo texto pode ser usado para argumentar. Vamos imaginar a seguinte situação: numa oficina, um mecânico recomenda que eu devo trocar o sistema de injeção eletrônica do meu carro e eu, não concordando com ele, argumento com a seguinte fala:

A roda do carro está com um defeito e *é por isso* que não dá para andar mais rápido.

Nessa fala, contestamos a razão dada pelo mecânico que, na nossa avaliação, visava obter um conserto mais amplo e mais caro. Nessa hora, o exemplo tem uma função **argumentativa**, servindo para a gente elaborar nossas opiniões e ideias sobre qualquer assunto, argumentar com os outros defendendo aquilo que acreditamos e buscar realizar nossas intenções.

Aproveitando ainda o exemplo da batida do ônibus e do Uno do desenho, podemos criar o seguinte texto, com finalidade argumentativa, sobre a causa do acidente:

Na minha opinião, o acidente ocorreu porque o ônibus avançou o sinal e o Uno não conseguiu frear a tempo, o que pode ser provado pelas marcas de pneu na pista.

Opinião do motorista do Uno.

Nesse texto, usamos orações descritivas quando falamos da presença de marcas de pneu na pista e também narramos quando mencionamos a ocorrência do acidente e do avanço de sinal do ônibus, mas o que é central na oração em destaque é a sua intenção de provar algo, isto é, de trazer um argumento para apoiar um ponto de vista sobre a causa do acidente. Outra pessoa, como, por exemplo, o motorista do ônibus, pode propor outra hipótese para explicar o acidente:

Na minha opinião, o ônibus atravessou a rua com o sinal amarelo, o que é permitido, e o freio do Uno não funcionou corretamente e ele acabou batendo no ônibus.

Opinião do motorista do ônibus.

Com quem está a verdade? Com o motorista do ônibus ou com o motorista do Uno? Não sabemos. Pode ser também que os dois tenham uma parte da razão, isto é, o ônibus avançou o sinal e o Uno perdeu o freio. Seja como for, ou os dois motoristas entram em acordo e estabelecem uma "verdade" para o motivo do acidente ou alguém de fora, como, por exemplo, um perito da polícia, é chamado para intervir e decidir qual é a "verdade".

A verdade é apenas aquilo que se tornou *consenso*, ou seja, aquilo que um certo número de pessoas, que pode ser maioria ou não, acredita que aconteceu ou que seja verdade; ela pode também ser pessoal, isto é, a "minha verdade". Acontece também da verdade mudar com o tempo, ou seja, o que se pensava que era verdade, algum tempo depois, deixa de sê-lo.

Nos quadrinhos ao lado, as pessoas querem impor sua ideia não pela **argumentação**, mas pelo uso da **força**.

Vamos dar um exemplo da ciência. Quando o físico Isaac Newton concluiu seu livro *Principia Mathematica*, no fim do século XVII, suas teorias se tornaram uma revolução científica e constituíram a base da chamada física clássica. Dentre os conceitos defendidos por Newton, e aceitos por todos os cientistas durante mais de 200 anos, estava a ideia de que o tempo era *absoluto*, isto é, que ele transcorreria da mesma maneira, independentemente do lugar onde estivéssemos. No entanto, quando o físico Albert Einstein propôs sua Teoria da Relatividade, no início do século XX, nossa concepção sobre o tempo mudou, quer dizer, o que era verdade científica até então deixou de sê-lo. Para Einstein, o tempo e o espaço estavam interligados e, por isso, o tempo é *relativo*, isto é, ele "anda" de acordo com a velocidade e com o lugar em que o observador se encontra. Por exemplo, se o observador estiver na Terra, o seu relógio vai andar mais rápido do que se ele estivesse na velocidade da luz em direção a outro planeta. Essa ideia, estranha à nossa vida cotidiana, foi, no entanto, comprovada por experiências indiretas realizadas posteriormente e joga por terra a concepção de tempo absoluto desenvolvida por Newton. Nosso exemplo mostra, portanto, que a "verdade" pode mudar com o tempo e nada parece impedir que uma "verdade" do nosso mundo contemporâneo seja revista daqui a 100 ou 200 anos e seja considerada falsa.

O que quero dizer, para resumir, é que a verdade é *construída* por nós. E a gente se convence de que algo aconteceu, de que algo existe, de que uma ideia qualquer é melhor do que outra ou de que uma pessoa tem razão e outra não, por meio da **argumentação**.

Vamos estudar a seguir os principais argumentos que são utilizados. Por enquanto, precisamos saber que o uso das orações narrativas e descritivas pode gerar argumentos bastante complexos que descrevem ou narram, como já dissemos, coisas **abstratas**, isto é, *conceitos, ideias, sentimentos, intuições,* etc., que não são diretamente percebidos pelos sentidos, ou seja, pela visão, audição, etc.

Observe, por fim, o seguinte exemplo, de uma declaração da cantora Marisa Monte para um jornal em que ela tenta argumentar que, para ela, os antigos sambistas da escola de samba da Portela do Rio de Janeiro são "sofisticados". Na maioria das vezes, pensamos que há *sofisticação* onde existe luxo material como ambientes bem decorados, carrões, roupas de grife, etc., mas, para Marisa, a sofisticação da Velha Guarda da Portela se deve a outras razões:

Sofisticação

A sofisticação deles vem da pureza, do contato direto com os sentimentos. Quanto mais você consegue ser fiel ao que está sentindo, para mais pessoas está falando. Todos nós vivemos temas como solidão, amor, abandono, o encontro de uma nova pessoa e a juventude que não se tem mais. A vivência deles é uma fonte de sabedoria. Sofisticação, para mim, é só isso. Não existe nada mais sofisticado do que sabedoria de vida.

Fonte: Luís Fernando Vianna, *Folha de S.Paulo*, 17/08/2008, E4.

O texto é, basicamente, argumentativo, e, para desenvolver sua ideia de que os antigos sambistas da Portela são sofisticados, Marisa se utiliza de orações narrativas. Vejamos como isso acontece.

Na primeira oração, isto é, "a sofisticação deles vem da pureza do contato direto com os sentimentos", Marisa define o que é sofisticação construindo o argumento de que a "sofisticação" é uma consequência do "contato direto com os sentimentos". Dentro desse argumento, ela menciona algo que ocorre, isto é, o "contato direto com os sentimentos": se é algo que acontece com as pessoas, isso quer dizer que Marisa baseou seu argumento em uma oração narrativa. Seu argumento é aperfeiçoado no final do texto quando ela conclui com a seguinte oração: "não existe nada mais sofisticado do que sabedoria de vida". Para chegar a essa conclusão, ela se serve também de orações narrativas quando diz que "Todos nós vivemos temas como solidão, amor, abandono, o encontro de uma nova pessoa e a juventude que não se tem mais". Nessa oração, ela está narrando não o que aconteceu nem o que ela prevê que acontecerá, mas vivências que, afinal de contas, acontecem com todos nós. O fato de ela dizer isso na forma de uma **generalização** – ou seja, vivências que acontecem geralmente com todo mundo – tem muita força argumentativa e é uma maneira de argumentar bastante utilizada. É fácil entender por que: ora, tudo que é comum para nós é, de certa forma, natural. Por exemplo, se eu digo "eu acho que você deveria dar flores para sua namorada no dia do aniversário dela... toda mulher gosta de ganhar flores", estou tentando convencer um amigo que o melhor é dar flores de presente e para isso utilizo uma *generalização*: "toda mulher gosta de ganhar flores".

Esses são apenas alguns recursos argumentativos. Vamos agora estudar os tipos de argumento mais utilizados.

TIPOS DE ARGUMENTOS

Nós seres humanos somos muito frágeis e, por isso, necessitamos sentir que as outras pessoas nos valorizam e nos amam. Como já dissemos, consideraremos que, quando isso acontece, nós obtemos o **reconhecimento** do outro, o que é essencial para o nosso equilíbrio psíquico e alegria de viver! E é para obter o que queremos e, em última instância, garantir esse reconhecimento que nós argumentamos tentando convencer o outro de alguma coisa. Vejamos outro exemplo do que acabamos de dizer: se em uma discussão com uma amiga a respeito de qual cantora é melhor que a outra, ou seja, se é Ivete Sangalo ou Cláudia Leite, eu consigo convencê-la de que Ivete é melhor que Claudinha, eu obtenho o reconhecimento da minha amiga ou, em outras palavras, ela me deu razão. É claro que não conseguiremos ter razão em tudo, ou seja, não é sempre que o outro vai me reconhecer e, além disso, alguns irão fazê-lo e outros não, mas é fundamental que, desde a infância e ao longo da vida, a gente se sinta valorizado e reconhecido, em primeiro lugar, pelas pessoas da família e depois nas relações pessoais e profissionais que vamos estabelecendo pela vida afora.

É só prestar atenção nos pequenos atos e nas escolhas do dia a dia e verificar que a busca de reconhecimento e o uso de argumentação para obtê-lo é parte inerente do cotidiano. Por exemplo: que pizza encomendar? De calabresa, como eu quero, ou de peito de frango, como quer meu colega; que dia é melhor ir ao cinema? No sábado à noite, como quer minha esposa, ou no domingo de tarde, como eu pretendo?

> Nós cedemos ao desejo de uma pessoa porque a amamos, por concordar com ela ou por imposição. O "deixa pra lá" quer dizer, muitas vezes, que não temos força ou argumentos para resistir ao desejo do outro.

A argumentação nesses casos do cotidiano é, muitas vezes, dependendo da intimidade entre as pessoas, apenas uma questão de gosto ou preferência de uma das pessoas envolvidas e a outra, na verdade, cede ou finge que está convencida. A argumentação pode se tornar mais complexa à medida que a relação entre as pessoas é pública ou profissional, com pouca ou nenhuma intimidade.

O que leva, então, os argumentos a se tornarem mais complexos? Vejamos algumas ideias sobre essa pergunta.

Aquilo que percebemos pelos sentidos, isto é, pela visão, audição, etc., é para nós fonte segura de convencimento de que algo aconteceu ou existe. Se escutamos, por exemplo, um latido quando passamos na frente de uma casa de muros altos, temos certeza de que há um cachorro naquela casa e, se alguém disser que não há cachorro naquela casa, nós vamos argumentar que existe sim porque nós o escutamos latir. É claro que as coisas nem sempre são simples assim: eu posso ter me enganado porque o cachorro era do sobrinho da dona da casa e só estava lá naquele dia ou, devido ao fato de a rua ser barulhenta, o latido que eu escutei era, na verdade, do cachorro do vizinho da casa de muros altos, ou ainda posso ter tido uma alucinação, e assim por diante.

Mas, de toda maneira, ter certeza e convencer o outro de que o que percebemos pelos sentidos existe ou aconteceu de fato é, até certo ponto, algo fácil de conseguir. As coisas ficam mais difíceis quando tentamos convencer o outro de que algo que não é perceptível pelos sentidos existe ou acontece de fato. Por exemplo, quando defendemos uma ideia ou uma proposta de trabalho, uma crença nossa como uma religião, ou ainda quando acreditamos que uma pessoa ficou magoada com alguma coisa que alguém disse e tentamos "provar" que ela ficou de fato magoada. Em todos esses casos, isto é, *a ideia*, *a crença religiosa* ou a *mágoa de alguém*, não é algo que percebemos diretamente pelos sentidos e, nesse caso, convencer o outro exige argumentação mais complexa.

Para dar mais detalhes sobre a argumentação, vamos começar considerando que existem dois modos principais de argumentar. Podemos, assim, tentar convencer por meio da (i) **razão** e da (ii) **emoção**, além, é claro, de poder misturar os dois modos. Para tentar convencer alguém, lançamos mão, no caso de (i), de argumentos que despertam o nosso raciocínio; no caso de (ii), os argumentos pretendem convencer despertando a nossa emoção.

Os textos das propagandas utilizam, frequentemente, argumentos **emocionais**. Por exemplo, o cartaz reproduzido ao lado quer convencer as pessoas a parar de fumar "cutucando" a emoção, isto é, ao mostrar que quem fuma pode virar uma caveira, o cartaz quer despertar *medo* nos fumantes.

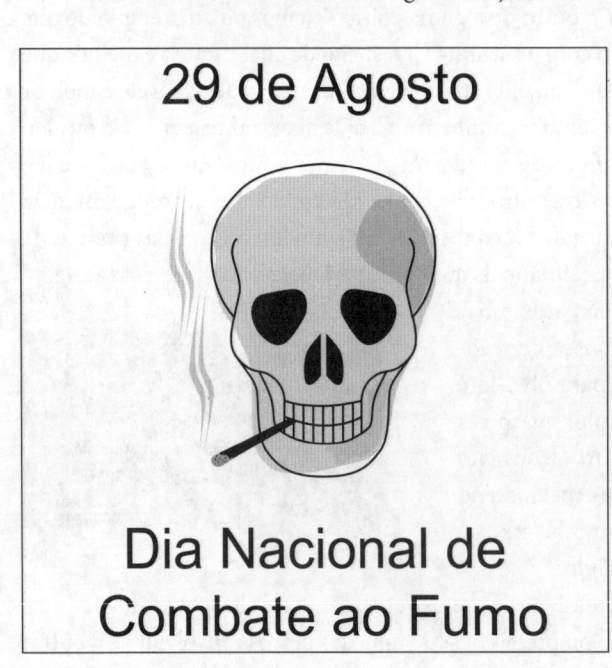

29 de Agosto

Dia Nacional de Combate ao Fumo

Já o texto seguinte pretende também levar seu leitor a parar de fumar, mas, nesse caso, o argumento é **racional**:

29 de agosto
Dia Nacional de Combate ao Fumo
Uma pessoa que fuma um maço de cigarros por dia terá gastado, em 20 anos, a quantia de 18 mil reais, o que daria para ela comprar cerca de 475 cestas básicas.

Nesse texto, apelamos para o bom senso do leitor: com o tempo, o gasto com o hábito de fumar se torna alto e dá para comprar uma quantidade considerável de alimentos.

Vamos agora comentar mais em detalhes alguns tipos principais de argumentos que são baseados na *razão*, o que não impede, por outro lado, que possam também despertar *emoção*.

Forneço, em primeiro lugar, a lista desses argumentos e, após isso, a definição e a exemplificação de cada um deles:

LISTA DE ARGUMENTOS

(1) Dedução lógica
(2) Experiência
(3) Maioria
(4) Autoridade
(5) Justiça
(6) Ainda mais
(7) Consequência
(8) Inseparáveis
(9) Escolha
(10) Causa
(11) Desqualificação do adversário
(12) Inseparáveis

O argumento mais básico, que se fundamenta na razão, é aquele que contém uma (1) **dedução lógica**. Considere o exemplo seguinte:

(A) Todos os jogadores da seleção do Brasil ganham bem.
(B) Neymar é um jogador da seleção do Brasil.
(C) Então, Neymar ganha bem.

Nesse exemplo, aparecem três orações: as orações (A) e (B) são chamadas de **premissas** e a terceira, (C), de **conclusão**. Essa conclusão é inevitável, pois foi deduzida logicamente das duas premissas. Muitas vezes, para construir um argumento, nós utilizamos esse tipo de raciocínio. Veja o texto seguinte em que foi utilizada a *dedução lógica*:

O Brasil deve investir o dinheiro do petróleo retirado da camada pré-sal na educação. Todos os países que investem em educação se tornam desenvolvidos e, se o Brasil fizer isso, vai se tornar um país desenvolvido.

O autor do texto em destaque quer nos convencer de que é necessário investir em educação com o dinheiro do petróleo da camada pré-sal que está sendo explorada pela Petrobras. Para isso, ele usou a seguinte dedução:

(A) Todos os países que investem em educação se tornam desenvolvidos.
(B) Se o Brasil, com o dinheiro do petróleo, investir em educação,
(C) então, o Brasil vai se tornar um país desenvolvido.

Prevê-se, assim, que a conclusão (C) será realidade se a premissa (A) for verdadeira e se a premissa (B) acontecer. Seja como for, o raciocínio que levou à conclusão é válido. Por outro lado, a conclusão, mesmo sendo inevitável e válida, de acordo com as premissas consideradas, não garante a verdade da previsão feita, isto é, *o Brasil vai se tornar um país desenvolvido*: podemos pensar que só investir em educação não é suficiente, que é preciso também combater a corrupção, cuidar do saneamento básico, etc.

Há casos ainda em que as premissas sendo falsas, a conclusão também será falsa, mas, mesmo assim, o raciocínio que fizemos é válido e inevitável, já que as premissas de que dispúnhamos eram aquelas:

Eu passava na rua às 10 da noite pertinho do Conglomerado da Serra, que é uma comunidade muito perigosa, e foi aí que eu avistei dois adolescentes descendo o morro e vindo em minha direção e saí correndo. Só tem ladrão nessa comunidade.

Nesse texto, que é uma *narração*, o falante utiliza a seguinte dedução:

(A) Todos os habitantes do Conglomerado da Serra são ladrões.
(B) Avistei dois adolescentes que moram nessa comunidade vindo em minha direção.
(C) Então, eles são ladrões e iam me roubar.

A conclusão é inevitável, já que foi extraída das duas premissas propostas, mas ela é falsa porque foi extraída de uma premissa que não é verdadeira: ora, nem todos os habitantes de comunidades carentes são ladrões, ou o mais provável mesmo é que uma parcela pequena da população dessas comunidades infrinja a lei. Na verdade, embora o falante do exemplo tenha usado a "estrutura" da dedução lógica, suas premissas não são verdadeiras e têm como "fonte" o preconceito e a desvalorização em relação às pessoas que moram em comunidades.

Outro argumento muito usado por nós é o da (2) **experiência**. Nesse caso, o argumento quer nos convencer, por exemplo, de tomar uma atitude dando como comparação *um exemplo* de algo que já aconteceu. Veja o texto a seguir:

O governo deve tomar medidas mais drásticas para preservar a Amazônia porque, se deixar como está, corremos o risco de prejudicar as gerações futuras. É só olhar o que aconteceu com a Mata Atlântica, que não foi preservada, e hoje só tem mesmo uma "moita" atlântica.

A devastação ambiental já ocorrida na Mata Atlântica serve de exemplo para convencer de que é preciso preservar a Amazônia. Nesse caso, não há nenhum raciocínio do tipo lógico e sim a *experiência* do que já aconteceu. No caso, é a devastação da Mata Atlântica que pode nos convencer da necessidade de alguma proposta nessa direção ou nos levar a tomar alguma atitude.

Outro argumento bastante utilizado por todos é o chamado argumento de (3) **autoridade**. Quando o empregamos, nós tentamos convencer alguém citando outra pessoa considerada uma autoridade naquele assunto. Por exemplo:

> Para **Freud**, a personalidade humana – incluindo suas emoções e anseios – deriva de um conflito entre nossos impulsos biológicos, agressivos, que procuram o prazer, e as restrições sociais a eles. Em **sua** perspectiva, a personalidade resulta dos esforços para resolver esse conflito básico – expressar esses impulsos por meios que proporcionem satisfação, mas sem proporcionarem também culpa e punição.
>
> Fonte: Myers, 2000: 296.

Freud criou a **Psicanálise**, que, além de uma teoria sobre o ser humano, inclui uma técnica de psicoterapia chamada **análise**.

Nesse texto, o autor define o que vem a ser a personalidade humana e, para isso, se apoia não em sua própria opinião, mas na proposta de outro autor, Sigmund Freud, o criador da Psicanálise, que é uma das maiores autoridades, se não for a maior, no assunto. Com isso, o autor do texto está também fazendo sua a definição de personalidade proposta por Freud e, assim, a aceitação da "verdade" da definição se torna mais fácil. Esse argumento pode tomar formas diferentes como, por exemplo, quando usamos as expressões destacadas no texto seguinte:

> Eu li no jornal sobre **uma pesquisa científica de um médico**, **que é um "papa"**, que garantiu que comer 30 gramas de nozes por dia ou passar um creme de nozes no rosto reduz em 20% o aparecimento de rugas.

Nesse exemplo, a *pesquisa científica* citada e esse *médico, que é um "papa"* servem como autoridades para garantir a "verdade" do que está sendo dito. No entanto, não há certeza disso só por se tratar de uma pesquisa científica ou de um médico reconhecido: ora, as pesquisas científicas podem se enganar; pode haver interesse comercial por trás delas; o "papa" pode também errar ou ser o dono do laboratório que faz o creme e assim por diante.

Uma versão diferente desse argumento é quando a gente defende que alguma ideia é correta porque a maioria das pessoas ou quase todo mundo acha que é. Esse argumento da (4) **maioria** pode ser exemplificado com o caso seguinte:

> **A maioria** dos psicólogos considera hoje que a orientação sexual não é deliberadamente escolhida nem deliberadamente mudada. A orientação sexual, sob alguns aspectos, é como ser destro ou canhoto: a maioria das pessoas é uma coisa,

American Psychiatric Association quer dizer: Associação Psiquiátrica Americana.

> algumas são outra. Bem poucas são de fato ambidestras. Independentemente de qualquer coisa, o que perdura é o que a pessoa é. A orientação sexual também não está ligada a qualquer distúrbio psicológico ou crime sexual... Esses fatores levaram a American Psychiatric Association, em 1973, a tirar o homossexualismo de sua lista de "doenças mentais".
>
> Fonte: Myers, 2000: 266.

Nesse caso, não é citado um autor específico, autoridade no assunto, mas é usada a expressão a *maioria dos psicólogos*, o que dá uma fundamentação mais sólida à proposta do autor.

Mas, cuidado! O uso desse tipo de expressão serve muitas vezes para tentar fazer uma pessoa agir de acordo com o desejo de outra. Quando, por exemplo, uma mãe diz a um filho:

> A família toda acha que você deve fazer vestibular para Direito já que seu avô e seu pai são advogados e já têm um escritório no qual você pode trabalhar depois de formado.

O fato de todos ou a maioria quererem alguma coisa não quer dizer que seja o melhor a fazer. No caso, a mãe, pensando na segurança futura do filho, o pressiona, usando o argumento da *maioria*, para que ele siga determinada profissão.

Continuando nossa lista de argumentos, vamos exemplificar agora o argumento da (5) **justiça**. Nesse caso, a defesa de algum ponto de vista ou atitude se apoia na avaliação de que o que está sendo defendido é o mais justo ou o mais sensato. Por exemplo:

> A Afebras, entidade que representa mais de 100 pequenos produtores de refrigerantes de vários estados, prepara uma campanha para reduzir a carga tributária sobre o setor, hoje acima dos 40%. A primeira ação foi mandar uma carta e um estudo para o presidente Luiz Inácio Lula da Silva e para o ministro da Fazenda, Guido Mantega, pedindo ao governo que reveja a política de impostos. Se a União não apresentar uma proposta em até quatro meses, a Afebras ameaça ir à Justiça para tentar baixar os tributos. "Nossa carga tributária é uma das mais altas entre todos os setores, o que não é justo", diz Fernando Rodrigues, presidente da entidade.
>
> Fonte: disponível em: <www.portalexame.abril.com.br>, acesso em: 05 set. 2008.

Esse texto relata uma demanda de uma associação, a Afebras, de redução de impostos. O argumento utilizado apela para o nosso senso de justiça: são pequenos produtores, numerosos, o que deixa a entender que não têm lucros exagerados e, provavelmente, empregam muitas pessoas, que estão pagando impostos muito elevados injustamente, mais de 40%. Ora, todo esse conjunto de fatos apoia o pedido de redução da carga tributária em nome da *justiça*.

Esse argumento é muito usado no nosso dia a dia. Pense, por exemplo, na situação de uma adolescente que acorda muito cedo para ir à escola e a mãe quer que, mesmo assim, ela deixe a cama arrumada. Muitas vezes, ela evita arrumar a cama antes de sair, argumentando com a mãe que é injusto, já que acorda muito cedo. Se de fato é justo ou não é outra história...

O argumento seguinte é aquele em que cabe usar a expressão (6) **ainda mais**. Nesse caso, comparamos duas situações, uma com menor valor ou importância e outra com maior valor ou importância, e argumentamos que, se aceitamos algo para a situação de menor importância, devemos aceitar, ainda com mais força, para a situação de maior importância. Observe o seguinte exemplo:

> Nos estados americanos em que a pornografia é considerada ilegal, a pornografia infantil é *ainda mais* proibida e punida severamente pela lei.

As duas situações são então comparadas: se a pornografia é proibida e punida, mais razões há ainda para proibir e punir a pornografia infantil.

O próximo argumento é o da (7) **consequência**. O argumento apresenta a seguinte "estrutura": "SE acontecer algo ENTÃO vai ter tal consequência". Observe que, neste caso, a *consequência* pode ou não ocorrer, ou seja, depende da condição estabelecida antes. Às vezes, a consequência esperada é realmente verdadeira ou inevitável, como, por exemplo: *se eu sair agora na chuva sem guarda-chuva, **então** vou ficar molhado*. Mas, outras vezes, a consequência é o desejo da pessoa ou o que ela acha que vai acontecer; por exemplo: *se chover no domingo, **então** a gente não vai poder ir à praia*. Nesse caso, pode ser que a pessoa que disse essa oração não queira, na verdade, ir à praia: ora, pode ser que chova pouco ou pode-se ir à praia mesmo com chuva, só passear, etc., ou seja, a chuva não impede necessariamente a ida à praia.

Leia agora o texto seguinte em que aparece esse argumento:

> Parceria. Essa é a palavra-chave para que iniciativas conjuntas entre sociedade, política e ciência repercutam e efetivamente beneficiem o *cerrado*, segundo maior bioma brasileiro e um dos mais comprometidos pela dinâmica da ocupação humana e pelo mau aproveitamento de seus recursos naturais.
>
> Fonte: disponível em: <www.embrapa.br>, acesso em: 5 set. 2008.

O texto é uma declaração do pesquisador da Embrapa Cerrados, José Felipe Ribeiro, que argumenta a favor da tomada de medidas com a finalidade de garantir a preservação da região do cerrado brasileiro. O autor não usa as palavras *se* e *então* do argumento da *consequência*, mas sua estrutura está no seu texto. Vejamos: o que ele afirma é: *Se* houver parceria, isto é, atuação conjunta da sociedade, governo, etc., *então* a preservação do cerrado será beneficiada.

Também esse argumento é muito usado no dia a dia. Continuando com o exemplo da adolescente que tem dificuldade de arrumar o seu quarto bem cedo, a mãe pode dizer o seguinte a ela:

> Se você não arrumar mais o seu quarto, eu vou cancelar aquela sua viagem de férias.

A *consequência*, nesse caso, é colocada como uma *ameaça*, o que, é claro, desperta emoção na filha. Veja como, nesse caso, os dois modos de argumentar, pela *razão* e pela *emoção*, se misturam.

Há um argumento que chamaremos de (8) **inseparáveis** que tem semelhança com o da *consequência*. É quando associamos duas ideias ou duas situações de maneira que não se pode considerar uma sem a outra. Fatos inseparáveis ocorrem, por exemplo, numa oração como: *Não se faz omelete sem quebrar os ovos*, ou, dito de outra maneira, a situação **quebrar ovos** é *condição necessária* para a situação **fazer omelete**.

Mas pode acontecer de alguém elaborar um argumento que só aparentemente associa ideias inseparáveis, ou seja, não é que uma ideia seja, na verdade, condição necessária em relação à outra, e sim que a pessoa que construiu o argumento está considerando que seja. Vamos imaginar, por exemplo, uma mãe muito cuidadosa que quer evitar que seu filho fique gripado num acampamento da escola em pleno mês de julho. Ela poderá dizer então a esse filho:

> Você não aguentará ficar no acampamento sem usar esse cachecol e esse gorro que teci para você.

A mãe, nesse caso, trata como inseparáveis as duas situações, isto é, *usar o cachecol e o gorro* é condição necessária para *aguentar ficar no acampamento*, o que pode não ser verdade; talvez um casaco bem grosso seja suficiente...

Vejamos outro exemplo no qual a pessoa que o pronunciou trata como inseparáveis situações que não o são necessariamente. Imaginemos um indivíduo que seja ateu, e também preocupado com a saúde pública, e que se dirija a outro indivíduo, que é da religião católica, dizendo o seguinte:

> Você, que é católico, não aceita o uso da camisinha, o que é lamentável porque a camisinha pode salvar vidas.

Nesse caso, o indivíduo trata duas ideias como inseparáveis, ou seja, *se alguém é católico*, então necessariamente *não aceita o uso da camisinha*. Mas isso não é verdade: é possível ser cristão ou católico e ser favorável ao uso da camisinha porque o que é fundamental no cristianismo é o respeito e o amor pelo outro, de onde extraímos o compromisso com a ética; a aceitação do mistério da existência humana, dos limites e fragilidade de cada um; e, enfim, a fé em um princípio universal criador, que chamamos de Deus e que explica porque existe tudo o que existe e não o nada.

O argumento seguinte é o da (9) **escolha**, que coloca, lado a lado, duas possibilidades e sugere a escolha de uma delas. A palavra *ou* é muito usada nesse argumento para sinalizar que é preciso fazer uma escolha. Por exemplo:

> Ou o Brasil investe seriamente em educação, ou ficará eternamente subdesenvolvido.

Vamos imaginar que essa oração tenha sido dita por um educador que defenda o aumento de verbas para a educação. Nesse caso, a alternativa apresentada por ele para o não investimento em educação, isto é, a perpetuação do subdesenvolvimento, favorece concordarmos com a outra alternativa, de que é preciso atribuir mais verbas para a educação que é, afinal, o que ele defende.

Continuando, vamos ver agora o argumento da (10) **causa**. Quando damos uma explicação sobre o porquê de algo ter acontecido, nós geralmente dizemos que o que aconteceu tem uma *causa*. Essa noção é complexa e também uma das mais utilizadas na argumentação cotidiana. Ela é complexa porque é difícil muitas vezes dizer exatamente o que provocou o acontecimento de algo. Por exemplo, se um aluno tirou nota ruim numa prova de Física, isso pode ter sido provocado por uma, ou mais de uma, das causas a seguir:

> (1) Não estudou a matéria.
> (2) O professor é exigente demais.
> (3) Quer provocar os pais.
> (4) Prefere tocar percussão.
> (5) Estava doente na semana da prova.
> (6) A matéria é muito difícil.
> (7) Na véspera da prova, a namorada não "deu sossego".

Todas essas "razões" podem ser causas da nota ruim, mesmo que sejam tipos de explicação diferentes. Uma pode eliminar a outra, por exemplo, se o aluno estava doente naquela semana, é provável que o fato de o professor ser exigente ou não é irrelevante. Pode ser também que haja duas causas, por exemplo: o aluno não estudou e prefere tocar percussão. Seja lá como for, a escolha de uma causa entre todas as outras pode funcionar como uma estratégia argumentativa: o aluno pode se defender argumentando que a matéria é muito difícil e que o professor é exigente demais; já o professor pode argumentar que o aluno é desinteressado e não estudou corretamente. Pode "sobrar" para a namorada e assim por diante.

Muitas vezes a causa é *direta*. Por exemplo:

> A grama morreu porque faltou chuva.

Mas a causa pode ser também *indireta*. Vamos ver isso em relação a um fato recente da nossa história, que foi a Guerra do Iraque, na qual os Estados Unidos invadiram o Iraque e capturaram o líder iraquiano Saddam Hussein. Quais foram as causas que levaram os Estados Unidos a iniciar essa guerra? Consideremos a lista seguinte de causas possíveis:

> (1) O Iraque tinha armas de destruição em massa e poderia usar essas armas contra o mundo.
>
> (2) O atentado terrorista de 11 de setembro nas torres gêmeas de Nova York exigiu um revide.
>
> (3) O Iraque acobertava terroristas em seu território.
>
> (4) Os Estados Unidos precisam garantir a produção de petróleo da Arábia Saudita, um país aliado dos Estados Unidos e vizinho do Iraque.
>
> (5) Há um conflito milenar entre os países ocidentais e o mundo árabe devido às crenças religiosas, modos de vida, nível socioeconômico, etc.
>
> (6) O presidente norte-americano George W. Bush quis superar seu pai George Bush, também presidente norte-americano, que também se envolveu numa guerra com o Iraque, a Guerra do Golfo, mas não conseguiu derrotar completamente o líder iraquiano Saddam Hussein.
>
> Fonte: Souza, 2003.

O governo americano, para justificar a guerra que eles começaram, dirá que o conflito aconteceu devido às causas (1), (2) ou (3); já os governos dos países árabes argumentarão que a guerra ocorreu em razão do interesse americano pelo petróleo saudita, isto é, devido à causa (4). Um historiador que esteja escrevendo um livro sobre a guerra pode chegar à conclusão de que a sua causa é, no fundo, a (5), ou seja, a guerra é mais um capítulo do conflito entre os povos do Ocidente e os povos árabes, que existe, pelo menos, desde as Cruzadas na Idade Média. Um psicanalista poderia argumentar que a razão da guerra ter ocorrido se deve também aos conflitos psicológicos do presidente Bush filho com o presidente Bush pai, isto é, tratar-se-ia da causa (6).

Como vemos, as causas da guerra listadas são *indiretas* e algumas são mais improváveis que outras. De toda maneira, todas elas podem ter colaborado para que a guerra ocorresse e é bom ficar atento ao fato de que a escolha de uma causa depende dos interesses e crenças da pessoa ou do grupo social que a escolheu.

O próximo argumento é chamado de (11) **desqualificação do adversário**, que consiste em combater *não* a proposta ou a opinião de uma pessoa, mas a própria pessoa que está propondo algo ou emitindo aquela opinião.

Para exemplificar esse caso, vamos imaginar que, numa campanha política, o ex-governador de São Paulo, Paulo Maluf, um político processado por irregularidades com o dinheiro público, proponha a construção de um túnel entre a rodoviária e a Praça da Sé na cidade de São Paulo. Nesse caso, um político adversário, em vez de combater a proposta do túnel, que é bastante extravagante, pode simplesmente dizer:

> Esta proposta do túnel não é séria... vejam quem está propondo....

A pessoa que diz essa oração tenta combater a proposta da construção do túnel, desqualificando Maluf, que a propôs, ou seja, não são válidas propostas vindas de políticos como ele que já foram condenados pela justiça.

No dia a dia, esse argumento é muito usado. Pense, por exemplo, na situação de um pai que adora e consome muito chocolate e que quer impedir seus dois filhos de comer uma caixa de bombons de uma só vez. Nesse caso, os filhos poderão se opor ao pai, dizendo:

> O filho, muitas vezes, expressa uma rivalidade muito forte com o pai. Para a Psicanálise, isso é natural e se deve ao que é chamado na teoria de **Complexo de Édipo**.

> Olha só quem está falando...

Para concluir nossa lista, consideremos o argumento da (12) **incompatibilidade**. Trata-se do argumento que pretende que duas situações ou duas ideias não podem estar juntas, ou seja, uma necessariamente elimina a outra. Às vezes essa incompatibilidade é verdadeira; outras vezes não, isto é, é a pessoa que elaborou o argumento que quer que sejam aceitas como incompatíveis. Vamos ver um exemplo em que a incompatibilidade é real:

> Isto está provado! Um cineasta americano, Morgan Spurlock, decidiu comer só hambúrguer durante um mês e filmou tudo. No final, sua saúde ficou seriamente abalada: ganhou 12 quilos, colesterol alto e o fígado virou "um patê".

> Você não poderá ter boa saúde comendo um hambúrguer todo dia no almoço e no jantar.

De fato, são incompatíveis as duas situações: *ter boa saúde* e *comer só hambúrguer*.

Já no caso do exemplo seguinte, a incompatibilidade foi criada pela pessoa que elaborou o argumento. Vamos imaginar que uma autoridade, que tenha pronunciado o exemplo a seguir, queira evitar que pessoas das classes altas, que, tradicionalmente, no nosso país, não são incomodadas pela polícia e pelo poder judiciário (embora isso tenha mudado recentemente), sejam investigadas pela Polícia Federal:

> O uso de escutas telefônicas na investigação policial é incompatível com a garantia da privacidade dos cidadãos.

É claro que *escutas telefônicas* são o contrário de *garantia de privacidade*, mas a *incompatibilidade* não é total nesse caso, isto é, pela lei, a privacidade das pessoas pode ser violada por meio de escutas telefônicas devidamente autorizadas pela justiça, se houver indícios de crimes a serem apurados, sobretudo crimes que lesam o país.

Para concluir essa parte sobre os tipos de argumentos, fique atento ao fato de que qualquer um dos argumentos que estudamos pode ser usado para "enrolar". Nesse caso, o argumento não é usado com sua força lógica, para estabelecer o que é mais racional ou "mais verdadeiro", e sim de maneira que a pessoa que argumenta se serve da estrutura do argumento e tenta passar como racional ou verdadeiro o que, na verdade, é discutível ou falso. Vimos alguns exemplos da estrutura do argumento usada dessa maneira. É o caso, por exemplo, da mãe que trata como **inseparáveis** a ida ao acampamento da escola com o uso do cachecol e do gorro que ela teceu. É legítima a preocupação da mãe com a saúde e o bem-estar do filho, mas é fácil "derrubar" a argumentação que ela montou.

A ESTRUTURA DO TEXTO ARGUMENTATIVO

Os argumentos que comentamos, embora não sejam os únicos, estão entre os mais usados por nós. Precisamos ficar atentos também ao fato de que os argumentos podem se associar uns com os outros e formar um texto argumentativo complexo. Acontece, porém, que, para organizar a argumentação com o objetivo de defender uma ideia, uma crença ou a existência de algum fato ou situação, o texto precisa ter certa *ordem* ou *estrutura*.

Vejamos agora como é a estrutura *mais comum* do texto argumentativo:

ESTRUTURA DO TEXTO ARGUMENTATIVO

Fase 1: Introdução sobre o assunto com a colocação da ideia que serve de ponto de partida para o texto.
Fase 2: Histórico sobre o tema, narração de fatos ou detalhamento sobre a ideia exposta na fase 1.
Fase 3: Apresentação de argumentos e de contra-argumentos.
Fase 4: Conclusão.

Na Fase 1, fazemos uma introdução, dizendo sobre o que vamos falar, colocamos uma ideia inicial sobre o assunto e, muitas vezes, incluímos também um plano do texto ou um roteiro do que o leitor vai encontrar pela frente.

Na Fase 2, apresentamos um histórico sobre o assunto, isto é, o que já foi dito antes, o que pode incluir, dependendo do assunto, uma narração de fatos acontecidos.

A Fase 3 é o momento de **os argumentos** aparecerem. A partir da ideia inicial apresentada na Fase 1, que, muitas vezes, é repetida no início dessa fase, o autor constrói seus argumentos com a motivação de defender sua(s) hipótese(s). Na Fase 3, ele pode também fazer um tipo de diálogo com os seus argumentos apresentando **os contra-argumentos**, isto é, são argumentos que, *aparentemente,* invalidam os argumentos que ele apresentou para defender sua hipótese.

Na última fase, isto é, na Fase 4, o autor apresenta sua conclusão, que reafirma sua hipótese inicial e prevê possíveis desenvolvimentos futuros de suas propostas.

Aí estão, em linhas gerais, as principais etapas de um texto argumentativo. Nem sempre todas estão presentes em todos os textos. Um autor pode, por exemplo, saltar a Fase 2, que apresenta o histórico do assunto, ou não trazer nenhum argumento contra suas propostas, ou seja, saltar também uma parte da Fase 3.

Para exemplificar o uso dessa estrutura, leia, primeiramente, o texto a seguir, escrito por *Kelly* (nome fictício), uma aluna de 15 anos que cursava o primeiro ano do ensino médio numa escola municipal de Belo Horizonte. O tema do texto, que aparece no título, é a Escola Plural, um sistema de ensino implantado pela rede municipal de Belo Horizonte, bastante controvertido, que previa a progressão nas séries escolares de forma continuada, o que foi equivocadamente entendido, segundo seus idealizadores, como aprovação automática e ausência de avaliação dos alunos:

Escola Plural. Ser ou Não ser. Eis a Questão!

De início, a escola plural era sim uma proposta inovadora e prática. Os alunos teriam uma educação gratuita, passariam de ano direto e em pouco tempo estariam à disposição no mercado de trabalho. Viria à calhar principalmente para o governo, gastaria pouco e ainda mostraria altíssimos índices de alunos formados no 2º grau.

> O texto ao lado se encontra exatamente da mesma maneira que Kelly o escreveu

Mas o que se viu não foi bem isso, o tiro saiu pela culatra. Alunos na 7ª série não sabendo ler, passando para o 2º grau, sem ter ideia de como se escreve uma redação. O desinteresse dos alunos em sala de aula, contagia os professores que acabam dando o básico do básico. Mas não podemos culpar os professores, já que os educadores mais qualificados estão na rede municipal. Na realidade não podemos culpar um só, a culpa é da comunidade, os pais e alunos só sabem reclamar, a culpa é principalmente do governo que vendo todo esse caos na rede municipal de ensino, não faz nada, absolutamente nada, só se preocupa em gastar pouco, não se importa se a educação é de má qualidade se os professores não têm material para dar as aulas. Enfim... o importante não é achar o culpado, mas sim, onde está o erro, mesmo porque, não é lucro para ninguém prender um aluno desinteressado vários anos na mesma série.

A ideia original da Escola Plural é até interessante, mas tem que ser revista, encontrar o erro e corrigi-lo. Mas para isso precisamos da colaboração de todos, não só dos alunos e professores, mas também da comunidade escolar e principalmente da conscientização do governo.

Kelly

Fonte: Rezende, 2004: 220.

Vamos ver agora a divisão e os comentários baseados nas fases citadas.

O título de um texto, se for bem escolhido, sempre nos mostra o assunto sobre o qual se vai falar. Nesse caso, não foi diferente: é sobre o projeto educacional Escola Plural. A primeira oração do texto, *"De início, a escola plural era sim uma proposta inovadora e prática",* preenche o que chamamos de Fase 1, isto é, introduz o assunto e já sinaliza para a ideia que a autora vai desenvolver: as palavras *"era sim"* nos fazem desconfiar de que ela vai argumentar que a Escola Plural não é mais *"uma proposta inovadora e prática".* Portanto, a ideia que ela vai defender é de *que a Escola Plural não deu certo e que deve, por isso, ser reavaliada.* A parte que vem depois é uma narração do que, segundo a autora, era esperado que acontecesse com a implantação do projeto e serve para ilustrar a Fase 2, isto é, trata-se de um histórico sobre o tema. O trecho seguinte, que começa com *"Mas o que se viu não foi bem isso..."*, é a parte na qual a autora desenvolve sua argumentação. O argumento utilizado é basicamente aquele que chamamos de argumento da (2) **experiência**, que tenta nos convencer de algo chamando nossa atenção para o que já

> O argumento da (2) **experiência** usado neste caso pode ser confundido com o da (7) **consequência**. A diferença é que, no caso da consequência, nós fazemos uma previsão do que pode acontecer, e no caso da experiência nós já apontamos o que de fato aconteceu.

aconteceu. No caso citado, Kelly defende sua ideia de que a Escola Plural fracassou porque é possível observar concretamente, ou seja, na realidade, os seus efeitos: *"Alunos na 7ª série não sabendo ler, passando para o 2º grau, sem ter ideia de como se escreve uma redação. O desinteresse dos alunos em sala de aula, contagia os professores que..."* Na parte seguinte do seu texto, que também faz parte da Fase 3, Kelly, já que escreve um texto contra algo, isto é, contra a Escola Plural, tenta preparar uma proposta positiva para poder concluir seu texto. Ela discute, então, de quem é a culpa do fracasso da Escola Plural, o que pode ser pensado como um uso do argumento da (10) **causa**, isto é, a falta de providências do governo, que se reflete inclusive na falta de material adequado para os professores, a falta de cobrança dos pais, ou as duas razões juntas, podem ter sido causas do fracasso da Escola Plural. Essa discussão da culpa ou da causa permite à Kelly entrar na Fase 4 e concluir seu texto, reafirmando a sua ideia de partida, ou seja, de que a Escola Plural não é boa, e antevendo que esta proposta pedagógica pode melhorar se todos os envolvidos – governo, pais, professores... – assumirem suas responsabilidades da maneira que é esperada.

O uso dos argumentos da (2) **experiência** e da (10) **causa** é um modo de argumentar muito comum e muito simples também. É porque partimos do que de fato aconteceu – e que, portanto, pode ser verificado mais facilmente – e apontamos o que achamos que causou o que aconteceu.

> É mais fácil para nós, muitas vezes, dizer que a *causa* de algo que não gostamos ter acontecido é a atitude ou é *a culpa* de alguém, que não teria agido corretamente. Nós podemos crescer muito como pessoas se passarmos a nos perguntar de que maneira nós colaboramos para que aquilo acontecesse.

Os argumentos que dependem de mais raciocínio, como o da (1) **dedução lógica** ou o da (7) **consequência** são argumentos mais complexos e difíceis de ser entendidos. Veja, por exemplo, o texto seguinte baseado na argumentação de Galileu Galilei, físico toscano do século XVI, que propôs a chamada "lei da queda dos corpos": é a descoberta de que se deixarmos cair, ao mesmo tempo, dois objetos, um bem mais pesado do que o outro, os dois vão chegar no chão ao mesmo tempo, ou seja, as coisas não acontecem como o filósofo grego Aristóteles pensava, isto é, que o mais pesado chegaria primeiro que o mais leve. O objetivo do texto a seguir é argumentar, portanto, contra a ideia de que o objeto mais pesado chega ao chão antes do mais leve:

> Suponha (como acreditava Aristóteles) que quanto mais pesado for um objeto mais rapidamente ele cairá até o chão, e suponha também que temos dois objetos, um **pesado** chamado de **P** e outro **leve** chamado de **L**.
>
> Suponha agora que os dois objetos foram unidos formando **PL**. O que aconteceria agora se deixarmos cair os dois objetos unidos? Bem, **PL** deve ser mais pesado do que **P** sozinho, então, se a hipótese inicial for correta, ou seja, que o mais pesado chega primeiro, então, os dois objetos unidos deveriam cair *mais rapidamente* do que **P** sozinho. Mas no conjunto **PL**, **P** e **L** tenderão a cair como caíam antes de se unir, ou seja, **L** agirá como um "freio", segurando **P** e, assim, **PL** cairá *mais lentamente* do que **P** sozinho.
>
> Esse raciocínio nos leva a concluir que **PL** cairá, ao mesmo tempo, *mais rapidamente* e *mais lentamente* do que **P** sozinho. Já que isso é um absurdo, a hipótese inicial de que o mais pesado chega primeiro é *falsa*.
>
> Fonte: Fisher, 2008: 2.

Como se vê, a argumentação desse texto exige muito mais da gente. Ele tem três partes que ilustram as Fases 1, 3 e 4 da estrutura do texto e quer nos levar a concluir que, sob a força da *gravidade*, os objetos mais pesados não caem mais rapidamente do que os mais leves. Para demonstrar isso, o autor nos conduz, por meio de raciocínios que usam o argumento da (7) **consequência**, a uma conclusão absurda, na sua Fase 4, que "derruba" a hipótese de partida, que aparece na Fase 1, isto é, de que os objetos mais pesados chegam primeiro no chão. Para resumir, o uso do argumento da (7) **consequência**, na sua Fase 3, tem a seguinte forma: se unirmos **P** e **L** e deixarmos cair, então **PL** cai, ao mesmo tempo, mais rapidamente e mais lentamente que **P** sozinho. Fica claro, assim, que os argumentos baseados na razão têm graus de dificuldade diferentes. Nas áreas científicas, os argumentos que despertam o nosso raciocínio são mais usados e valorizados.

Encerramos aqui esta parte sobre a argumentação e vamos estudar a seguir como os textos que produzimos se distribuem no que chamamos de **gêneros textuais**.

GÊNEROS TEXTUAIS

Explicamos antes o que são os tipos de orações, ou seja, narrativas, descritivas, e o uso argumentativo que fazemos delas, mas, além disso, precisamos estudar também os chamados **gêneros textuais**.

Quando elaboramos um texto, seja ele oral ou escrito, nós estamos nos dirigindo a alguém que nos escuta ou a alguém que vai ler o texto (pode ser a professora, um colega, um chefe, etc.; ou alguém que imaginamos que vá ler o texto se ele for publicado, por exemplo, numa revista ou num jornal). Além disso, o texto que produzimos tem uma finalidade, isto é, queremos informar alguém sobre algo ou, como já vimos, defender alguma ideia, proposta, etc. Dependendo então da pessoa a quem me dirijo e da finalidade, o meu texto pode ter "uma cara", quer dizer, ele adquire certas características que o definem como pertencente a um certo **gênero**. Esses *gêneros* são muito variados, e as características de cada um – o tema, a intenção e as escolhas dos recursos da língua utilizados – acabam por gerar um tipo de modelo, ou estrutura, que é, com algumas variações, sempre utilizado. Preste atenção, por exemplo, em como é a estrutura de uma carta:

Local, data

Cumprimento

 Texto..
....
....
....
....

assinatura

A carta é um *gênero textual* que tem, mais ou menos, essa estrutura, mas é verdade que o gênero carta pode apresentar algumas variações: procure verificar, por exemplo, como é uma carta comercial, uma carta circular, uma carta convite ou uma carta anônima. Há ainda textos como um *bilhete* ou uma *mensagem*, que têm pontos em comum com a carta. E também o e-mail e as mensagens da nossa vida contemporânea podem, assim, ser considerados uma evolução do gênero *carta*, se transformando, provavelmente, num novo gênero.

Suporte de textos
Pág. 38

Devido à sua importância na vida contemporânea, vamos falar um pouco mais sobre o gênero e-mail e o seu uso em blogs (forma reduzida de *weblog*, isto é, um registro diário de informações da web).

O e-mail ou a mensagem, como sabemos, pode ter, dependendo da pessoa a quem o enviamos, muitas abreviaturas como *tb* (também) ou *mto* (muito); a identificação de quem escreveu não é feita por assinatura e sim, automaticamente, pelo programa de computador e assim por diante. Essas características são específicas do gênero e-mail. Não devemos, por outro lado, considerar o blog um gênero textual. Ele é, na verdade, mais um meio ou instrumento para divulgações de informações na internet; é um *suporte* para textos, como é o papel ou como foi o papiro. É verdade, no entanto, que o blog,

> Um exemplo de diário ao qual tivemos acesso é o da menina judia Anne Frank, que registra acontecimentos que viveu juntamente com sua família: eles ficaram, durante parte da Segunda Guerra Mundial, confinados num sótão de uma casa na cidade holandesa de Amsterdã com a finalidade de escapar dos nazistas.

um instrumento da nossa vida contemporânea e não simplesmente um recurso tecnológico novo, acaba por ser um veículo da nossa mentalidade e subjetividade atuais, com consequências para o uso da língua. O que quero dizer com isso é o seguinte: hoje em dia, vivemos uma tendência a um certo enfraquecimento da fronteira entre a vida pessoal e a vida pública. Essa tendência é nova, pois até poucas décadas atrás as pessoas procuravam, com muito cuidado, preservar a vida pessoal ou privada de maneira que os hábitos, as preferências e os acontecimentos íntimos que viviam eram mantidos se não em segredo, pelo menos compartilhados, no máximo, apenas com as pessoas do círculo familiar ou de amizades. No entanto, com a mudança dos costumes e dos preceitos morais, com a midiatização da vida contemporânea, além de outras razões, observa-se atualmente uma vontade ou uma necessidade crescente de as pessoas divulgarem ou mesmo exibirem seus sentimentos e desejos. Nesse ponto, entra a internet: os blogs, sobretudo os pessoais, têm sido um veículo por meio do qual as pessoas divulgam e trocam informações sobre assuntos de interesse comum, mas também informações íntimas sobre o que vivem. Tendo em vista essa característica central, os textos dos blogs que falam da vida pessoal têm semelhanças com os textos de um gênero tradicional, que é o *diário*: a datação das informações, o tom e as características de confissão, a frequência da atualização das informações, etc. Talvez uma diferença entre os dois seja que o diário, em princípio, é mantido em segredo, embora muitas vezes tenham sido lidos por outros com consequências variadas na vida das pessoas envolvidas. O que é interessante no caso dos blogs é que, na medida em que as pessoas abrem mão do controle de informações sobre sua vida pessoal, esperam ter acesso a uma quantidade cada vez maior de informações sobre a vida alheia.

O fato de encontrarmos nos blogs, além dos textos pessoais sobre a vida privada, certa variedade de textos, como *notícias*, textos que pretendem defender um ponto de vista, os próprios e-mails, etc., nos leva a confirmar que o blog é mais um suporte textual do que um gênero textual diferente dos outros.

Passemos a seguir a observar que a noção de *gênero textual* não pode ser confundida com a de *tipos de oração* ou *de texto*. Num gênero, como o do e-mail ou da carta, podemos, para argumentar, usar tanto orações descritivas quanto narrativas. Vamos explicar isso com o exemplo seguinte de um e-mail enviado para um site. Nesse e-mail, encontramos algumas características deste gênero: o cumprimento, isto é, "Boa tarde", e o uso de abreviaturas como "vcs" e "aki":

E-mail

↓

Boa tarde!! por favor, gostaria que vcs. fizessem uma matéria sobre o drama sofrido pelos agentes de polícia científica da polícia civil aki do ms. Esses agentes realizaram o concurso em 2004, realizaram o curso de formação na Acadepol em 2006, mas até agora vários não foram nomeados, afinal, para realizar o curso de formação muitos, deixaram emprego, faculdade e tudo mais, e estão sofrendo prejuízos financeiros e psicológicos. Apesar da crescente onda de violência, o governo insiste em não nomear os agentes, há também que se ressaltar que vários núcleos de perícias do estado estão sofrendo com a falta de pessoal, por favor publiquem, estou enviando a vários jornais do estado, e tenho certeza da ajuda de vcs.

Fonte: disponível em <www.superconcurceiros.com.br/>, acesso em: 8 jul. 2008.

O e-mail tem a intenção de obter divulgação de um problema enfrentado por pessoas que fizeram um concurso, foram aprovadas, mas não começaram ainda a trabalhar. A pessoa que escreveu o e-mail acredita que, se o assunto for bastante divulgado, autoridades do governo poderão resolver o problema dessas pessoas. O remetente usa, em primeiro lugar, *orações narrativas* para explicar o que aconteceu, como, por exemplo, a oração: "Esses agentes realizaram o concurso em 2004, realizaram o curso de formação na Acadepol em 2006, mas até agora vários não foram nomeados". E usa também alguns argumentos para justificar o seu pedido. Ele lança mão do argumento da (5) **justiça**: "não é justo as pessoas passarem num concurso, receberem um treinamento para desempenharem suas funções e não serem chamadas para assumir a função e começar a trabalhar". Outro argumento, baseado no da (2) **experiência**, é o que a sociedade necessita do que ele está pedindo, isto é, da contratação de novos policiais, o que pode ser percebido pelo seguinte: "Apesar da crescente onda de violência, o governo insiste em não nomear os agentes".

Como se vê, a noção de *gênero textual* é bastante diferente da de tipo de oração ou de texto. Mas vejamos outros exemplos de gêneros textuais.

Observe o texto seguinte, uma receita de como fazer um brigadeiro de banana:

Ingredientes
1/2 xícara de açúcar
Um quilo de banana (amassada)
Duas colheres de leite condensado
Um pouco de margarina
Um saquinho de chocolate granulado

Modo de preparar
Leve ao fogo a banana e o açúcar até desmanchar bem. Junte o leite condensado, deixe apurar até aparecer o fundo da panela. Coloque em um prato untado com margarina e quando esfriar faça as bolinhas e passe no chocolate granulado.

Experimente fazer esta receita!

Modo imperativo
Pág. 150

Uma receita culinária é também um gênero textual que tem uma "cara" particular. Como no caso em destaque, uma receita tem duas partes: (1) a lista de ingredientes e (2) o modo de preparar a comida. Observe também que, na maioria das vezes, na parte *modo de preparar*, é usada uma flexão do verbo que chamamos de **imperativo**, como *leve*, *coloque*, *junte*, que serve para a gente se dirigir a uma pessoa, que nos lê ou escuta, de forma bastante direta, com o objetivo de que ela faça algo que estamos ensinando, recomendando ou ordenando.

Outro gênero bom de ser exemplificado é o do **telefonema**, que é, evidentemente, da *fala* e é bastante peculiar: começamos em geral com um *alô* e, se não conhecemos a pessoa, ou não reconhecemos a voz, perguntamos quem fala; feitas as identificações, ocorrem os cumprimentos se conhecemos a pessoa; em seguida, a pessoa que fez a ligação explica a razão do telefonema e, após essa parte, é feito um pedido, é dado um aviso ou uma informação; uma das pessoas começa a contar um caso que aconteceu com ela ou com alguém e assim por diante. É interessante observar que, no gênero *telefonema*, também podemos utilizar todos os tipos de texto, isto é, narramos eventos que aconteceram, descrevemos lugares, coisas ou pessoas e argumentamos a favor ou contra alguma proposta ou a favor ou contra a atitude de alguém que as duas pessoas conhecem, e vai por aí.

Não há como exemplificar todos os gêneros, pois, como falamos, são inúmeros e muito variados. Aí está, no entanto, uma lista dos mais usados ou consumidos por nós:

GÊNEROS TEXTUAIS

notícia
lista de compras
científico
bula de remédio
instruções de uso
reportagem
crônica
aula
piada
e-mail ou mensagem
literário

O poema abaixo é de um movimento literário chamado **Poesia Concreta**, no qual os escritores buscavam chamar atenção para as próprias palavras ou para o som delas, a fim de obter efeitos de significado.

↓

...VVVELOCID
VVVELOCIDA
VVVELOCIDAD
VELOCIDADE

Fonte: Cristiana Gomes, "Concretismo", disponível em: <www.infoescola.com>, acesso em: 12 nov. 2016.

Todos os gêneros textuais são importantes porque moldam os textos, falados e escritos, que produzimos em nossas interações sociais. A escola tem, tradicionalmente, dado destaque e se dedicado ao gênero **literário**, o que é bastante justificável: o texto literário tem um papel central no desenvolvimento e na evolução das potencialidades da língua, contribuindo para inová-la ao longo do tempo; além disso, ao buscar elaborar textos que são também objetos estéticos, ou seja, textos que são belos, a literatura repercute em nós revelando nossas emoções profundas, o que pode nos levar a refletir sobre a nossa existência e, consequentemente, se a gente quiser, também sobre nossas escolhas e tomadas de posição em relação ao mundo em que vivemos. Contudo, não detalharemos as características do gênero literário neste livro.

Vale a pena, porém, comentar um pouco mais o gênero **científico**, no qual muitos dos tipos de argumentos que estudamos são utilizados. São do gênero científico os textos que contribuem para o desenvolvimento da ciência nas várias áreas e nas incontáveis subáreas do conhecimento humano: *Biologia, Direito, Educação Física, Nutrição, História da Arte, Filosofia, Engenharia, Geologia,* etc. Nos textos científicos, o autor visa a apresentar e comprovar uma(s) hipótese(s) ou mostrar como funciona determinada técnica ou tecnologia, com o objetivo de aumentar o nosso conhecimento sobre a área estudada. Leia o trecho seguinte de um texto da área de Psicologia que trata do desenvolvimento da criança:

Os processos sociais

Desde o momento em que nasce a criança, as demais pessoas são a parte mais importante do seu mundo. A princípio, são importantes porque representam as fontes de alimento, calor e conforto. A existência continuada da criança depende da presença de outras pessoas. Na medida em que estas são a fonte de experiências mais recompensadoras do que punitivas na vida da criança, a vista e o som de outras pessoas constituem reforços positivos, e a própria interação social se torna recompensadora e a si mesma se perpetua.

Os contatos sociais do indivíduo se expandem, gradativa, mas constantemente, da infância para a maturidade. Os contatos sociais se estabelecem predominantemente com uma pessoa – quase sempre a mãe. Essa interação de duas pessoas – relação binária – é o centro inicial da existência da criança. A relação entre mãe e filho normalmente se expande, para incluir os outros membros da família. Pode-se considerar assim que a família é o grupo social primário de maior significação na vida da criança.

Fonte: Telford e Sawrey, 1974: 479.

Nesse texto, os autores querem argumentar a favor da seguinte hipótese: "a família é o grupo primário de maior significação na vida da criança". Parece óbvio, mas a ciência é assim mesmo: é importante comprovar aquilo que todos pensam que é uma certeza. A hipótese, ou tese dos autores, está expressa no final do texto e, para conseguir chegar a essa conclusão, eles expõem os fatos de que a criança é dependente, para sua sobrevivência física e psíquica, do contato com a mãe num primeiro momento e, depois, com os demais membros da família, o que constituirá o seu modelo de convivência, o qual a guiará durante toda a vida. Os autores querem, assim, convencer o leitor buscando expor seu ponto de vista de forma objetiva e clara. O que se pretende com isso é garantir a "verdade" ou a boa fundamentação da tese proposta.

Um recurso muito usado nos textos argumentativos do gênero científico é dar destaque às ideias que são defendidas sem chamar a atenção para o fato de que aquelas ideias estão sendo propostas por aquele ou por aqueles autores específicos, isto é, é comum não deixar tão evidente que o que está sendo dito é a visão do autor do texto.

Para dar a impressão de ausência do autor, o que facilita aceitarmos as hipóteses propostas como sendo verdades, alguns recursos da língua são utilizados. Por exemplo:

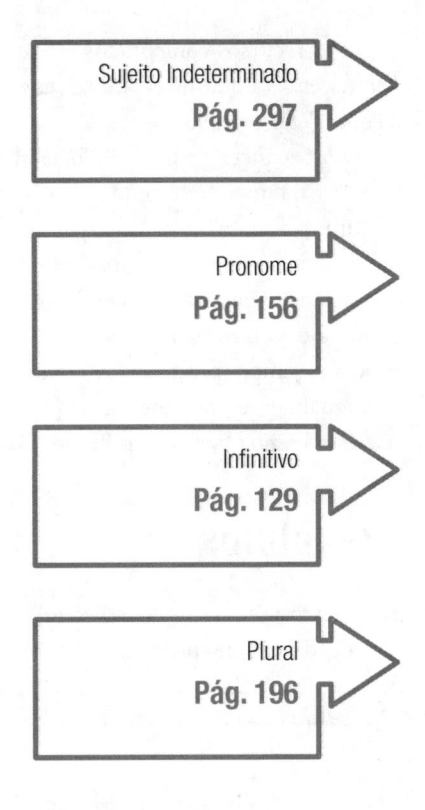

(a) evitamos usar os seguintes verbos desta maneira: *eu digo, eu afirmo, eu penso, eu acho* – isso daria a impressão de que a proposta é apenas minha crença e não algo que tem chances de ser "verdade". **Não** é comum então usar orações como as seguintes em textos do gênero científico:

> Eu **digo/acho/penso** que o brilho do estímulo visual relaciona-se principalmente com a intensidade da onda de luz.

E **sim** o seguinte:

> O brilho do estímulo visual relaciona-se principalmente com a intensidade da onda de luz.

(b) É comum também o uso de recursos da língua que **indeterminam** ou **generalizam o sujeito**, como (1) *o infinitivo*, (2) *o pronome SE* ou (3) *a primeira pessoa do plural*. Esses recursos permitem "esconder" um pouco a presença do autor do texto:

> (1) Há evidências para **afirmar** que o petróleo do pré-sal levará o nosso país ao desenvolvimento tão sonhado.

> (2) **Considera-se** que o petróleo do pré-sal levará o nosso país ao desenvolvimento tão sonhado.

> (3) **Temos** bases para garantir que o petróleo do pré-sal levará o nosso país ao desenvolvimento tão sonhado.

Os recursos comentados são, como dissemos, os mais esperados que ocorram na *escrita*. Estudaremos ainda, no capítulo 5, as estratégias mais comuns, utilizadas na fala, para indeterminar e generalizar o sujeito.

Para concluir este capítulo, lembramos que, na nossa vida como estudantes e profissionais, estamos, o tempo todo, lendo, escrevendo, falando ou ouvindo textos dos mais variados gêneros. No fim das contas, é preciso que nos tornemos leitores e produtores competentes de textos no maior número de gêneros possível e para isso é preciso ficar atento aos recursos que são empregados e caracterizam cada gênero textual. A fim de atingir esse objetivo, a principal coisa a ser feita, como já dissemos na introdução "Aos leitores", é, sem dúvida, ler o máximo possível e também procurar sempre produzir textos escritos. Como também já foi colocado, o estudo da *gramática* tem igualmente um papel nesse processo na medida em que nos ajuda a tomar a língua e seus recursos como objetos de reflexão. Continuemos, portanto.

EXERCÍCIOS

1. O texto a seguir é uma transcrição de trecho de um diálogo real entre duas mulheres, uma é advogada e a outra pedagoga, com 36 e 37 anos respectivamente. Elas são identificadas por **L1** e **L2**:

L1 ele (o marido de L2) gosta da carreira?
L2 gosta MUIto
[
L1   e você se sentiu frustrada...por...ter
ah...sido obrigada a parar de trabalhar? tomar conta
[
L2   não
L1 só tomar conta da casa?
[
L2   não...eu...me preparei para ser...mãe
de muitos filhos...sabe?
L1 ahn ahn
L2 e eu achei que NÃO...poderia haver...assim..ahn...
L1 opção?
[
L2   eu não poderia ah levar bem...o meu casamento
e a minha profissão...e...o meu condi/status de dona
de casa...
L1 ahn ahn
Fonte: Urbano, 1993: 82-3.

SINAIS utilizados na transcrição do diálogo:

Letras maiúsculas (como em MUIto): ênfase na hora da fala.

[: momento em que um falante interrompe o outro e inicia um turno.

Reticências ...: pausa.

/ : hesitação.

Tarefa 1: Retextualize esse texto eliminando o formato de diálogo e utilizando os seguintes recursos: *L1 pergunta se....; L2 responde que...*

Tarefa 2: Que recursos você utilizou para substituir os trechos em que aparecem as palavras que receberam ênfase, isto é, MUIto e NÃO?

2. Para aumentar a consciência da maneira como funciona a conversação, você pode fazer o seguinte trabalho em grupo:

Tarefa: Faça a gravação de uma conversa entre os membros do grupo, com, é claro, o consentimento de todos, sobre um assunto que seja interessante. Em seguida, faça a transcrição da conversa utilizando os sinais que empregamos.

3. Leia os textos a seguir:

Injustiça em festa de aniversário é....
1. Querer voltar a comer os salgadinhos quando já estão servindo os brigadeiros.
2. Ficar com o pedaço do bolo do canto, sem recheio e com cobertura gosmenta extra.
3. Sentar na mesma mesa que seu tio chato que acha que o prato de salgadinho que serviram é só para ele.

Fonte: *TodaTeen*, 16 de outubro de 2011, p. 73.

Tarefa: Faça *inferências* e descubra o estado mental – como temor, desejo, raiva, etc. – que está "por trás" desses textos.

4. Considere o evento relatado a seguir como um *tema*:

A participação de Cláudia na passeata dos estudantes.

Tarefa: Faça cinco pequenos textos com esse *tema* que expressem os *estados mentais* a seguir, vivenciados por pessoas próximas a Claudia. Mas atenção: não vale utilizar os verbos correspondentes, ou seja, *desapontar, exaltar*, etc.:
1) desapontamento
2) exaltação
3) ansiedade
4) hostilidade
5) respeito

5. Vamos imaginar que o texto a seguir tenha sido dito por uma moça para o seu namorado:

Agradeço muito o seu convite para jantar!

Tarefa: Você deverá elaborar dois textos contendo, cada um deles, uma *inferência* diferente, imaginada por você, a respeito do que a moça queria dizer para o namorado.

6. O texto a seguir é um trecho de uma crônica do escritor carioca João do Rio, escrita no início do século XX:

Modern Girls

1 …Eram 7 horas da noite.

2 Na sala cheia de espelhos da confeitaria, eu ouvia com prazer o Pessimista, esse encantador romântico, o último cavalheiro que sinceramente odeia o ouro, acredita na honra, compara as virgens aos lírios e está sempre de mal com a sociedade.

3 O pessimista falava com muito juízo de várias coisas, o que quer dizer: falava contra várias coisas.

4 E eu ria, ria desabaladamente, porque as reflexões do Pessimista causavam-me a impressão dos humorismos de um *clown* americano.

5 De repente, porém, houve um movimento dos criados, e entraram em pé de vento duas meninas, dois rapazes e uma senhora gorda.

6 A mais velha das meninas devia ter quatorze anos.

7 A outra teria doze no máximo.

8 Tinha ainda vestido de saia entravada, presa às pernas, como uma bombacha.

9 A cabeça de ambas desaparecia sob enormes chapéus de palha com flores e frutas.

10 Ambas mostravam os braços desnudos, agitando as luvas nas mãos.

11 Entraram rindo.

12 A primeira atirou- se a uma cadeira…

Fonte: Rio, 1991: 87.

Tarefa: Você deverá classificar as orações desse texto em (1) oração narrativa; (2) oração descritiva ou (3) oração narrativa e descritiva.

7. Pense numa pessoa de quem você gosta e que conhece muito: seu jeito de ser, o que ela gosta e não gosta de fazer, como ela se veste, o que ela pensa da vida, coisas que ela tenha o costume de dizer, etc.

Tarefa: Faça um texto descrevendo a pessoa que você mentalizou.

8. Pense agora numa situação que, quando ocorre, lhe causa incômodo: em que lugar ou lugares e em que momento ou momentos ocorre a tal situação, se envolve uma ou mais pessoas e o que faz cada uma delas, o porquê de você se sentir incomodado, etc.

Tarefa: Faça um texto narrando a situação que o incomoda e descrevendo o seu incômodo.

9. O texto a seguir narra a passagem de um furacão, chamado de Pauline, na costa mexicana no ano de 1997.

PAULINE EM FÚRIA

O furacão *Pauline* devastou ontem a costa mexicana do lado do Pacífico com ventos de 160 quilômetros por hora, provocando gigantescas ondas que transformaram o centro de Acapulco num enorme lodaçal. Em seu rastro, matou pelo menos 39 pessoas e deixou 46 feridos. Muitas das vítimas foram arrastadas por correntes de lodo, que, à sua passagem, levavam centenas de carros, arrancavam enormes árvores e inundaram a famosa baía com toneladas de terra e rochas trazidas das colinas. O cenário deste balneário de 2,9 milhões de habitantes é de devastação, onde centenas de residências foram destruídas pelas inundações…

Fonte: *Diário da Tarde*, 10/10/1997, p. 11.

Tarefa: Identifique no texto os seguintes elementos do evento narrado: (1) quais foram os participantes e qual o papel de cada um; (2) onde ocorreu o evento; (3) quando ocorreu o evento; e (4) o que resultou do evento.

10. Muitas vezes, argumentamos afirmando ou negando que algo tenha ocorrido ou que alguma coisa tenha uma ou outra característica. É o caso, por exemplo, da polêmica a respeito da cor de Nossa Senhora Aparecida, a padroeira do Brasil: ela é branca ou negra? Veja os dois depoimentos a seguir:

> ## A SANTA MAIS BRASILEIRA
>
> (**1**) Segundo o ex-presidente da CNBB, dom Raymundo Damasceno: "Ela parece negra, mas não é. Esta é uma leitura missionária que encontrou na cor escura uma maneira de se solidarizar com o povo escravo. É uma leitura válida, mas não tem fundamento."
> (**2**) De acordo com Emanoel Araújo, diretor do Museu Afro Brasil, "diferentemente do brasileiro, que quer ser branco, a santa foi ficando negra. Para um país mestiço como o nosso, a padroeira nacional tinha mesmo que ser negra".
>
> Fonte: *Folha de S.Paulo*, 12 de outubro de 2011, A10.

Tarefa: Apesar de a cor ser uma característica concreta, que para ser verificada necessitaria, em princípio, apenas de observação, as duas autoridades discutem se a Santa é negra ou branca. Elabore um texto dando a sua opinião a respeito do que de fato está em discussão nos trechos citados e qual é a razão da discordância entre as pessoas mencionadas.

11. O texto seguinte é um trecho de um depoimento de uma mulher de 54 anos, solteira, a respeito do que ela pensa sobre o casamento. Para expor sua opinião, ela utiliza várias orações narrativas.

> ...o casamento é o seguinte... você namora na expectativa de encontrar uma boa pessoa pra seguir uma vida a dois... e você tem parece que tem um limite de idade pra você encontrar isso porque quando você chega a uma certa idade cê já torna-se uma pessoa mais seletiva... mais exigente... mais observadora... aí você já num faz a coisa simplesmente por entusiasmo... cê já começa a por na balança o que pesa mais e aí você já começa vê defeitos... vê problemas... vê consequências e aí cê pensa mais pra fazer a coisa e nesse meio que você torna-se mais exigente aí você começa a perceber que ninguém serve... cê vê um defeito que... ah esse num servi... aí o tempo vai passando vai passando até que passa aquela fase também e você acostuma com sua liberdade e aí cê já começa a achar que cê tem que pagar um preço muito alto pra essa liberdade... que num vale a pena...
>
> Fonte: *corpus* de dados do projeto Mineirês, Fale/UFMG.

Tarefa: Tente identificar uma característica das orações narrativas do texto que faz com que elas tenham uma *função argumentativa*, servindo para justificar a razão da depoente não ter se casado. Elabore um texto explicando seu raciocínio.

12. No texto seguinte, o autor expõe argumentos que defendem a necessidade de conter ou reduzir os acidentes de trânsito.

LEI SECA

As estatísticas mostram que tivemos mais de 40 mil mortes no trânsito em 2010. Isso torna necessário não somente o aumento do rigor da lei seca, mas também a implantação de mudanças como a diminuição de velocidade, a obrigatoriedade de investimentos e a promoção de campanhas educativas. Vemos hoje no país a valorização do "compra, compra, compra", que nos coloca como um dos maiores produtores de veículos do mundo. O outro lado da moeda, porém, é nefasto... Além da quantidade de mortes – semelhante a de uma guerra –, ainda temos o efeito dos elevados custos causados à sociedade em decorrência do número de feridos que necessitam de atendimento de emergência e, depois disso, ficam afastados de seus trabalhos.

Fonte: *Folha de S.Paulo*, 20/11/2011, p. A3, carta do leitor Marcos Strachicini.

Tarefa: Qual é o principal argumento utilizado pelo autor e como você poderia classificá-lo, ou seja, é um argumento *racional, emocional* ou *os dois*. Explique a sua resposta.

13. O texto a seguir é uma transcrição da fala de Carlos Novaes, cientista político, no programa "Roda Viva", em outubro de 2000, "Eleições 2000" da série "Roda Viva" da TV Cultura – Fundação Pe. Anchieta-São Paulo. Novaes argumenta que não parece necessário ou mesmo possível haver um controle da sociedade sobre o que a imprensa produz ou divulga.

Não há uma imprensa para onde ela possa pender. Partindo desse princípio, me parece complicado porque não existe uma imprensa. Existem imprensas. A imprensa é um movimento... não existe um centro que organiza a imprensa. A ideia de que ela é um poder tal como os outros só serve como metáfora, porque, na verdade, a imprensa compete, ela tem interesses diferentes. É claro que ela não é neutra. Mas acontece que a não neutralidade dela aparece suavizada pelo fato de que ela compete. São vários interesses, são vários tipos de imprensa diferentes, inclusive. Tem a mídia impressa, tem a mídia no rádio, na televisão, enfim... A ideia de que você precisa proteger a sociedade da imprensa, eu acho complicada...

Fonte: Freitas, 2002: 189.

Tarefa 1: Identifique o principal argumento do autor que o leva a minimizar a possibilidade ou a necessidade de controle da imprensa.

Tarefa 2: Tente elaborar um argumento que se contraponha ao argumento de Novaes, ou seja, que defenda uma vigilância da sociedade – mas não uma censura evidentemente – aos conteúdos divulgados pelas várias imprensas.

14. Tarefa: Escreva um texto argumentando *a favor* ou *contra* (ou assumindo uma posição neutra) a ***descriminalização do uso de drogas*** no Brasil. Para escrever esse texto, você poderá elaborar seus argumentos levando em conta recursos como os seguintes:

    A) dados estatísticos;

    B) exemplos do que ocorre em outros países;

    C) opiniões de autoridades ou especialistas no tema;

    D) ideias do senso comum;

    E) depoimentos de pessoas que viveram o problema de uso de drogas;

    F) apelo às emoções do leitor de seu texto.

15. Os dois textos a seguir são trechos de dois artigos publicados no jornal *Folha de S.Paulo* (07/01/2012, Opinião, A3). Os textos tentam responder à seguinte pergunta colocada pelo jornal: O Brasil tem condições de atingir o padrão de vida europeu em 20 anos? Eduardo Fagnani, o autor do primeiro texto, responde afirmativamente e Flávio Comim, autor do segundo texto, responde negativamente.

SIM

Os Anos Gloriosos
Eduardo Fagnani

[...] No Brasil, a Constituição de 1988 construiu as bases de uma boa política social, inspirada nos princípios do "welfare state". Desde então, os indicadores sociais apresentam melhoras. Como, por exemplo, destaca-se a substancial queda da mortalidade infantil, a universalização do ensino básico e o fato de que mais de 80% dos idosos estão protegidos contra riscos sociais (na América Latina, a média é de 30%) [...].
A partir de 2006 [...] a economia tem crescido mais do que o dobro de períodos anteriores, gerando impactos positivos sobre o emprego e a renda. O desemprego é o menor em nove anos. A desigualdade refluiu ligeiramente: a renda dos mais pobres cresceu 50%, ante 12% na renda dos mais ricos (2003-10). A opção por crescer mais e distribuir mais fez com que o gasto social federal quase duplicasse na última década. O salário mínimo, as transferências sociais e o consumo das famílias cresceram com vigor. A mobilidade social ascendente proporcionou a emergência da chamada "nova classe média".
Segundo o relatório "The World in 2050", mantido o ritmo atual, o PIB per capita do Brasil superará o atual nível das economias europeias por volta de 2050, quando seremos a quarta economia global (atrás de China, Índia e EUA) [...].
Em suma, nos últimos anos passamos a combinar boas políticas sociais e econômicas. Mantido esse rumo, poderemos sim nos aproximar da experiência europeia e alcançar melhores padrões de vida nas próximas décadas [...].

NÃO

Apenas Ilusão
Flávio Comim

A imagem do Brasil como sexta economia do mundo é apenas uma ilusão para o cidadão comum.
Somos ainda um país muito desigual, no qual milhões vivem indignamente [...] a renda per capita brasileira é apenas a 77ª no ranking mundial, sugerindo que o padrão de vida médio no país ainda é significativamente inferior ao padrão europeu.
A situação piora quando observamos o ranking brasileiro no Índice de desenvolvimento Humano (IDH), no qual o país cai para a 84ª posição...
O país vem ainda acumulando dívidas nos campos da saúde e da educação que impedem avanços mais consistentes no padrão de vida.
Ao olhar para o passado, vemos que o Brasil de 2010 não pode ser comparado, por exemplo, com a França, a Holanda ou a Inglaterra de vinte anos atrás.
Esses países já tinham um nível de renda per capita entre 60% e 80% superior ao brasileiro atual, indicando que vinte anos pode não ser um prazo suficiente para a convergência absoluta entre países [...].
Os últimos dados do Censo nos mostram que os 10% mais ricos no Brasil têm 42,8% da renda, e os 10% mais pobres têm apenas 1,3%...
Apesar dos avanços sociais recentes, o Brasil ainda tem 14,6 milhões de analfabetos (9,6% da população adulta, em 2010), 30% da sua população ainda sofre algum tipo de insegurança alimentar e 8,5% sobrevive com menos de 70 reais mensais [...].
Em resumo, o padrão de vida no Brasil ainda é muito baixo do que o europeu há vinte anos [...]; os avanços sociais são importantes, mas ainda lentos; e não investimos em educação de qualidade, como outros países que se tornaram desenvolvidos [...].

Para defender seus pontos de vista, os dois textos usam, sobretudo, o recurso dos dados estatísticos, que é considerado bastante objetivo já que reflete, de forma matemática, os fatos da realidade. Considerando que os dados estatísticos estão corretos, observe que cada autor selecionou os dados que pudessem ajudar na construção de sua argumentação, o que nos leva à conclusão de que os dois autores podem estar corretos em suas conclusões.

Tarefa: Elabore um texto dando sua opinião a respeito da mesma pergunta formulada pelo jornal. Nesse texto, você poderá incorporar informações selecionadas dos dois textos citados.

16. O **argumento da justiça** não é utilizado apenas em textos de tipo argumentativo nos gêneros científicos jurídicos. Todos nós o empregamos no nosso dia a dia. No texto a seguir, no qual um estudante de 10 anos dá a sua opinião sobre a seguinte questão: "As crianças devem ajudar nas tarefas de casa?", o argumento da justiça é utilizado duas vezes.

> A criança não pode ficar trabalhando direto na nossa casa, porque a gente vai ficar fazendo coisas que não é para fazer quando é criança, como: lavar prato, lavar roupa, varrer a casa... Eu só faço isso quando a minha mãe manda, mas tem vezes que eu coloco a mesa, eu ponho a mesa, eu varro o quintal...
> Mas tem vezes que a criança deve ajudar na arrumação da casa, porque quando você e sua mãe tiverem sozinhos, mas só vocês dois, sua mãe estiver doente e não poder fazer nenhum esforço, você vai? Você iria ajudar a sua mãe? Eu iria ajudar porque ela não pode fazer nada, não pode fazer nada, não pode fazer muito esforço. Então eu iria.
> Nós temos que aproveitar a infância que só existe uma só vez.
>
> Fonte: Leal e Morais, 2006: 227.

Tarefa: Você deverá escrever um texto reproduzindo as duas aplicações do *argumento da justiça* utilizadas pelo estudante.

17. Os dois textos a seguir são respostas, respectivamente, dos advogados João Bosco Kumaira e Rodrigo da Cunha Pereira à seguinte pergunta do jornal *O Estado de Minas*: é legítima a cobrança por abandono afetivo? Os textos foram publicados na edição do jornal do dia 4 de maio de 2012, p. 22, e refletem a opinião dos advogados a respeito de uma decisão do Supremo Tribunal de Justiça de conceder indenização por danos morais a uma filha privada de cuidados de seu pai:

> ### NÃO
> João Bosco Kumaira
>
> O processo de danos morais por abandono afetivo não é capaz de aproximar pai e filho. Advogados que patrocinam essa ideia devem repensar essa postura, porque é um erro grave: em vez de promover o contato entre as partes, faz com que eles percam totalmente a relação, devido ao procedimento judicial. A questão básica desse tipo de processo, em que se requer uma indenização, é entender onde está o ato ilícito para que a multa seja imposta. É ilícito o pai não ter condições de dar afeto ao filho? Não se pode pagar pelo afeto, nem se pode obrigar uma pessoa a dar afeto. Em vez de entrar com esse tipo de ação, as partes devem procurar uma forma pacífica de aproximação já que a ação na Justiça só desagrega.

> SIM
>
> Rodrigo da Cunha Pereira
>
> A grande mudança do direito de família é que afeto tornou-se valor jurídico e a negativa do pai de dá-lo ao filho, direito que está previsto na Constituição, deve ser punida. Afeto não é sentimento, é cuidado, amparo, educação, imposição de limites. O fato de pagar uma pensão alimentícia não substitui a presença do pai. A condenação do STJ no caso de São Paulo é uma das decisões mais importantes dos últimos tempos do ponto de vista político e social. No caso do Alexandre, o pai pagava a pensão, mas não só de pão vive o homem. Ele precisa de alimento para o corpo e a alma. O abandono tem a ver com o princípio da responsabilidade: o pai tem de se responsabilizar pelo filho, seja desejado ou não.

Tarefa 1: Os dois advogados entendem o conceito de *afeto* de maneiras diferentes. Reproduza a concepção de afeto de cada um e explique como essa diferença foi utilizada na construção da argumentação de cada advogado.

Tarefa 2: Reproduza o argumento do *ainda mais*, utilizado pelo advogado João Bosco Kumaira para justificar sua tese de que não deve haver indenização no caso de abandono afetivo.

Tarefa 3: Reproduza as duas *premissas* que compõem *o argumento da dedução lógica* utilizado pelo advogado Rodrigo da Cunha Pereira, cuja *conclusão* é a legitimidade de punição do pai que abandona afetivamente o filho.

18. Num jornal, são publicados, diariamente, textos de vários *gêneros*, o que faz dele um grande suporte textual. Os textos de jornal têm como objetivo principal trazer informações para o leitor, mas essas informações podem ser passadas por meio de gêneros textuais diferentes, que terão assim suas intenções específicas. Os textos e trechos de textos que aparecem a seguir foram extraídos do jornal *O Globo*, na sua edição do dia 23 de fevereiro de 2012, uma quinta-feira, logo após o carnaval.

> TEXTO 1
>
> **Acidente de trem mata 49 na Argentina**
>
> O choque de um trem de passageiros com a barreira de proteção da estação Once, em Buenos Aires, na hora matinal do rush, deixou ontem ao menos 49 mortos, 600 feridos e desencadeou uma onda de críticas contra o governo de Cristina Kirschner. Oposição, trabalhadores, ferroviários e passageiros acusam as autoridades de ignorar os problemas do setor.
>
> Fonte: *O Globo*, 23/02/2012, p. 1.

> TEXTO 2
>
> "Em vez de discutir um programa para São Paulo, o PSDB está entrando na jogada do PT, que é transformar a eleição municipal em uma questão nacional."
> Arnaldo Madeira, ex-deputado (PSDB-SP).
>
> Fonte: *O Globo*, 23/02/2012, p. 2.

TEXTO 3

Inexiste cenário fácil para a Grécia

[...] A Grécia é um exemplo retumbante do que pode acontecer com uma "nação cigarra", aquela que não se preocupa com o futuro, esquece de trabalhar no verão para ter como sobreviver no inverno.

Serve de alerta para o Brasil, onde também é possível se aposentar cedo, a máquina pública é cara, emperrada e retribui pouco para a sociedade. E é porque o ajuste, por definição impopular, corta fundo no Estado e contraria enraizados interesses corporativistas que há analistas céticos com a efetiva execução das mudanças, necessárias para que a ajuda aprovada seja liberada, e mesmo assim o será etapa por etapa, à medida que o programa de ajuste seja implementado.

Enquanto transcorre o drama europeu e, dentro dele, a tragédia dos gregos, cresce a discussão em torno da melhor terapia para resgate dos países: incentivos ao crescimento ou austeridade. Na verdade, uma coisa não elimina a outra. Mas é ilusório achar que se sai de uma crise como esta sem sinalizar a possibilidade de um equilíbrio fiscal no futuro.

Fonte: *O Globo*, 23/02/2012, p. 6.

TEXTO 4

Toda verdade passa por três estágios. No primeiro, é ridicularizada. No segundo, é rejeitada com violência. No terceiro, é aceita como evidente por si própria.
Arthur Schopenhauer, filósofo alemão.

Fonte: *O Globo*, 23/02/2012, p. 27.

TEXTO 5

Agora era cinzas
Veríssimo

[…] Hoje, a figura típica do pós-carnaval não é mais o folião deixando sua fantasia no caminho na volta ao seu duro cotidiano, é o finlandês embarcando no avião e levando sua fantasia pra mostrar em casa. E não tem mais Adalgisa esperando no portão. O marido que volta teve o mesmo destino de outros personagens clássicos: foi engolido pelo tempo e pela irrelevância. Ele não sai mais de casa no sábado e só reaparece na quarta-feira vestindo um cuecão e dizendo que foi sequestrado por sugadoras alienígenas, o que explica os chupões no pescoço. Isso é coisa do tempo antigo. De outros pós-carnavais.

Fonte: *O Globo*, 23/02/2012, p. 7.

TEXTO 6

Amanteigados com licorosos

Espumantes *demi-sec* e *brut* vão bem com biscoitinhos amanteigados, um vinho do Porto, com baunilha. Já os biscoitos de limão, suavemente cítricos, têm seu sabor ressaltados por um espumante moscatel...

Fonte: *O Globo*, 23/02/2012, p. 18.

TEXTO 7

Mistério talhado há 10 mil anos

Uma figura de 30 centímetros de comprimento e 20 de largura, cravada numa pedra em Minas Gerais, pode ajudar a explicar como se deu a ocupação das Américas. Trata-se do mais antigo petróglifo – leia-se: gravura talhada na rocha – conhecido no continente. Sua divulgação hoje, na revista "PLoSOne" ressuscita uma antiga polêmica: como e por onde chegamos aqui.

A teoria mais aceita é de que nossos antepassados atravessaram o Estreito de Bering, entre a Rússia e o Alasca, cerca de 12 mil anos atrás. Esta data, no entanto, é alvo de controvérsia. E a imagem mineira dá voz a esses opositores: ela teria sido feita há até 10,4 mil anos. De acordo com seus descobridores, seria difícil que o homem conseguisse atravessar daquele estreito ao Sudeste brasileiro em menos de 20 séculos, adaptando-se a todos os ecossistemas que estão no caminho.

Fonte: *O Globo*, 23/02/2012, p. 30.

Tarefa 1: identifique os gêneros dos textos de acordo com a seguinte lista:

Gêneros

Científico (político-econômico)

Receita

Notícia

Declaração

Crônica (literário)

Divulgação científica (antropologia)

Aforismo

Tarefa 2: Tente agora descrever, com poucas palavras, o principal objetivo de cada texto do exercício.

3
AS CLASSES E O SIGNIFICADO DAS PALAVRAS E DAS ORAÇÕES

AS ORAÇÕES E OS EVENTOS

Já estudamos que uma oração, que compõe um texto, é uma unidade da comunicação. Precisamos entender agora de que maneira interpretamos uma oração. Esta explicação é longa e podemos começar dizendo que uma oração é um conjunto de itens ou palavras que representa como concebemos um evento. Essa definição é importante e por isso vou destacá-la a seguir:

> Uma **oração** representa como concebemos um **evento**.

Um *evento* é tudo que ocorre no mundo (real ou imaginário), o que inclui o que acontece com as pessoas, com nós mesmos, com as coisas que existem, etc. Assim, quando dizemos algo sobre nós mesmos ou sobre o mundo, estamos elaborando orações que representam como concebemos os eventos.

Além disso, vamos propor que os eventos se realizam de maneiras diferentes, o que nos permite definir **tipos de eventos** diferentes. Para estudá-los, vamos analisar, em primeiro lugar, as unidades da oração que são as *palavras* e suas partes constituintes, que chamamos de *morfemas*. Após isso, estaremos em condições de definir as várias classes de palavras, dentre elas a de *verbo*, e só aí, então, explicar os tipos de eventos mencionados. Vamos, portanto, bem devagar.

AS PALAVRAS E SEUS SIGNIFICADOS

As palavras são como "peças" que temos guardadas na nossa memória e que estão à nossa disposição para formar os enunciados da língua. A palavra é, então, uma unidade, na maioria das vezes, muito fácil de ser reconhecida. Na e*scrita,* dá para separar uma palavra de outra porque entre elas ocorre um espaço em branco. Mas, na *fala*, fica difícil utilizar um critério desse tipo, já que às vezes fazemos uma pausa na hora de pronunciar uma palavra e outra, mas, na maioria das vezes, não o fazemos.

A maneira mais simples de identificar uma palavra tem a ver com o que elas querem dizer ou significam. Veja os exemplos seguintes:

mar – sal – boi – urubu – feliz – lei

Esses itens são palavras porque querem dizer ou significam alguma coisa. Mas o que quer dizer exatamente "significar alguma coisa"?

Para responder a essa pergunta, vamos dizer, para começar, que o significado de uma palavra é entendido por nós, em primeiro lugar, quando conseguimos associar a palavra com um **referente** que existe ou ocorre no mundo. O referente de uma palavra é o *ser* (real ou imaginário), *a coisa* ou *o objeto*, *os acontecimentos* e também *a quantidade* de alguma coisa, uma *propriedade ou qualidade* de alguém ou de alguma coisa e, por fim, *a maneira* como fazemos algo. Se alguém me diz, por exemplo, a oração:

O meu boné sumiu.

Compreender essa oração é saber que existe uma coisa no mundo, isto é, *o meu boné*, que é identificado pela expressão **o meu boné** e que *ele sumiu*. A ilustração seguinte mostra como acontece essa relação:

Meu boné

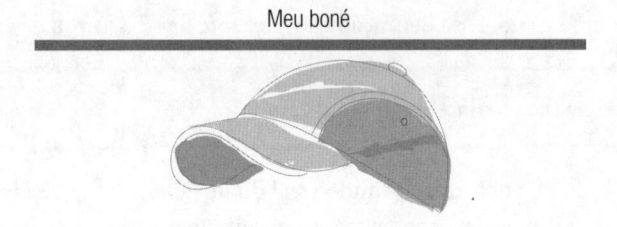

É assim, portanto, que associamos **palavras** e **coisas**, isto é, a palavra ouvida, ou lida, ativa na nossa mente *uma imagem da coisa à qual a palavra se refere*. Dizemos que, nesse caso, a expressão *o meu boné* localiza um referente que é *o boné que me pertence*.

Porém, como veremos a seguir, não basta, para descrever o significado de uma palavra, tentar encontrar seu referente. A relação entre a língua e o mundo é bem mais complexa e não é tão *direta* como deixa entender o que acabamos de dizer sobre a referência das palavras.

Por exemplo, nem sempre é possível identificar claramente o referente de uma palavra ou expressão. Imagine, por exemplo, o seguinte diálogo entre duas pessoas:

— **Um senhor de mais ou menos 60 anos** passou na loja te procurando.

— Eu não sei quem é... deixou o número de telefone?

Nesse diálogo, a segunda pessoa entendeu o significado da expressão **um senhor de mais ou menos 60 anos**, embora ela não saiba quem é. Ela não pensou numa pessoa específica, como no exemplo anterior, em que a pessoa pensou no boné específico que lhe pertence. No caso, a pessoa pensou, portanto, em alguém do sexo masculino, já idoso; e, dependendo da sua experiência de vida ou dos contatos com idosos que ela já teve, pensou num homem calvo ou grisalho, usando certo tipo de roupa, etc.

Para resumir, podemos saber ou não saber exatamente quem é ou o que é o referente de uma palavra, mas, nos dois casos, precisamos associar, na nossa mente, as palavras com uma *imagem mental* e esta última está ligada a algum *referente* específico que sabemos ou achamos que existe; ou então a imagem mental é composta de características ou propriedades que associamos normalmente aos referentes daquele tipo.

É também verdade, por outro lado, que nem sempre o referente existe realmente no mundo. Há seres que são apenas imaginados e representados por desenhos ou algum tipo de ilustração, como as personagens de histórias em quadrinhos ou de desenhos animados.

Fazemos também uma imagem mental de orações que tem como referente todo um evento ou acontecimento, como por exemplo:

O Brasil ganhou a Copa do Mundo de 2002 numa final contra a Alemanha.

Compreender essa oração depende da associação das palavras *Brasil*, *Alemanha*, *a Copa do Mundo*, etc., com os seus referentes, o que implica saber que Brasil e Alemanha, nesses casos, são times de futebol, e nos permite construir uma imagem mental de todo o evento narrado nesse exemplo.

Podemos igualmente compreender uma qualidade de alguém ou de alguma coisa ou a maneira de fazer algo associando as palavras que as indicam com os seus referentes. Por exemplo:

A vizinha do terceiro andar, que você não conhece, é uma morena **bonita**.
Ele tomou a limonada **rapidamente**.

No primeiro exemplo, entendemos a palavra *bonita* como uma *propriedade* da vizinha do terceiro andar e, para isso, faço uma imagem do que é, para mim, as características de uma moça morena bonita. Da mesma forma, compreendemos a palavra *rapidamente* como uma *maneira* de fazer algo que, no caso, é tomar uma limonada: imaginamos, por exemplo, que a pessoa virou o copo com a limonada de uma só vez, etc.

No entanto, só identificar o referente de uma palavra nem sempre é suficiente para sua compreensão. Observe a interpretação da palavra *vermelho* nos seguintes exemplos, que são muito interessantes:

A maça é vermelha (a casca)
A melancia é vermelha (por dentro)
O lápis é vermelho (pintado de vermelho ou é um lápis de cor)
A casa é vermelha (do lado de fora)
A caneta é vermelha (a tinta)

Nós sabemos reconhecer a cor vermelha nas coisas, mas a compreensão dessas orações inclui conhecer propriedades dos objetos aos quais associamos essa cor.

Há ainda as palavras chamadas de **concretas** e as chamadas de **abstratas**. As concretas são aquelas que permitem, *de forma direta*, essa construção mental de uma imagem associada a um referente, real ou imaginário, como foi o caso do exemplo do *meu boné*. Mas, para as abstratas, essa associação com o referente é feita *de forma indireta*. Vejamos o seguinte exemplo:

A **inteligência** de Marquinhos me espanta.

O referente da palavra *inteligência* não pode ser visualizado por meio de uma imagem, como no caso de palavras concretas como *meu pai*, *a cidade de Fortaleza*, *Chico Bento*, etc. Supomos que a *inteligência* de Marquinhos tem a ver com sua mente e cérebro, mas não é possível fazer, por exemplo, um exame de ultrassonografia de maneira a localizar sua inteligência. Nós admitimos existir algo que é a inteligência de Marquinhos observando como ele age e o que é capaz de fazer. Vamos supor que Marquinhos pode fazer as seguintes coisas:

> Em relação às palavras **abstratas**, é comum não haver consenso sobre se tal coisa abstrata existe ou não. Vejamos um exemplo com a palavra abstrata *triste*. Posso dizer o seguinte para um amigo:
>
> Achei o Gilson triste na festa.
>
> Mas o amigo pode não concordar com essa tristeza que percebi em Gilson e argumentar que ele dançou o tempo todo e, portanto, não estava triste. Assim, o fato de dançar foi para meu amigo uma evidência concreta de que não havia tristeza em Gilson.
>
> Se de fato Gilson estava triste ou não, vai depender da argumentação de cada um ou do depoimento do próprio Gilson. Esse exemplo simples mostra que defender coisas abstratas, como ideias, crenças, etc., necessita de argumentação, que pode se tornar bastante complexa.

Marquinhos é capaz de (1) consertar celular; (2) tirar sempre boas notas em todas as matérias; (3) desenhar muito bem; (4) derrotar pessoas mais velhas no jogo de xadrez, etc.

É esse conjunto de ações e capacidades de Marquinhos que me faz afirmar que, *na minha opinião*, ele dispõe de *inteligência*. A esse conjunto de ações e capacidades, nós podemos associar, de forma direta, referentes concretos que existem no mundo e, ao fazer isso, nós, de forma indireta, atribuímos existência à palavra abstrata *inteligência* no caso de Marquinhos.

Há ainda outra maneira de fazer a associação entre as palavras e seus referentes: é através de um **símbolo**. No caso do símbolo, os falantes aceitam a convenção de que uma imagem, um desenho, etc., simbolizem determinada coisa. Por exemplo: o *urubu* é o símbolo do time do Flamengo; a *balança* é o símbolo da justiça, assim por diante. Ainda no caso do símbolo, não é necessário, por exemplo, que *galo* simbolize o Clube Atlético Mineiro – poderia ser um outro animal qualquer –, mas, uma vez escolhido *o galo*, sempre que vemos a imagem de um galo vestido de preto e branco fazemos imediatamente a associação com esse time de futebol. Quando um país, ou uma comunidade, escolhe e reconhece um símbolo para alguma coisa, esse símbolo estará sempre associado ao que ele representa, como no caso dos símbolos dos times de futebol do Brasil.

É também comum nós usarmos uma coisa ou uma imagem para representar algo e, embora essa **representação** não seja um símbolo "fixo" ou "oficial", sempre poderá nos fazer pensar naquilo que representa. Veja um exemplo dos desfiles de carnaval: em 2008, a escola carioca Porto da Pedra teve como enredo os 100 anos de imigração japonesa no Brasil e incluiu, no seu desfile, sambistas vestidos de samurais, que representavam, portanto, o Japão, permitindo homenagear esse país e os japoneses que vieram para o Brasil. Assim, embora um samurai seja apenas um guerreiro do Japão antigo, foi utilizado pela escola de samba para homenagear o país e estará sempre disponível para representar e nos fazer pensar no Japão.

Existe, enfim, uma maneira de interpretar palavras, orações e textos por meio de um recurso de linguagem chamado de **metáfora**. Ao empregar esse recurso, nós extraímos um significado que não é o que chamamos de *literal*, e sim um significado *figurado* ou *metafórico*. Observe o uso da palavra *fogo* nos dois exemplos a seguir:

Este calor de hoje é o **fogo** da queimada no pasto.

Na Índia, o elefante simboliza o poder.

Nesse caso, a palavra *fogo* se refere de fato à combustão de matéria orgânica que ocorre num determinado pasto e que provoca calor. Esse uso é chamado de *literal*. Mas veja agora o seguinte exemplo, que é um verso do poeta português Luís de Camões:

Amor é **fogo** que arde sem se ver.

Aqui, o significado de *fogo* é *figurado* ou *metafórico* e não quer dizer mais que ocorre *combustão* de algum material inflamável. O que o poeta pretendeu dizer é que o sentimento de amor é *como* um fogo, que não podemos ver, mas que arde no peito, ou seja, Camões faz uma comparação entre o que sentimos quando amamos e quando entramos em contato com fogo. Esse exemplo mostra que por trás de uma metáfora tem sempre uma *comparação*. Sobre essa última ideia, observe ainda o seguinte exemplo de metáfora:

A professora é uma **onça**!

A comparação, nesse caso, é que a professora é brava, ou nervosa, assim como uma onça é brava. Para fazer a comparação, nós selecionamos uma propriedade ou característica que seja compartilhada pela professora e por uma onça. Vamos ilustrar essa ideia com o seguinte esquema:

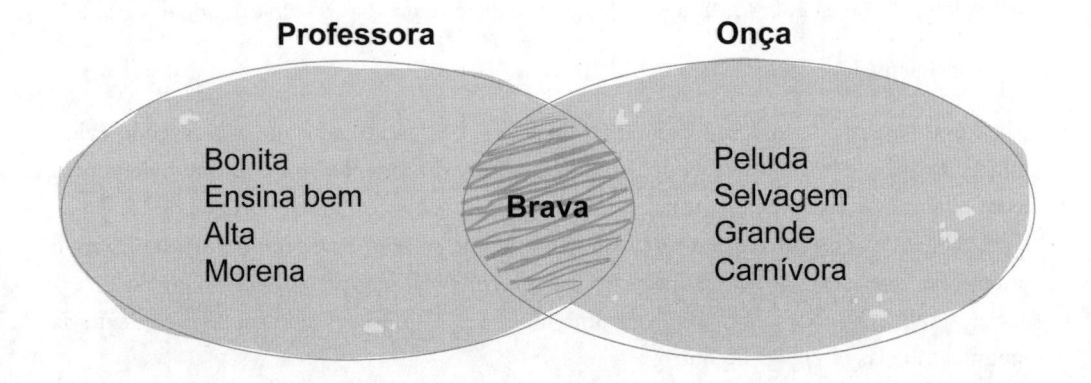

Professora | **Brava** | **Onça**

Bonita | | Peluda
Ensina bem | | Selvagem
Alta | | Grande
Morena | | Carnívora

Como se vê, a professora e a onça têm várias propriedades ou características e têm, *em comum*, a propriedade de *ser brava*, a qual permite a comparação e a elaboração da metáfora. Para que a metáfora dê certo, precisamos também entender que a propriedade de ser brava no caso de uma onça implica certos comportamentos diferentes da propriedade de ser brava no caso da professora.

A metáfora é muito usada nos textos do gênero **literário**, como é o caso do verso de Camões, mas não apenas aí. Na nossa vida cotidiana, os falantes criam muitas metáforas com a finalidade de inovar e de buscar ser expressivos para os outros falantes. Muitas dessas metáforas vão aos poucos se incorporando à língua e nem sempre nos damos conta de que há uma metáfora "por trás" do que falamos ou escrevemos. Veja alguns exemplos:

Minha vida agora tá mamão com açúcar!
Estou me sentindo por baixo hoje.
O aluguel subiu muito desta vez.
Eu cheguei a uma conclusão sobre o problema.

Todo mundo entende o que as orações citadas querem dizer e cada uma delas foi elaborada por meio de uma metáfora: na primeira, a comparação é entre a facilidade e a satisfação de comer mamão – uma fruta já bem doce – com açúcar e a facilidade e satisfação com que, segundo minha avaliação, estou vivendo nesse momento. Nas duas orações que se seguem, a comparação tem a ver com localização espacial, isto é, "estar por baixo" é estar deprimido e "subir" não é o significado literal de "ir para lugar mais alto" e sim "aumentar o valor". Na última oração, a metáfora estabeleceu um significado adicional do verbo "chegar", que não é interpretado como deslocamento espacial, mas sim compreendido aproximadamente como "ter passado por uma reflexão e alcançado, no final do processo, uma conclusão".

Fique atento, de agora em diante, à criatividade e à quantidade de metáforas que produzimos na nossa vida cotidiana.

Para concluir, é bom também ficar atento ao fato de que é no *uso da língua* que as palavras e as orações ganham o significado final na comunicação entre os falantes. Nós desenvolvemos um pouco essa ideia quando falamos sobre as *intenções* dos falantes no capítulo 2. Para relembrar, vamos imaginar a seguinte situação como exemplo: num dia de verão, uma senhora entra num ônibus apressadamente e ofegante, se senta num banco e se dirige à pessoa ao lado dizendo o seguinte:

Está quente hoje, hein?

Nesse caso, a senhora não pretende informar à pessoa ao lado que está fazendo calor, como se ela não estivesse percebendo. A tentativa é, provavelmente, começar um diálogo para passar o tempo ou compartilhar uma experiência comum. No contexto do uso da oração é que compreendemos, portanto, que a intenção não era a de se referir ao tempo que está fazendo naquele dia, que serviu apenas de pretexto. Na interpretação do que ouvimos ou lemos, o essencial, finalmente, é descobrir ou fazer uma hipótese, levando em conta todo o contexto da comunicação, das *intenções* do outro.

MORFEMAS

Voltemos agora às palavras, repetidas a seguir, que utilizamos na seção anterior. Todas elas querem, evidentemente, dizer alguma coisa e estão associadas aos seus referentes.

mar – sal – boi – urubu – feliz – lei

Outra propriedade importante das palavras destacadas é que elas são *indivisíveis*, isto é, não é possível, diferentemente de outras palavras que explicaremos a seguir, dividi-las em partes menores. Há palavras, então, que, diferentemente das que estão citadas, são compostas por duas ou mais partes e são, portanto, *divisíveis*:

jardineiro – casinha – sambódromo
rapidamente – chegamos – repensei

Essas palavras podem ser divididas da seguinte maneira:

Jardineiro = jardin + eir + o
Casarão = casa + rão
Sambódromo = sambó + dromo
Rapidamente = rapida + mente
Chegamos = cheg + a + mos
Repensei = re + pens + ei

Podemos fazer, com segurança, a divisão das palavras porque os pedaços de palavras que separamos tem um significado, ou uma função, que está disponível para formar outras palavras diferentes, tais como:

- **jardim** significa "espaço físico onde se plantam e florescem plantas" e está presente em *jardinzinho*, *jardinagem*, etc.
- **eir** significa "quem cuida ou trabalha com algo" e pode formar as palavras *caseiro*, *sapateiro*, *carteiro*, etc.

Boa parte das nossas palavras e morfemas tem sua origem no **grego** e no **latim**. Aí estão alguns exemplos de morfemas gregos e latinos que aparecem no início das palavras:

LATINOS:
ANTE- (anterioridade) em: antebraço, antepor.
EX- (movimento para fora; estado anterior) em: exportar, ex-marido.
IN- (negação) em: inativo, ilegal.
INTRO- (movimento para dentro) em: introvertido, intrometer.
POS- (posterioridade) em: pós-moderno, pospor.
SOBRE- (posição acima, excesso) em: sobrecarga, sobrepor.

GREGOS:
ANTI- (oposição) em: antiaéreo, antítese.
DIN- (força, potência) em: dinâmico.
ENDO- (movimento para dentro) em: endócrino, endotérmico.
HIPER- (posição superior) em: hipertensão.
PERI- (posição ou movimento em torno) em: perímetro.
SIN- (simultaneidade) em: sincronia.

De línguas **indígenas** e **africanas** e de outras línguas vieram também muitas das nossas palavras e morfemas. Vejam alguns exemplos:

TUPI-GUARANI:
Abacaxi -Ibá =*fruta*; caxi= *cheirosa*.
Cabocla - procedente de branco.
Mirim - pequeno.

QUIMBUNDO (África):
Cachimbo - poço.
Samba - dança de umbigada.
Xingar - de *kuxinga*, injuriar.

ALEMÃO:
Bosque - de *bosk*, pequena floresta.

ITALIANO:
Ágio - de *aggio*, conveniência.

ÁRABE:
Açúcar: de *as-sukkar*, grãos de areia.

- **o** significa "do sexo masculino" e pode formar *menino, médico*, etc.
- **casa** significa "lugar onde se mora" e está presente em *casinha, casebre*, etc.
- **ão** significa "grande" e está presente em *homão, almofadão*, etc.
- **sambo** significa "samba" e está presente em *sambinha, sambão*, etc.
- **dromo** significa "lugar onde se faz algo" e aparece em *camelódromo, autódromo*, etc.
- **rápido** significa "mover depressa" e pode formar *rapidez, rapidão*, etc.
- **mente** significa "modo ou maneira" e está presente em *vagarosamente, completamente*, etc.
- **cheg** significa "atingir certo lugar" e aparece em *chegada, chegadinha*, etc.
- **a** representa uma vogal e é a mesma que aparece em *cant + a + r*, em *pul + a + r*.
- **mos** significa "primeira pessoa do plural" e "tempo passado" e está presente em *pulamos, viajamos*, etc.
- **re** significa "de novo" e pode formar *recolocar, refazer*, etc.
- **pens** significa "formar ideias na mente" e aparece em *pensador, pensamento*, etc.
- **ei** significa "primeira pessoa do singular" e "tempo passado" e aparece em *viajei, cheguei*, etc.

Esses pedaços de palavras são chamados de *morfemas*. As palavras, portanto, são compostas da seguinte maneira:

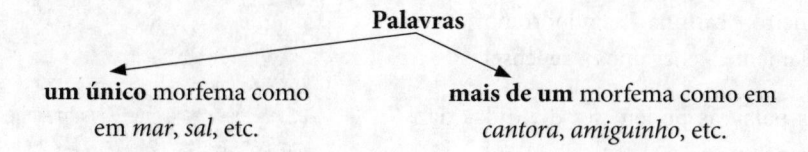

Palavras

um único morfema como em *mar, sal*, etc.

mais de um morfema como em *cantora, amiguinho*, etc.

Como acabamos de ver, é possível dividir uma palavra em morfemas usando como critério o significado desses morfemas, ou seja, é o mesmo significado que aparece em palavras diferentes. Outro exemplo: **tri-** é um morfema porque significa "três" e é esse significado que aparece nas palavras *tricolor, tricampeão, triatlo*, etc. Muitas vezes, no entanto, um morfema que tinha um determinado significado original pode sofrer mudanças, adquirindo outro significado que pode ser ou não relacionado com o original. Por exemplo, a palavra *pedreiro* pode ser dividida em pelo menos dois morfemas maiores: **pedr-** e **eiro**: o primeiro morfema, **pedr-**, originalmente significa "pedra", mas, ao se juntar com **eiro**, a palavra passa a significar "pessoa do sexo masculino que trabalha em obras de construção de casas, etc." e não apenas "pessoa que trabalha com pedras". Outro exemplo interessante é o caso do morfema **-ão**, que aparece em palavras como *janelão, homão* ou *almofadão* e funciona como um aumentativo, significando "grande". Entretanto, em outras palavras, como nas seguintes, o significado de **-ão** se transformou: *paizão* significa "um pai bom, protetor e ciente de seus deveres"; *carrão* pode significar "um carro de muito boa qualidade ou de luxo" e *solteirão* significa "alguém solteiro já há algum tempo e que parece convicto de que quer continuar solteiro".

Há, enfim, palavras que são formadas pela ligação de duas ou mais palavras ou dois ou mais núcleos. São chamadas de **palavras compostas**:

Palavras compostas

↓

duas ou mais palavras como em *guarda-roupa*,
franco-colombiana, etc.

Na palavra *guarda-roupa* juntaram-se a palavra *guarda*, que vem de *guardar*, e a palavra *roupa*; a mesma coisa acontece com a palavra *franco-colombiana*, que se refere a uma pessoa que tem origem francesa e colombiana ao mesmo tempo, como é o caso de Ingrid Bettancourt, que viveu sete anos em poder da guerrilha colombiana conhecida por Farc. Enfim, as palavras compostas, apesar de serem o resultado da junção de duas ou mais palavras, se comportam como uma palavra simples quando são usadas numa oração.

Há ainda um fenômeno da língua associado à noção de morfema que é importante conhecer. Trata-se do que chamamos de **alomorfia**. É o seguinte: os morfemas podem variar, isto é, podem apresentar mais de uma realização sonora, o que é representado pela maneira como os escrevemos. Quando isso acontece, dizemos que o morfema dispõe de um ou mais alomorfes. Veja os exemplos:

> Uma parte das palavras compostas são ligadas pelo sinal de **hífen**. O uso deste sinal é complexo e foi revisto pela reforma ortográfica de 2008.

> Há ainda muitos outros tipos de palavras compostas, como por exemplo:
>
> *batata-doce*
> *efeito estufa*
> *pé de moleque*
> *prós e contras*
> *mau-olhado*
> *ferro de passar*
> *ganha-pão*
> *habeas corpus*
> *sem-terra*
> *raio laser...*

A. capilar – cabelo
B. digo – disse – dizer
C. maduro – maturar

Quando dividimos essas palavras em morfemas, o resultado é o seguinte:

A. capil + ar – cabel + o
B. dig + o – diss + e – diz+ e + r
C. madur + o – matur + a + r

Observe agora que o significado "conjunto de pelos da cabeça" está representado por dois alomorfes: **capil-** e **cabel-**; já o significado "exprimir por palavras" é realizado pelos alomorfes **dig-**, **diss-** e **diz-**; enfim, o significado "plenamente desenvolvido" se expressa pelos alomorfes **madur-** e **matur-**.

A alomorfia é um fenômeno muito comum em várias línguas e se deve a mudanças por que passam as línguas ou à origem, por exemplo, grega ou latina, dos morfemas.

CLASSES DE PALAVRAS

As palavras podem ser classificadas. A ideia de *classe* é explicada assim: duas coisas, ou seres, podem ser diferentes na aparência, mas apresentar características ou comportamentos semelhantes.

Nesse caso, é possível dizer que essas coisas ou seres pertencem a uma mesma classe. Por exemplo, *uma galinha* e *um beija-flor* são da classe *aves* porque têm as seguintes características comuns: são ovíparos, têm pele revestida de penas, não têm dentes, etc. Essa classificação não quer dizer, porém, que essas duas aves sejam completamente iguais: o beija-flor, por exemplo, voa, mas a galinha não (ela só consegue dar grandes pulos ou saltos); o beija-flor é pequenininho, a galinha já é maior, etc.

Em relação à língua, é também possível formar grupos de palavras levando em conta o que elas têm em comum, ou seja, é possível classificá-las.

Consideraremos, em primeiro lugar, que as classes de palavras se dividem em dois grandes grupos:

> 1º As classes lexicais

> 2º As classes funcionais

Para explicar o que são esses dois grupos de classes de palavras, observemos a seguinte sequência:

Vizinho falar Djalma comprar cachorro poodle.

Embora possamos imaginar o que a sequência de palavras citadas queira dizer, ela não é ainda uma oração da língua portuguesa. Só teremos uma oração se acrescentarmos as palavras e os morfemas que estão faltando, o que permitirá formar, agora sim, a seguinte oração:

Assim como classificamos os animais da ilustração como **aves**, podemos também classificar as palavras.

O vizinho falou que Djalma comprou um cachorro poodle.

Assim, as palavras como *vizinho, comprar, cachorro, Djalma* são exemplos de palavras que fazem parte do grupo das classes que chamamos de **lexicais**. Já as palavras como *O, que, um* e os morfemas -**ou** de *comprou*, que acrescentamos, são exemplos do grupo de classes de palavras que nomeamos de **funcionais**.

À primeira vista, a gente poderia pensar que as palavras lexicais têm um *referente*, enquanto as palavras funcionais não, isto é, sabemos, por exemplo, que *cachorro, vizinho*, etc., podem se referir a seres que existem no nosso mundo; porém, o mesmo não se pode dizer de palavras como *que* ou *O*, isto é, não existem *quês* por aí no mundo, ninguém cria *quês*... Mas, infelizmente, as coisas não são simples assim. Não parece correto dizer, por exemplo, que a ideia de *tempo passado* introduzida por -**ou** em *comprou* não tenha significado. Vamos dizer, então, que a contribuição das classes **lexicais** e **funcionais**, para a interpretação da oração, é diferente, isto é, as classes lexicais têm significado *externo,* porque se referem a *coisas ou seres (reais ou imaginários), acontecimentos, ações, qualidades, quantidades e maneiras de fazer coisas* que ocorrem ou existem no mundo, enquanto as classes funcionais têm significado *interno*, quer dizer, se associam às classes lexicais de maneira a detalhar ou deixar mais claro seus significados; foi o que vimos, por exemplo, no caso do morfema **-ou** que acrescentamos a **compr-**.

Há ainda outra diferença importante entre as duas classes: as classes lexicais são muito numerosas e, devido ao fato de coisas ou fatos novos serem criados ou acontecerem constantemente, sempre é possível criar novas palavras lexicais, como as palavras *clonagem* e *escanear*, vindas, como se sabe, da ciência e da tecnologia atuais. Por outro lado, as classes funcionais são em número mais reduzido e os falantes de uma língua não criam, por exemplo, palavras como *que* e *O* (é preciso, pelo menos, muitos séculos para que isso aconteça).

As classes lexicais e funcionais da nossa língua são as seguintes:

Classes Lexicais:	**Classes Funcionais:**
• Nome	• Flexão
• Verbo	• Determinante
• Adjetivo	• Pronome
• Advérbio	• Preposição
• Numeral	• Conjunção

Definiremos essas classes observando, em primeiro lugar, o **significado** delas, isto é, o que querem dizer ou qual é a contribuição delas na compreensão dos enunciados da língua.

Antes de estudarmos a definição de cada classe de palavras e também para melhor entender o fato de que uma mesma palavra pode, muitas vezes, pertencer a mais de uma classe, vamos precisar ter uma boa ideia do que acontece com a classificação das palavras quando acompanhamos a evolução delas na história da língua.

Os processos de mudança linguística

Vimos no capítulo 1 que a língua, assim como qualquer outra coisa, muda com o tempo. Essas mudanças não acontecem de qualquer jeito: quando comparamos estágios diferentes de uma língua – por exemplo, o português do Brasil do século XVIII e o português do Brasil de hoje –, é possível entender como elas ocorrem. Essas mudanças acontecem da seguinte maneira: uma palavra pode, com o tempo, sofrer uma mudança de significado de tal modo que passa a ter um uso diferente do que tinha. Esse processo chega a tal ponto que pode haver também uma mudança da classe da palavra, isto é, num estágio, a palavra fazia parte de uma classe e, num estágio posterior, ela passa a funcionar também como uma palavra de outra classe. É devido a esses processos, portanto, que uma palavra tem normalmente mais de um significado e mais de um uso, ou seja, novos significados e, consequentemente, novos usos vão sempre sendo acrescentados ao longo do tempo.

Chamaremos esses processos de mudança na língua de **gramaticalização**. Vejamos alguns exemplos.

> A **gramaticalização** é um fenômeno que ocorre em todas as línguas. Por meio dela, são criadas novas palavras e novos significados.

Em determinados processos de gramaticalização, a palavra não muda de classe; apenas adquire um ou mais significados e passa a ser empregada em um ou mais contextos diferentes. Veja o caso do verbo *ter*. Este verbo dispõe de alguns significados e usos diferentes. Vamos observar dois deles:

Meu pai **tem** uma fazendinha.

Nesse uso, *ter* significa "possuir" e ocorre com um **objeto**, que é *uma fazendinha*. Mas na oração seguinte, o significado e o uso de *ter* são diferentes:

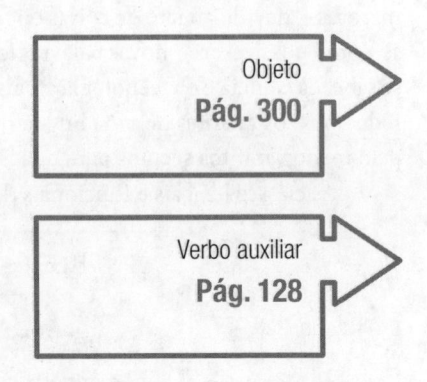

Objeto
Pág. 300

Verbo auxiliar
Pág. 128

O governo **tem** aumentado a verba do Ministério da Educação.

No exemplo, *ter* funciona como um *verbo auxiliar*, não significa mais "possuir", e o **objeto** *a verba do Ministério da Educação* é, na realidade, objeto do outro verbo que aparece na oração, isto é, do verbo *aumentado*.

É muito comum assim um verbo apresentar vários significados e usos diferentes. Quando, por meio de um processo de **gramaticalização**, um verbo adquire um novo uso, ele muitas vezes exibe uma nova **regência**. Na hora de escrever um texto, é importante, portanto, ter certeza de que escolhemos o significado e o uso adequado para o que estamos querendo dizer. Para ajudar nessa tarefa, é preciso consultar um *dicionário de regência verbal*, que é um tipo de dicionário composto apenas de verbos e que fornecem as informações de que precisamos. No capítulo 6, fornecemos uma lista de verbos e seus usos, com alguns dos verbos e usos mais comuns da nossa língua. Essa lista é um pequeno dicionário de regência verbal. Ainda vamos explorar bastante essas ideias no nosso livro.

No exemplo citado de *ter*, apesar da mudança pela qual o verbo passou, ele permanece sendo um verbo, embora seja auxiliar. No entanto, existem processos de gramaticalização em que há um esvaziamento do significado, ou então uma mudança de significado mais relevante, de maneira que a palavra passa a pertencer a outra classe. Observe o caso do advérbio *agora*: esta palavra é usada, normalmente, para significar "neste momento" em orações como a seguinte:

Eu vou pegar as chaves **agora**.

Mas existe, também, outro uso de *agora*, que mostramos a seguir:

O preconceito contra a mulher existe em grande proporção...**agora**...resolver esse problema não é problema só do governo, é de todos nós.

Fonte: Calmon Silva, 2010: 28.

Nesse exemplo, que é da *fala*, *agora* não significa mais "neste momento". Ele se esvaziou desse significado e passou a funcionar como uma palavra da classe das **conjunções**, que são as palavras que ligam uma oração na outra. Nesse exemplo, *agora* liga a oração "O preconceito contra a mulher existe em grande proporção" com as orações "resolver esse problema não é problema só do governo, é de todos nós". O significado de *agora* neste caso é similar ao da conjunção *mas*. Esse tipo de uso de *agora* é muito comum na *fala* e começa a aparecer também na *escrita*, como no seguinte exemplo:

> "Não se conhece a causa exata da doença, mas sabe-se que há um componente genético na sua transmissão", afirma o psiquiatra Almir Tavares, da UFMG. **Agora**, é bom lembrar que nem todo mundo que fala palavrão sofre dessa doença – na esmagadora maioria dos casos trata-se simplesmente de falta de educação.

Fonte: *Superinteressante*, maio 2004, p. 10.

Conjugação
Pág. 213

Adjetivo
Pág. 136

Advérbio
Pág. 138

Qualquer palavra de qualquer classe pode então sofrer um processo de gramaticalização, através da mudança ou esvaziamento de significado, e passar a funcionar como uma palavra de outra classe. É por essa razão, como vamos ver logo a seguir, que *uma palavra pode pertencer a mais de uma classe de palavra*.

Por outro lado, mesmo que uma palavra possa ser, potencialmente, de mais de uma classe, o falante, ao empregá-la numa oração, faz uma escolha e a classifica, sem se dar conta disso, como pertencendo a uma ou a outra classe. Observe, por exemplo, as duas orações seguintes:

1. O prédio novo da Advocacia Geral da União é **redondo**.
2. A cerveja que desce **redondo**.

A palavra *redondo* é originalmente, como veremos a seguir, da classe dos **adjetivos** e é classificada como **adjetivo** que ela aparece na primeira oração. Na segunda oração, porém, *redondo* é usado como um **advérbio** equivalendo a "redondamente" e, nesse uso, não quer dizer mais "forma geométrica circular" e sim que se trata de "uma cerveja saborosa que é facilmente bebida".

Feitos esses esclarecimentos sobre os processos de mudança que ocorrem na língua, estamos em condições de apresentar e exemplificar as classes de palavras.

Classes lexicais

As classes lexicais que consideramos são as seguintes:

CLASSES LEXICAIS

- Nome
- Verbo
- Adjetivo
- Advérbio
- Numeral

NOME

As palavras que fazem referência, principalmente, a *pessoas, bichos, objetos, lugares, ideias, sentimentos* ou *ações tomadas como coisas* são classificadas como **nomes**. São exemplos de nomes as seguintes palavras:

> vizinho – Recife – Marcão – bondade – África –
> geladeira – cavalo – justiça – saúde – clero –
> homem – rua – Deus – saída – safadeza

> Os NOMES são também chamados de **substantivos**.

Nomes concretos e abstratos

Alguns nomes são usados para se referir a pessoas, objetos, etc., que nós podemos perceber diretamente pelos sentidos, isto é, pela visão, audição, olfato, tato ou gustação. Esses nomes são chamados de **concretos**. Por exemplo:

> acidez – Senado – áspero – Aninha – melodia – Manaus
> árvore – cidade – axé – dialeto – cadeira – viagem – animal

Já outros nomes são considerados **abstratos**. Trata-se daquilo que não podemos ver, cheirar, ouvir, etc. Veja os exemplos:

> felicidade – raiva – verdade – sabedoria – esperteza – ideia
> opinião – alegria – caridade – angústia – tristeza – intuição

Como já explicamos, a percepção das "coisas" às quais as palavras abstratas se referem é diferente da percepção das "coisas" referidas pelas palavras concretas.

No caso das palavras abstratas, podemos perceber, por exemplo, *a tristeza de um amigo*, mas, neste caso, o que percebemos de fato é que a pessoa está, por exemplo, com aparência cansada, não consegue sorrir, sem apetite, etc. O que percebemos, então, são *sinais* que nos fazem pensar que o nosso amigo está triste: *nós não vemos sua tristeza de forma direta*! É diferente do caso das palavras concretas cujos referentes são percebidos diretamente pelos nossos sentidos, como por exemplo, o *cheeseburguer* que a garçonete acaba de nos trazer quando vamos a uma lanchonete.

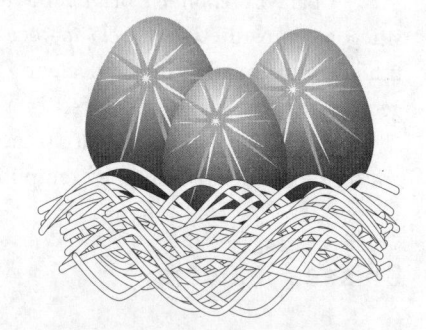

Podemos criar imagens de coisas que sabemos que não existem. No caso, são ovos botados por uma *galinha dos ovos de ouro*.

Mas as coisas não são simples assim porque sabemos que podemos imaginar seres ou coisas que julgamos que não existem e podemos até produzir uma imagem disso. Veja, por exemplo, a imagem ao lado de *ovos de ouro* botados por uma imaginária *galinha dos ovos de ouro*. O que fazer, nesse caso, isto é, os ovos de ouro são do tipo concreto ou abstrato?

Vamos considerar que seres, coisas, etc., que são ficcionais ou imaginadas, como o *unicórnio*, os *ovos de ouro* ou o *Homer Simpson,* são concretos, mas diremos, por exemplo, que a *desatenção* mostrada por esse personagem num desenho animado é abstrata.

Nomes próprios e comuns

Há nomes que têm, como referente, uma única entidade, isto é, uma pessoa, um lugar, uma cidade, um país, um rio, uma praia, etc. São chamados de **nomes próprios**. Por exemplo:

> Curitiba – Joelma – Rex (meu cachorro) – Paranaíba (nome de rio) – Índia – Buda – Teresina – Arpoador – Obama

Já outros nomes, conhecidos por **nomes comuns**, como nos exemplos a seguir, podem ter, como referente, todos os seres, coisas, etc., de uma espécie; ou então coisas que são abstratas:

> cadeira – cidade – praia – tatu – felicidade – montanha – lapiseira – juventude – amor – raiva – jardim

Assim, *cidade* ou *tatu* são nomes comuns porque podem ser usados para se referir a qualquer cidade ou tatu que existe no mundo. Também os nomes *amor* ou *felicidade* podem se referir ao amor ou à felicidade sentidos por qualquer um de nós.

Nomes coletivos

Coletivos são nomes comuns que fazem referência a um conjunto de seres ou coisas do mesmo tipo ou espécie. Vamos comparar, por exemplo, as duas orações seguintes:

Juquinha comeu **11 bananas** de uma vez.
Juquinha comeu **um cacho de bananas** de uma vez.

Na primeira, informamos a quantidade exata de bananas que Juquinha comeu, mas, na segunda, não indicamos o número de bananas devoradas e sim usamos um coletivo, ou seja, *cacho*, para se referir ao que foi comido, sem especificar precisamente a quantidade.

Como você já sabe, a primeira letra de um nome próprio deve ser **maiúscula**.

Multidão é o coletivo de pessoas.

Aqui estão alguns dos **coletivos** mais usados:
Arquipélago (de ilhas)
Banca (de examinadores)
Banda (de músicos)
Bando (de aves, de criminosos)
Caravana (de romeiros, de viajantes)
Cardume (de peixes)
Constelação (de estrelas)
Coro (de cantores)
Feixe (de lenha)
Frota (de navios)
Junta (de médicos, de bois)
Manada (de bois, de elefantes)
Molho (de chaves)
Multidão (de pessoas)
Ninhada (de gatos, de pintinhos)
Penca (de chaves, de bananas)
Quadrilha (de bandidos)
Ramalhete (de flores)
Rebanho (de ovelhas)
Roda (de pessoas)
Turma (de estudantes)

Alguns coletivos exprimem a totalidade de indivíduos de um conjunto. Por exemplo:

(1) Nem todos os 320 atores e atrizes da Globo ganham bem.
(2) Nem todo **o elenco** da Globo ganha bem.

Nesses exemplos, o coletivo *elenco* se refere à totalidade dos atores e atrizes da Rede Globo.

VERBO

O verbo é uma classe de palavra que tem um papel central na oração, o que será explorado a seguir. São palavras que definem o tipo de evento representado pela oração. O verbo pode aparecer sem qualquer especificação em relação ao *tempo* do evento ou então representar o que está acontecendo, o que vai acontecer ou o que já aconteceu, ou seja, representar um determinado evento de acordo com o *tempo*. Aí estão alguns exemplos de verbos que não estão especificados em relação ao tempo:

cantar – chover – pedir – dormir – querer – incomodar – chorar – anoitecer – ter – cair – enfurecer – desapegar

Basta usar um desses verbos para perceber que, normalmente, os usamos situando o acontecimento num momento do tempo:

(1) Eu **cantarei** uns sambas no casamento de Claudinha.
(2) **Choveu** durante todo o mês de janeiro.

O que se passa está situado no tempo: no primeiro, eu ainda *cantarei* os sambas, ao passo que no segundo exemplo, a chuva já *ocorreu*. Estudaremos a noção de **tempo** em detalhes mais adiante.

Já que é uma palavra que exprime algo que ocorre no tempo, é comum, por outro lado, se referir ao verbo como *dinâmico* por oposição ao *nome*, que é uma "coisa" e seria, portanto, *estático*. Mas essa classificação é discutível, uma vez que há nomes como *desfile* que parecem mais dinâmicos que alguns verbos, como, por exemplo, o verbo *permanecer*. É preciso entender, então, que, ao usarmos um nome como *desfile* em uma oração como "O desfile acabou", estamos *transformando num nome* algo que é dinâmico, convertendo-o numa coisa ou pensando nele como uma coisa. Por outro lado, no caso de *permanecer,* numa oração como "O aluno permaneceu mudo", estamos comunicando o fato de ter havido uma continuidade de um estado, isto é, *a mudez do aluno*, que é então encarada como algo estático.

Verbos e orações: tipos de evento

Já dissemos que uma oração representa um evento que ocorre no mundo e também que o verbo é uma classe de palavra *central* na oração. Uma das razões para isso é que por meio da observação dos significados dos verbos podemos definir os tipos de eventos que as orações representam.

Vamos propor os cinco tipos de evento seguintes:

TIPOS DE EVENTO

A. Estado
B. Processo
C. Atividade
D. Fenômeno da natureza
E. Existência

Passemos agora a explicar cada um deles.

A. ESTADO: é quando o verbo representa um certo *estado ou condição* de alguém ou de uma "coisa". Esse estado pode ser transitório ou não transitório, como nos dois exemplos seguintes:

(1) Juvenal **está** doente.
(2) Juvenal **é** doente.

No primeiro exemplo, o estado *doente* em que se encontra Juvenal é transitório, ou seja, há a possibilidade de ele sarar, o que não é o caso no segundo exemplo: Juvenal deve ter uma doença crônica que talvez não tenha cura definitiva. Mas atenção porque é também possível usar o verbo **estar** para exprimir um estado não transitório e dá para usar igualmente o verbo **ser** para exprimir um estado transitório. Por exemplo:

(3) O cachorrinho **está** morto.
(4) Márcio **é** o prefeito da cidade.

No exemplo (3), é claro que o estado do cachorrinho é irreversível, mas, no exemplo (4), sabemos que uma pessoa não poderá ocupar o cargo de prefeito eternamente: o mandato dura quatro ou, se houver reeleição, oito anos.

Há ainda outros verbos que participam de eventos do tipo **estado**. Veja os exemplos:

(5) Juvenal **ficou** doente.
(6) Juvenal **permanece** doente.
(7) Juvenal **parece** doente.
(8) Juvenal **anda** doente.
(9) Juvenal **continua** doente.

No exemplo (5), o verbo indica mudança de estado, ou seja, ele estava são, mas mudou de estado e *ficou doente*; em (6), (8) e (9), trata-se de um caso de continuidade de estado e, em (7), de aparência de um estado.

Os verbos que se referem a um **estado**, também chamados de **verbos de ligação**, são os seguintes:

VERBOS DE LIGAÇÃO

Ser
Estar
Ficar
Permanecer
Parecer
Andar
Continuar

O nome **verbos de ligação** se deve ao fato de que, basicamente, esses verbos servem para associar dois constituintes, da seguinte maneira:

João Carlos **é** flamenguista.

A contribuição dos verbos de ligação na interpretação das orações, como veremos quando os compararmos, por exemplo, com os *verbos de atividade*, é bem mais reduzida do que a dos demais verbos. No exemplo, o verbo **é** apenas permite associar *João Carlos* e *flamenguista*: é essa última palavra que tem o maior conteúdo significativo da oração, **identificando** *João Carlos* como *torcedor do time do Flamengo.*

B. PROCESSO: neste tipo de evento, o que chamamos de **processo** é uma *mudança de estado*. Verbos como *nascer*, *crescer* e *morrer* mostram claramente o estado resultante de um processo:

(1)   O filhotinho da nossa cachorra **nasceu**.
(2)   O filhotinho da nossa cachorra **cresceu**.
(3)   O filhotinho da nossa cachorra **morreu**.

Na compreensão de orações como essas, está claro que, quando falamos, por exemplo, que *nasceu* ou *morreu o filhotinho da nossa cachorra*, não se trata de algo que o *filhotinho* fez, e sim, muito mais, processos ocorridos com ele que independem de sua vontade.

Há também o caso de verbos que podem se tornar verbos que exprimem um processo. Trata-se de *verbos de ação*, definidos a seguir, que sofrem uma **transformação do tipo verbal** e passam a ser usados nos eventos de processo. Observe os exemplos:

(4)   A toalha **secou**.
(5)   O prato **quebrou**.
(6)   O pneu **furou**.

Nesses casos, o **processo** ocorrido é que *a toalha estava molhada e depois secou; o prato estava inteiro e depois quebrou*, e assim por diante. Nos eventos de processo, as orações produzidas não incluem quem fez ou o que causou algo: simplesmente se enuncia um processo que ocorreu, está ocorrendo ou vai ocorrer.

Nos casos citados, o processo já se encerrou, mas podemos ter também, *com alguns verbos*, processos que estão ocorrendo no momento da *fala* ou que vão ocorrer, como nos exemplos seguintes:

Transformação
do tipo verbal
Pág. 317

(7) A toalha **está secando**.

(8) O pneu **está esquentando**.

(9) O pneu **vai furar**.

(10) Desse jeito, o prato **vai quebrar**.

Para concluir, é bom ficar atento ao fato de que os eventos de processo se distinguem de ocorrências do evento **estado** em que aparece, por exemplo, o verbo *ficar*. A diferença entre os dois casos é a seguinte: no caso de *ficar*, o estado que resultou não é indicado somente por esse verbo, mas sim pela palavra que vem depois. Por exemplo:

Manuela ficou
| bonita.
| triste.
| machucada.
| comovida.

Já no caso dos eventos de processo, é o próprio verbo que indica uma mudança de estado.

C. ATIVIDADE: esses eventos retratam as inúmeras maneiras que temos de agir e participar do que ocorre no mundo. Para melhor entendê-los, classificamos e agrupamos os verbos que deles participam de acordo com o significado que apresentam. Destacamos assim os principais 11 **grupos de verbos** dos eventos de **atividade**. São os seguintes:

ATIVIDADE
| 1. Verbos de conhecimento
| 2. Verbos de comunicação
| 3. Verbos causativos
| 4. Verbos de modo de falar
| 5. Verbos de percepção
| 6. Verbos de desejo
| 7. Verbos de ação
| 8. Verbos psicológicos
| 9. Verbos de aviso
| 10. Verbos de posse
| 11. Verbos de sentimento

Pensar é um **verbo de conhecimento**.

Vejamos agora a definição e a exemplificação de cada grupo:

1) Verbos de conhecimento. Por meio deles, expressamos conteúdos mentais que dizem respeito à maneira como compreendemos ou conhecemos o mundo. Por exemplo:

entender – saber – pensar – compreender – acreditar – lembrar-(se) – imaginar – interpretar – supor – descobrir – suspeitar

Veja alguns exemplos com esses verbos:

(1)   Os alunos **compreenderam** a matéria.
(2)   Ela **descobriu** toda a verdade sobre o namorado.
(3)   Eu sempre **suspeitei** dele.
(4)   Mário (se) **lembrou** de trazer o carvão

2) Verbos de comunicação. São os verbos que se referem ao uso da língua quando nos dirigimos a alguém, dizendo ou escrevendo o que queremos. Por exemplo:

dizer – falar – declarar – sugerir – propor –requerer – reiterar – confessar

Aí estão alguns exemplos:

(1)   Ele **sugeriu** a gente sair agora.
(2)   O prefeito **requereu** a reforma do anel rodoviário.
(3)   Minhas tias **falam** sem parar.

3) Verbos causativos. Trata-se dos verbos que exprimem a atitude ou o desejo de alguém de causar ou provocar algo. Os principais verbos desse grupo são:

mandar – deixar – fazer – autorizar – permitir

Veja os exemplos de orações formadas com esses verbos:

(1)   O bombeiro **mandou** todas as pessoas saírem da sala.
(2)   O bombeiro **deixou** todas as pessoas saírem da sala.
(3)   O bombeiro **fez** todas as pessoas saírem da sala.

Como se vê, *o bombeiro provocou ou determinou a atitude das pessoas de sair da sala*. No caso de *mandou*, pode ser que as pessoas saíram ou não da sala, mas no caso dos verbos *deixou* ou *fez* entendemos que as pessoas, de fato, saíram da sala.

Dentre o grupo dos verbos causativos, é interessante distinguir ainda os chamados verbos causativos **negativos**. Aí estão dois dos seus membros e os exemplos:

impedir – proibir

(1)   Eu impedi as crianças de pular no sofá novo
(2)   Eu proibi as crianças de pular no sofá novo.

Nessas orações, os verbos retratam a tentativa ou o sucesso de evitar que alguém faça algo.

4) Verbos de modos de falar. São os verbos que exprimem as maneiras como empregamos a voz na fala. Por exemplo:

gritar – murmurar – balbuciar – berrar – urrar – lamuriar – gargalhar – tagarelar – sussurrar – cochichar

Os verbos de *modo de falar* e os verbos de *comunicação* são muito parecidos, já que, no fim das contas, as duas classes se referem a eventos que envolvem a utilização oral da língua. Mas é interessante distinguir as duas classes: os verbos de modo de falar dizem respeito, mais especificamente, à maneira ou modo como usamos a voz, como, por exemplo, com volume alto, como é o caso de *gritar*, ou baixo, como é o caso de *sussurrar*:

(1) Meus sobrinhos **gritam** muito.
(2) Ele **sussurrou** palavras de amor.

5) Verbos de percepção. Trata-se dos verbos que indicam como percebemos o mundo utilizando os sentidos. Os seguintes verbos ilustram esse grupo:

ver – ouvir – sentir – cheirar – tocar

Veja os exemplos:

(1) Ela **viu** o ladrão sair correndo com a bolsa.
(2) Eu **cheirei** a carne e não estava estragada.
(3) Carlinhos **tocou** o cabelo dela.

6) Verbos de desejo. São os verbos que representam as nossas necessidades e desejos. Assim:

querer – desejar – precisar – cobiçar – ansiar – almejar – necessitar

Alguns exemplos:

(1) Ele **almejava** passar no vestibular de Medicina.
(2) Os pais **precisam** de sossego.

Há uma semelhança entre os verbos causativos, que estudamos, e os verbos de desejo: podemos dizer que ambos exprimem desejos. Mas existe uma diferença entre eles: os causativos visam interferir na maneira como alguém vai ou não agir; no caso dos verbos de desejo, apenas é manifestado o que se quer ou necessita.

7) Verbos de ação. São os verbos que são mais tipicamente de atividade, expressando várias ações que praticamos. Veja alguns exemplos dos verbos e das orações que podemos construir com eles:

quebrar – enviar – correr – ler – pular – comer – colar – viajar – nadar – emprestar – pedir – socorrer – dirigir – sujar – dormir

(1)   Zezinho **quebrou** a cadeira.
(2)   Eu **enviei** um e-mail ao presidente.
(3)   Era à noite que ela sempre **corria**.

Objeto
Págs. 253 e 300

Faremos ainda, no capítulo 6, uma longa discussão sobre esses e os outros tipos de verbos. Adiantando um pouquinho, vamos examinar se os verbos podem incluir o que chamamos de **objeto**, como é o caso de *a cadeira* no exemplo (1), dois objetos como *um e-mail* e *ao presidente* no exemplo (2),ou nenhum objeto como se vê no caso de *corria* em (3).

Como dissemos, os verbos desta classe exprimem, mais tipicamente do que outros, *ações* que praticamos ou recebemos. No entanto, há verbos que destacamos como uma classe separada, como os *verbos de aviso*, que também exprimem ações que praticamos. Avaliamos, porém, que é interessante manter a classe dos *verbos de aviso* como uma classe distinta das outras devido ao fato de os verbos de aviso serem um grupo pequeno de verbos, com um significado semelhante e também, como veremos no capítulo 6, com um comportamento bastante uniforme no que se refere à quantidade de objetos que admitem.

8) Verbos psicológicos. Trata-se dos verbos que refletem o que sofremos ou sentimos do ponto de vista psicológico ou físico quando isso é causado ou provocado por algo ou alguém. São verbos como os seguintes:

incomodar – amedrontar – adoecer – desmoralizar – cativar – intoxicar – intimidar – escandalizar

Esses verbos são usados de modo que algo ou alguém causa uma reação física ou psicológica em outra pessoa. Por exemplo:

(1)   O acidente **amedrontou** <u>Ana Paula</u>.
(2)   O camarão daquele lugar **intoxicou** <u>Juvenal</u>.
(3)   A nossa festinha do colégio **escandalizou** <u>o meu avô</u>.

Nesses exemplos, o que está em sublinhado aponta as pessoas que sofreram algo expresso pelos verbos psicológicos. <u>Ana Paula</u>, <u>Juvenal</u> e <u>o meu avô</u> funcionam também como **objetos** do verbo, como veremos no capítulo 6. Assim, apenas quando algo causa uma reação psicológica ou física nos seres que funcionam como **objetos** é que chamaremos os verbos de psicológicos, embora a gente pudesse argumentar que muitos verbos, como os de *desejo* ou os de *sentimento*, também exprimam conteúdos psíquicos de quem está envolvido no evento.

9) Verbos de aviso. Nesses eventos, nos dirigimos a outra pessoa dizendo-lhe algo que julgamos importante para ela. Veja a lista e os exemplos:

avisar – prevenir – alertar – aconselhar – instruir –advertir – lembrar

(1)   O guarda **avisou** à turma <u>que eles podiam usar a piscina</u>.
(2)   O instrutor **aconselhou** a Sílvia <u>que não tentasse tirar carteira</u>.
(3)   O churrasqueiro **preveniu** meu pai <u>que a carne não ia ser suficiente</u>.
(4)   Eu **lembrei** Paulo <u>de trazer o carvão</u>.

Deve ter ficado claro, como o primeiro exemplo nos mostra, que é *a turma* que recebe o aviso do guarda e este aviso é *que eles podiam usar a piscina*. É interessante observar, nesses casos, que o que é avisado, ou seja, os trechos *que eles podiam usar a piscina, que não tentasse tirar carteira, que a carne não ia ser suficiente* e *de trazer o carvão* são também orações, que estão dentro de outra, e funcionam como **objeto**. Vamos estudar esse fenômeno também no capítulo 6.

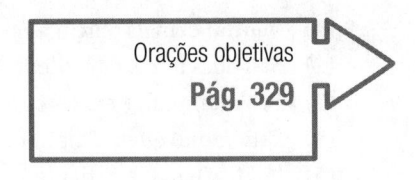

Orações objetivas
Pág. 329

10) Verbos de posse. Nos eventos com esses verbos, nós informamos o que é possuído pelas pessoas ou o que está disponível. Veja a lista desses verbos e os exemplos com os significados do verbo *ter*:

ter – possuir – dispor de

(1) Meu tio **tem** uma casa de praia.
(2) Eu **tenho** uma ideia.
(3) O apartamento **tem** três quartos.

Como os exemplos mostram, existe mais de um significado de "posse": podemos ter algo concreto como "uma casa de praia" ou abstrato como "uma ideia". No último exemplo, quando se usa o verbo *ter* para dizer que "o apartamento tem três quartos", o significado, na verdade, é o mesmo de *dispor de*, ou seja, poderíamos reescrever a oração da seguinte maneira: "O apartamento dispõe de três quartos".

O verbo *possuir* pode ser usado também no seguinte contexto:

O maníaco **possuía** suas vítimas no parque.

Nesse caso, entendemos que *o maníaco* tinha as vítimas à sua disposição, o que significa "posse" ou "domínio" por meio de violência, com finalidades sexuais.

11) Verbos de sentimento. São verbos que exprimem aquilo que sentimos em relação às coisas ou às pessoas. Veja a lista desses verbos e alguns exemplos:

amar – odiar – gostar de – desprezar

(1) Gilmar **ama** a Maria do Carmo.
(2) O Guga **odiava** pizza.

D. FENÔMENO DA NATUREZA: Neste tipo de evento, não há ninguém praticando ou sofrendo nenhuma ação ou processo. Trata-se dos eventos em que falamos do que ocorre na natureza, de como está o tempo e também da medição do tempo. Veja alguns exemplos:

chover –trovejar – relampejar – ventar – garoar – fazer (frio ou calor, quanto tempo) – estar (quente, frio...) – ser (uma hora, duas horas...) – haver – ter

(1) **Ventou** demais ontem à noite.
(2) **São** duas horas da tarde.
(3) **Fez** muito calor em janeiro.
(4) **Está** muito quente mesmo!
(5) **Há/faz/tem** cinco dias que não vejo o Marcos.

Note que, nas orações "São duas horas da tarde", "Fez muito calor em janeiro" ou "Faz cinco dias que não vejo o Marcos" e "Está muito quente mesmo!", são os verbos *ser, fazer e estar,* usados em outros contextos como verbos de estado, causativo ou de atividade – com significados diferentes, portanto – que foram "convocados" para exprimir a temperatura e a medição do tempo. Também os verbos *haver* e *ter*, em "Há/tem cinco dias que não vejo o Marcos", que são verbos de *existência*, como veremos a seguir, foram "convocados" e empregados como verbos de *fenômeno da natureza*. Como já explicamos, para que os verbos "convocados" possam funcionar com usos diferentes, eles sofrem uma mudança de significado provocada pela sua evolução na história da língua.

E. EXISTÊNCIA: Também neste tipo de evento, não há uma pessoa ou uma "coisa" praticando uma ação ou participando de um processo, etc. Simplesmente constatamos a existência ou ocorrência de algo ou, então, introduzimos um participante no evento que queremos mencionar. Os verbos utilizados nesse caso são poucos:

haver – existir – ter – ser – tratar-se

Veja os exemplos:

(1) **Há** cinco cadeiras na sala / **Tem** cinco cadeiras na sala.
(2) No Japão, **existem** robôs que falam.
(3) Quem chegou? – **É** a Magda.
(4) **Trata-se** da proposta que você rejeitou.

No primeiro exemplo, estamos apenas vendo ou garantindo uma certa situação que é a presença de cinco cadeiras na sala. A diferença entre as duas orações de (1) é que o verbo *haver* é mais frequente e mais esperado na *escrita*, enquanto o verbo *ter* é mais comum na *fala*.

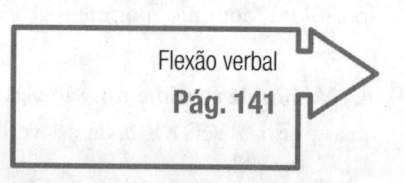

Flexão verbal
Pág. 141

No exemplo (2), ocorre o verbo *existir* que apresenta o mesmo significado de *haver*. Nesse exemplo, o verbo *existir* está flexionado no plural, isto é, *existem*, o que é mais comum e esperado na *escrita*, mas o mais frequente na *fala* é que este verbo fique no singular, como em "No Japão, **existe** robôs que falam". Nos outros dois exemplos, os verbos *ser* na resposta *É a Magda* e *tratar-se* em "**Trata-se** da proposta que você rejeitou" introduzem ou apresentam um participante do evento.

Só mais uma informação para encerrar essa parte. Embora a gente saiba que o uso de *ter* com o mesmo sentido de *haver* é mais típico da fala, esse uso, na realidade, já entrou na nossa literatura. Muitos dos escritores do chamado Modernismo brasileiro empregam o verbo *ter* com esse significado. Veja alguns exemplos:

Manuel Bandeira

↓

Vou-me embora pra Pasárgada
Em Pasárgada **tem** tudo
É outra civilização...
[...]
Tem telefone automático

Fonte: Bandeira (1955: 219).

Raquel de Queiroz

↓

Junto à parede da sala **tinha** um desses bancos compridos
que se usam no sertão, chamado banco de encostar.

Fonte: Queiroz (1958: 58).

Além dos dois escritores, muitos outros, como, por exemplo, Carlos Drummond de Andrade, João Guimarães Rosa, José Lins do Rego, Jorge Amado, Rubem Braga, etc., utilizam esse tipo de construção gramatical. Esse é um bom exemplo de como um recurso inovador, gerado na *fala*, se espalha pelos falantes e termina por entrar na *escrita*, por meio do talento de nossos grandes escritores contemporâneos. Temos, porém, de ficar *atentos* ao **gênero** do texto. Embora o uso de *ter* com sentido de *haver* seja adequado nos textos literários modernistas, não é em todo gênero escrito que sua presença é bem aceita: em textos científicos, por exemplo, o mais adequado mesmo é o emprego de *haver*.

Verbos e eventos

Vamos concluir esta parte chamando a atenção para o fenômeno, já mencionado anteriormente, da mudança linguística: um verbo pode sofrer uma mudança de significado e a partir daí passar a funcionar como um verbo de outra classe, adquirindo ou perdendo complementos. Foi o caso, por exemplo, do verbo *fazer*, que determina os seguintes tipos de eventos e pertence aos seguintes grupos de verbos:

(1) Evento de **atividade/** verbo de **ação:**
Eu **fiz** o almoço ontem.
(2) Evento de **atividade/** verbo **causativo:**
Eu **fiz** Darlan pedir desculpas.
(3) Evento de **fenômeno da natureza:**
Faz muito calor em Porto Alegre no verão.

Como já dissemos, os processos de mudança e criação de novos significados e usos são comuns e permitem aumentar bastante os recursos de expressão da língua. Na nossa lista de verbos e seus usos do capítulo 6, mostramos os vários significados que podem apresentar alguns dos verbos mais usados na nossa língua.

Verbos: usos concreto e abstrato

Assim como no caso dos nomes, como vimos na seção "Nomes concretos e abstratos", os verbos também podem ser usados se referindo a atividades, processos, etc., que são *concretos* ou *abstratos*. Observe os seguintes exemplos:

Em um mês, Júnior **arrasou** o tênis.
Vamos **arrasar** na festa!

No caso do primeiro exemplo, Júnior *arrasou*, de maneira **concreta**, *o tênis*, isto é, usou tanto o tênis que ele ficou acabado ou destruído. Na segunda oração, não é assim. *Arrasar*, neste caso, é usado de maneira **abstrata**, ou seja, estamos dizendo que *vamos fazer bonito, nos dar bem na festa*.
Veja outro exemplo:

A polícia federal **afundou** o barco do traficante.
A turma toda **afundou** na prova final.

Fica claro que no primeiro caso, temos o uso concreto do verbo *afundar*, isto é, de fato, *o barco do traficante submergiu na água*; mas, na segunda oração, o que queremos dizer é que *a turma toda não tirou boa nota numa prova*. É interessante notar que, também nos usos abstratos dos verbos, criamos **metáforas**, isto é, *comparamos* a situação de um barco submergir com um mau desempenho na prova final: nas duas situações as pessoas envolvidas se deram mal e estão em sérias dificuldades.

Para que esse ponto fique bem ilustrado, vejamos ainda outros exemplos de verbos que podem ser usados de maneira concreta e abstrata.

ABAFAR

No significado **concreto**, quer dizer "sufocar":
O bandido abafou *a vítima*.
No significado **abstrato**, quer dizer "reprimir":
Ele abafou *a raiva* que sentiu com a falta de educação de Gracinha.

ENCANTOAR

No significado **concreto**, quer dizer "cercar num canto de um ambiente":
Jaci encantoou *o rato* na cozinha e o matou.
No significado **abstrato**, quer dizer "isolar-se":
Depois da morte da mulher, Sinval *se* encantoou na fazenda.

É interessante observar que, no caso de *encantoar*, o verbo, ao ser usado com o significado abstrato, sofre uma **transformação**, aparecendo de um jeito diferente do que era quando usado com o significado concreto. Vejamos como é isso: no uso concreto o verbo ocorre com um **objeto** que *é o rato*, e no uso abstrato, ele aparece com a palavra *se,* um pronome, que funciona como objeto, permitindo a seguinte interpretação: *Sinval encantoou ele mesmo na fazenda.*

Veja ainda outro exemplo em que também ocorre uma transformação do tipo do verbo:

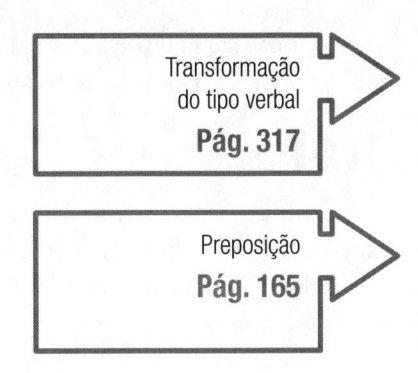

Transformação do tipo verbal **Pág. 317**

Preposição **Pág. 165**

GRUDAR

No significado **concreto**, quer dizer "colar":
Eu grudei *as folhas do livro.*
No significado **abstrato**, quer dizer "estar sempre junto":
Meu namorado grudou *em mim.*

Como se vê, no uso concreto, o verbo *grudar* ocorre com o **objeto** *as folhas do livro* e, na acepção abstrata, o objeto aparece precedido pela **preposição** *em.*

Objeto **Págs. 253 e 300**

Verbos em expressões fixas

Nossa língua dispõe de expressões cujos significados não são a soma dos significados das palavras que fazem parte delas. Vamos explicar isso. Preste atenção na diferença de interpretação das orações seguintes:

O jardineiro **quebrou o galho** daquela árvore.
A professora **quebrou o galho** aceitando o nosso trabalho fora do prazo.

Vemos logo que há uma diferença no significado de *quebrar o galho* nessas orações. Na primeira, *o jardineiro quebrou,* de fato, ou de maneira concreta, *o galho de uma árvore,* mas, na segunda, *quebrou o galho* é uma **expressão fixa** cujo significado não tem nada a ver com o significado de *quebrar* nem com o de *galho.* Trata-se também de um uso abstrato que quer dizer: *a professora fez um favor, ou foi condescendente, ao aceitar o nosso trabalho fora do prazo.*

Veja mais dois exemplos:

Já **peguei** as chaves.
Peguei no sono e não vi nada.

Ela já **pendurou** as roupas no varal.
Com a crise, **pendurei as contas** da mercearia.

Você mesmo pode observar a diferença de significado entre as expressões fixas *peguei no sono* e *pendurei as contas* e os usos dos verbos *pegar* e *pendurar* nos exemplos em destaque.

Verbos auxiliares

Existe um grupo de verbos, extremamente frequente, que merece ser explicado separadamente. São os **verbos auxiliares**. Como o próprio nome indica, são verbos que auxiliam e aparecem juntos com outros verbos. Os verbos auxiliares foram formados, ao longo da história da nossa língua, por processos de **gramaticalização**, que, como já explicamos, são processos de inovação da língua que geram novos significados e novas funções das palavras. Considere, de novo, o exemplo do verbo *ter,* que, como vimos, surgiu na língua como um verbo de posse. Pois bem, a partir do significado de posse, *ter* deu origem a outros usos e significados, dentre eles, o de verbo auxiliar. Observe o exemplo seguinte no qual aparece *ter* como verbo auxiliar:

Gabriel **tem** visitado o avô.

Nessa oração, *ter* não significa mais "posse"; ele aparece junto com outro verbo, isto é, *visitado* e contribui para a interpretação da oração acrescentando a ideia de que "a ação de visitar o avô por parte de Gabriel tem se repetido". Para ficar mais claro, poderíamos mesmo acrescentar um **advérbio**, como *ultimamente*, para reforçar essa interpretação:

> Processos de gramaticalização
> **Pág. 111**

Gabriel **tem** visitado o avô ultimamente.

> Advérbio
> **Pág. 138**

Se, por outro lado, o auxiliar aparece no tempo *passado*, a ação de *comprar* é entendida como uma ação *terminada*. Observe:

> Orações ativas e passivas
> **Pág. 355**

A minha prima **tinha** comprado muito hidratante.

Além de *ter*, outros verbos podem funcionar como auxiliares. Um deles é o auxiliar *ser*. Quando auxiliar, *ser* forma o que é chamado de oração passiva, como no exemplo seguinte:

> TEMPOS básicos e TEMPOS derivados
> **Pág. 146**

Quase mil carros **são** emplacados por dia em Recife.

As orações *passivas*, que se distinguem das orações *ativas*, serão estudadas no capítulo 6. Por enquanto, memorizem apenas que elas são formadas com o auxiliar *ser* e que, quando esse auxiliar aparece no passado, ele apresenta a mesma forma do verbo *ir* quando está no passado. Observe:

Quase mil carros **foram** emplacados ontem em Recife.

Não confundam, portanto, *foram*, que é o passado de *ser*, com *foram*, que é o passado do verbo *ir*!

Veja agora outro tipo de auxiliar que é o verbo *estar*:

Meu pai **está** almoçando agora.

Nesse exemplo, *está* auxilia o verbo *almoçando*. A presença desse auxiliar traz a seguinte contribuição para a interpretação da oração: quando juntamos os dois verbos, a ação de *almoçar* é compreendida como uma ação **continuada**, que ainda não acabou de acontecer, isto é, quando falamos ou escutamos a oração, entendemos que *Meu pai está almoçando ainda*.

Por fim, dispomos ainda de outro tipo de auxiliar que pode ser ilustrado pelo verbo *ir*:

Sílvia **vai** viajar para João Pessoa nas férias.

Com o verbo auxiliar *ir*, a interpretação é de uma ação que *será realizada*, ou seja, a ação de viajar *vai acontecer no futuro*.

A junção de um verbo auxiliar com um ou mais verbos é também chamada de **locução verbal** e forma o que é também nomeado de **tempo composto**. Estudaremos, no capítulo 4, os tempos **simples**, expressos por um único verbo, e os tempos **compostos**, isto é, expressos por dois (ou mais) verbos. Por enquanto, vamos reter apenas que, nos casos citados, formamos as seguintes locuções: [tinha comprado], [está almoçando] e [vai viajar].

O segundo verbo das locuções citadas é chamado de *verbo principal* porque, dos dois verbos, o significado mais relevante é o dele. É o verbo principal, por exemplo, que decide a natureza do constituinte que aparece antes do verbo que, como veremos no capítulo 5, é o **sujeito** da oração. Observe os exemplos seguintes:

A pedra *tinha* **caído** em cima do carro.
* A pedra *tinha* **pensado** nisso.

> Colocaremos um **asterisco** (*) diante de uma oração que não ocorre ou não existe na língua.

A segunda oração é bastante estranha e não ocorre na língua porque *uma pedra não pensa*; já a primeira é normal porque *uma pedra pode cair*. Portanto, a palavra decisiva para isso, isto é, que decide se um determinado sujeito é possível, não é o auxiliar *tinha* e sim o verbo principal, que, no caso, admite ou recusa *a pedra*.

O verbo principal, que ocorre, normalmente, depois do verbo auxiliar, está sempre numa das seguintes formas: no (1) **particípio**; no (2) **gerúndio**; ou no (3) **infinitivo**. Essas três formas são definidas pelas terminações que aparecem nos verbos.

Para formar o *particípio*, como no exemplo seguinte, foi acrescentado o morfema -**ado** ao verbo *comprar*, o que permitiu formar *comprado*:

Particípio:

Elas já **tinham** comprado as coxinhas e o suco.

No caso do *gerúndio*, ao verbo principal *correr* do exemplo a seguir é acrescentado o morfema **-ndo**, o que resulta em *correndo*:

Gerúndio:

Ele **está** correndo no parque municipal.

Sujeito
Pág. 253

Por fim, o infinitivo, a forma básica do verbo, é formado pelo morfema **-r**, o que gera *fugir*:

Infinitivo:

Como vocês **vão** fugir?

Os três grupos de verbos
Pág. 213

Pelo que vimos até aqui, os auxiliares parecem "escolher" ou selecionar a forma do verbo principal. Vamos propor, então, a ideia de que existem *três tipos de auxiliares*, usando como critério a escolha ou seleção que eles fazem em relação à forma do verbo principal:

(1) auxiliares que selecionam o verbo principal no **particípio**;
(2) auxiliares que selecionam o verbo principal no **gerúndio**; e
(3) auxiliares que selecionam o verbo principal no **infinitivo**.

Pudemos ver que os auxiliares *ter* e *ser* selecionam o **particípio**; *estar* seleciona o **gerúndio** e o auxiliar *ir* seleciona o **infinitivo**. Acontece também de um verbo auxiliar selecionar um verbo principal em mais de uma forma. Por exemplo, o auxiliar *ir* pode selecionar também o **gerúndio**, como vemos aqui:

Os convidados <u>iam</u> **chegando** aos poucos.

Nesse caso, o auxiliar *ir* aparece sempre no **passado imperfeito** e a locução verbal indica uma ação que se realiza de maneira progressiva. Há também o caso do auxiliar *estar*, que pode selecionar o **infinitivo**, que, nesse caso, deve ser precedido por uma preposição. Veja os exemplos:

Quando aparece sem auxiliar, como no exemplo acima, o infinitivo é compreendido como uma ação que não está no tempo ou é "sem fim".

O ônibus <u>está</u> *para* **chegar**.
O serviço <u>está</u> *por* **terminar**.

Na primeira oração, com a preposição *para*, o significado é de uma ação que está muito próxima de acontecer. No segundo exemplo, a preposição é *por* e trata-se de uma ação que deveria já ter sido realizada, mas que ainda não o foi.

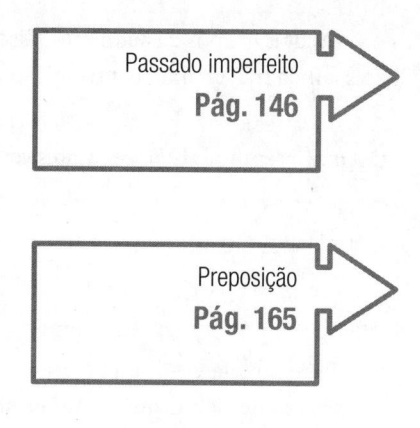

Os quatro auxiliares – *ter*, *ser*, *estar* e *ir* – são os mais comuns da nossa língua, mas não os únicos. Existe o verbo *haver*, empregado quase que exclusivamente na *escrita*, que, como auxiliar, pode ser usado em dois contextos. No primeiro deles, *haver* tem o mesmo significado e contribuição do auxiliar *ter,* selecionando, portanto, um particípio:

O Congresso Nacional já <u>havia</u> **debatido** a questão da reserva Raposa do Sol.

Nesse emprego, *haver* ocorre exclusivamente no tempo chamado de **passado imperfeito**. No segundo contexto de uso, *haver* seleciona o infinitivo e a locução verbal resultante tem o significado de "desejo" ou "esperança". Veja um exemplo:

Eu <u>hei</u> *de* **passar** num concurso público.

Como se vê, a ligação entre *haver* – no caso, conjugado no **presente**, isto é, *hei* – e o verbo principal que está no infinitivo se faz por meio da preposição *de*.

Dispomos também dos auxiliares *andar* e *ficar*, que selecionam um verbo principal no **gerúndio**. Por exemplo:

Eu <u>ando</u> **trabalhando** muito nos últimos meses.
Nós <u>ficamos</u> **esperando**, mas você não apareceu.

Existem, enfim, o auxiliar *vir* e dois grupos de auxiliares, isto é, os (1) **auxiliares modais** e os (2) **auxiliares de duração**. Esses últimos selecionam o **infinitivo**, o mais usado, e também o **gerúndio**. Vamos exemplificar, primeiro, o caso de *vir* e depois explicar e ilustrar, separadamente, os dois grupos de auxiliares.

Quando seleciona o infinitivo, o auxiliar *vir* pode ser usado com ou sem preposição. Observe os exemplos:

Nós <u>viemos</u> **buscar** o material de limpeza.
Manuel <u>veio</u> *a* **saber** de toda a verdade.

Com o gerúndio, *vir* contribui para a interpretação, indicando uma ação que se desenvolve progressivamente:

Ele <u>vinha</u> **caminhando** quando aconteceu o acidente.

Os dois grupos de auxiliares, discutidos a seguir, são especiais porque, mesmo sendo auxiliares, ainda trazem uma contribuição importante para a interpretação da oração.

(1) Auxiliares modais: os seguintes verbos são os auxiliares modais mais comuns na nossa língua:

AUXILIARES MODAIS

poder – dever – ter que – ter de – precisar

Esses auxiliares – com exceção de *precisar* – sempre ocorrem com o **infinitivo** e não são tão "esvaziados" de significado como os auxiliares mais comuns, isto é, *ter*, *estar*, *ser* e *ir*. Com eles, expressamos significados que dizem respeito à nossa avaliação pessoal ou subjetiva sobre os fatos do mundo.

Observe os significados que esses auxiliares exibem e os exemplos:

(1) "ter capacidade ou condições de fazer alguma coisa":
Poder: Eu **posso** consertar o chuveiro.
(2) "ter permissão":
Poder: Você agora **pode** voltar a seu país.
(3) "possibilidade" ou "probabilidade":
Poder: **Pode** chover no fim de semana.
Dever: **Deve** chover no fim de semana.
(4) "ter obrigação":
Dever: Você **deve** devolver esse dinheiro.
Ter que/ ter de: Você **tem que/tem de** devolver esse dinheiro.

Como você vê, o significado de "ter obrigação" pode ser expresso por *ter* quando acrescentado da conjunção *que* ou da preposição *de*. Não há diferença de interpretação entre os dois usos. *Ter que* é mais comum e mais frequente na *fala*, já *ter de* é mais antigo na nossa língua e aparece ainda com certa frequência na *escrita*.

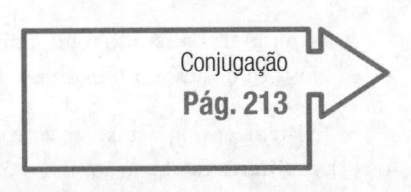

Conjugação
Pág. 213

Um auxiliar *modal* pode ter mais de um significado ou, em outras palavras, pode ser *ambíguo*. *Poder*, por exemplo, pode significar "ter capacidade", "ter permissão" ou "possibilidade". Observe a seguinte oração:

Você **pode** viajar amanhã.

Nessa oração, não sabemos se o significado de **pode** é, por exemplo, "*ter capacidade*" ou "*ter permissão*". Só no contexto de uso é que a ambiguidade pode ser desfeita. Vamos imaginar os dois contextos seguintes:

Ontem eu recebi o dinheiro que estava esperando... então, a gente **pode** viajar amanhã.

No contexto dessa *fala*, o significado de **pode** é "ter capacidade ou condições". Mas, no contexto seguinte, embora ainda seja possível interpretar o modal com o significado de "ter capacidade ou condições", há uma tendência maior para atribuirmos ao auxiliar o significado de "ter permissão":

Eu consegui um funcionário para ficar no seu lugar e autorizei sua saída... então, você **pode** viajar amanhã, como planejou.

É possível, assim, retratar o significado de **pode** nesse exemplo da seguinte maneira: "Eu permito que você viaje amanhã".

Passemos a seguir a descrever os auxiliares de duração.

(2) Auxiliares de duração: trata-se dos seguintes auxiliares:

AUXILIARES DE DURAÇÃO

começar – continuar – acabar – terminar

Também eles ocorrem com **infinitivo** e com o **gerúndio** e não são tão "vazios" de significado. Esses auxiliares, na verdade, determinam o modo como duram os *estados*, os *processos*, as *atividades*, o *que existe* ou os *fenômenos da natureza*, que são expressos pelos verbos principais. Observe algumas orações que montamos com eles quando selecionam o infinitivo:

1. Eu <u>comecei</u> *a* **cursar** engenharia neste ano.
2. Seu Juquinha <u>continuou</u> *a* **ser** feliz depois de ter ficado viúvo.
3. Os filhotinhos <u>começaram</u> *a* **nascer** às 2 da manhã.
4. <u>Acabou</u> *de* **chover** agora.
5. <u>Continuam</u> *a* **existir** pessoas capazes de muita generosidade.

No primeiro exemplo, a ação de *cursar engenharia* está no início; já no segundo exemplo, temos a continuidade do estado de *ser feliz* e assim por diante. Como se pode observar, para fazer a ligação entre os auxiliares de *duração* e o verbo principal que está no infinitivo, necessitamos incluir uma preposição: no caso de *começar* e *continuar*, a preposição é **a**, e quando se trata de *acabar*, a preposição é **de**.

Observe agora algumas orações em que os auxiliares de duração selecionam um verbo principal no **gerúndio**:

Eu <u>comecei</u> **cursando** Administração e depois passei para Belas-Artes.
Eu <u>continuei</u> **cursando** Belas-Artes.
Eu <u>acabei</u> **cursando** Belas-Artes.

Todos os auxiliares que comentamos podem, em princípio, ocorrer com qualquer um dos verbos que determinam os eventos que explicamos na seção "Verbos e eventos". Observe os exemplos que provam o que acabo de dizer:

1. Ele **está** correndo – Ele **tinha** corrido – Ele **vai** correr – Ele **deve** correr – Ele **começou** a correr.
2. **Está** chovendo – **T**inha chovido – **V**ai chover – **D**eve chover – **Começou** a chover.
3. Os gêmeos **estão** nascendo – Os gêmeos **tinham** nascido – Os gêmeos **vão** nascer – Os gêmeos **devem** nascer – Os gêmeos **começaram** a nascer.
4. Marcela **está** sendo feliz – Marcela **tem** sido feliz – Marcela **vai** ser feliz – Marcela **deve** ser feliz – Marcela **começou** a ser feliz.
5. **Está** tendo gente capaz de tudo – **Tem** tido gente capaz de tudo – **Vai** ter gente capaz de tudo – **Deve** ter gente capaz de tudo – **Começou** a ter gente capaz de tudo.

O fenômeno é esperado já que, se são verbos auxiliares, devem poder auxiliar ou compor com qualquer outro verbo da língua.

Só para ficar mais claro, vamos repetir o seguinte: nem sempre os verbos *ir, ter* e *estar, ser, vir, andar, ficar, dever, começar, continuar acabar* e *terminar* são usados como auxiliares. Em outras palavras, eles também podem ser usados como verbos principais ou de ligação, como nos casos seguintes em que exprimem eventos de atividade e estado:

Manuela **tem** um apartamento no Catete.
Pedro **está** com dengue.
João Carlos **vai** para Salvador no carnaval.
Juca **é** feliz.
Ela **anda** cinco quilômetros por dia.
Eu **fiquei** feliz em casa.
O professor **veio** da Coreia.
Eu **devo** 50 reais a meu colega.
Ele **começou/acabou/continuou/terminou** o trabalho.

Como se vê, *ter* é um verbo de posse; *estar, ser e ficar* são verbos de estado; *ir* é um verbo de ação que tem o significado de *movimento em direção a um lugar*; *vir* é um verbo de ação que indica procedência; e *dever, andar, começar, continuar, acabar e terminar* são verbos de ação. No português antigo, eram esses significados desses verbos que ocorriam na grande maioria das vezes e muitos deles foram as "fontes" que deram origem aos usos como auxiliares que explicamos.

Por outro lado, as locuções formadas pelo auxiliar *ter* com *que* e *de* parecem ser sempre auxiliares: não há usos dessas locuções que não sejam seguidos de um verbo no infinitivo. O verbo *poder* é também quase sempre auxiliar, a não ser nos usos como estes, em que não é seguido de verbo no infinitivo:

Deus pode tudo!
Comigo ninguém pode!
Ninguém pode com a esperteza dela.

Para fechar esta seção sobre verbos auxiliares, precisamos mencionar o fato de que uma locução verbal pode ser formada por mais de um verbo auxiliar. Nos casos a seguir, aparecem dois ou três verbos auxiliares e um verbo principal:

Meus pais <u>têm andado</u> **viajando** muito depois que estão aposentados.

Seus pais <u>devem ter andado</u> **viajando** muito depois que estão aposentados.

Orações como essas não são tão comuns: a primeira relata uma ação, a de *viajar*, que tem acontecido de maneira constante, e a segunda acrescenta a esta ação a avaliação do falante de que ela é bastante provável.

Por outro lado, tem ocorrido na *fala*, hoje em dia, um uso de locução verbal, razoavelmente frequente, que é chamada de **gerundismo**. Trata-se de ocorrências como as seguintes:

Posso <u>estar</u> **envia<u>ndo</u>** o cartão para o senhor?

Vou pedir para o senhor <u>**estar**</u> **cadastrando** seus dados.

O gerundismo é uma locução verbal que contém o auxiliar **estar** e o morfema **-ndo** do **gerúndio** acoplado ao verbo principal e pode ainda aparecer outro auxiliar, como foi o caso de *posso* na primeira oração em destaque. Nos dois casos, o significado da locução é similar àquela locução com o verbo *ir*, já vista, e expressa o *futuro*. No português padrão, mais exigido na *escrita* como já sabemos, espera-se que as orações sejam construídas da seguinte maneira:

Posso enviar o cartão para o senhor?

Vou pedir para o senhor cadastrar seus dados.

Nos dois casos, a ação remete ao futuro: *o envio do cartão* e *o cadastramento dos dados* serão realizados, caso se realizem mesmo, num futuro próximo do momento em que o falante pronunciou essas orações.

Para resumir essa questão do gerundismo, é importante estar atento ao seguinte: o uso do gerúndio é diferente do fenômeno do gerundismo: o gerundismo é, como vimos, esse "excesso" do uso de auxiliares, um deles no gerúndio, para exprimir a ideia de futuro próximo. O gerúndio, por outro lado, é uma forma que faz parte do português padrão e que, como também vimos, exprime uma ação continuada, que não acabou ainda. Para comparação, repito a seguir dois exemplos: um de *gerundismo* e outro de *gerúndi*o.

Gerundismo
↓
Eu posso estar enviando o cartão para o senhor?

Gerúndio
↓
Meu pai está almoçando agora.

O uso do gerundismo está se espalhando muito fortemente entre os falantes do português do Brasil. Com o tempo, mesmo que seu uso seja muito reprovado pelas pessoas que lidam profissionalmente com a língua, e também pela mídia, é possível que o gerundismo venha a se fixar no português.

ADJETIVO

A interpretação das palavras que chamamos de **adjetivo** é realizada em dependência com a interpretação das palavras que são nomes. Por exemplo:

Aquele **menino** *bonito* estuda no Colégio Municipal.

Observe que identificamos uma pessoa, ou seja, *aquele menino* e, em seguida, acrescentamos que ele é *bonito*. A palavra *bonito* é um adjetivo que, no caso, informa sobre a aparência física de alguém. Na relação entre o adjetivo e o nome, ocorre assim uma *transferência de propriedades ou características*, isto é, a propriedade *bonito* é transferida para *aquele menino*. Os adjetivos podem, assim, informar diversas características de um nome:

Aquele **menino** | *bagunceiro* | estuda no Colégio Municipal.
baixinho
estudioso
sorridente
cabeludo
humilde

Todas as palavras que estão debaixo de *bagunceiro* são adjetivos e dizem algo sobre o *menino*: seu jeito de ser ou de agir, sua aparência, etc.

A interpretação dos adjetivos é bastante variada. Eles podem também exprimir, por exemplo, a localização de alguma coisa, o momento do tempo de um acontecimento, a avaliação ou opinião do falante sobre algo, a cor das coisas, etc., convertendo essas noções em propriedades de um nome. Observe os exemplos:

O **movimento** *estudantil* está muito desanimado hoje em dia.
O **terreno** *vizinho* tem mais água do que o meu.
Um **casamento** *noturno* não é comum aqui na roça.
A **atitude** *correta* é você se separar do Tião.
Os **carros** *amarelos* são menos roubados.

As palavras destacadas em itálico são adjetivos que nos informam, respectivamente, a respeito da *condução do movimento por estudantes*, da *localização do terreno como vizinho ao meu*, do *horário do casamento*, da *avaliação do falante como correta a separação de um casal* e da *cor dos carros que são menos roubados*.

Existe ainda um grupo especial de adjetivos que fazem referência ao lugar onde nascemos ou à origem de alguém ou de alguma coisa. São os adjetivos de *origem*. Por exemplo:

brasileiro (referente ao Brasil)
pernambucano (referente ao estado de Pernambuco)
paranaense (referente ao estado do Paraná)
angolano (referente a Angola)
japonês (referente ao Japão)
campineiro (referente à cidade de Campinas)

É possível também juntar dois adjetivos de origem e formar uma única palavra que, como já vimos nas páginas 108-9, chamamos de **palavra composta**. Por exemplo: *árabe* é referente aos países árabes e *israelense* é referente a Israel. Com essas duas palavras, formamos:

conflito *árabe-israelense*

Veja outros exemplos:

escola *ítalo-brasileira* (referente à Itália e ao Brasil)
literatura *hispano-americana* (referente à Espanha e à América).

Vamos estudar agora uma maneira de descrever a interpretação dos adjetivos de modo mais homogêneo. Quando usamos um adjetivo para dizer algo sobre um nome, nós também conseguimos fazer com que fique mais claro saber de quem ou de quê estamos falando. Preste atenção no seguinte exemplo:

Todos os homens são vingativos.

Nessa oração, uma pessoa está afirmando que acredita que *todos os homens são vingativos,* isto é, para ela, o conjunto de todos os homens do mundo são vingativos. Mas essa mesma pessoa pode rever o que disse e afirmar, agora, o seguinte:

Todos os **homens** *maus* são vingativos.

Quando acrescenta o adjetivo *maus*, ela limita o conjunto de homens que acha que são vingativos, ou seja, não são mais todos os homens da Terra que são vingativos, mas apenas os homens *maus* da Terra é que são vingativos.

O acréscimo do adjetivo tem, assim, o poder de **restringir** um nome, o que, consequentemente, permite *especificar* mais precisamente de que ou de quem se trata. Veja outros exemplos:

1º - Imagine que o círculo a seguir represente o conjunto de *todos os homens do mundo.*

2º - Imagine agora que a fatia do círculo a seguir que está riscada represente o conjunto de *todos os homens maus do mundo.*

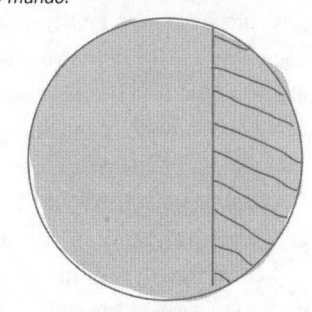

Como se vê, o conjunto de homens maus está dentro ou é menor que o conjunto de todos os homens. É essa a contribuição do adjetivo, isto é, *restringir* um conjunto.

Nas **cidades** *grandes,* acontece muita violência.

A associação da comunidade ganhou muitos **computadores** *novos.*

As **reivindicações** *empresariais* são sempre exageradas.

Faça o teste de ler as orações sem os adjetivos *grandes, novos* e *empresariais* e ficará clara a contribuição deles na interpretação das orações. Estamos dizendo então que é *nas cidades grandes,* e não em todas as cidades ou nas cidades pequenas, que acontece muita violência; que a associação ganhou *computadores* que são *novos,* e não quaisquer computadores, isto é, usados, ultrapassados, etc.; e, finalmente, são *as reivindicações dos empresários* que são exageradas, e não as dos estudantes, as dos sindicatos ou as de outro grupo qualquer.

ADVÉRBIO

Vamos dividir os **advérbios** em dois grandes grupos. O primeiro grupo funciona de maneira muito parecida com a do adjetivo, isto é, as propriedades ou características do advérbio são transferidas para uma oração inteira, para um adjetivo ou para outro advérbio. Observe os exemplos seguintes:

Nós comemos *mal* **naquele dia**.

Carminha corria *apressadamente.*

Felizmente, **chegou o dinheiro para a reconstrução da cidade**.

A diretora anda *muito* **feliz**.

Depois do jogo, Neymar andava *bem* **lentamente**.

Veja como funcionam os advérbios nessas orações: *mal* qualifica, no caso negativamente, o evento que corresponde à oração "Nós comemos naquele dia". São também as orações *Carminha corria* e *chegou o dinheiro para a reconstrução da cidade* que recebem, respectivamente, as transferências dos significados do advérbio *apressadamente,* que indica o modo ou a maneira como *Carminha corria,* e do advérbio *felizmente,* que sinaliza a avaliação ou opinião

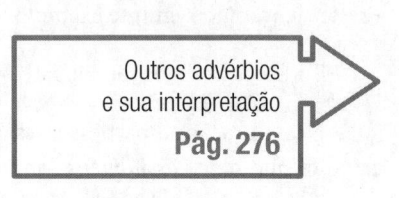

Outros advérbios e sua interpretação
Pág. 276

do falante sobre o evento *ter chegado dinheiro para a reconstrução da cidade.* No caso de *muito,* trata-se de um advérbio que atua sobre o significado do adjetivo *feliz* e expressa intensidade, isto é, *a diretora está muito feliz* e não *pouco feliz* ou *simplesmente feliz.* Já o advérbio *bem* age sobre a palavra *lentamente,* que é também um advérbio e indica igualmente intensidade, isto é, que era bastante lento o andar do nosso atacante.

Os advérbios do segundo grupo também apresentam uma grande diversidade de significados e estabelecem relações de significado com orações, com nomes ou com adjetivos. Observe:

Carlinhos me devolveu o boné *ontem.*

Aqui **você pode tomar refrigerante à vontade**.

Não **vou convidar todos os colegas da sala**.

A psicóloga avaliou o João como *não* **adequado** para o emprego.

A diretora chamou *só* **o Pedro**.

Eu *quase* **consegui a bolsa de estudos**.

Até **meus pais** estavam dançando na festa.

Os terremotos arrasadores *também* **não existem no Brasil**.

Nos casos citados, ocorre uma contribuição dos advérbios em vários sentidos: (1) para precisar *o tempo* e *o lugar* como nos casos dos advérbios *ontem* e *aqui* que agem sobre as orações *Carlinhos me devolveu o boné* e *você pode tomar refrigerante à vontade*; (2) para negar (ou afirmar) uma oração, como em *Não vou convidar todos os colegas*, ou um adjetivo como em *não adequado*; (3) para destacar um nome como em *só o Pedro* e *até meus pais*; (4) para indicar a ideia de aproximação em relação à realização de um evento como é o caso de *quase* em *eu quase consegui a bolsa de estudos*; e (5) para exprimir inclusão que fica, por exemplo, a cargo do advérbio *também* como no exemplo *Os terremotos arrasadores também não existem no Brasil*. É bom ficar atento também ao fato de que, muitas vezes, o uso desses advérbios permite fazer **inferências**, ou seja, extrair um significado que não está dito explicitamente. Por exemplo, na oração "Os terremotos arrasadores também não existem no Brasil", podemos compreender que alguém estava dizendo, antes, que alguma outra coisa não existe no Brasil e termina por incluir, ao usar *também*, os terremotos arrasadores como algo que não acontece no nosso país; no caso do exemplo "Até meus pais estavam dançando na festa", inferimos que muitas pessoas estavam dançado na festa e até meus pais, que não se esperaria que dançassem, o estavam fazendo.

Apesar dessas diferenças de significado entre os dois grupos de advérbios, consideraremos, no capítulo 5, que os advérbios funcionam como núcleos de constituintes que desempenham a função de **modificador**.

NUMERAL

O **numeral** é a palavra que usamos para expressar a quantidade de coisas, de pessoas, etc., e também para indicar o lugar que elas ocupam numa série.

É interessante observar, inicialmente, que há coisas que nós podemos contar, como por exemplo, *carros* ou *irmãs*:

O pai de Diego tem **dois** carros.

Diego tem **quatro** irmãs.

Mas há outras que não podem ser contadas, como, por exemplo, *areia* ou *leite*. Nesses casos, nós usamos algum instrumento para conseguir medi-las:

Comprei **três sacos de areia**.

Tiaguinho toma **quatro copos de leite** por dia.

Fica estranho falar *três areias*; e se falamos *quatro leites* está subentendido que são quatro saquinhos ou quatro pacotes ou garrafas de leite. As palavras *saco*, *copo*, ou ainda, *quilo*, *litro*, etc., funcionam como instrumentos para medição. Para concluir, existem, portanto, nomes que são **contáveis** e nomes que são **não contáveis**.

Os numerais podem ser de quatro tipos:

1) **Cardinais**: um, cinco, dez...
2) **Ordinais**: primeiro, quinto, décimo...
3) **Multiplicativos**: duplo, triplo, quíntuplo...
4) **Fracionários**: a metade, dois terços, um quarto...

Como se vê, os numerais **cardinais**, que servem para contar, são os números básicos, como no seguinte exemplo:

Comer **dois** sanduíches a essa hora da noite pode te dar pesadelos.

Já os numerais **ordinais** expressam o lugar que algo ocupa numa série qualquer. Por exemplo:

Dos 15 alunos que ganharam bolsa de estudos, Zequinha foi o **quinto** a ser sorteado.

Esta oração significa que *Zequinha* foi o quinto numa série de 15 alunos.

Os numerais **multiplicativos** servem para indicar aumento de quantidade e sua multiplicação:

Ele comeu o **dobro** do que eu comi e pagou quase o mesmo tanto.

Há ainda os numerais **fracionários**, que são usados para exprimir partes ou frações de algo:

Já que vou para o carnaval em Salvador, **um terço** da minha mesada irá para a poupança.

Passemos agora a estudar as **classes funcionais**.

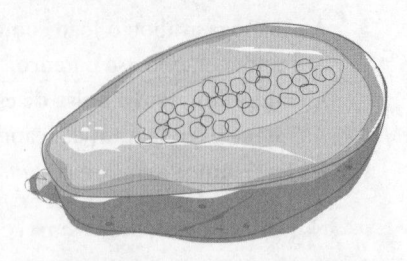

Para nos referirmos ao desenho, utilizamos um *numeral fracionário*. Trata-se da metade de um mamão.

Aí está uma lista mostrando como são alguns **numerais ordinais**:

1 = primeiro
2 = segundo
3 = terceiro
4 = quarto
5 = quinto
6 = sexto
7 = sétimo
8 = oitavo
9 = nono
10 = décimo
20 = vigésimo
30 = trigésimo
40 = quadragésimo
50 = quinquagésimo
60 = sexagésimo
70 = septuagésimo
80 = octogésimo
90 = nonagésimo
100 = centésimo
200 = ducentésimo
300 = trecentésimo
400 = quadringentésimo
500 = quingentésimo
600 = seiscentésimo
700 = septingentésimo
800 = octingentésimo
900 = nongentésimo
1000 = milésimo

Classes funcionais

A lista de classes funcionais, repetida a seguir, são as que consideraremos:

CLASSES FUNCIONAIS

- Flexão
- Determinante
- Pronome
- Preposição
- Conjunção

Flexão

A **flexão** *não* é uma palavra *independente* e por isso não pode ser usada sozinha. Os morfemas da flexão aparecem "misturados" com palavras de outras classes ou "grudados" nelas. Por exemplo:

Eles **saí<u>ram</u>** de casa ontem.

A flexão, no caso, **flexão verbal**, é o morfema -**am** que aparece "grudado" ao verbo *sair*. Antes de ver para que serve a flexão, vamos dividi-la nos dois tipos seguintes:

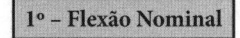 1º – Flexão Nominal   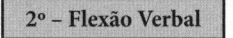 2º – Flexão Verbal

A **flexão nominal** é expressa nos nomes, nos adjetivos, nos numerais, nos determinantes e nos pronomes. O quadro a seguir ajuda a visualizar essa informação:

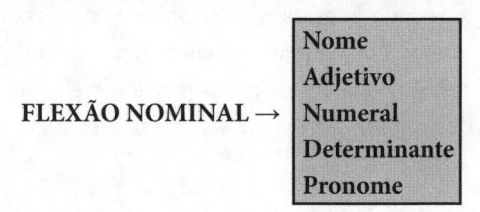

$$\text{FLEXÃO NOMINAL} \rightarrow \boxed{\begin{array}{l} \textbf{Nome} \\ \textbf{Adjetivo} \\ \textbf{Numeral} \\ \textbf{Determinante} \\ \textbf{Pronome} \end{array}}$$

Já a **flexão verbal** aparece junto ao verbo:

$$\text{FLEXÃO VERBAL} \rightarrow \boxed{\textbf{VERBO}}$$

A flexão é composta do seguinte conjunto de **cinco classes ajudantes**:

Vamos explicar agora como interpretamos os cinco constituintes destacados.

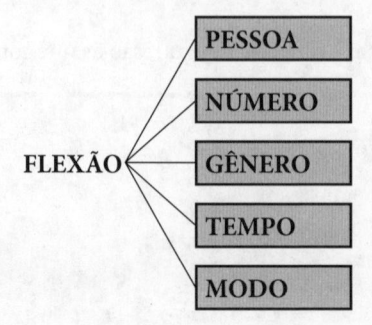

Pessoa

São três as pessoas da flexão. Para entender isso, vamos imaginar o que ocorre numa conversa: existe a pessoa que fala, que chamamos de **primeira pessoa**, e a pessoa que escuta, que chamamos de **segunda pessoa**. Numa conversa, nós todos fazemos os dois papéis, isto é, ora escutamos e somos a segunda pessoa, ora falamos e somos a primeira pessoa. A **terceira pessoa** é aquela que está fora da conversa e sobre a qual podemos falar. Por exemplo, vamos imaginar que eu, primeira pessoa, falo com você, segunda pessoa, sobre o professor de Estatística da faculdade. Esse professor, que não participa da conversa, é a terceira pessoa.

> Quando nos dirigimos a alguém mais velho ou a quem respeitamos, podemos usar uma **forma de tratamento** de terceira pessoa, mas nesse caso nos dirigimos à segunda pessoa ou à pessoa que nos escuta. É o caso de senhor no exemplo seguinte:
>
> – *O senhor gostaria de um cafezinho*?

Essas três pessoas podem ser expressas pelas palavras da classe dos **pronomes**, que será explicada na seção "Pronome". Por enquanto, veja alguns exemplos de pronomes e de sua relação com a noção de pessoa: existem os pronomes *eu*, *me*, *meu* e *mim*, de primeira pessoa; *você*, *tu*, *te*, *ti* e *tua*, de segunda pessoa e *ele*, *lhe*, *si* e *sua*, etc., de terceira pessoa. Alguns exemplos para ilustrar:

1. **Eu** pedi um suco de manga e outro de maracujá.
2. Junior dá banho no **meu** cachorro toda semana.
3. Gilvan **te** falou que **ele** comeu a pizza toda?
4. **Você** nunca acorda na hora!
5. Lá estão Juca e **sua** namorada de mãos dadas.

É interessante observar agora que os **nomes** são sempre de terceira pessoa, isto é, quando falamos, por exemplo, de alguém, de uma coisa que temos ou de um animal, tudo isso é uma terceira pessoa, coisa ou ser que está fora da conversa entre mim, que falo, e a pessoa que me escuta. Por exemplo, quando comento com minha esposa o fato a seguir, fica claro que os nomes *mulher* e *vizinho* fazem referência a terceiros que não participam da conversa entre mim e minha esposa. Esses nomes são, portanto, de terceira pessoa.

A mulher do vizinho não chorou ontem.

Também os **determinantes**, que são explicados a seguir, na seção **Determinante**, já que ocorrem juntos com os nomes, são de terceira pessoa:

O Charles pediu **esse** CD emprestado.

Os determinantes *O* e *esse* acompanham *Charles* e CD e são, portanto, terceiros na conversa entre quem falou a oração e quem a escutou.

A *classe ajudante* de **pessoa** ocorre também "grudada" nos verbos por meio de *morfemas*. No capítulo 4, vamos detalhar como a flexão verbal é usada e quais são os seus tipos. Por enquanto, vamos explicar apenas como a compreendemos. Considerem o seguinte exemplo:

Na fazenda, quando eu era pequena, nós **comíamos** todo tipo de fruta.

A palavra que está em negrito é um verbo, com suas flexões. Ele é composto de três partes que são as seguintes:

COM + ÍA + MOS

O verbo mesmo é apenas a parte que está em negrito. As partes que estão sublinhadas são as flexões. O que estou querendo dizer é o seguinte: o significado da ação de *comer* (isto é, o fato de uma pessoa ingerir,

> O sinal do **hífen** junto a *com-*, *-ía* e *-mos* é para ficar claro que se trata de partes de palavra ou morfemas, e não de uma palavra inteira.

normalmente, alimentos) está associado apenas ao pedaço de palavra ou morfema COM-. Os morfemas -ÍA e -MOS são flexões e exibem seus próprios significados. Vamos ver quais são.

Quando lemos o exemplo, entendemos que a ação de *comer* ocorria no **passado**, isto é, quando a pessoa era pequena. É o morfema -ÍA, ao "grudar" no verbo, que está representando esse passado da ação de *comer*.

Já a parte -MOS indica a **pessoa**. Vamos explicar isso observando, primeiro, que quem comia as frutas era *nós*, isto é, vamos imaginar que seja a pessoa que fala mais seus irmãos, irmãs, etc. É então esse significado de *nós* que é representado pela parte -MOS, que aparece junto ao verbo. Trata-se da primeira pessoa, já que inclui a pessoa que fala, mas, como *nós* é mais de uma pessoa, dizemos que é *a primeira pessoa do plural*, como veremos logo a seguir, quando falarmos da noção de **número** também expressa pela flexão. A flexão verbal representa, portanto, as três pessoas, e também o **número**, isto é, o **singular** e o **plural**.

Observemos agora, nos exemplos a seguir, que a primeira pessoa está representada pela flexão -EI e a segunda e a terceira pessoas estão representadas pela flexão -OU:

Flexões dos verbos
Págs. 214 e 217

Eu compr**ei** um tênis muito bom de 20 reais.
Você compr**ou** um tênis de 20 reais?
Ela (ou ele) compr**ou** um tênis muito bom de 20 reais.

Mas as flexões -EI e -OU representam outras noções além de pessoa: esse tênis de 20 reais já foi comprado, isto é, a compra aconteceu no passado e passado é também, portanto, uma noção que as flexões -EI e -OU representam.

Nossa conclusão é que muitas vezes um único morfema *acumula* a representação de duas ou mais noções da flexão. Foi isso que dissemos quando falamos que os morfemas da flexão podem aparecer "misturados" com outras palavras.

Número

Como já adiantamos quando falamos de pessoa, a flexão pode também representar os dois **números**: o **singular**, quando é uma única pessoa, coisa, etc.; e o **plural**, quando é mais de uma pessoa, coisa, etc.

O número é também uma das classes ajudantes da flexão nominal e aparece, portanto, nos pronomes, nomes, determinantes e pronomes.

Os pronomes *eu, ele, você, ela, mim, te, sua, tua*, etc., são palavras que indicam só uma pessoa e são do singular. Já os pronomes *nós, vocês, elas, eles, seus, nosso*, etc., indicam mais de uma pessoa e são do plural.

Os dois números aparecem também nos nomes e nos determinantes, como, por exemplo, nas orações seguintes:

A colega que empresta batom chegou atrasada hoje.
As colegas que emprestam batom chegaram atrasadas hoje.

É simples perceber que o determinante *A* e o nome *colega* indicam que se trata de uma pessoa só e, logo, estão no singular, ao passo que *As* e *colegas* são mais de uma e estão no plural.

Os **numerais** também expressam, é claro, a noção de número. Por exemplo:

O **primeiro** que chegar vai ganhar uma mochila da Puma.
Os **primeiros** que chegarem vão ganhar uma mochila da Puma.

Assim, os **numerais ordinais** *primeiro* e *primeiro*s estão, respectivamente, no singular e no plural.

Já os **adjetivos** não expressam por si sós a noção de número. Vamos explicar isso: pegue como exemplo o adjetivo *bonito*. É verdade que podemos dizer *menino bonito* ou *meninos bonitos*, o que parece mostrar que um adjetivo pode ser singular ou plural. Mas o que ocorre mesmo é o seguinte: nós não podemos contar um adjetivo, ou seja, a noção de número serve para coisas que podemos contar; por exemplo, *um computador* é singular, *dois computadores* é plural, etc. Nós não contamos *um bonito, dois bonitos*, etc. O que acontece com o adjetivo é que ele acompanha e faz um vínculo com um nome. Logo, se o nome é singular, o adjetivo fica no singular, e se o nome é plural, o adjetivo fica no plural. O fenômeno que acabamos de descrever dizendo que "um adjetivo acompanha um nome" é conhecido por **concordância** e será explicado em detalhes no capítulo 4.

Também a flexão dos verbos, como já começamos a ver, indica se é uma ou mais pessoas (ou coisas). Observe os exemplos:

Eu consegu**i** passar em Física Quântica.
Você consegu**iu** passar em Física Quântica.
Ele (ou ela) consegu**iu** passar em Física Quântica.
Nós consegu**imos** passar em Física Quântica.
Vocês consegu**iram** passar em Física Quântica.
Elas (ou eles) consegu**iram** passar em Física Quântica.

A **concordância** pode ocorrer de maneiras diferentes na *fala* e na *escrita*
Págs. 213 e 230

Nessas orações, a flexão varia de acordo com a pessoa, isto é, primeira, segunda ou terceira pessoas, e também de acordo com o número, isto é, se singular como -I e -IU ou **plural** como -IMOS e -IRAM.

Também nesses exemplos, as flexões, além de pessoa e número, acumulam, como já falamos, outras noções, representando também o **tempo** e o **modo**, que são explicados adiante.

Mas, antes disso, vamos observar que a flexão de terceira pessoa, do singular e do plural, pode também estar associada com um objeto ou uma coisa. Veja:

O ônibus cheg**a** sempre atrasado. Ele quebr**a** à toa.
Os ônibus cheg**am** sempre atrasados. Eles quebr**am** à toa.

Nessas orações, as flexões -A e -AM são de terceira pessoa do singular e do plural. Note, então, que *ônibus*, embora seja uma coisa, pode ser retomado pelas palavras *ele* e *eles*, o que mostra que *ônibus* pode funcionar como um terceiro (no caso, um terceiro que é uma coisa) sobre o qual, numa conversa, duas pessoas podem falar.

Gênero

Os **gêneros** são dois: o *masculino* e o *feminino*. Ocorrem basicamente na flexão nominal. Servem para indicar se uma pessoa, animal ou coisa é masculino ou feminino. Por exemplo:

Na oração passiva, o verbo que está no particípio pode também exprimir **gênero**:
A janela já foi consertad**a**
O carro já foi consertad**o**
Pág. 355

Ela contou que *o vizinho* mandou *um recado* a **Flávia**.
Felipe encontrou **sua irmã** usando **uma camiseta** d*ele*.
Meu cachorro mordeu *aquele sofá* que ficou na **chuva**.
A quinta poltrona está livre.

As palavras que estão em **negrito**, como **ela**, **chuva**, **a**, **sua**, etc., são do gênero feminino, e as que estão em itálico, como *o*, *um*, *vizinho*, *ele*, etc., são do gênero masculino. Trata-se, como se vê, de nomes, pronomes, determinantes e numerais.

O caso do gênero em relação aos adjetivos é o mesmo do que dissemos em relação ao número. O adjetivo que acompanha ou **concorda** com o nome ficará no feminino se o nome for feminino e ficará no masculino se o nome for masculino. Por exemplo:

Mulher bonita – Homem bonito

Observe agora que **gênero** não é exatamente a mesma coisa que **sexo**. Ora, *a mesa, a dor de cabeça, sua inteligência, a encruzilhada* ou *uma metade da pizza* são palavras do gênero feminino, mas são coisas que não têm sexo; assim como *o terreiro, o coração, o dia de hoje, o pedido* ou *o enxadão* não têm sexo, mas são palavras do gênero masculino. São as palavras que têm animais, plantas ou pessoas como referentes que são de um sexo ou de outro, como *a vaca, o porco, Manuel, a irmã da minha colega*, etc. Voltaremos a esse assunto no capítulo 4.

Nossa conclusão é que os nomes, os adjetivos, os determinantes e os numerais são especificados quanto ao gênero, mas que só nas palavras que se referem a seres vivos a especificação quanto ao gênero coincide com a indicação do sexo.

Tempo

Para compreender melhor o que quer dizer **tempo**, precisamos, em primeiro lugar, distinguir duas noções de tempo. Na primeira delas, tempo é o *tempo cronológico* (do mundo real ou virtual) que nos permite situar um acontecimento de acordo com a seguinte pergunta *Quando aconteceu?*, relacionando-a, basicamente, com as respostas seguintes:

1. Aconteceu anteriormente.
2. Está acontecendo agora.
3. Acontece sempre (ou geralmente).
4. Acontecerá posteriormente.

Fonte: Corrêa, 2005: 18.

Nesta seção, vou escrever **tempo**, com letras minúsculas, quando estiver me referindo ao tempo cronológico. Mas existe também o tempo expresso gramaticalmente na flexão verbal. Para me referir a esse tempo, usarei a palavra TEMPO, escrito em letras maiúsculas. O TEMPO gramatical é dividido em três TEMPOS **básicos** e a partir destes três TEMPOS geramos mais seis TEMPOS gramaticais que chamaremos de TEMPOS **derivados**. Os **TEMPOS básicos** são o **passado**, o **presente** e o **futuro**. Observe os exemplos:

> Ele dorm**iu** ontem às sete da noite.
> Ele dorm**e** neste momento.
> Ele dormir**á** muito tarde hoje.

Também usamos a palavra tempo num sentido que chamamos de **tempo** *psicológico* que tem a ver com a maneira como cada um se relaciona com os seus desejos, seus esforços e com o "passar do tempo". Observem os exemplos:

Não tenho tempo para te ajudar a fazer o dever de casa.
Foram cinco minutos que pareceram uma eternidade.
Quanto tempo eu vou levar para aprender a tocar violão?
Um mês de férias na praia é muito tempo!
Perdi tempo naquele namoro!
Dá tempo ao tempo!

A língua inglesa usa a palavra *time* para se referir ao **tempo** cronológico e a palavra *tense* para indicar o **TEMPO** gramatical.

Para dizer em que tempo algo aconteceu, modificamos o final dos verbos, como já dissemos, acrescentando, nos casos citados, morfemas, como -IU, para formar o **passado**, -E, para formar o **presente** e -Á para o **futuro**. É através, portanto, de morfemas como esses que formamos os TEMPOS gramaticais.

É interessante observar agora que nem sempre há coincidência entre o tempo cronológico e o TEMPO gramatical. O TEMPO gramatical presente, por exemplo, pode ser interpretado do ponto de vista do tempo cronológico das seguintes maneiras:

A. **TEMPO** gramatical → **tempo** cronológico
presente "aconteceu" (**passado**)
1. Eu **entro**, e o que vejo? Carlinhos beijando Carol.
2. Em 1956, JK **é** eleito presidente do Brasil e **conduz** o país a uma era de desenvolvimento.

No exemplo (1), o verbo *entro* está no TEMPO presente gramatical, mas é interpretado como passado em relação ao tempo cronológico. O mesmo ocorre no exemplo (2) com os verbos *é* e *conduz*; neste caso, colaborou para esta interpretação o fato de aparecer a data de 1956, que nos "joga" automaticamente para o passado.

> Há também o caso dos provérbios em que o TEMPO **presente** indica uma certa "independência" em relação ao tempo cronológico:
>
> Água mole em pedra dura tanto *bate* até que *fura*.

B. **TEMPO** gramatical → **tempo** cronológico:
presente "acontecerá" (**futuro**)
1. **Acordo** cedo e faço rápido o que você está precisando!
2. Hoje **vou** ao cinema.

Nesses exemplos, os verbos *acordo* e *vou* estão no TEMPO presente, mas indicam ações que ainda acontecerão, ou seja, o tempo cronológico é o futuro.

C. **TEMPO** gramatical → **tempo** cronológico:
presente "acontece sempre ou geralmente"
1. A terra **gira** em torno do sol.
2. **Vou** para a escola de ônibus.
3. Os brasileiros **adoram** feijoada.

Os três verbos em destaque estão no presente gramatical, mas, na verdade, indicam, no caso de (1), algo que ocorre sempre, o que nos coloca diante da ideia de um evento atemporal ou infinito; já (2) e (3) são entendidos como eventos que ocorrem *habitualmente*, mesmo que, um dia ou outro, eu pegue uma carona para ir à escola ou que nem todo brasileiro goste de feijoada.

Há ainda outro jeito de se referir ao tempo cronológico presente que é muito usado no português do Brasil. Trata-se da formação de um verbo **auxiliar** no TEMPO presente mais um outro verbo no **gerúndio**. Trata-se, como já vimos, de uma *locução verbal* que forma um TEMPO composto. Por exemplo:

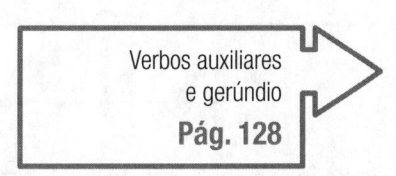

Verbos auxiliares e gerúndio **Pág. 128**

Estou cozinhando agora por isso não posso atender a porta!

Fica claro, assim, que, no exemplo, a ação de cozinhar acontece no momento em que a pessoa está falando e que ainda não acabou. Uma das diferenças entre esse presente com auxiliar e gerúndio e o presente sem auxiliar é que no primeiro caso, a ação é entendida como algo que é *transitório*. Observe a diferença de interpretação dos dois casos nos exemplos seguintes:

1. **Moro** em Campo Grande.
2. **Estou morando** em Campo Grande.

O primeiro exemplo dá uma ideia de algo mais definitivo enquanto, no segundo exemplo, parece que queremos dizer que é algo mais transitório, ou seja, que já morei em outros lugares e que posso, inclusive, me mudar.

Como já falamos, a partir dos TEMPOS **básicos** presente, passado e futuro, geramos os TEMPOS **derivados**. Para entender como são formados e a relação entre eles, vamos, em primeiro lugar, entender o "passar do tempo" usando o recurso de uma "linha do tempo", na qual o tempo transcorre da esquerda para a direta e na qual marcamos o momento em que a pessoa fala através de um ponto que chamaremos de AGORA:

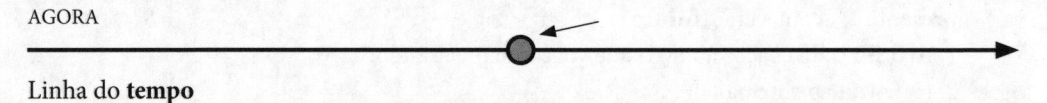

Linha do **tempo**

O falante pode situar o fato ocorrido como *anterior*, *simultâneo* ou *posterior* ao ponto AGORA, o que permite gerar os três momentos do tempo **cronológico**:

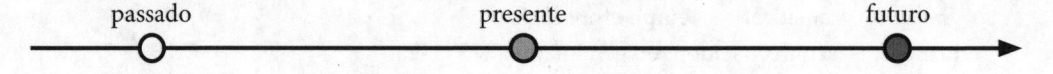

É possível também dizer, em relação aos pontos passado e futuro, se o ocorrido é *anterior*, *simultâneo* ou *posterior* a eles, o que permite derivar os seguintes TEMPOS gramaticais:

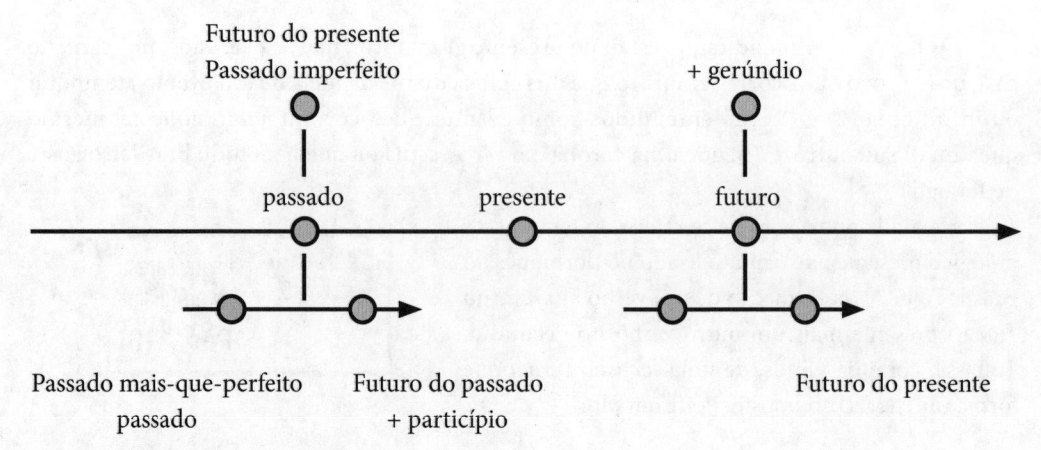

Fonte: baseado em Platão e Fiorin (2001).

Esse esquema funciona da seguinte maneira: vamos considerar que o falante, no momento em que fala, esteja no ponto AGORA. Ele pode se referir a um evento que ocorre no presente usando o TEMPO presente ou o presente com *auxiliar* e *gerúndio*. Por exemplo:

1. **Cozinho** agora.
2. **Estou** cozinhando.

Podemos também, estando no ponto AGORA, mencionar algo que ocorreu anteriormente, usando um TEMPO passado, ou posteriormente, usando, neste caso, um TEMPO futuro:

1. **Cozinhei** ontem.
2. **Cozinharei** amanhã.

Quando o falante se refere a um evento que ocorreu no passado, ele pode também *associar* a este evento algum outro que aconteceu anteriormente ou que é "mais passado ainda". Nesse caso, o TEMPO a ser usado é o chamado **passado mais-que-perfeito**, que pode ser expresso por uma forma *simples* ou pela forma *composta*, isto é, com um *auxiliar*:

1. Quando os colegas chegaram, eu já **assara** a carne.
2. Quando os colegas chegaram, eu já **tinha assado** a carne.

A interpretação desses exemplos é a seguinte: o evento *os colegas chegaram* ocorreu no **passado** e o evento *tinha assado ou assara a carne* ocorreu antes do evento *os colegas chegaram*. A forma simples do **mais-que-perfeito**, isto é, a que está em *assara*, é pouco usada hoje em dia, sobretudo na *fala*, mas é encontrada em textos escritos de alguns gêneros textuais. Nos dialetos do português do Brasil, o que é usado mesmo é o **mais-que-perfeito** formado com *auxiliar* e *particípio*, como em *tinha assado*.

Quando o falante se refere a um evento que ocorreu no passado, ele pode ainda associar a esse evento (1) outro que ocorreu *simultaneamente* ou (2) um evento que ocorreu *posteriormente*, o que permite o uso dos TEMPOS do **passado imperfeito** e do **futuro do passado**:

(1) Quando os colegas chegaram, eu **assava** a carne.
(2) Coloquei a carne que **assaríamos** no congelador.

Vejamos como esses exemplos são interpretados: no caso de (1), o evento *os colegas chegaram* ocorreu no passado, no mesmo momento que o evento *assava a carne*. Em relação a (2), o evento *coloquei a carne no congelador* ocorreu no passado, e o evento *assaríamos a carne* deve acontecer num momento posterior ao evento passado *coloquei a carne no congelador*. Na *fala*, no lugar das formas simples dos TEMPOS passado imperfeito e futuro do passado, é muito comum usarmos os TEMPOS compostos com, no primeiro caso, o auxiliar *estar* no passado imperfeito e o verbo seguinte no gerúndio; e, no segundo caso, o auxiliar *ir* no presente e o verbo seguinte no infinitivo:

1. Quando os colegas chegaram, eu **estava assando** a carne.
2. Coloquei a carne que **vamos assar** no congelador.

O **passado imperfeito** é utilizado ainda em três situações: (1) quando os falantes relatam fatos que são descritos como algo que ocorria com certa frequência em um momento do passado; (2) para enunciar algo que é mais um desejo ou algo de que não temos certeza que acontecerá; e (3) como uma forma de mostrar gentileza e educação. Veja os exemplos respectivos:

(1)   Quando adolescente, eu **jogava** capoeira na academia Ginga.
(2)   Ele **queria** que o Atlético fosse campeão de novo.
(3)   Eu **gostaria** de pedir muita atenção agora.

Vamos explicar agora o caso do falante que está no ponto AGORA da linha do tempo e se refere a um evento que vai ocorrer depois. Nesse caso, ele deverá usar o TEMPO **futuro do presente**:

Eu **assarei** a carne no churrascão de domingo.

O **tempo futuro** pode também ser expresso pelo uso do auxiliar *ir* e o verbo seguinte no infinitivo:

Eu **vou assar** a carne no churrascão de domingo.

Podemos também associar a um evento que ocorrerá no futuro outro evento que ocorre simultaneamente a ele. Nesse caso, como mostra a ilustração com a linha do tempo, usamos o auxiliar *estar* no TEMPO futuro do presente e o verbo seguinte no gerúndio:

Quando os colegas chegarem, **estarei assando** a carne.

Nesse exemplo, a interpretação é a seguinte: no mesmo momento em que *os colegas chegarem*, que vai ocorrer no futuro, estará ocorrendo o evento *estarei assando a carne*.

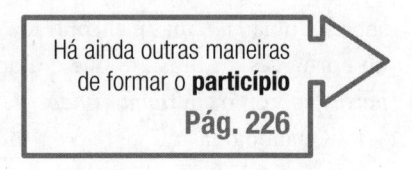

Há ainda outras maneiras de formar o **particípio**
Pág. 226

É possível ainda associar a um evento futuro um evento que ocorrerá anteriormente a este futuro e outro que ocorrerá posteriormente a este futuro. Trata-se dos usos, no primeiro caso, do auxiliar *ter* no futuro do presente e o verbo seguinte no particípio, e, no segundo caso, do futuro do presente:

(1)   Quando os colegas chegarem, já **terei assado** a carne.
(2)   Quando os colegas chegarem, **assarei** a carne.

Compreendemos os exemplos citados da seguinte maneira: no primeiro, o evento *os colegas chegarem* ocorrerá no futuro, e o evento *já terei assado a carne* acontecerá no futuro, porém anteriormente ao evento *os colegas chegarem*. No outro exemplo, o evento *assarei a carne* ocorrerá depois do evento *os colegas chegarem*, que acontecerá também no futuro.

Modo

Modos são as diferenças de morfemas que ocorrem na flexão verbal e que servem para mostrar (1) um *estado mental* da pessoa que fala em relação ao que ela está falando: quando ela diz algo com *certeza*, é o modo **indicativo** que é usado; quando ela diz algo com *dúvida* ou como uma *suposição*, emprega-se o modo **subjuntivo**. Um estado mental pode resultar ainda num (2) *ato de fala*, como, por exemplo, uma *ordem*, um *conselho* ou um *pedido* dado a alguém. Nesse caso, é o modo **imperativo** que é usado.

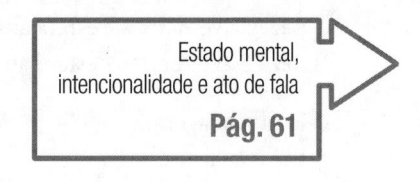

Estado mental, intencionalidade e ato de fala
Pág. 61

Observe, no exemplo a seguir, o que ocorre com a flexão dos verbos:

Subjuntivo: Talvez eu **vá** ao churrasco do Diego.
Indicativo: Eu **vou** mesmo ao churrasco do Diego.

Nas duas orações, sou *Eu* que estou falando, ou seja, é a primeira pessoa do singular e o verbo é *ir*. Porém, a flexão ficou diferente: -Á para a primeira oração e -OU para a segunda. Essa diferença se deve ao fato de que, no primeiro exemplo, eu tenho *dúvida* se vou ou não ao churrasco. Nesse caso, o verbo *ir* apareceu na oração como *vá* e este é o modo **subjuntivo**. No segundo exemplo, eu dou *certeza* de que vou ao churrasco e o verbo se realiza como *vou*, e esse é o modo **indicativo**.

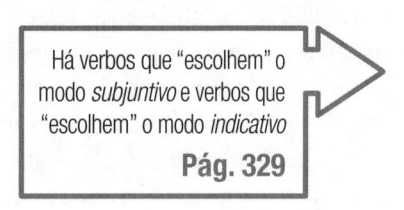

Há verbos que "escolhem" o modo *subjuntivo* e verbos que "escolhem" o modo *indicativo*
Pág. 329

Na *fala*, porém, há uma tendência ao desaparecimento do morfema que representa a flexão do **subjuntivo**. É comum, portanto, escutarmos a primeira oração pronunciada com as marcas flexionais do **indicativo**:

Talvez eu **vou** no churrasco do Diego.

O **subjuntivo** e o **indicativo** são ainda empregados como modos das orações **subordinadas**. Estudaremos esse assunto no capítulo 6.

Vamos ver agora exemplos de emprego do modo **imperativo**, que é usado, como dissemos, para dar uma ordem, um conselho ou fazer um pedido. Para que fique claro o uso do imperativo com essas finalidades, observe a transformação que faço das orações (1), a seguir, criando as *orações imperativas* que estão em (2):

(1) João sai da sala.
(2) **Saia** da sala, João!

(1) Pedro é generoso.
(2) **Seja** generoso, Pedro!

Observe que o verbo é a palavra que aparece em primeiro lugar quando empregamos o **imperativo**. Nessas orações, é comum a presença de um **vocativo**, como *João* e *Pedro*, que podem também aparecer no início da oração. Outra informação importante é que os morfemas que aparecem "misturados" no verbo para formar o **imperativo** podem variar, gerando formas verbais diferentes. Veja os exemplos:

(1) **Reze** 5 ave-marias e estará absolvido.
(2) **Reza** 5 ave-marias e estará absolvido.

(1) **Faça** isso agora!
(2) **Faz** isso agora!

(1) **Saia** daqui agora!
(2) **Sai** daqui agora!

A variação que vemos na expressão do imperativo nas orações citadas se deve a dois fatores. O primeiro deles é atribuído à nossa conhecida divisão entre *fala* e *escrita*. Na modalidade *escrita*, espera-se o uso do imperativo como ocorre nas orações (1); na *fala*, é mais comum o imperativo aparecer tal qual se vê nas orações (2). O outro fator se deve ao grupo ao qual pertence o

Os três **grupos** de verbos
Pág. 213

verbo, que é uma matéria que detalharemos quando dermos os quadros de conjugação verbal no capítulo 4. Por hora, saiba que a língua portuguesa dispõe de *três grupos de verbos*. Os verbos do **primeiro grupo** terminam com a vogal -a: *cantar, rezar, pular*; o **segundo grupo** termina com a vogal -**e**: *vender, fazer, beber*; e o **terceiro grupo** termina com a vogal -**i**: *sair, fugir, conseguir*. Nos exemplos, o imperativo é formado pelo morfema -**e** quando o verbo é do primeiro grupo e o morfema -**a** quando o verbo é do segundo e terceiro grupos.

DETERMINANTE

As palavras que chamamos de **determinante** são numerosas e estão divididas nos cinco grupos seguintes:

1º Grupo: o, a, os, as.

2º Grupo: este, estes, esta, estas, esse, essa, esses, essas, aquele, aquela,aqueles, aquelas.

3º Grupo: um, uma, uns, umas.

4º Grupo: todos, todas, todo, toda, cada, muito, muita, muitos, muitas, tanto, tanta, tantos, tantas, vários, pouco, pouca, poucos, poucas, nenhum, nenhuma, nenhuns, nenhumas.

5º Grupo: qualquer, quaisquer, algum, alguma, alguns, algumas, certo, certa, certos, certas, outro, outra, outros, outras.

Como já explicamos, a flexão nominal, isto é, o **número** e o **gênero**, atua também sobre os determinantes. Veja alguns exemplos no quadro seguinte:

SINGULAR e MASCULINO:
o – um – esse – nenhum – algum – certo – outro – muito, etc.

SINGULAR e FEMININO:
a – uma – essa – nenhuma – alguma – certa – outras – muita, etc.

PLURAL e MASCULINO:
os – uns – esses – nenhuns – alguns – certos – outros – muitos, etc.

PLURAL e FEMININO:
as – umas – essas – nenhumas – algumas –certas – outras – muitas, etc.

O significado dos determinantes pode ser explicado a partir das situações em que os usamos. Vejamos:

1º Grupo: quando a pessoa, a coisa, o lugar ou o evento a que nos referimos já foi mencionado antes ou supomos que já é conhecido da pessoa ou das pessoas a quem me dirijo.

Por exemplo:

O vizinho disse que vai parar de ouvir música tão alto.
Ele atravessou **a** quadra em silêncio.
Nós ficamos viajando durante **os** quinze dias de férias.

Quando usamos palavras como *O*, *a* ou *os*, temos certeza, ou, pelo menos, pensamos assim, que a pessoa a quem nos dirigimos sabe de que vizinho se trata (isto é, já teríamos comentado com ela, por exemplo, que tenho um vizinho, que ele mora no 6º andar, que ouve música alto, etc.). O mesmo pode ser dito para os outros exemplos, ou seja, *a quadra* é, vamos imaginar, a quadra da minha escola, e os quinze dias são *os quinze dias* das nossas últimas férias do mês de julho.

Os determinantes desse primeiro grupo podem também ser usados sem se referir à(s) pessoa(s) ou à(s) coisa(s), etc., que são definidas ou conhecidas por nós. Por exemplo:

A baleia é um mamífero.
Os homens estão destruindo a natureza.

Nesse caso, a baleia não é uma baleia específica – Moby Dick, Willy (do filme *Free Willy*) ou alguma baleia que vimos em uma viagem de férias a Abrolhos, no estado da Bahia –, e sim se refere a uma espécie de animal. O mesmo pode se dizer em relação à segunda oração: não se trata de homens específicos, mas de toda a humanidade.

2º Grupo: também são usados quando aquilo a que nos referimos já é conhecido ou mencionado antes, mas, além disso, esses determinantes nos permitem também *mostrar* ou *apontar* alguém ou alguma coisa que está mais próximo ou mais distante de nós.

Vamos ver os exemplos:

Essa menina não fica com ninguém.
Aquele assalto ocorreu perto d**essa** praça.
Esta cadeira está quebrada, mas **aquela** perto de você está inteira.

Supomos que a pessoa sabe quem é *a tal menina* que não fica com ninguém; que foi *um assalto* que já tínhamos comentado antes e que *a praça* é também conhecida. No último exemplo, vemos claramente que *esta* (ou *essa*) é usado quando o objeto está mais perto de quem fala e *aquela* é empregado quando o objeto está mais perto da pessoa com quem conversamos ou de alguém que está fora da conversa, como no seguinte exemplo:

Você podia ir pegar **aquele** pedaço de bolo que está perto do diretor.

Como se vê, o determinante *aquele* pode também ser usado para indicar algo que está mais perto de uma terceira pessoa, o *diretor*, que não participa da conversa.

Aponta-se uma diferença, no entanto, entre o emprego de *este* (e *esta*, *estas* e *estes*) e *esse* (e *essa*, *essas* e *esses*). *Este*, de acordo com o português padrão,

Quando **apontamos** alguma coisa ou alguma pessoa, usamos, muitas vezes, os **determinantes aquela, este, esse, aqueles**, etc.

deve ser usado para indicar algo mais próximo da primeira pessoa e *esse* para algo mais próximo da segunda pessoa. Mas, sobretudo na *fala*, essa distinção se anulou de maneira que usamos, no mais das vezes, tanto *esse* quanto *este* como equivalentes que, aí sim, se opõem a *aquele*, o qual indica algo mais distante.

O contraste entre, de um lado, *este*, *esse* e suas variantes e, de outro lado, *aquele* e suas variantes, no que se refere à distância em relação ao que é apontado ou mencionado, ocorre também quando fazemos referência a "coisas" num texto. Vamos entender essa ideia levando em conta o seguinte exemplo:

Foram propostos dois projetos: um *sobre irrigação* e outro *sobre criação de bovinos*. **Este** encontra-se bem elaborado e com grandes probabilidades de ser aprovado, já *aquele* deverá esperar a liberação de verbas.

Observe que o determinante *este* está associado ao projeto citado mais próximo, isto é, *sobre criação de bovinos*, enquanto *aquele* se refere ao projeto mais distante, ou seja, *sobre irrigação*. O interessante, nesse uso, é que a distância em questão não é aquela do mundo físico e sim em relação à localização dos constituintes num texto. Nesses usos, enfim, os determinantes acabam por ter um papel na coesão ou articulação entre as orações que compõem um texto.

> **3º Grupo**: quando fazemos referência a algo (pessoa, coisa, lugar ou evento) que estamos introduzindo na conversa pela primeira vez ou não é conhecido por mim ou pela pessoa ou pessoas a quem me dirijo.

Aí estão alguns exemplos:

Um menino que estava na festa perguntou por você.

Nós íamos a **uma** cachoeira nesse fim de semana.

Uns caras que eu não conhecia resolveram me ajudar a trocar o pneu.

Vejamos como interpretamos essas orações com os determinantes *um*, *uma* e *uns*: na primeira, a pessoa que a pronunciou viu *o menino na festa*, mas imagina que a pessoa com quem ela conversa não sabe quem é; o mesmo vale para *uma* cachoeira, isto é, não dissemos se era *a cachoeira do Véu da Noiva*; *da Farofa*, *dos Macacos* ou outra qualquer; por fim, compreendemos, na última oração, que pessoas de quem não se sabia sequer o nome me ofereceram ajuda.

> **4º Grupo**: usamos os determinantes desse grupo quando queremos nos referir à *quantidade* de coisas, pessoas, etc., (presentes ou ausentes), mas sem contar exatamente quantas são as pessoas, coisas, etc.

Por exemplo:

Muita gente achou que o Brasil não ia conseguir sediar as Olimpíadas.

Eu encontrei **poucos** amigos no churrasco.

Todas as colegas do primeiro ano já beijaram, menos eu.

Vários dias se passaram e recebi **tantas** mensagens, mas **nenhuma** era dela.

Todo time tem medo de cair para a segunda divisão.

Na interpretação dos determinantes *muita*, *poucos*, *vários* e *tantas*, não deixamos clara a quantidade de *gente*, de *amigos*, de *dias* ou de *mensagens*. No caso de *todas* e *todo*, fazemos referência à totalidade de colegas e de times, mas sem dizer também quantos são. Já com *nenhuma*, garantimos que, do conjunto de mensagens que recebi, nenhuma foi *dela*.

A noção de *quantidade* pode ser expressa também por expressões maiores compostas por determinantes e nomes. Por exemplo:

A maior parte dos brasileiros gosta de futebol.

Chegou **um montão de** gente naquele barco.

Vocês precisam tomar **uma série de** providências.

Como se vê, as expressões *a maior parte de*, *um montão de* e *uma série de* também indicam quantidade, mas sem dizer precisamente quantas são as pessoas, coisas, etc.

> **5º Grupo**: os determinantes deste grupo são usados quando não queremos (ou não sabemos) dizer exatamente a que pessoa, a que coisa ou a que evento, etc. estamos nos referindo.

Por exemplo:

Qualquer dia eu passo na sua casa.
Eu acho que **algum** cachorro fez xixi na roda do carro.
Ele precisa comprar **outro** carro.
Certos colegas não gostam de emprestar material.

Veja que, nas orações destacadas, ao empregar os determinantes *qualquer*, *algum*, *outro* e *certos*, não dizemos precisamente *que dia* passo na casa de alguém; *que cachorro* fez xixi na roda do carro (provavelmente, um cachorro de rua); *que carro* exatamente ele precisa comprar e *quais são os colegas* que não gostam de emprestar material.

PRONOME

Um **pronome** é uma palavra cuja referência é um nome, podendo indicar pessoas, coisas, animais, etc. Esse nome, ao qual o pronome está associado, pode estar presente na oração ou no contexto em que a oração foi pronunciada ou escrita. Para entender nossa definição, é melhor observar os exemplos seguintes:

Elas sempre enganam o Fabinho.
Quem trouxe esse cachorro aqui pra casa?
Minha mochila está rasgada.
Alguém já tinha dito que **isto** ia vazar.
Pedrinho[1] veio aqui e garantiu que **ele**[1] vai viajar hoje.
Mariana disse muitas verdades para *a moça*[1] **que**[1] Felipe ama[1].

As palavras em negrito são **pronomes**. Note que o pronome *elas* se refere a pessoas do sexo feminino e quem participa do diálogo em que essa oração é usada sabe de quem se trata; já *quem* pode ser uma pessoa, ou mais de uma, do sexo masculino ou feminino e quem a pronunciou não sabe de que pessoa se trata; a mesma coisa para *alguém*, que pode ser uma pessoa de um dos dois sexos. *Minha* se refere à pessoa que fala: vamos dizer que é o autor deste livro. *Isto* substitui alguma coisa que, no ambiente, foi apontada ou mostrada: vamos supor que seja um tanquinho de lavar roupa. No exemplo com ele[1], coloquei esse sinal [1] para indicar a interpretação em que *ele* é o *Pedrinho*[1]. Nesse caso, o pronome *ele* substitui um nome que está na própria oração. O último exemplo é mais complicado! Vamos dizer, por enquanto, que o pronome *que* substitui *a moça* que, no fim das contas, é a pessoa amada por *Felipe*. Voltaremos a esse último caso logo a seguir, quando formos explicar os **pronomes relativos**.

Essa possibilidade de um pronome ser associado com um nome, ou com outro pronome, dentro da oração é obrigatório em alguns casos. É o que ocorre com os chamados **pronomes reflexivos** como *se*, *me*, *nos* e suas versões mais *longas* como *si mesmo*, *ele mesmo*, *ela mesma*, *si próprio*, etc. Veja os exemplos:

Marcondes[1] **se**[1] feriu (-**se**[1]) com o canivete
Eu[1] **me**[1] enchi (-**me**[1]) de queijo.
Gilmar[1] machucou a **si mesmo**[1] não querendo ajudar seus pais.
Mariana[1] deu um presente para **ela mesma**[1].

Como se vê, a pessoa a quem o pronome reflexivo se refere é necessariamente um nome ou um pronome contido na própria oração. Esses pronomes podem aparecer antes ou depois do verbo. Estudaremos essa matéria no capítulo 6.

Vamos agora dividir os pronomes em *cinco grupos* que são os seguintes:

1º) Pronomes pessoais: eu, você, tu, ele, ela, nós, a gente vocês, vós, eles, elas, mim, ti, si, se, o, a, te, lhe, nos, vos, comigo, contigo, consigo

2º) Pronomes possessivos: meu, meus, minha, minhas, teu, tua, teus, tuas, seu, sua, seus, suas, nosso, nossa, nossos, nossas, vosso, vossa, vossos, vossas

3º) Pronomes interrogativos: que, o que, quem, qual, quais, quanto, quanta, quantos, quantas

4º) Pronomes relativos: que, o qual, os quais, a qual, as quais, quem, cujo, cujos, cuja, cujas, onde, quanto, quantos, quanta, quantas

5º) Pronomes indefinidos: alguém, ninguém, outrem, nada, algo, isto, aquilo, isso, tudo, qualquer, quaisquer

---

1º) Pronomes pessoais: são divididos de acordo com a **pessoa**, com o **número** e com o **gênero**. Observe:

SINGULAR

Primeira pessoa: eu – me – mim – comigo
Segunda pessoa: você – tu – te – ti – contigo
Terceira pessoa: ele – ela – se – o – a – lhe – si – consigo

PLURAL

Primeira pessoa: nós – nos – a gente – conosco
Segunda pessoa: vocês – vós
Terceira pessoa: eles – elas – se – os – as – lhes

MASCULINO	**FEMININO**
ele – eles – o – os	ela – elas – a – as

Observe agora que outros pronomes pessoais como *eu*, *vocês*, *conosco*, etc. podem também ser interpretados como masculino ou feminino dependendo de quem está falando. Por exemplo:

Eu achei um pena não usarmos cores neste livro.
Vocês vão poder ir **conosco** ao churrasco vegano.
Eu estou **louca** pelo Justin Bieber.

Imaginem que *Eu*, no caso citado, é interpretado como **masculino** porque sou eu, *Lorenzo*, que estou fa-

Os pronomes pessoais **vós** e **vos**, não ocorrem na *fala*, nem na *escrita* atuais, mas aparecem em certos gêneros de textos da *escrita*, como, por exemplo, na Bíblia: "Chegai-**vos** a Deus, e ele se chegará a **vós**" (Salmos; Tiago 4,5).

Existem ainda algumas expressões especiais, chamadas de formas de tratamento, que servem para os falantes se dirigirem a outra pessoa. Vejam alguns exemplos:

O senhor poderia me informar o caminho?

Vossa Excelência é um excelente governador!

Vossa Santidade esteve no Rio de Janeiro para a Jornada Mundial da Juventude.

Essas formas podem aparecer também como abreviaturas:

V.A.: Vossa Alteza
V.Ex.: Vossa Excelência
V.M.: Vossa Majestade

lando, assim como *vocês* e *conosco* podem ser interpretados como masculino ou feminino, ou ainda os dois, dependendo de quem falou e a quem se dirige a pessoa que pronunciou essa oração. E, por fim, *eu* é alguém do sexo **feminino** na última oração já que há concordância com o adjetivo *louca*.

Na *fala*, o mais frequente é usarmos, em lugar de *nós*, *conosco* e *contigo*, o pronome *a gente* e as expressões *com a gente* e *com você*:

> **A gente** vai na frente para dar tempo de arrumar tudo.
> Carmélia vai **com a gente**.
> Mateus pode ir **com você**?

Vamos fazer agora outra divisão de grupos no quadro dos pronomes pessoais. Os pronomes pessoais se dividem ainda em dois grupos: (1) **pronomes fortes** e (2) **pronomes fracos**.

Os pronomes *fracos*, como o próprio nome o diz, tem algum tipo de deficiência. Essa deficiência é o fato de esses pronomes terem um acento mais fraco quando os comparamos com os pronomes *fortes*. Por ter uma deficiência de acentuação, eles precisam "se escorar" no verbo para poderem ser pronunciados. Para entender isso melhor, observe as duas orações a seguir. A primeira contém o pronome forte *ele*, que tem um acento próprio, e a segunda contém o pronome fraco **o**. Para ter uma ideia do que acontece, pronunciem as duas orações com rapidez.

(1) Silvana   ama   ele.
     ↓   ↓   ↓
[Silvana] [ama] [*ele*]

(2) Silvana   o ama
     ↓   ↓
[Silvana] [*o* ama]

A primeira oração tem três palavras e cada uma tem seu acento próprio (a seta acima representa o som que é acentuado). Mas, na segunda oração, só há dois acentos: já que sendo deficiente do ponto de vista do acento, o pronome fraco "se escora" no verbo e é pronunciado com ele. O uso do pronome forte, como está no exemplo (1), é mais frequente na *fala* enquanto o emprego do pronome fraco, como em (2), é mais esperado na *escrita*.

Do quadro de pronomes pessoais apresentado, vamos separar, a partir do que dissemos, os dois grupos seguintes:

Pronomes Fortes
eu – você – tu – ele – ela
nós – vós – a gente – vocês – eles – elas
mim – ti – si
comigo – contigo – consigo

Pronomes Fracos
me – te – o – a – lhe – se
nos – vos – os – as – lhes

Estudaremos, no capítulo 6, como empregar os pronomes *fortes e fracos*.

Vamos adiantar um pouquinho o assunto trazendo uma informação muito interessante: sabemos que o uso de pronomes fortes depois do verbo, como no seguinte exemplo, é característico da *fala*:

Carla viu **ele** no shopping.

No entanto, como já mostramos para o uso de *ter* com significado de *existir*, também esse emprego do pronome já entrou para a nossa literatura. Reparem os seguintes exemplos:

Mário de Andrade
↓

> De tarde quando volta do serviço, a Carmela chama **ele** na cerca.
>
> (Fonte: Andrade, 1956: 23)

José Lins do Rêgo
↓

> A negra puxava **ele** para os escuros…
>
> (Fonte: Lins do Rêgo, 1956: 191)

Além dos dois autores, muitos dos nossos melhores escritores utilizaram esse recurso: Adonias Filho, Jorge Amado, Manuel Bandeira, Cassiano Ricardo e outros. De novo, um exemplo de como recursos inovadores da *fala* acabam por fazer parte da *escrita* do gênero literário. Mas também nesse caso é preciso ter cuidado: o fato de já ser empregado no gênero literário não quer dizer que esse uso esteja, digamos, "liberado" para ser usado na *escrita*; ou, que seja comum em todos os gêneros textuais. Como já explicamos, quando falamos do uso de *ter* com sentido de *haver*, os autores de textos científicos, por exemplo, da área do direito, evitarão, com todo o cuidado, utilizar pronomes fortes depois do verbo, ou, como veremos no capítulo 5, na função de **objeto**, isto é, da maneira como acabamos de ver nos exemplos literários citados.

Para finalizar, por enquanto, nossa explicação sobre os pronomes pessoais, é importante entender ainda a razão da diferença entre os morfemas que representam os pronomes das três pessoas e dos dois números gramaticais. Refiro-me ao seguinte fenômeno:

(1) **Eu** cheguei cansado.
Joana **me** agradou muito com este presente.
Joana trouxe um presente *para* **mim**.

(2) **Ele** chegou cansado.
Gilda **o** desagradou dizendo aquilo.
Sílvio pensa sempre *em* **si** e nunca nos outros.

No primeiro exemplo, os pronomes *eu*, *me* e *mim* são todos de primeira pessoa do singular e, no segundo, os pronomes *ele*, *o* e *si* são todos de terceira pessoa do singular. Por que então os morfemas são diferentes? Parte da resposta nós já vimos: *eu*, *mim*, *ele* e *si* são pronomes *fortes* enquanto *me* e *o* são pronomes fracos. Além dessa

As funções gramaticais: sujeito e objeto
Pág. 253

razão, há outra: os pronomes *fortes* e *fracos* podem se diferenciar também em relação às funções gramaticais que desempenham na oração. Veremos a noção de função gramatical no capítulo 5. Por enquanto, saibam que os pronomes podem desempenhar diferentes funções gramaticais, como, por exemplo, as funções de **sujeito** e **objeto**. Nos exemplos, *eu* e *ele* desempenham a função de sujeito; *me* e *o* desempenham a função de objeto e *mim* e *si* desempenham a função de objeto precedido por *preposição* (no caso, as preposições *para* e *em*). Enfim, como se vê, os pronomes fracos, de acordo com o que se espera na *escrita*, desempenham, basicamente, a função de objeto de um verbo. É por essa razão que os morfemas pronominais são diferentes. Voltaremos a esse assunto nos capítulos 5 e 6.

2º) Pronomes possessivos: servem para dizer a quem pertence alguma "coisa", algum animal, etc.:

> **Minha** bicicleta está novinha.
> **Nosso** cachorro fugiu sem deixar rastro.

O pronome possessivo pode também indicar a relação que temos com algo, mas que não é exatamente de posse. Por exemplo:

> **Minha** dor de cabeça está bem melhor hoje.
> **Seu** empregado pediu demissão ontem.
> **Nossas** histórias não o alegram mais.

Nesses casos, está claro que *minha dor de cabeça* é a dor de cabeça que sinto e não algo de que sou dono, como um celular ou um CD. Da mesma maneira, *seu empregado* é o empregado que trabalha para uma pessoa e não propriedade dela; e *nossas histórias* são as histórias que nós contamos e que podem ter sido, inclusive, inventadas por outra pessoa.

Além disso, o que possuímos pode deixar de ser nosso, como por exemplo, *um apartamento* ou *um tênis* e também algo que será sempre nosso e nunca será de ninguém, como, por exemplo, *a cor* dos *meus olhos* ou *meu jeito de ser*.

Os possessivos também são divididos de acordo com a **pessoa**, o **número** e o **gênero**. Observe o seguinte quadro:

O **seu choro** não é algo que a criança acima possui, mas algo que ela faz ou expressa.

Meu jeito de ser será sempre meu e de mais ninguém. Mas poderá ser modificado e aperfeiçoado durante minha vida. É uma das tarefas que temos nessa vida.

		Um Possuidor		Vários Possuidores	
		Uma coisa	Várias coisas	Uma coisa	Várias coisas
1ª Pessoa	**Masc.**	meu	meus	nosso	nossos
	Fem.	minha	minhas	nossa	nossas
2ª Pessoa	**Masc.**	teu	teus	vosso	vossos
	Fem.	tua	tuas	vossa	vossas
3ª Pessoa	**Masc.**	seu	seus	seu	seus
	Fem.	sua	suas	sua	suas

Além das flexões de número, gênero e pessoa, o quadro nos mostra que os possessivos se dividem também de acordo com se é *uma ou mais coisas possuídas* e se é *um ou mais possuidores*. Veja alguns exemplos:

Minhas camisetas estão velhas demais.

Meus irmãos concordam que **nossos** pais estão mais calmos agora.

No primeiro exemplo, um único possuidor, *eu*, tem várias coisas possuídas, isto é, *as camisetas*. Já no segundo exemplo, há mais de um possuidor: vamos imaginar que sejam cinco os irmãos que "possuem" duas "coisas", isto é, *um pai e uma mãe*.

Por outro lado, na maior parte dos dialetos do português do Brasil, é comum o uso dos pronomes possessivos de *terceira pessoa* para se referir a algo possuído pela *segunda pessoa* do *singular* e do *plural*. Compare os pares de exemplos a seguir:

(1) Este carro é **teu**?
     Este carro é **seu**?
(2) Este carro é de **vocês**?
     Este carro é **seus**?

> Os pronomes possessivos de segunda pessoa *vosso, vossa, vossos* e *vossas*, praticamente, não ocorrem no português do Brasil atual, a não ser, como já dissemos, em alguns gêneros escritos, como, por exemplo, na Bíblia.

Os pares de orações do exemplo podem ser usados como equivalentes, ou seja, é comum usarmos o possessivo *seu*, no lugar de *teu*, para nos referir, portanto, a algo possuído pela pessoa que me escuta; e também *seus*, equivalente a *de vocês*, quando nos dirigimos a mais de uma pessoa.

Tem ocorrido igualmente, com o objetivo de evitar a ambiguidade, isto é, quando não fica claro se nos dirigimos à segunda ou terceira pessoas, o uso de *dele* quando for de terceira pessoa. Veja como fica:

(1) Esse carro é **seu**?
(2) Esse carro é **dele**?

O pronome *seu* do primeiro exemplo é assim mais usado quando nos dirigimos à segunda pessoa e o uso de *dele* é mais comum, em muitos dos nossos dialetos, quando falamos sobre uma terceira pessoa.

3º) Pronomes interrogativos: são usados para formar uma oração que é uma *pergunta*. Eles também podem ser divididos em dois grupos principais: (1º) **Variáveis**: são os que mudam de acordo com *gênero* e o *número*; (2º) **Invariáveis**: são os que nunca mudam de acordo com *número* e *gênero*. Observe:

PRONOMES INTERROGATIVOS			
Variáveis			**Invariáveis**
	Singular	**Plural**	
	qual	quais	quem
Masc.	quanto	quantos	que
Fem.	quanta	quantas	o que

Observe alguns exemplos:

Quem jogou fora o resto da torta?
Quantas pessoas estavam na festa?
Que professor falou que a recuperação era dia 3?
Qual carro o seu pai vai comprar?
O que fez você cair de cima do muro?

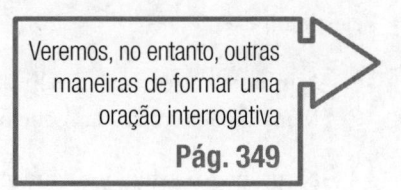

Veremos, no entanto, outras maneiras de formar uma oração interrogativa
Pág. 349

Quando uma pessoa pronuncia as orações citadas, ela espera que sejam respondidas da forma mais verdadeira possível. Sabemos que nem sempre isso acontece, porém, nessas respostas – verdadeiras ou falsas –, a pessoa que responde deverá substituir os pronomes *quem*, *o que*, etc., por *nomes*. Foi, por exemplo, *Wellington*, meu primo, que *jogou fora o resto da torta*, ou que foi *a brincadeira* de um colega que *me fez cair do muro*. É possível também, como no caso de *quantas* pessoas, que a substituição do pronome seja por um **numeral**, que indique a quantidade de *pessoas que estavam na festa,* ou então seja uma substituição, como no caso de *qual* carro, pelo *tipo* ou *espécie de alguma coisa*: por exemplo, um carro da marca Fiat ou de quatro portas, etc.

Vou explicar aqui o caso de alguns advérbios que assim como os pronomes interrogativos também servem para formar perguntas. Trata-se dos advérbios interrogativos, que são os seguintes:

ADVÉRBIOS INTERROGATIVOS
Como – Por que – Quando – Onde

Também com os advérbios citados podemos fazer perguntas como nos seguintes exemplos:

Como você conseguiu a vaga no Senac?
Onde meu pai deixou a chave do carro?

Os advérbios *como* e *onde* interrogam, respectivamente, *o modo como alguém conseguiu uma vaga* e *o lugar em que foram deixadas as chaves*. Tanto *modo* e *lugar*, como detalharemos no capítulo 5, são noções expressas por advérbios.

4º) Pronomes relativos: como dissemos, o significado e o uso desses pronomes são os mais difíceis de compreender. Vamos tentar entender, em primeiro lugar, o nome desses pronomes, isto é, **pronome relativo**. A palavra *relativo* quer dizer que se trata de um pronome que é relativo ou está associado a alguma outra palavra, ou, dito ainda de outra maneira, que tem um *antecedente*.

A ideia de ter um antecedente quer dizer que uma palavra tem a mesma referência de outra palavra que aparece antes. Por exemplo:

Carol[1] disse a Diego que **ela**[1] não vai mais viajar com a família.

A compreensão dessa oração inclui considerar que o pronome *ela* é a *Carol*. Dizemos, então, que *Carol* é o *antecedente* de *ela*. O símbolo [1] representa essa interpretação. Algo assim acontece com o pronome relativo. Vamos considerar o seguinte exemplo:

Ana viu **o menino**[1] **que**[1] a irmã dela quer namorar _[1].

Nesse exemplo, o pronome relativo é a palavra *que*. *O menino*, por sua vez, tem duas participações nesta oração: é a pessoa que *é vista por Ana* e, ao mesmo tempo, é a pessoa que *a irmã dela quer namorar*. *O menino*, ao participar de duas maneiras nessa oração, é interpretado então em dois lugares: o símbolo [1] representa esse fato. Para que isso seja possível, acrescentamos o pronome relativo *que* que, tomando como antecedente *o menino*, faz "a ponte" entre ele e o lugar simbolizado por _[1], que é o lugar onde interpretamos a outra participação de *o menino* na oração. Um pouco difícil de entender, mas não impossível.

Também os pronomes relativos são variáveis e invariáveis. Veja a divisão deles:

PRONOMES RELATIVOS			
	Variáveis		Invariáveis
	Singular	Plural	
Masc.	o qual, cujo, quanto	os quais, cujos, quantos	que quem onde
Fem.	a qual, cuja, quanta	as quais, cujas, quantas	

Observe agora outros exemplos de pronome relativo em que foi incluído o símbolo _[1] que sinaliza o lugar onde interpretamos esses pronomes:

A cidade[1] **onde**[1] eu nasci _[1] é perto de Natal.
A professora entendeu bem **o assunto**[1] sobre **o qual**[1] o grupo falou _[1] no trabalho.
A cantineira[1] **cuja**[1] filha _[1] estuda no colégio mora na rua de baixo.

Nessas orações, o pronome *onde* tem *a cidade* como antecedente que é interpretado no lugar depois do verbo *nasci*. Já *o assunto* é o antecedente do pronome *o qual* que é compreendido depois do verbo *falou*. O último caso é o mais difícil. Os pronomes *cujo, cuja*, etc., são muito pouco usados na *fala*, mas ainda ocorrem na *escrita*. Além de terem um antecedente, estes pronomes são interpretados também como *possessivos*. No exemplo, *a cantineira* é o antecedente de *cuja* e também a pessoa que tem uma *filha*, ou seja, estamos dizendo também que *a filha é da cantineira e que essa cantineira mora na rua de baixo*.

Na *fala*, é muito frequente, em alguns dialetos, usarmos apenas o pronome relativo *que* no lugar dos demais pronomes, com apagamento de preposição, e, em alguns casos, incluirmos um pronome forte. Tudo isso resulta em orações como as seguintes:

A cidade que eu nasci é perto de Natal.
A professora entendeu bem **o assunto que** o grupo falou **sobre ele** no trabalho.
A cantineira que a filha **dela** estuda no colégio mora na rua de baixo.

No primeiro exemplo, em que a preposição *em* está apagada, poderíamos também obter:

A cidade **em que** nasci é perto de Natal.

De agora em diante, fique atento às falas das pessoas e você vai escutar muitas orações como as que estão nesses exemplos.

É importante também saber distinguir o pronome relativo *quem*, usado *com* antecedente ou *sem* antecedente aparente, e o pronome interrogativo *quem* que serve para fazer perguntas. Esse último é fácil de identificar, como na seguinte pergunta:

Quem você disse que não entregou o crachá?

Já o relativo **quem** pode ser empregado das seguintes maneiras:

(1) A amiga em **quem** eu confiei não merecia.
(2) **Quem** eu encontrei lá foi a Gislaine.

No primeiro exemplo, o antecedente do pronome **quem** é *a amiga,* mas, no segundo exemplo, o pronome **quem** não dispõe de um antecedente explícito e equivale à expressão *a pessoa que*.

Para finalizar essa seção, explico o caso do pronome relativo *que* que toma toda uma oração como antecedente. Observe:

Os bares do bairro de Lourdes em BH entulham as esquinas com lixo, *o que* tem provocado um cheio horrível.

Nesse exemplo, o pronome *que*, precedido pelo determinante *o*, tem como antecedente a oração *os bares do bairro de Lourdes de BH entulham as esquinas com lixo.*

5º) Pronomes indefinidos: quando usamos esses pronomes, nós não sabemos exatamente de que se trata. Por isso, eles são chamados de **indefinidos**, isto é, não foi bem definido pelo falante quem ou o que eles estão substituindo. Esses pronomes, com exceção das formas *qualquer/quaisquer*, são sempre *invariáveis*, isto é, as mesmas palavras servem tanto para os dois gêneros quanto para os dois números. Nos exemplos seguintes, os indefinidos estão em negrito:

Elas compraram **tudo** no lojão de 1,99.

Alguém de Uruguaiana conseguiu ganhar na mega-sena.

Aquilo serve para temperar peixe.

Algo precisa ser feito para tirá-la da preguiça.

Ninguém soube responder a questão 10.

No primeiro exemplo, não sabemos a que *tudo* se refere: pode ser objetos para montar uma cozinha, para fazer uma festa ou os presentes de natal para a família. O pronome *alguém* no segundo exemplo também não diz quem é o ganhador da mega-sena de Uruguaiana: pode ser até que ele, ou ela, nem apareceu ainda na Caixa Econômica para pegar o prêmio. Quando escutamos o terceiro exemplo, com o pronome *aquilo*, não sabemos também de que se trata: pode ser orégano, pimenta de cheiro, açafrão, etc. Só conseguiremos identificar o tempero se estivermos no mesmo ambiente com quem pronunciou o exemplo e verificar que tempero esta pessoa está nos mostrando. O caso de *algo* é parecido: não está claro que atitude tomar: pode ser colocá-la para fazer ginástica, acordá-la bem cedo para ajudar nos serviços da casa, levar a um psicólogo, tomar um remédio, etc., mas algo precisa ser feito! Já no caso de *ninguém* não estamos esclarecendo quais foram as pessoas que não acertaram a questão 10: estamos dizendo que nenhuma das pessoas que fez a prova conseguiu acertar essa questão.

PREPOSIÇÃO

As **preposições** fazem a ligação entre duas palavras. Como veremos, ao fazer essa ligação, algumas delas influem fortemente no significado da oração; já outras influem menos no significado da oração.

Preste atenção nos exemplos seguintes: eles são formados por duas ou mais palavras e falta uma outra palavra entre elas, o que está representado pelo traço:

Dormiu_____ o cachorro.

Votamos _____ o síndico.

Cidade _____ Salvador.

Acredito _____ assombração.

Estava _____ Rafael e Jacqueline.

As preposições são como "pontes" que ligam duas palavras. É o caso de *em* na ilustração acima.

As palavras que precisamos acrescentar no espaço do traço são as **preposições**, que nos permitem fazer a ligação entre as duas pontas das orações, formando, agora sim, as seguintes orações:

Dormiu COM o cachorro.

Votamos CONTRA o síndico.

Cidade DE Salvador.

Acredito EM assombração.

Estava ENTRE Rafael e Jacqueline.

As preposições são sempre *invariáveis* e aqui está uma lista do que chamamos de **preposições simples**, que são as mais usadas:

Preposições simples
a, com, em, por, trás, ante, contra, entre, sem, após, de, para, sob, até, desde, perante, sobre

As preposições também podem se juntar com uma ou duas palavras, formando o que chamamos de **preposições compostas**. Veja uma lista de algumas delas:

Preposições compostas		
a seguir de	debaixo de	embaixo de
acima de	de acordo com	em cima de
a fim de	de cima de	em frente de
além de	dentro de	em lugar de
antes de	depois de	em redor de
ao lado de	diante de	em torno de
ao redor de		em vez de
apesar de		
atrás de		
através de		
ao invés de		
graças a	junto a	para baixo de
	junto de	para cima de
		perto de
		por baixo de
		por causa de
		por cima de
		por detrás de
		por diante de
		por entre
		por trás de

A **preposição** pode se juntar com um **determinante** e formar palavras diferentes:

EM + O = NO
EM + UMA = NUMA
DE + AS = DAS
A + O = AO
POR + A = PELA
etc.

↓

O caso mais conhecido desse fenômeno de junção de uma preposição e de um determinante é a chamada **crase**, que gera um acento no **a**:

Vou a + a Bahia = Vou à Bahia

Existem também muitas **locuções** com crase. Por exemplo:

à força
às escuras
à tarde
à noite

Para saber quais locuções têm crase, o melhor é consultar um livro apropriado, como o *Manual de redação e estilo do jornal O Estado de São Paulo*.

Também as preposições compostas agem como "ponte", isto é, ligam palavras. Por exemplo:

Ela estava **em cima de** Igor.

A cobra capitão-do-campo correu **atrás de** mim.

Alex encontrou a Joselma **ao lado de** Pedro.

Meu pai resolveu viajar **em vez de** comprar um carro.

Ele jogou o balde d'água **por cima do** carro.

Como dissemos, as preposições simples e compostas colaboram com o significado de uma oração. Olhando para o significado das preposições simples, vamos propor que elas são de dois tipos:

---

1) **Preposições pesadas**
   ante – após – até
   contra
   desde
   entre
   perante
   sem – sob – sobre
   trás

---

2) **Preposições leves**
   a
   com
   de
   em
   para – por

A ideia por trás dessa divisão é que as preposições **pesadas** expressam *um único significado* mais forte (ou uns poucos significados), enquanto as preposições **leves** apresentam *uma boa variedade de significados*, que são determinados também pelas palavras presentes nas orações em que aparecem. Atenção então: embora haja contribuição das preposições, o significado das orações em que elas aparecem depende bastante, como veremos a seguir, das demais palavras que compõem as orações.

Vejamos primeiro o significado das preposições pesadas e, em seguida, os significados mais usados das preposições leves.

1) SIGNIFICADO das **preposições pesadas**

"em falta de"	=	Ele estava **sem** ingresso.
"em cima de"	=	O cachorro gostava de andar **sobre** a mesa.
"diante de"	=	O papa Francisco rezou **ante** o pôster de Jesus.
"diante de"	=	Os pais compareceram **perante** a diretora.
"depois de"	=	O bar do Bolão fica **após** a igreja.
"de um ponto a outro"	=	Fátima caminhou da av. Brasil **até** São Cristóvão.
"em oposição a"	=	Nós vamos votar **contra** a pena de morte.
"no meio de"	=	Ele estava **entre** Joana e Fatinha.
"embaixo de"	=	O convite estava **sob** o livro de receitas.
"a respeito de"	=	Eu não discuto mais **sobre** futebol.
"a partir de"	=	Sílvia esperou por ele **desde** as 8 horas.

É interessante notar que as preposições simples e pesadas podem ser substituídas por preposições compostas e o significado fica sendo o mesmo:

O cachorro estava | **sobre** | a mesa.
| **em cima da** | mesa.

Pedrinho estava | **entre** | a mãe e o motorista.
| **no meio da** | mãe e do motorista.

Algumas das preposições pesadas são muito pouco usadas no português do Brasil atual: é o caso, por exemplo, de *perante* e *ante*. É comum os falantes, em lugar delas, empregarem preposições compostas, com o mesmo significado:

O bandido estava **ante** a vítima quando disparou a arma.

O bandido estava **diante da** vítima quando disparou a arma

O bandido estava **em frente à** vítima quando disparou a arma.

O bandido estava **de frente da** vítima quando disparou a arma.

Não podemos dizer, por outro lado, que essas preposições desapareceram da língua atual. Veja o exemplo a seguir, extraído do jornal *Folha de S.Paulo* em 26/02/2012:

Vulneráveis **ante** pequenos, São Paulo e Palmeiras buscam reabilitação.

2) SIGNIFICADO das **preposições leves**

Estão explicados a seguir os principais significados das preposições leves, as quais, como já dissemos, contam também com os significados das outras palavras da oração para obtenção do significado global:

DE:
"causa" = O gato morreu **de** fome.
"origem" = Larissa veio **de** Natal.
"modo" = Cristina viajou **de** salto alto.
"tipo material de alguma coisa" = Meu pai comprou um travesseiro **de** pena.

EM:
"lugar" = O professor morava **em** Uruguaiana. Tio Lucas bateu o carro **no** muro.
"aquilo que é apontado pelo significado do verbo" = Eu acredito **em** Deus.
"modo" = O office-boy não colocou as fichas **em** ordem alfabética.

COM:
"causa" = Eu fiquei muito relaxado **com** esta viagem.
"companhia" = Jussara fugiu **com** o noivo.
"modo" = O professor falou **com** raiva.
"instrumento" = Ele consertou o computador **com** uma faquinha.

PARA:
"direção" = No dia 24, o peru fugiu **para** o pasto.
"aponta quem recebe algo previsto pelo verbo" = Meu pai trouxe um canivete **para** mim.
"finalidade" = O técnico treinou o time **para** as Olimpíadas.
"aponta o tempo ou a data" = Eles marcaram o casamento **para** o dia 24 de novembro.

POR:
"causa" = *Ficante* não briga **por** ciúmes.
"aponta quem se beneficia com algo previsto pelo verbo" = Márcia fez todo o trabalho deciências **por** ele.
"lugar" = Os bombeiros andaram **pela** mata.
"modo" = As fichas estavam organizadas **por** ordem cronológica.
"tempo" = Vera derreteu a manteiga **por** dois minutos.
"instrumento" = O delegado falou comigo **por** telefone.

A:
"lugar" = Ele foi **a** Salvador ontem.
"direção" = Josimar caminhou **ao** encontro do presidente.
"finalidade" = Zé Mutuca se candidatou **a** vereador.
"distância de um determinado lugar" = João Soares mora **a** cinco quilômetros de Casa Grande.
"aponta quem recebe algo previsto pelo significado do verbo" = O tribunal enviou um e-mail **aos** candidatos.
"modo" = O tenente da polícia não gostava de andar **à** paisana.

É preciso ficar atento também, como já dissemos, ao fato de que os significados de *lugar*, *direção*, *tempo*, etc., que foram exemplificados, não são obtidos *apenas* com o significado das preposições: o significado das outras palavras também colabora para que, no final, os falantes extraiam os significados apontados. É o caso dos exemplos a seguir, em que o nome que aparece depois da preposição tem o seu papel na interpretação da oração:

Carla me viu DO andar térreo.
(significado de "lugar")
Carla me viu DE binóculos.
(significado de "instrumento").
Carla me viu DE bruços.
(significado de "modo")
Carla me viu DE madrugada.
(significado de "tempo" ou "momento no tempo").

Interpretamos *lugar*, no primeiro exemplo, por causa da presença de *andar térreo* após a preposição; de *instrumento*, no segundo exemplo, devido à palavra *binóculos* e assim por diante.

Mas, por outro lado, é também verdade que a preposição, como propomos, é fundamental para a construção da significação final da oração. Isso pode ser confirmado pelos exemplos a seguir em que as orações são quase idênticas, com exceção das preposições, e cada oração tem um significado diferente:

Vanessa desfilou COM a bateria da Mangueira.
(significado de "companhia")
Vanessa desfilou NA bateria da Mangueira.
(significado de "lugar")
Vanessa desfilou SEM a bateria da Mangueira.
(significado de "em falta de")
Vanessa desfilou PARA a bateria da Mangueira.
(significado de "finalidade" ou "favorecimento")

CONJUNÇÃO

Conjunções são palavras que nos ajudam a compreender as relações de significado que existem entre orações ou entre palavras. No quadro a seguir, está uma lista delas e dividimos as conjunções mais usadas em oito grupos. Alguns dos grupos, como o 1º e o 3º, têm mais membros, enquanto outros grupos, como o 9º e o 7º, têm apenas um ou dois membros:

Grupos	CONJUNÇÕES
1º	mas – porém – entretanto – contudo – só que – no entanto – apesar disso – embora
2º	porque – pois – por isso
3º	portanto – logo – assim – então
4º	ou seja – isto é – quer dizer – em outra palavras
5º	se – caso – uma vez que – desde que – a não ser que
6º	e – como também
7º	ou – ora
8º	quando – enquanto
9º	que
10º	como – que nem
11º	à medida que – à proporção que
12º	segundo – conforme – como

Como também se vê, algumas conjunções são compostas de apenas uma palavra: é o caso de *mas*, *e*, *ou* etc.; já outras conjunções são compostas por mais de uma palavra, como *à medida que*, *só que*, etc., e formam, na verdade, uma *expressão que tem valor ou função de conjunção*.

Vamos explicar, em primeiro lugar, como elas funcionam e, depois, comentaremos como interpretamos as várias conjunções que estão no quadro.

O papel da conjunção, de ligar palavras ou orações, é parecido com o das preposições. Veja: no exemplo seguinte, aparece uma oração à esquerda e outra à direita e entre elas há um **traço** o qual indica que precisamos acrescentar uma palavra, que é uma conjunção, para ligar as duas orações, deixando clara a relação de significado entre elas:

Giovana toca flauta _____ Pedrinho dorme.

Observe a interpretação da oração com o acréscimo da conjunção *mas*:

Giovana toca flauta **mas** Pedrinho dorme.

Mas faz parte das conjunções do 1º grupo. Quando as utilizamos, compreendemos a oração da seguinte maneira: Giovana toca flauta e o esperado, nesse caso, é que seja difícil alguém dormir com o som da flauta,

> A conjunção *só que*, que equivale a "mas", é muito usada na *fala*.

mas, isto é, contrariamente ao que pensamos, Pedrinho está dormindo (talvez seja uma criança de pouca idade, que não precise de tanto silêncio, e por aí vai...).

É também comum usarmos *mas* em orações com a presença de uma negação, que pode preceder ou seguir a conjunção. Observe:

Ela apareceu, *mas* **não** ajudou nada.
O show **não** foi bem montado, *mas* a gente se divertiu demais.

Também nesses exemplos é fácil perceber que a conjunção *mas* introduz a interpretação da ocorrência de algo que é contrário às expectativas.

Vejamos agora os exemplos das conjunções do 2º grupo. Nesse grupo, *o que é dito numa das orações é compreendida como sendo a **causa** ou como uma **explicação** do que é dito na outra, e a conjunção utilizada deixa isso claro.* Observe:

A palmeira cresceu bastante **porque** o caseiro molhou a planta.

Como se pode perceber, a interpretação desse exemplo é a seguinte: *o caseiro ter molhado a palmeira é entendido como a **causa** de a planta ter crescido.*

Em relação às conjunções do 3º grupo, sentimos que a oração que vem depois da conjunção é um tipo de "descoberta" que fazemos, ou, em outras palavras, *a oração que vem depois da conjunção é entendida como uma conclusão que deduzimos da primeira oração*:

O governador está em Brasília, **então**, não foi ele que vimos no shopping hoje.
O caseiro tem molhado a palmeira, **portanto** a planta vai crescer.

Por sua vez, as conjunções do 4º grupo apenas explicam melhor o que é dito antes:

O meu primo está tomando Ritalina, **isto é**, um remédio que dizem que se a pessoa tomar fica mais atenta.

A oração que aparece depois de **isto é** explica, assim, o que é a *Ritalina*, que é um remédio para a desatenção.

A conjunção **se**, do 5º grupo, introduz a ideia de *condição*:

Eu vou ao carnaval em Olinda **se** a minha mãe me der dinheiro.
Caso minha mãe me dê dinheiro, eu vou ao carnaval em Olinda.

Está claro, assim, que a oração que aparece depois de *se* diz a condição necessária, isto é, *a minha mãe me dar dinheiro*, para que o que é dito na primeira oração, ou seja, *eu ir ao carnaval em Olinda*, possa acontecer.

A conjunção *e* do 6º grupo é a mais usada. Essa conjunção permite um tipo de *soma*, com um sentido parecido com a palavra *mais*: estamos dizendo apenas que uma coisa mais uma outra existem ou aconteceram:

Tiago pediu um hambúrguer **e** Lena quis um cachorro-quente.

Veja também o exemplo seguinte em que a expressão *como também* apresenta um valor muito próximo do da conjunção *e*:

Joana não só lavou suas camisetas **como também** arrumou a cozinha.

No caso em destaque, entretanto, é possível extrair a inferência de que o fato de *Joana ter lavado as camisetas e arrumado a cozinha* mostra que *Joana* foi eficiente e que talvez fosse algo que não se esperava que acontecesse.

Além de simples soma, *e* pode também ser interpretado de maneira equivalente às outras conjunções, funcionando, nesta hora, com um tipo de *conjunção coringa*. Observe o exemplo:

Giovana toca flauta **e** Pedrinho dorme.

Podemos imaginar o *e* sendo interpretado com o mesmo significado de *mas* (quer dizer: *Giovana toca flauta e o esperado, nesse caso, é que seja difícil alguém dormir com o som da flauta, **mas**, contrariamente ao que pensamos, Pedrinho está dormindo*); com o mesmo significado de *por isso* (isto é: *o fato de Giovana tocar flauta provoca (ou é causa) o fato de Pedrinho dormir, isto é, a música funciona como uma canção de ninar e favorece o sono de Pedrinho*); ou de *enquanto* (ou seja: *Giovana toca flauta no mesmo momento do tempo em que Pedrinho dorme*).

A conjunção *e* pode também ser usada para "somar" nomes, adjetivos ou pronomes. Por exemplo:

Eu quero pizza **e** guaraná.
Carol é a colega bonita **e** inteligente da turma.
Não vai caber a gente **e** ela dentro dessa barraca.

Nesses exemplos, estamos "somando" os nomes *pizza* e *guaraná*, os adjetivos *bonita* e *inteligente* e os pronomes *a gente* e *ela*.

Acontece também que, quando a conjunção *e* vier precedida do advérbio negativo *não*, é preciso trocá-la pela conjunção negativa *nem*, como no seguinte exemplo:

Não empresto minha camisa nova **nem** o cinto.

Nem significa então *não* + *e*. Na *fala*, em alguns dialetos do português do Brasil, começamos a escutar também a presença de *nem* com *e*, o que dá algo como:

Não empresto minha camisa nova **e nem** o cinto.

É também comum os falantes usarem, na *fala*, a conjunção *nem* sem que apareça explicitamente uma negação a precedendo. Por exemplo:

Como eu fiquei de ajudar e cheguei tarde, na hora de ir embora, Jussara **nem se** despediu de mim.

Para entender esse uso de *nem*, imaginemos que a pessoa cujo nome aparece no exemplo, isto é, Jussara, não tenha gostado do atraso da pessoa que está falando e, vamos supor, além disso, que *não* tratou bem esta pessoa ou *não* a cumprimentou direito e, assim, *nem* se despediu dela quando foi embora. O contexto em que aparece a negação tem assim que ser *inferido* pelo ouvinte, para que a oração seja devidamente interpretada.

O 7º grupo contém a conjunção *ou*, que significa *escolha*, isto é, "uma coisa ou outra". Por exemplo:

Este ano, minha mãe pretende comprar um carro novo *ou* dar uma entrada no lote.
Edna *ou* Sílvia pode ajudar a pagar a conta de luz.
Ele é muito bobo *ou* muito inteligente.

No 8º grupo, incluímos as conjunções *enquanto* e *quando*. Ao usá-las, fazemos a relação entre duas orações por meio da ideia de *tempo*. Veja os exemplos:

Eu vou fazer uma fogueira *enquanto* você arma a barraca.
Eu vou começar a fazer o almoço *quando* você chegar da faculdade.

A compreensão do primeiro exemplo é a seguinte: *a pessoa que fala pede (ou ordena) que a pessoa que a escuta arme a barraca no momento do tempo em que ela estiver fazendo uma fogueira*; no segundo exemplo, *a pessoa que fala só vai começar a fazer o almoço no momento do tempo em a pessoa que a escuta chegar da faculdade*.

O 9º grupo tem apenas a conjunção *que*. Essa conjunção é diferente das outras porque, no seu uso mais comum, ela não tem qualquer significado:

A diretora sonhou **que** as drogas não existiam mais.

Nesse exemplo, há duas orações: "A diretora sonhou" e "as drogas não existiam mais" e a conjunção *que* permite a ligação entre elas, mas sem introduzir qualquer significado a mais. A oração que a conjunção introduz é chamada de *oração subordinada*. Veremos no capítulo 6 mais detalhes sobre a subordinação e também outras diferenças entre *que* e as demais conjunções.

As conjunções do 10º grupo servem para fazer uma *comparação*. Veja o exemplo seguinte:

Ele viu a polícia e correu **como** um cavalo.

> Existe uma canção do carioca Jorge Vercillo que usa a conjunção **que nem** para fazer uma comparação:
>
> "A saudade bateu foi **que nem** maré."

> Mas essa conjunção **que nem** não é usada apenas na *fala* ou em letras de músicas. Ela já foi empregada por um escritor português antigo chamado Camilo Castelo Branco:
>
> "Ele comeu-a **que nem** confeitos."

A nossa compreensão desse exemplo é a seguinte: *Ele correu da mesma maneira que um cavalo corre*, isto é, estamos dizendo que *assim como um cavalo corre muito, ele também correu muito*. No lugar de *como*, costumamos usar, sobretudo na *fala*, a palavra *igual*, que passa a ter a mesma função:

Ele viu a polícia e correu **igual** um cavalo.

No 11º grupo, as conjunções são usadas para fazer uma *proporção*. Uma proporção é quando nós fazemos uma relação entre duas "coisas" de modo que o que acontece com uma acontece, *na mesma proporção*, com a outra. Veja:

O psicólogo garantiu que vou ficar mais confiante em mim mesma **à medida que** eu for emagrecendo.

A proporção neste caso é a seguinte: *quanto mais eu emagrecer, mais vou ficar autoconfiante*.
Por fim, temos as conjunções do 12º grupo, que nos permitem fazer com que alguma coisa tenha *apoio* ou *está de acordo* com outra:

Eu vou cortar sua mesada **conforme** já tinha te avisado mês passado!

Nesse caso, vamos imaginar que *um pai ou uma mãe comunica à filha ou ao filho que vai cortar a mesada e essa decisão é apoiada ou está de acordo com o aviso que o filho ou a filha já tinha recebido um mês antes.*

Voltaremos a dar mais detalhes, no capítulo 5, sobre o significado das orações em que aparecem as conjunções. Para isso, utilizaremos os conceitos de *papéis temáticos* e de *noções lógico-semânticas.*

Enfim, como pudemos perceber, as conjunções têm uma função muito importante num texto ou discurso, escrito ou falado, porque são elas que deixam claro a relação entre as ideias e os pensamentos que encadeamos ao utilizarmos a língua e, além disso, o fato de encadearmos as ideias que queremos expor por meio de conjunções acaba tendo grande relevância na *argumentação* que elaboramos. Estudamos, por exemplo, no capítulo 2, o argumento da *causa* do qual temos um exemplo a seguir. No trecho a seguir, de um depoimento real, uma mulher explica a causa de não poder ter mais filhos.

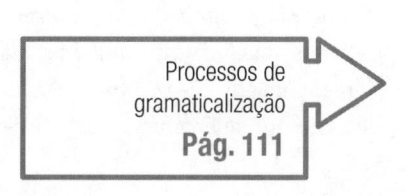

As conjunções e as noções lógico-semânticas
Pág. 338

> ...pensamos seriamente em parar...depois disso ainda ti/tive problemas de...saúde problemas de tiroide não sei o quê... então o médico está aconselhando a não ter mais...então nós estamos pensando...estamos pensando não oficialmente não está encerrado...mas de fato está **porque**...o endocrinologista proibiu terminantemente que eu tenha mais filhos...
>
> Fonte: Preti, 1993: 35.

Argumento da
dedução lógica
Pág. 73

Como já discutimos, à primeira vista, a gente estranha um pouco o trecho em destaque: parece muito truncado, ou enrolado, e muito diferente da maneira como imaginamos que falamos. Entretanto, não custa repetir: posso garantir que, numa *fala* comum, pouco planejada, é dessa maneira mesmo que falamos. Estudamos, no capítulo 1, as características e as razões de a *fala* ser assim. No exemplo, o falante usa, entre outras, a conjunção *porque*, que serve para encadear partes do seu discurso, expressando a causa de ela não poder ter mais filhos.

Processos de gramaticalização
Pág. 111

Por causa desse uso argumentativo, muitas palavras, como os advérbios e os nomes, podem ser "recrutados" por meio de processos de gramaticalização, já explicados, e passarem a funcionar como conjunções. Um exemplo que estudamos foi o caso do advérbio *agora*, que passou a ser usado como uma conjunção. Outro exemplo, muito usado na fala, é o da expressão *tipo assim*. A palavra *tipo*, sozinha, é um nome usado, por exemplo, da seguinte maneira: "João Carlos é o *tipo* da pessoa que me agrada"; já a palavra *assim*, sozinha, é um advérbio que significa *dessa* ou *daquela* maneira em orações como a seguinte: "Agindo *assim*, você poderá chegar onde quer". No entanto, *tipo assim* pode funcionar como conjunção nos seguintes exemplos, que foram retirados de falas reais:

(1)   Minha tia é homem...**tipo assim**...ela é troncuda.

(2)   Meu pai não sabe o que fazer com o Zé Ernesto...**tipo assim**...ele é cunhado dele.

Na primeira oração, *tipo assim* equivale a uma expressão conjuntiva, como *isto é* ou *quer dizer*, que serve para explicar ou detalhar algo que é dito antes. Na segunda oração, o valor de *tipo assim* é o de uma conjunção como *porque*, que nos informa *a causa* ou *a explicação* de algo.

Muitas palavras "recrutadas" pelos falantes por meio de processos de gramaticalização funcionam de uma maneira parecida com as conjunções, ajudando, neste caso, a organizar o andamento da fala e os turnos da conversação. Costumamos chamá-las de **marcadores discursivos**. Como vimos, numa conversação, os participantes se alternam em turnos. Para administrar esses turnos, algumas palavras – verbos, advérbios e outras – são esvaziadas do seu significado original e passam a ter uma função de ordenar o discurso falado. Alguns exemplos são: *entende?*, *sabe?*, *né?*, *tá?*, *aí*, *assim* e *agora*.

Observe o seguinte texto:

> ...eu faço Gama filho...**entendeu?**...Mas se eu tivesse que estar pagando...eu não...fatalmente eu não estaria...porque eu sou...eu tenho crédito educativo...**entendeu?**...por isso que eu estou falando assim...até que a Caixa Econômica me ajuda...está pagando...mas... **agora**...pô...três meses que não pagava...foi pagar <u>agora</u>...isso ela não está dando nada de graça não...**tá?** porque depois que a gente se forma...a gente paga tudo corrigido.
>
> Fonte: Martelotta et al., 1996: 65.

O exemplo citado é real, isto é, foi dito realmente por uma pessoa e esse trecho é uma transcrição da *fala* dessa pessoa. No exemplo, aparecem as expressões *entendeu?*, *agora* e *tá?*. Nos três usos, a função das expressões é organizar a sequência da fala: monitorar a compreensão do ouvinte ou preencher a pausa entre uma informação e outra (observe a diferença entre o *agora* em negrito e o que está sublinhado: este último significa "este momento do tempo", mas não o primeiro). Podemos concluir, enfim, que os **marcadores discursivos**, ao organizar o andamento da *fala*, exercem uma função comparável à das conjunções, na medida em que nos permitem encadear as ideias e, consequentemente, as orações que as expressam.

EXERCÍCIOS

1. O texto a seguir é um trecho de uma crônica de Artur da Távola, publicada nos anos 1980:

> **Ter ou não ter namorado**
> [...] Se você não tem namorado é porque não descobriu que o amor é alegre e você vive pesando 200kg de grilos e medos [...]. Enfeite-se com margaridas e ternuras e escove a alma com leves fricções de esperança. De alma escovada e coração estouvado, saia do quintal de si mesma e descubra o próprio jardim. Acorde com gosto de caqui e sorria lírios para quem passe debaixo de sua janela... Se você não tem namorado é porque não enlouqueceu aquele pouquinho necessário...
> Enlou-cresça.
>
> Fonte: Santos, 2005: 244.

Como é comum em textos do gênero literário, esse texto é pleno de **metáforas**. Algumas delas estão listadas a seguir:

1. você vive pesando 200kg de grilos e medos.

2. enfeite-se com margaridas e ternuras.

3. saia do quintal de si mesma e descubra o próprio jardim.

4. Acorde com gosto de caqui e sorria lírios para quem passe debaixo de sua janela.

Tarefa 1: Você deverá explicar o sentido *metafórico* das quatro expressões citadas, buscando encontrar a comparação subjacente que foi elaborada pelo autor.

Tarefa 2: Explique o que o autor quis dizer ao criar, aproveitando as semelhanças sonoras entre palavras, a expressão *Enlou-cresça*.

2. O texto seguinte, publicado no jornal *Folha de S.Paulo*, informa o leitor a respeito de medidas econômicas tomadas pelo governo naquele momento.

> Além das intervenções do Banco Central no mercado de câmbio, o governo decidiu que vai **elevar**, mais uma vez, a alíquota de IOF (Imposto sobre Operações Financeiras) sobre a **entrada** de moeda estrangeira no país para **segurar** a valorização do real [...]. A medida estava sendo finalizada ontem e deve ser **baixada** ainda hoje por meio de decreto presidencial. Segundo a *Folha* apurou, a tendência é o governo taxar ainda mais as captações de empréstimos no exterior por empresas sediadas no país. De acordo com um assessor presidencial, o governo decidiu recorrer novamente a seu "**arsenal de** IOF" devido à desvalorização do dólar nas últimas semanas e diante da tendência de novas **quedas** por conta do excesso de dinheiro no mundo.
>
> Fonte: Valdo Cruz, *Folha de S.Paulo*, 01/03/2012.

Tarefa 1: As palavras em **negrito** estão sendo usadas com significado *abstrato*, mas podem também, é claro, ser usadas com significado *concreto*. Você deverá explicitar os significados abstratos dessas palavras de acordo com o uso no texto. Para realizar essa tarefa, compare os significados abstratos com possíveis usos concretos das mesmas palavras.

Tarefa 2: Com a expressão **arsenal de** IOF, o autor cria uma metáfora baseada na palavra *arsenal*. Você deverá explicitar a comparação subjacente utilizada pelo autor para elaborar essa metáfora.

3. O próximo texto é um trecho de uma reportagem publicada no jornal *Pampulha* de Belo Horizonte, assinada por Débora Fantini:

> *A primavera de mobilizações sociais* que **desabrochou** em diferentes cantos do mundo já **despertou** também moradores de bairros nobres de Belo Horizonte **para** a força da união em defesa do patrimônio, meio ambiente, qualidade de vida e outras causas que afetam a vizinhança onde moram...
>
> Fonte: *Pampulha*, 04/03/2012. p. 3.

Com a expressão *A primavera de mobilizações sociais*, a autora se refere aos movimentos sociais de reivindicação política que surgiram, na primavera de 2011, em alguns países árabes.

Tarefa: Explicite o significado da palavra *desabrochou* e da expressão *despertar para* no texto. Para isso, compare seus sentidos concretos e abstratos.

4. As figuras a seguir são símbolos.

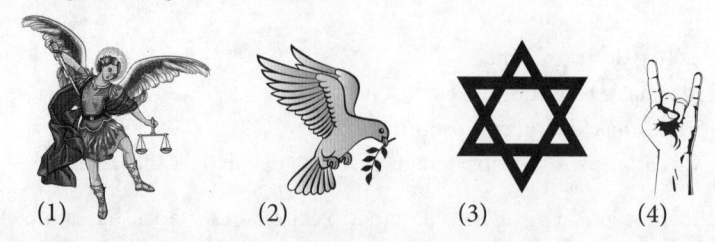

(1)   (2)   (3)   (4)

Tarefa 1: Após uma pesquisa, faça um texto descrevendo o significado de cada um desses símbolos.

Tarefa 2: A imagem de um *anjo*, como vimos, pode ser usada como um símbolo e se transformar, por exemplo, numa tatuagem. Além disso, a palavra *anjo* pode funcionar também como uma metáfora. Tente elaborar uma oração em que a palavra *anjo* é usada metaforicamente e, em seguida, explicite o significado da metáfora.

5. A oração a seguir foi a manchete do jornal *Alterosa* do SBT de Belo Horizonte, no dia 7 de março de 2012:

> Morreu o gorila Idi Amin, **símbolo** do zoológico de Belo Horizonte.

Tarefa: Elabore um texto explicando a diferença entre o uso da palavra **símbolo** na oração destacada e o uso da *pomba* como um símbolo no exercício 4.

6. No quadro seguinte, você dispõe de uma lista de palavras – uma delas dividida em sílabas – que funcionarão neste exercício como se fossem "fichas":

> estar – -lho- – rosto – em – -vi- – tudo – -ra- – faz! – que – ma- – você – -so – precisa – o – seu

Tarefa: Monte uma oração com esses itens.

7. Preste atenção nas palavras destacadas em **negrito** no texto a seguir:

> Frente a uma criança que não aprende, alguns **psicopedagogos dizem**, sem pensar muito no valor que possuem as palavras, que essa situação constitui um sintoma. Os dicionários **geralmente** esclarecem a respeito da palavra sintoma o seguinte: "fenômeno que revela um transtorno funcional do **organismo**; indício de alguma coisa". Em certo sentido, poderia se afirmar que nossa **argumentação** opera mais ou menos nessa lógica: o erro nas aprendizagens **seria** o indício ou manifestação de uma **interioridade**. Porém...
>
> Fonte: Lajonquière, 1992: 205.

Tarefa 1: Você deverá separar as palavras destacadas em *morfemas*.

Tarefa 2: Cite outras palavras ou expressões que contenham os morfemas destacados.

8. A lista a seguir é composta de morfemas muito frequentes em português:

> -ção -al -ecer re- des- -oso

Tarefa 1: Cite 3 palavras com cada um desses morfemas.

Tarefa 2: Descreva, com suas palavras, o significado de cada morfema.

9. Em cada lista de palavras a seguir, há um significado principal que é expresso por morfemas diferentes (Rosa, 2000):
   A. não, nenhum, nada, ninguém.
   B. nariz, nasal, pincenê.

Tarefa 1: Descubra os dois significados principais expressos nas palavras das duas listas e aponte os morfemas que os representam.

Tarefa 2: Que conclusão sobre a autonomia dos morfemas pode ser tirada da resposta da Tarefa 1?

10. As orações a seguir são do asteca, uma língua do México. Ao lado delas, você encontrará a tradução portuguesa:

   A. **nimayana** "eu estou faminto"
   B. **nimayana** "eu estava faminto"
   C. **nimayanaya** "eu estava faminto (e continuo faminto)"
   D. **timayana** "Você está faminto"
   E. **nimayanas** "eu estarei faminto"
   F. **nikwaneki** "eu querer comer"

Tarefa: Você deverá encontrar os morfemas do asteca que significam **"eu"**, **"você"**, **"estar faminto + tempo presente"**, **"tempo futuro"**, **"tempo passado"**, e **"ação contínua"**.

11. Na lista de palavras a seguir, os morfemas apresentam formas diferentes ou, em outras palavras, trata-se de morfemas que dispõem de *alomorfes*:

> inativo noturno irrestrito lei ilegal noite vida impermeável petrificar vital pedreiro

Tarefa: Identifique os alomorfes presentes nessas palavras e descreva o significado de cada conjunto de alomorfes.

12. As expressões a seguir são do tzeltal, a língua dos maias. A tradução portuguesa encontra-se ao lado delas:

   A. **hkab** "minha mão" **kab** "mão"
   B. **kakan** "minha perna" **akan** "perna"
   C. **alumal** "tua terra" **lumal** "terra"
   D. **awinam** "tua esposa" **inam** "esposa"
   E. **skep** "sua língua" **kep** "língua"
   F. **yatel** "seu trabalho" **atel** "trabalho"

Tarefa: Identifique os alomorfes que significam "minha", "tua" e "seu/sua".

13. O texto a seguir é um trecho de uma crônica de Stanislaw Ponte Preta, publicada em 1962. Na crônica, é mencionada a então chamada calça "*Saint-Tropez*", com a cintura mais baixa, muito comum hoje em dia, mas na época...

A moça e a calça

Foi no cinema **Pax**, em Ipanema... O que vem ao caso é a mocinha muito da **redondinha**, condição que seu **traje** apertadinho deixava sobejamente clara. A mocinha chegou, **compr**ou a entrada, apanhou, foi **até** a porta, **mas** aí o porteiro olhou para ela e disse que ela não podia entrar:
– Não posso por quê?
– A senhora está de "*Saint-Tropez*".
– **E** daí?...
– Por mim a senhora entrava. (**Provavelmente** completou baixinho... e entrava bem). Mas o gerente **tinha** dado ordem de **que** não podia com aquela calça bossa-nova e, sabe como é... ele tinha que obedecer, **de** maneira que sentia **muito**, mas com **aquela** calça não.
– O senhor não vai querer que eu tire a calça...

Fonte: Ponte Preta, 1962: 140-2.

Tarefa: Classifique as palavras e os morfemas destacados no texto, considerando o fato de pertencerem a uma das *classes lexicais* ou a uma das *classes funcionais*.

14. O texto a seguir é um trecho de uma crônica de Clarice Lispector, publicada nos anos 1970:

Medo da eternidade

[...] Quando eu era muito pequena ainda não tinha provado chiclés e mesmo em Recife falava-se pouco deles. Eu nem sabia bem de que espécie de bala ou bombom se tratava...
– Tome cuidado para não perder, porque esta bala nunca se acaba. Dura a vida inteira.
– Como não acaba? – Parei um instante na rua, perplexa.
– Não acaba nunca, e pronto.
Eu estava boba: parecia-me ter sido transportada para o reino de histórias de príncipes e fadas... Eu que, como outras crianças, às vezes tirava da boca uma bala ainda inteira, para chupar depois, só para fazê-la durar mais. E eis-me com aquela coisa cor-de-rosa, de aparência tão inocente... Com delicadeza, terminei afinal pondo o chiclé na boca...

Fonte: Lispector, 1999: 289-91.

Tarefa 1: Você deverá extrair do texto 24 ocorrências de nomes (algumas se repetem).

Tarefa 2: Um desses nomes é um *nome próprio*. Encontre-o.

Tarefa 3: Diga quais nomes são concretos e quais são abstratos.

15. O texto seguinte é um trecho de uma crônica de Millôr Fernandes, publicada em 1977:

Ser gagá

Ser gagá é ficar pensando o dia inteiro em como seria bom ter trinta anos ou, vá lá, quarenta, ou mesmo, ó Deus, sessenta. É ficar olhando os brotinhos que passeiam, com o olhar esclerosado, numa inútil esperança... É dobrar o jornal encabulado, quando chega alguém jovem da família, mas ficar olhando, de soslaio, para os íntimos da coluna funerária... É só pensar em comer, como na infância...

Fonte: Fernandes, 1977: 128-31.

Tarefa: Você deverá extrair do texto 19 ocorrências de verbos (algumas se repetem).

16. O texto a seguir, já utilizado nos exercícios do capítulo 1, é um trecho de uma história contada por uma mulher de 35 anos, com ensino fundamental concluído, moradora da cidade de São João da Ponte, localizada na região norte de Minas Gerais (o nome e o apelido são fictícios):

> 1 Meu nome é Maria José meu apilido é Zezé. Intão era
> 2 uma vez né tinha um homem que ele tinha um monte de
> 3 filho né mais eles era muito priguiçoso ele era muito
> 4 priguiçoso né, todo dia a muié dele batia nele né pegava
> 5 um pedaço de pau e falava: vai trabalhá, seu priguiçoso, aí
> 6 ele **pegava** e colocava o machado nas costas né e ia
> 7 trabalhá aí um dia ele saiu chorando né aí ele incotrô
> 8 Nossa Sinhora aí Nossa Sinhora **pegô** e falô: ô, meu fiho
> 9 o que que cê tem? Aí né ele **pegô** e falo assim: ah eu tô
> 10 sem destino, tô procurano um serviço pra mim trabalhá aí
> 11 Nossa Sinhora **pegô** e falô: ô meu filho, eu vô te dá uma
> 12 tualha intão intão aonde cê chegá cê põe ela cê **pega** e fala
> 13 que ela dá...**pegô** a tualha foi imbora...
> 14 chegô lá falo acumpanha tualha e a tualha acumpanhava
> 15 né colocava todo tipo de cumida na mesa aí o filho, a
> 16 mulhé cumia e aí.......
>
> Fonte: *corpus* de dados do grupo de pesquisa Nupevar (Fale/UFMG).

Tarefa: Há, nesse texto, algumas ocorrências do verbo *pegar* destacadas em **negrito**. Você deverá separar a ocorrência em que *pegar* quer dizer "segurar alguma coisa" e as ocorrências em que *pegar* tem um papel na organização da *fala*. Nos casos em que o uso do verbo serve para organizar a fala, temos o fenômeno chamado de **gramaticalização**, estudado na seção "Os processos de mudança linguística" deste capítulo.

17. Danuza Leão é a autora do texto a seguir, um trecho de uma crônica publicada em 2004.

> **Um casal feliz**
> **Era** um fim de tarde entre o Natal e o Ano-Novo, e caía uma chuva fininha que não dava um minuto de trégua, como acontece no inverno de Paris. O boulevard St. Germain **estava** todo iluminado, as vitrines uma verdadeira festa, e um casalzinho jovem **parou** diante de uma delas para olhar.
> Estava claro que eles vinham de uma cidade pequena para o fim de ano em Paris... Detalhe: a loja era de roupas e acessórios e na vitrine não **havia** o preço de nada...
> A vendedora foi junto e **houve** uma longa sessão em que foram mostradas as diversas formas de usar uma echarpe: fazendo duas voltas em torno do pescoço e deixando as pontas nas costas; **dando** um nó de lado e jogando um ponto para a frente e a outra para trás... Mas eles deveriam estar de acordo, os dois, para que a compra fosse feita. Estava claro que **eram** casados há pouco tempo e se amavam...
>
> Fonte: Leão, 2004: 29-30.

Tarefa: Você deverá estabelecer os **tipos de evento** determinados por cada verbo que se encontra destacado em **negrito** no texto.

18. Os verbos das orações a seguir determinam eventos de **atividade** e cada um deles pertence a um dos grupos dos verbos de atividade:

> **A.** Carlinhos **fez** todo mundo sair correndo.
> **B.** João Carlos **tem** um sítio perto de Brumadinho.
> **C.** Patrick **furou** as covas para fazer a cerca.
> **D.** Eliane **tratou** do cachorro na nossa ausência.

Tarefa 1: Defina o grupo de cada verbo de atividade que se encontra nessas orações.

Tarefa 2: Você deverá criar orações nas quais os mesmos verbos passarão a funcionar como um verbo de um outro tipo de evento.

19. Os textos a seguir foram retirados de matérias da revista *Encontro*, de Belo Horizonte:

> ...O fato é que com a **chegada** do *color block* aos lares, depois de **inundar** desfiles de grifes famosas internacionais, a **explosão** dos tons fortes **conquista** o interior das casas e, desde então, vale quase tudo na hora de colorir com diversas nuances vibrantes....
>
> Fonte: Guilherme Torres, *Encontro*, n. 129, p. 132.

> ...é o novo cinema que deve começar a funcionar na Praça da Estação: O CentoeQuatro... que deve **abrir as portas** já em abril... Inês Rabelo, coordenadora geral do espaço... não **revela** os valores investidos... O espaço, **comandado** por Inês, pretende **ressuscitar** um velho modelo de cinema que fez muito sucesso na cidade nos anos 1980 e que **centralizava**, no mesmo lugar, café, restaurante e cinema....
>
> Fonte: João Pombo Barille, *Encontro*, n. 129, p. 44.

Tarefa: Por meio da comparação entre os significados *abstratos* e os significados *concretos* das palavras destacadas, explique o significado *abstrato* que elas exercem nesses trechos.

20. Encontre e explique o significado de cinco *expressões fixas* nas quais aparece a palavra **gato**.

21. O texto a seguir é um trecho de uma crônica de Zuenir Ventura, publicada em 1999.

> **Um idoso na fila do Detran**
> "O senhor aqui é idoso", gritava a senhora para o guarda, no meio da confusão na porta do Detran da avenida Presidente Vargas, apontando o dedo para o tal "senhor"... De repente, percebi que o "idoso" que a dama solidária queria proteger do empurra-empurra não era outro senão eu.
> Até hoje não me refiz do choque, eu que já tinha me acostumado a vários e traumáticos ritos de passagem para a maturidade... dos 50, quando, deprimido, se sente que jamais **vai se fazer** outros 50 (a gente acha que pode chegar aos 80, mas aos 100?)... Nunca passou pela minha cabeça que houvesse uma outra passagem, um outro marco, aos 65 anos. E, muito menos, nunca achei que viesse a ser chamado, tão cedo, de "idoso"...
>
> Fonte: Ventura, 1999: 25-7.

Tarefa 1: Nesse texto, aparecem 5 ocorrências de *locuções verbais,* compostas por *um verbo principal* e um ou mais *verbos auxiliares*. Encontre-as e classifique a forma do verbo principal que acompanha os auxiliares, ou seja, é um infinitivo, um particípio ou um gerúndio?

Tarefa 2: Explique as diferenças de significado entre a locução verbal **vai se fazer** do texto anterior e a sequência **fui conferir** do texto a seguir, que é um trecho de uma crônica de Chico Buarque, escrita nos anos 1970, quando o artista morava em Roma:

Um lugar ao sol
[…] Dia desse baixei em Capri, que, segundo o cicerone, ostenta as praias mais lindas do mundo depois do Rio de Janeiro. Comovido, agradeci, dobrei a gorjeta e **fui conferir**. Realmente o azul do mar, com as rochas brancas e a mata cheirosa, é um espetáculo único. Mas ir à praia é que são elas...

Fonte: disponível em: <www.oxdopoema.blogsport.com.br>, acesso em: 13 nov. 2016.

---

22. O texto seguinte é um trecho de uma reportagem assinada por Luciane Evans e publicada no jornal *O Estado de Minas*, no dia 11 de março de 2012, p. 32:

Fim daqueles dias?
Pesquisa aponta que 40% das brasileiras querem interromper fluxo menstrual, mas quase 80% desconhecem tratamentos. Médicos afirmam que parar de menstruar não traz riscos e é opção para quem sofre com problemas de menstruação...

Observe agora, no texto seguinte, o resultado de modificações feitas no texto anterior: foi incluído o verbo auxiliar **estar** antes de cada verbo do texto, com a consequente modificação do verbo seguinte para o gerúndio:

Pesquisa **está apontando** que 40% das brasileiras **estão querendo interromper** fluxo menstrual, mas quase 80% desconhecem tratamentos. Médicos **estão afirmando** que **estar parando** de menstruar não **está trazendo** riscos e **está sendo** opção para quem **está sofrendo** com problemas de menstruação...

Tarefa 1: A inclusão do auxiliar **estar** provocou interpretação diferente do texto original em algumas das ocorrências. Encontre e explique as diferenças de interpretação.

Tarefa 2: Explique por que em alguns casos não houve alteração de significado.

23. De uma matéria publicada na revista *Encontro*, de Belo Horizonte, cuja autora é Aline Gonçalves, extraí o trecho seguinte:

Da entrada à bebida
Pequenas, meio ácidas e normalmente de origem estrangeira, as frutas vermelhas agradam não somente a *chefs* internacionais. A prova de que também os mineiros se apaixonaram por elas é a quantidade de pratos que figuram em casas de todos os estilos, das especialistas em drinques às padarias, passando por cozinhas internacionais sofisticadas.

Fonte: *Encontro*, 1º de março de 2012, ano XI, n. 129, p. 182.

Tarefa: Encontre as ocorrências de *adjetivos* nesse texto.

24. O texto seguinte é um trecho de uma crônica de Raquel de Queiroz publicada nos anos 1950:

Os dois feios e os dois bonitos

[...] Quem sabe as coisas que é capaz de inventar uma mulher feia improvisada em bonita pelo amor de dois homens, querendo que o seu amor renda os juros mais altos de paixão?

O belo moço assustou. Gente bonita está habituada a receber da vida tudo a bem dizer de graça, sem luta nem inimizade, como seu direito natural, que os demais devem graciosamente reconhecer. As mulheres o queriam, os homens lhe abriam o caminho. E não é só em coisas de amor: de pequenino, o menino bonito se habitua a encontrar facilidades, basta fazer um beiço de choro ou baixar um olho penoso, todo o mundo se comove, pede um beijo, dá o que ele quer. Já o feio chora sem graça, a gente acha que é manha, mais fácil dar-lhe uns cascudos do que lhe fazer o gosto. Assim é o mundo, e, se está errado, quem o fez foi outro que não nos dá satisfações.

Pois o bonito assustou. Deu para olhar o outro de revés, ele que antes vivia tão confiado, como se achasse que a obrigação do coitado era lhe ceder a menina e tirar o chapéu. Passou a ver mal em tudo...

Fonte: Santos, 2005: 122.

Tarefa: Há 8 ocorrências das palavras *feio/a* (*s*) e *bonito/a* (*s*) nesse texto. Em 4 dessas ocorrências, essas palavras funcionam como *nomes* e nas 4 ocorrências restantes, são adjetivos. Explicite em que casos trata-se de *nomes* e em que casos temos *adjetivos*.

25. Tutty Vasques é o autor do texto seguinte, que faz parte de uma crônica publicada em 2007.

Dê uma chance ao ser humano

A vizinha tocou a campainha e, quando abri a porta, surpreso com a visita inesperada, ela entrou, me abraçou forte e falou devagar, olhando fundo nos meus olhos: "Você tem sido um vizinho muito compreensivo e eu ando muito relapsa na criação dos meus cachorros. Isso vai mudar!"... Sei que todo mundo tem um caso com o cachorro do vizinho para contar, mas, com final feliz assim, francamente, duvido. A história que agora passo a narrar do início explica em grande parte por que ainda acredito no ser humano – ô, raça!...

Fonte: Vasques, 2006. Disponível em: <http://veja.abril.com.br/vejarj/180106/cronica.html>, acesso em: 10 nov. 2008.

Tarefa 1: Extraia as ocorrências de advérbios que aparecem no texto.

Tarefa 2: Encontre dois advérbios do texto que podem funcionar também como adjetivos. Crie duas orações nas quais são usados como adjetivos.

26. A receita a seguir, da banqueteira Tatá Cury, foi publicada na revista *Caras*, no número 35, de 29 de agosto de 2008.

Bombocado cremoso de abobrinha

Aqueça 3 colheres de sopa de manteiga. Refogue 1 alho, 1 cebola pequena e 3 talos de cebolinha verde picados. Ponha 1 kg de abobrinha descascada e picada e suco de ½ limão. Cozinhe. Quando a abóbora cozinhar, escorra a água e a despreze. Junte ½ garrafinha de leite de coco e a mesma medida de leite. Mexa. Incorpore 1 colher de sopa de requeijão e 1 colher de sopa generosa de parmesão ralado, 300 gramas de camarões secos sem a casca, 3 colheres de sopa de farinha de trigo, 2 ovos, 1 pires de café de salsa, sal e gotas de Tabasco [molho de pimenta]. Reserve. Unte uma fôrma retangular com manteiga e enfarinhe. Ponha a massa. Asse em forno preaquecido a 200 graus por 35 minutos, ou até dourar. Sirva quente.

Tarefa: Encontre os tipos de *medidas* utilizadas no texto.

27. O texto seguinte é um trecho de uma crônica de Stanislaw Ponte Preta, publicada na década de 1960.

Perfil de Tia Zulmira

Quem se dá ao trabalho de ler o que escreve Stanislaw Ponte Preta – e quem me lê é apenas o lado alfabetizado da humanidade – por certo conhece Tia Zulmira, sábia senhora que o cronista cita abundantemente em seus escritos. E a preocupação dos leitores é saber se essa Tia Zulmira existe mesmo...

Sentada em sua velha cadeira de balanço – presente do seu primeiro marido –, Tia Zulmira tricotava casaquinhos para os órfãos de uma instituição nudista mantida por D. Luz Del Fuego...

— Sou natural do Rio mesmo — explicou — e isto eu digo sem a intenção malévola de ofender os naturais da província. Fui eu, aliás, que fiz aquele verso do samba de Noel Rosa, verso que diz: Modéstia à parte, meus senhores, eu sou da Vila...

Fonte: Ponte Preta, 1997: 5-9.

Tarefa 1: Extraia quatro verbos flexionados na primeira pessoa do singular e quatro verbos flexionados na terceira pessoa do singular.

Tarefa 2: Embora em dois dos verbos a flexão seja de terceira pessoa do singular, o autor, na verdade, se refere a ele mesmo, ou seja, à primeira pessoa do singular. Identifique esses dois casos.

28. O texto a seguir é um trecho de uma matéria jornalística, assinada por Eliana Fonseca e publicada na revista *Viver Brasil*, no n. 78, de 23 de março de 2012, p. 20:

Em 40 anos de caminhada, a artista da dança Dudude Hermann traz como lição a velha frase: "Uma andorinha só não faz verão." A data é celebrada neste mês em evento, no espaço 104, com duração de quatro dias, em que a artista lança o livro *Caderno de notações – a poética do movimento no espaço*...

"Queria entender e escrever partindo da minha habilidade primeira, o movimento. Todos os dias em que eu saía pelas ruas me fazia a seguinte proposição: tudo que visse seria dança, movimento." Inquieta, ela prepara o próximo trabalho, *Piquenique sem formiga*, com o amigo Marco Paulo Rolla. Nada de confortável. "Temos um desejo de ampliar nossas fronteiras e experimentar coisas que não sabemos, de entrar no campo do desconhecido de propósito..."

Tarefa 1: Dos verbos que estão flexionados no TEMPO **presente**, encontre: (1) um uso em que o presente exprime um evento atemporal; (2) dois usos em que o presente tem, na verdade, valor de **futuro**; (3) um dos usos do presente que exprime um evento que continua a acontecer, podendo assim ser substituído por uma locução com o verbo principal no **gerúndio**.

Tarefa 2: Identifique dois usos do **passado imperfeito** que exprimem eventos que aconteciam de forma frequente no passado.

Tarefa 3: Na oração "*tudo que **visse seria** dança, movimento*", explique como se estabelece *a relação entre os tempos* dos verbos no que se refere ao **momento da fala** e a **anterioridad**e, a **concomitância** ou a **posterioridade** dos eventos narrados.

29. Paulo Mendes Campos é o autor do texto a seguir, publicado no final dos anos 1950, do qual reproduzimos um trecho:

Salvo pelo Flamengo

Desde garotinho que não **sou** Flamengo, mas **tenho** pelo clube da Gávea uma dívida séria, que **torno** pública neste escrito. Em 1956, **passei** uma semana em Estocolmo, hospedado em um hotel chamado Aston. **Era** primavera, pelo menos teoricamente, **havia** um congresso internacional na cidade...
Estava há dois ou três dias na cidade, quando me **pediram** para receber um brasileiro e encaminhá-lo ao hotel, onde lhe **fora** reservado de fato um apartamento... O funcionário, homem de uns sessenta anos e de uma honesta cara escandinava, **tomou** uma atitude estranha e difusa, que a princípio me **surpreendeu** e **ia acabando** por me indignar...**vi** que seu rosto **tomava** uma expressão aflita...

Fonte: Campos, 2000: 37-40.

Tarefa 1: Descreva a relação entre os TEMPOS dos verbos flexionados que se estabelecem nos seguintes eventos (1) "...não **sou** Flamengo..."; (2) "...que **torno** pública..."; (3) "...**passei** uma semana..."; (4) "...**Era** primavera..." e (5) "...**havia** um congresso...".

Tarefa 2: Descreva a relação entre os TEMPOS dos verbos flexionados nos seguintes eventos: (1) "...**Estava** há dois ou três dias na cidade, quando me **pediram** para receber um brasileiro e encaminhá-lo ao hotel, onde lhe **fora** reservado de fato um apartamento..."; (2) "...**tomou** uma atitude estranha e difusa, que a princípio me **surpreendeu** e **ia** acabando por me indignar..."; (3) "...**vi** que seu rosto **tomava** uma expressão aflita...".

30. O trecho seguinte é do livro *O encontro marcado*, de Fernando Sabino:

Passou o resto da noite com Térsio, pendurado ao telefone, tentando arranjar lugar num dos primeiros aviões. Conseguiu reserva para as nove da manhã. Acordou Antonieta:
— Tenho certeza de que ele morreu. Senti uma coisa...
— Quer que eu vá também? – perguntou ela, aflita.
— Não, você tem medo de avião. Fica em casa de seu pai.
— Tenho medo, mas sendo preciso – ela insistiu, já inteiramente acordada. Abraçou-o, penalizada:
— Gostaria de poder fazer alguma coisa por você.
— Faz um café...
— Se for preciso, você me avisa que eu vou.
Como lhe sobrasse tempo, resolveu passar em casa do pai de Antonieta, a caminho do aeroporto.
— Avise ao ministro que preciso falar com ele...

Fonte: Sabino, 2003: 170.

Tarefa 1: Encontre, nesse trecho, um verbo que está no *modo subjuntivo* e três verbos que estão no *modo imperativo*.

Tarefa 2: Explique por que foram esses os modos verbais empregados.

31. O texto 1 a seguir fez parte de uma entrevista dada pelo escritor gaúcho Fabrício Carpinejar à jornalista Carolina Godoi, da revista *Encontro*, n. 122, de 1º de agosto de 2011, p. 114. O texto 2, logo a seguir, é um trecho de uma reportagem, assinada por Reinaldo José Lopes, publicada no jornal *Folha de S.Paulo*, de 31 de março de 2012, p. E5:

TEXTO 1

Fabrício Carpinejar: Uma mulher sofre muito com **o** homem dentro de casa porque ela acredita que ele não vai conseguir fazer as tarefas do jeito que ela faz. E não vai fazer mesmo. Então, **muitas** mulheres não querem que o homem as faça, pois justamente pensam que terão de fazer o serviço em dobro. E punem com a crítica e não inspiram o homem a refazer. É preciso não desejar ser elogiada pelo erro do outro: muitas vezes a gente fica torcendo para que **o** outro erre para se valorizar.

TEXTO 2

Usar o clichê "recomendado para **crianças** dos 8 aos 80 anos", deveria dar cadeia, certo? Pois ponham-me a ferros: é esse o milagre (apesar de **o autor** não acreditar em milagres) que *A magia da realidade*, de Richard Dawkins, consegue operar.
O termo "criança" é chave porque, no livro, Dawkins realiza o difícil truque de começar do zero, explicando conceitos básicos do funcionamento do universo e da vida para **o público jovem**, ao mesmo tempo em que não subestima a inteligência do leitor de nenhuma maneira...

Tarefa 1: Explique a semelhança de significado que há entre o uso do determinante **uma** em "*Uma mulher sofre...*" no texto 1 e a ausência de determinante diante de "crianças" em "*recomendado para crianças...*" no texto 2.

Tarefa 2: Explique as diferenças de significado entre o uso do determinante **o** nas expressões "*o homem*" do texto 1; "*o autor*" e "*o público jovem*" do texto 2.

Tarefa 3: No texto 1, o entrevistado fala das relações entre *homens* e *mulheres*, mas usa **determinantes** diferentes, precedendo a referência aos dois sexos. Liste os determinantes utilizados nos dois casos. Tente encontrar uma explicação para esses usos diferentes e, por fim, encontre no texto mais alguma escolha do autor em relação ao uso da língua que justifique sua explicação.

32. O texto seguinte é um trecho de uma reportagem publicada na revista *Encontro*, de autoria de Tereza Rodrigues, na p. 101, n. 124, de 1º de outubro de 2011:

[...] o produtor José Baltazar da Silva, mais conhecido como Zé Mário, é um dos personagens mais típicos dessa paisagem [região da Serra da Canastra, MG]. Aos 63 anos, ele conta que o apelido era o mesmo do seu pai, e que assim como ganhou "um nome diferente do seu", ele herdou também o que o mais o identifica: o costume de fazer tudo com simplicidade. Este ano, seu queijo foi eleito o melhor em um concurso realizado com produtores de várias regiões de Minas Gerais; mas é um posto que, segundo ele, não tem "nada demais". "É só porque eu faço tudo direitinho, sem pressa, sem atropelar o processo. Tenho meu ritmo e, para mim, tá tudo muito bom como está. O excesso a gente deixa para o próximo", diz...

Tarefa 1: Encontre no texto três *pronomes* de primeira pessoa do singular e três *pronomes* de terceira pessoa do singular.

Tarefa 2: Encontre um pronome de primeira pessoa do plural.

33. O texto a seguir é um fragmento *modificado* do livro *Memórias póstumas de Brás Cubas*, de Machado de Assis (1978, p. 62):

> [...] No dia seguinte, como eu estivesse a preparar a mim para eu descer, entrou no meu quarto uma borboleta. A borboleta era tão negra como a outra borboleta, e muito maior do que a outra borboleta. Me lembrou o caso da véspera, e ri de mim; eu entrei logo a pensar na filha da D. Eusébia, no susto que a filha da D. Eusébia tivera, e na dignidade que, apesar do susto, a filha da D. Eusébia soube conservar. A borboleta, depois de esvoaçar muito em torno de mim, a borboleta me pousou na minha testa. Eu sacudi a borboleta, a borboleta foi pousar na vidraça; e, porque eu sacudi a borboleta de novo, a borboleta saiu dali e a borboleta veio para em cima de um velho retrato de meu pai. A borboleta era negra como a noite. O gesto brando com que, uma vez posta, a borboleta começou a mover as suas asas tinha um certo ar escarninho, o ar de escarninho aborreceu eu muito. Eu dei de ombros, eu saí do quarto; mas eu tornando ao quarto, minutos depois, e eu achando a borboleta ainda no mesmo lugar, senti um repelão dos nervos, eu lancei mão de uma toalha, eu bati na borboleta e a borboleta caiu...

Tarefa: Você deverá reescrever esse texto, observando com atenção os usos dos pronomes e dos nomes que eles substituem: será preciso eliminar pronomes; substituir um pronome por outro ou substituir um nome por um pronome.

34. Os dois textos a seguir são transcrições, adaptadas por mim, de parte de uma entrevista dada por um adolescente de 17 anos, residente em Belo Horizonte:

> TEXTO 1
>
> **Tem mais alguma música que você sabe?**
> Sim é essa que mais vem... Senhor encher este lugar vem Senhor encher este lugar...com tua glória com tua glória com tua glória com tua glória! Vem Senhor e abraça-me...como fala? Vem Senhor e abraça-me e eu não sei essa parte...é todo dia é dia de louvar o Senhor eu conto os segundos só pra Te ver...quando estou em sua presença dá vontade de pular...dá vontade de dançar...dá vontade de correr...de..de ai como fala? ...diante de ti!...
>
> Fonte: *corpus* de dados do grupo de pesquisa Nupevar (Fale/UFMG).

> TEXTO 2
>
> ...a última coisa que eu vou falar com ocê vai demorar vinte e cinco milhões de [min] horas vai ser que...as coisas que... irrita você num Playstation é mais se estragar... quando eu tava jogando com a M. o jogador começou a sambar assim ó (*risos*) com a bola sem conseguir pegar ela...outra coisa quando eu tava jogando com a M. sem a M. mexer no...controle o carinha pega a bola e eu tentando pegar e fica vinte e cinco a zero... mesmo com eu jogando contra ninguém o cara lá com a bola... dibrando eu... dibrando eu...aí eu tomo a bola chuto! O goleiro defende...
>
> Fonte: *corpus* de dados do grupo de pesquisa Nupevar (Fale/UFMG).

Embora os dois textos sejam da *fala* de uma mesma pessoa, ocorre variação nas escolhas dos pronomes feitas pelo adolescente.

Tarefa 1: Você deverá extrair, dos dois textos, ocorrências de *pronomes fortes, pronomes fracos* e *pronomes possessivos*, e agrupá-los de acordo com a pessoa a que se referem. Atenção ao fato de que mesmo que dois pronomes tenham traços gramaticais de pessoas diferentes, podem se referir a um mesmo ser.

Tarefa 2: Como já estudamos, a variação no uso da língua é comum e altamente esperada. Há, além disso, uma razão adicional que favorece a variação no uso de pronomes na fala do adolescente desses textos. Tente descobri-la.

35. O texto a seguir é um trecho de uma crônica de Sérgio Porto, publicada nos anos 1950:

> **A moça e a varanda**
> Hoje, quem me vê não diz que eu já morei numa casa onde as cotovias faziam ninhos. Deus não me deixa mentir. No telhado da varanda, durante anos e anos, elas se hospedavam, para alegria nossa e inveja dos outros garotos da redondeza. Quando, pela primeira vez, falou-se em demolir a casa para construir o prédio feio que lá está até hoje, meu primeiro pensamento foi para os ninhos das cotovias [...]
>
> Fonte: Porto, 1981: 74-5.

Tarefa: Você deverá extrair do texto três ocorrências de *pronomes relativos*.

36. O texto a seguir é um trecho de uma reportagem do jornal *Zero Hora On-line*, de Porto Alegre, em 9 de abril de 2012:

> O tradicional movimento do início da manhã, agravado pelo retorno do feriadão de Páscoa, provoca lentidão na chegada a Porto Alegre. O principal problema é do acesso à Capital pela Zona Leste. Uma fila de cerca de cinco quilômetros de congestionamento se formava entre a ERS-040 e a avenida Bento Gonçalves às 8h45min.

Tarefa: Extraia todas as preposições do texto. Atenção para o fato de algumas delas se juntarem aos determinantes formando uma só palavra: nesses casos, você deverá separá-las dos determinantes.

37. O texto seguinte é um trecho de um artigo publicado na revista de filosofia *Kriterion*, em 1974, p. 157, de autoria de Vicente Cantarino:

> **Dante e o Islã**
> Nos estudos dantescos, poucos problemas têm sido tão largamente debatidos como a questão da influência muçulmana em Dante. O único estudo de Asín Palácios sobre o assunto, como a controvérsia que levantou, tem sem dúvida deixado nas investigações subsequentes um impacto que não pode ficar ignorado, se bem que a sua contribuição positiva esteja ainda muito em debate. Na minha opinião, o principal resultado da teoria de Asín Palácios da influência muçulmana na escatologia dantesca é o de apresentar Dante e a sua obra sob uma nova luz. Depois do aparecimento deste estudo, Dante já não pode ser discutido sob o ponto de vista de Dante isolado, mas sim como participando intimamente no sincretismo literário da sua época [...]

Tarefa 1: Extraia do texto as preposições com *significado pesado*.

Tarefa 2: Extraia também uma *preposição composta*.

38. O texto seguinte é um trecho de um livro de filosofia cujo autor é Manfredo Araújo de Oliveira:

> A constitucionalidade linguística de nossa experiência de mundo está em condições de abranger as relações vitais mais diferentes, inclusive as mudanças que ocorrem na vida humana. Assim, podemos por meio da decadência das palavras tomar conhecimento das mudanças de costumes e valores. É importante, nessa concepção, é que a linguagem é capaz de tudo isso, porque ela não é criação da razão refletente, mas efetiva a própria relação ao mundo em que vivemos. Numa palavra, para Gadamer, nossa experiência de mundo linguisticamente estruturada é "absoluta", isto é, ela supera todas as relatividades de posições de ser, porque ela abrange todo ser em-si, em cujas relações (relatividades) ele sempre se mostra. Portanto, a linguicidade de nossa experiência de mundo é anterior a tudo [...]
>
> Fonte: Oliveira, 2001: 239-40.

Tarefa: Extraia as *conjunções* e os *pronomes relativos* que ocorrem no texto (atenção para a distinção entre o **que** *pronome relativo* e o **que** *conjunção*).

39. O texto seguinte é um trecho de uma entrevista dada por um jovem de 19 anos, estudante de Medicina e residente em Belo Horizonte, que conta sua experiência como professor de crianças:

> *E as crianças colaboram ou são bagunceiras?*
> Isso depende muito da sala...a minha sala...ela tem mais alunos quietos do que bagunceiros...agora...tem um grupo que pegô uma das piores salas do colégio e em que os alunos são muito bagunceiros...não ficam dentro de sala...ficam correno pela escola...passam na frente da minha sala o tempo todo...é...tem alunos que ficam só brincando...outros ficam brigando...é...ocorreu um caso interessante em que um minino colocô... enfiô a ponta de um lápis no pescoço de uma outra minina e firiu o pescoço dela...é.... aí é uma choradera só e esse é dos poucos né porque lá é as crianças...elas brigam quase que por tudo... não querem emprestar a borracha pro outro aí briga...a cola briga...é....e fazem uma bagunça o tempo todo...cai borracha...aí eles vão... levantam aí vai levanta e...em vez de ir lá...pegá a borracha não...vai... passa... dano um tapa na cabeça de todo mundo da fila...aí volta...aí todo mundo quer brigar com ele... então...é uma bagunça assim enorme...enorme...então tem hora que a professora nem tem o controle da sala...é muito difícil...e assim... tem vários outros casos tamém que um quer dar uma caderada no outro...é assim...é coisa impressionante... parece que é outro mundo...sendo que tá do lado....de bairros...assim...riquíssimos...então...isso depende muito das crianças...agora...já na minha sala...a maioria colabora...é...presta atenção...tenta participar...e....é mais ou menos é isso mesmo.
> Fonte: *corpus* de dados do grupo de pesquisa Nupevar (Fale/UFMG).

Tarefa 1: Extraia as *conjunções* e os *marcadores discursivos* presentes no texto.

Tarefa 2: Descreva a diferença de significado de **aí** nos dois usos seguintes: (1) "...não querem emprestar a borracha pro outro **aí** briga..." e (2) "...vai...passa... dano um tapa na cabeça de todo mundo da fila...**aí** volta...."

Tarefa 3: Descreva a diferença de significado de **assim** nos dois usos seguintes: (1) "...é uma bagunça **assim** enorme..." e (2) "... é muito difícil...**e assim**... tem vários outros casos...".

Tarefa 4: A palavra **agora** funciona como *conjunção* e *marcador discursivo* no texto. Crie um exemplo no qual **agora** funciona como um *advérbio* e explique a diferença de significado entre o **agora** do seu exemplo e o uso de **agora** no texto.

40. O texto a seguir é um trecho do poema "Jabberwacky" de Lewis Carroll, traduzido por Augusto de Campos:

> **Jaguardate**
> Era **briluz**.
> As **lesmolisas touvas roldavam** e **relviam** nos **gramilvos**
> Estavam **mimisicais** as **pintalouvas**,
> E os **momirratos** davam **grilvos**.
>
> Fonte: disponível em: <www.alexandrebrito.net.br>, acesso em: 9 mar. 2012.

Tarefa 1: Você deverá determinar a classe das palavras em negrito.

Tarefa 2: Tente explicitar que critérios você utilizou para determinar as classes dessas palavras.

4

A CONCORDÂNCIA ENTRE AS PALAVRAS

O QUE É CONCORDÂNCIA?

Quando as palavras se juntam, aparecem certos vínculos entre elas que influem na maneira como as compreendemos. Observe:

Amiga bonita.

Nesse exemplo, ocorre uma ligação entre as palavras *amiga* e *bonita*. Esse vínculo de significado entre essas duas palavras se torna visível por meio do que chamamos de **concordância**. Quando uma palavra **concorda** com outra aparecem nas duas palavras (ou em mais de duas) sinais visíveis dessa concordância. Esses sinais visíveis são os pedaços de palavras chamados *morfemas*, que, no caso, pertencem à classe da **flexão**:

amiga bonita – amigas bonitas

Nesses exemplos, o nome *amiga* e o adjetivo *bonita* concordam em relação ao **gênero**, isto é, as duas estão no *feminino*, e em relação ao **número**, ou seja, as duas estão no *singular*. Já o nome *amigas* e o adjetivo *bonitas* estão igualmente concordando em relação ao **gênero**, pois estão no *feminino* e também em relação ao **número**, mas, nesse caso, as duas estão no *plural*.

Veja agora os exemplos seguintes:

amigo bonito – amigos bonitos

Nesse exemplo, o nome *amigo* e o adjetivo *bonito* concordam em relação ao **gênero**: ambos são *masculinos* e em relação ao **número**, isto é, ambos estão no *singular*; no exemplo ao lado deste, as duas palavras continuam a concordar no *masculino*, porém, desta vez, estão no *plural*.

Os exemplos que explicamos são casos da chamada **concordância nominal**, que, além do nome e do adjetivo, atinge as seguintes classes de palavras:

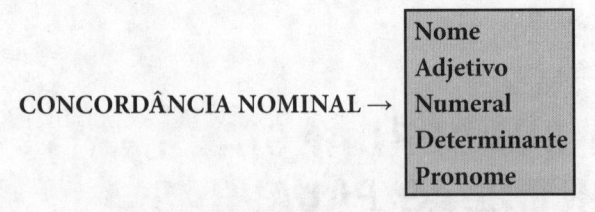

CONCORDÂNCIA NOMINAL →

Nome
Adjetivo
Numeral
Determinante
Pronome

Mas há também a concordância verbal que atinge a classe do verbo:

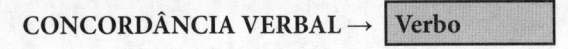

CONCORDÂNCIA VERBAL → Verbo

Observe os exemplos seguintes:

Nós saímos às 11 da noite. – Eu saí às 11 da noite.

Nessas orações, há uma relação de concordância entre *Nós* e o **verbo** *saímos* e entre *Eu* e o **verbo** *saí*. *Nós* e *saímos* estão concordando em relação ao **número**, isto é, *plural*, e em relação à **pessoa**, ou seja, a *primeira pessoa*. Dizemos então que o verbo está na *primeira pessoa do plural*. No caso de *Eu* e *saí*, as duas palavras estão concordando em relação ao **número**, isto é, *singular* e também em relação à **pessoa**, ou seja, *primeira pessoa*. Dizemos assim que o verbo está na *primeira pessoa no singular*. Além disso, a flexão verbal indica que a ação de *sair* aconteceu no **passado** e que o **modo** é **indicativo**. Relembrando o que dissemos no capítulo 2, já dá para concluir que, sempre que ocorrer concordância, morfemas que fazem parte da categoria **flexão** estarão presentes.

Como também já mostramos, a flexão é composta do seguinte conjunto de **cinco classes ajudantes**:

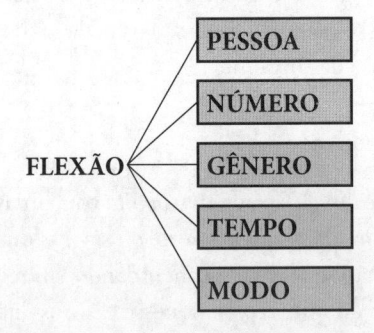

FLEXÃO

PESSOA
NÚMERO
GÊNERO
TEMPO
MODO

As três primeiras ocorrem na concordância nominal:

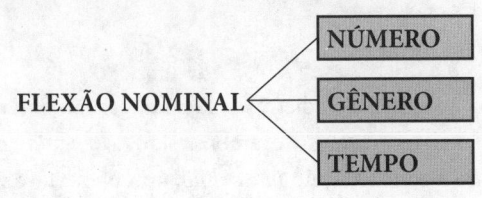

FLEXÃO NOMINAL

NÚMERO
GÊNERO
TEMPO

E na concordância verbal ocorrem as seguintes **classes ajudantes:**

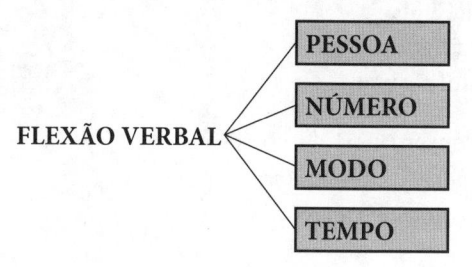

Vamos, a seguir, dar mais detalhes dos casos de concordância nominal e de concordância verbal.

CONCORDÂNCIA NOMINAL

Como destacamos, as palavras que pertencem às classes *nome, adjetivo, numeral, determinante* e *pronome* concordam entre elas. Veja o exemplo seguinte:

As minhas irmãs mais **novas**, Tiago falou que **elas** vão ficar muito **bonitas.**

As palavras destacadas, isto é, o **determinante** *As*, os **pronomes** *minhas* e *elas*, o **nome** *irmãs* e os **adjetivos** *novas* e *bonitas* concordam em **número**, isto é, estão todas no *plural*, e em **gênero**, já que todas estão no *feminino*. Observe agora outro exemplo:

Os meus irmãos mais **velhos**, Carlos falou que **eles** foram **os primeiros.**

Nesse caso, as palavras concordam em **número**, já que estão todas no *plural*, e em **gênero**, pois estão no *masculino*.

Veja a seguir que a concordância pode se realizar no *singular* no que se refere ao **número** e, como acabamos de ver, no *feminino* ou *masculino* em relação ao **gênero**:

O meu irmão mais **velho**, Ana falou que **ele** é muito **generoso.**

A minha irmã mais **nova**, Tiago falou que **ela** vai ficar muito **bonita.**

A concordância nominal ocorre também com os pronomes possessivos. Nesse caso, o pronome concorda com a **pessoa** a que se refere (1ª, 2ª ou 3ª) e varia em gênero (*masculino* e *feminino*) e número (*plural* e *singular*) de acordo com aquilo que é possuído:

Entrou água no **meu celular**.

Eu não dormi na **minha cama**.

Nessas orações, a concordância do possessivo *meu*, no *masculino e singular*, é com *celular*; e *eu*, a pessoa que fala, concorda com *minha* que, por sua vez, concorda com *cama*.

Como já explicamos, os pronomes possessivos *seu*, *sua*, *seus* e *suas* são usados atualmente, no português do Brasil, para se referir tanto à segunda pessoa, isto é, à pessoa que nos escuta, quanto à terceira pessoa, ou seja, à pessoa sobre quem estou falando. Por exemplo:

Quando uma palavra ou uma oração puder ser interpretada de duas (ou mais) maneiras, chamamos isso de **ambiguidade**. Por exemplo: "Achei uma bolsa perto do **banco**."

A Cidinha estava no **seu carro**?

Nessa pergunta, não sabemos se o *carro* pertence à pessoa que escutou a pergunta ou a uma pessoa sobre a qual estamos falando. Uma maneira que tem sido usada para evitar essa ambiguidade é colocar a palavra *dele* quando a coisa pertence a uma pessoa sobre a qual estamos falando:

A Cidinha estava no **carro dele**?

Em alguns dialetos do português do Brasil, os falantes usam os pronomes *teu*, *tua*, *teus* e *tuas* quando o possuidor é a segunda pessoa e preservam o uso de *seu*, *sua*, *seus* e *suas* para a terceira pessoa. Nesse caso, a ambiguidade, é claro, não acontece:

A Cidinha estava no **teu carro**?

Como flexionar os nomes e os adjetivos

Nesta seção, explicaremos como flexionar os **nomes** e os **adjetivos**. Para isso, existem *regras principais* e *regras secundárias* que compõem a **concordância nominal**.

As regras principais são as mais importantes porque dão conta de maior número de palavras. Já as regras secundárias, como já dissemos, retratam particularidades da concordância das palavras. Muitos desses casos são exceções que entraram na língua devido a mudanças que ela sofreu com o tempo, ou são resíduos que sobreviveram na língua, originados de épocas antigas do português ou, mais diretamente, do latim. Como ilustração, retomemos o exemplo discutido na introdução "Aos leitores": a palavra portuguesa *tórax* era *thorax* no latim, que, por sua vez, veio de *thórax* do grego. Por essa razão, a palavra *tórax* não forma o plural com o acréscimo do -s, como ocorre com a maior parte das palavras portuguesas. Dizemos, então, *os tórax*.

COMO FLEXIONAR OS NOMES

Para a formação do plural dos nomes no português padrão, sobretudo na *escrita*, dispomos de uma regra principal e de 13 regras secundárias; e para a formação do feminino dos nomes contamos com uma regra principal e 7 regras secundárias. Recomendo que você tenha uma boa compreensão das regras principais e utilize a lista de regras secundárias apenas com fonte de consulta quando houver dúvidas sobre como flexionar as palavras.

Vamos a elas.

PLURAL
REGRA PRINCIPAL

Acrescente **-S** nos nomes que estão no **singular**:

Singular		**Plural**
o aluno	→	os alunos
o sentimento	→	os sentimentos
a saia rodada	→	as saias rodadas
o livro usado	→	os livros usados
ela	→	elas
nosso	→	nossos

REGRAS SECUNDÁRIAS

1. Os nomes terminados em -ÃO formam o plural de três maneiras:

• A maior parte muda a terminação -ÃO em -ÕES:

Singular		**Plural**
balão	→	balões
eleição	→	eleições
opinião	→	opiniões
facão	→	facões

• Uma minoria desses nomes muda a terminação -ÃO em -ÃES:

Singular		**Plural**
alemão	→	alemães
cão	→	cães
capitão	→	capitães

• A um número pequeno de nomes, acrescenta-se apenas o -S:

Singular		**Plural**
cidadão	→	cidadãos
irmão	→	irmãos
órgão	→	órgãos

2. Alguns nomes, além de receberem o -S final, mudam a pronúncia da vogal O, que passa a ser pronunciada *aberta*:

Singular   **Plural**
caroço (pronunciamos *carôço*) → caroços (pronunciamos *caróços*)
corpo (pronunciamos *côrpo*)   → corpos (pronunciamos *córpos*)
jogo (pronunciamos *jôgo*)   → jogos (pronunciamos *jógos*)

3. Quando o nome é terminado em -R, -Z e -N, o plural é formado com o acréscimo de -ES:

Singular		Plural
mar	→	mares
rapaz	→	rapazes
abdômen	→	abdômenes

4. Os nomes terminados em -S, quando têm a última sílaba acentuada, formam o plural com o acréscimo de -ES; quando a sílaba acentuada é a penúltima, as formas de singular e plural são idênticas:

Singular		Plural
português	→	portugueses
país	→	países
o atlas	→	os atlas
o lápis	→	os lápis

5. Os nomes terminados em -AL, -EL, -OL e -UL trocam o -L por -IS:

Singular		Plural
animal	→	animais
álcool	→	alcoóis
papel	→	papéis
paul	→	pauis

Paul quer dizer região inundada por águas paradas.

6. Os nomes terminados em -IL, cuja última sílaba é acentuada, mudam o -L em -S:

Singular		Plural
ardil	→	ardis
fuzil	→	fuzis

7. Nos nomes terminados em -**IL** cuja sílaba acentuada é a penúltima, trocamos -**IL** por -**EIS**:

Singular   **Plural**
fóssil   →   fósseis
réptil   →   répteis

8. Quando o nome apresenta a terminação -**ZINHO**, formando diminutivos, -**S** é acrescentado no final da palavra com o acréscimo de -**E**-, da maneira seguinte:

Singular   **Plural**
balãozinho → balõezinhos
colarzinho → colarezinhos (ou colarzinhos)

9. Há nomes que só se empregam flexionados no plural.

os óculos – as núpcias – as férias

> Na *fala*, porém, não é raro escutarmos as pessoas pronunciando *o óculos*, o que mostra que o falante reconhece que o -**S** que aparece no determinante em *os óculos* nem sempre indica tratar-se de "mais de uma coisa".

10. No caso de **nomes compostos**: quando o primeiro termo do nome composto for *verbo* ou *palavra invariável* e o segundo for *nome* ou *adjetivo*, apenas o segundo vai para o plural:

Singular   **Plural**
guarda-chuva   →   guarda-chuvas
abaixo-assinado → abaixo-assinados

11. No caso de **nomes compostos**: quando os constituintes se ligam por preposição, só o primeiro termo pluraliza:

Singular   **Plural**
chapéu-de-sol → chapéus-de-sol
pé de moleque → pés de moleque

12. No caso de **nomes compostos**: também só o primeiro termo pluraliza quando o segundo desempenha a função gramatical de **delimitador**:

Singular   **Plural**
navio-escola   →   navios-escola
banana-prata → bananas-prata

A função gramatical de delimitador
Pág. 261

13. No caso de **nomes compostos**: os dois termos vão para o plural quando o segundo é um termo que *não* funciona como **delimitador**:

Singular		Plural
couve-flor	→	couves-flores
tenente-coronel	→	tenentes-coronéis
água-marinha	→	águas-marinhas

Em relação a essas duas últimas regras para a formação do plural de *nomes compostos*, isto é, as regras 12 e 13, precisamos agora explicar como sabemos quando o segundo termo do nome composto funciona ou não funciona como *delimitador*. **Delimitador** é uma das funções gramaticais que estudaremos no capítulo 5. Por enquanto, para entender essas duas últimas regras, consideraremos apenas o seguinte: quando o segundo termo do nome composto funciona como *delimitador*, esse termo apenas exprime uma característica ou propriedade do primeiro termo do nome composto. Por exemplo, em *navio-escola*, a palavra *escola* informa que se trata de um tipo especial de navio que serve para treinamento ou cursos; um *navio-escola* continua então sendo um navio. Pois bem, quando o segundo termo do nome composto não funciona como *delimitador*, os dois termos juntos servem para designar ou fazer referência a outra "coisa" ou "ser": no exemplo *tenente-coronel*, não nos referimos a um tipo de *tenente*, e sim a uma outra patente militar de posição hierárquica superior; assim como *água-marinha* não é um tipo de água, e sim uma pedra semipreciosa.

FEMININO
REGRA PRINCIPAL

Substitua o -O que está no final do nome que está no **masculino** por -A; ou, simplesmente, acrescente -A:

Masculino		Feminino
gato	→	gata
menino	→	menina
professor	→	professora
freguês	→	freguesa

Vamos a seguir dar mais alguns detalhes sobre a formação do feminino antes de apresentarmos as demais regras.

> A **ponte** não tem sexo, mas é do gênero *feminino*.

Todos os *nomes* que são precedidos pelo determinante *A* são do gênero **feminino**. Por exemplo:

A ponte – **A** amizade – **A** porca – **A** injustiça

E todos os *nomes* precedidos pelo determinante *O* são do gênero **masculino**:

O dente – **O** porco – **O** sapato – **O** amor

Como já explicamos no capítulo **3**, *os gêneros masculino e feminino das palavras nem sempre indicam sexo*. Vamos discutir essa ideia mais um pouquinho.

> **O estádio de futebol** é *masculino*, mas não tem sexo.

Por exemplo, as expressões *o dente, o amor* e *o sapato* significam coisas que não têm sexo, mas que são do gênero **masculino**; assim como expressões como *a felicidade, a injustiça* e *a coragem* também não têm sexo, embora sejam do gênero **feminino**.

Isso mostra que existem, em relação ao **gênero**, dois tipos de nomes: (1º) as palavras que têm como referentes *seres vivos*, ou seja, *seres humanos, animais ou plantas,* para os quais podemos dizer a que sexo pertencem, isto é, se *macho* ou *fêmea*; (2º) as palavras que têm como referentes *objetos*, "*coisas*", *sentimentos, ideias*, etc., para os quais não existe sexo. Mas, como acabamos de ver, podemos apontar o gênero dos dois tipos de nomes, isto é, se a palavra é masculina ou feminina.

Para o (1º) tipo, as partes de palavra -O e -A que aparecem no final indicam, então, que a palavra é *masculina* ou *feminina* e também que o "ser" é *macho* ou *fêmea*:

O cachorro – **A** cachorra

Para o (2º) tipo, o -O e o -A no final da palavra, não podemos dizer assim que indiquem *sexo*. Tanto isso é verdade que não existe o masculino ou o feminino de palavras como as seguintes:

> No Brasil são cultivadas somente as figueiras *femininas* da espécie *Ficus carica*.

A casa – **O** almoço – **A** mesa – **O** coração

Além disso, as palavras cujos referentes não têm *sexo* podem ser do gênero masculino e no final dela aparecer um -A ou o contrário, isto é, ser feminino e no final aparecer um -O. Por exemplo:

> Quando falamos que a concordância deixa uma *marca*, queremos dizer que há coisas que existem, mas só se tornam visíveis por meio de *marcas*.
>
> ↓
>
> Por exemplo, quando uma pessoa faz uma tatuagem com o nome de alguém, ela faz uma **marca** no corpo que, para ela, deixa visível o fato de "amar demais" essa pessoa.

O poema – **A** mão

Vamos considerar, então, que, no caso das palavras que indicam coisas, objetos, ideias, etc., ou seja, que não têm sexo, acontece a concordância de gênero entre o determinante e o nome, mas não ocorre **marca** dessa concordância no final do nome. Como vimos, as **marcas de concordância** são realizadas por meio de *morfemas* que compõem as *classes ajudantes* da *flexão*.

Assim, em exemplos como *a casa*, o gênero só aparece marcado pelo determinante *a*, já que o -A no final da palavra *casa* não aponta o **gênero** da palavra. O que mostra que temos razão é, por fim, o fato de que essas palavras do (2º) tipo podem, no final delas, ter, no lugar de -O ou -A, por exemplo, o -E, o -I ou o -U:

A amizade – **O** mármore – **O** boné – **O** caqui – **O** caju

Está claro, assim, que esses -E, -I ou -U no final dessas palavras **não** são **marcas** de concordância.

REGRAS SECUNDÁRIAS

> 1. Um pequeno número de nomes terminados em -O formam o feminino através do acréscimo de terminações especiais.

Masculino		Feminino
galo	→	galinha
maestro	→	maestrina

> 2. Os nomes terminados em -ÃO podem formar o feminino de três maneiras:

• Através da substituição da terminação -ÃO por -OA:

Masculino		Feminino
leitão	→	leitoa
patrão	→	patroa

• Através da substituição da terminação -ÃO por -Ã:

Masculino		Feminino
campeão	→	campeã
cidadão	→	cidadã
cirurgião	→	cirurgiã

• Através da terminação -ÃO por -ONA:

Masculino		Feminino
pobretão	→	pobretona
comilão	→	comilona

> 3. Alguns nomes terminados em -OR formam o feminino com o acréscimo de -EIRA ou trocam -DOR e -TOR por -TRIZ:

Masculino		Feminino
cortador	→	cortadeira
cerzidor	→	cerzideira
ator	→	atriz
imperador	→	imperatriz

4. Alguns nomes que formam o feminino com as terminações **-ESA**, **-ESSA** e **-ISA**:

Masculino		Feminino
conde	→	condessa
barão	→	baronesa
sacerdote	→	sacerdotisa

5. Os nomes terminados em **-E**, da mesma maneira que aqueles terminados em **-O**, formam o feminino por meio da substituição de **-E** por **-A**:

Masculino		Feminino
elefante	→	elefanta
parente	→	parenta
governante	→	governanta

6. Certos nomes de animais possuem um só gênero gramatical para designar os dois sexos.

a baleia – o crocodilo – a cobra – o tigre

Quando se quer precisar o sexo do animal, acrescenta-se ao nome as palavras *macho* e *fêmea*:

a cobra **macho** – a cobra **fêmea**

7. Há ainda nomes que têm um só gênero gramatical para designar pessoas de ambos os sexos.

a criança – a testemunha – o cônjuge

Nesses casos, a fim de distinguir o sexo, pode-se dizer:

o cônjuge **feminino**

Temos, enfim, a nossa última regra:

8. Alguns nomes distinguem o masculino do feminino apenas através do determinante.

Masculino		Feminino
o agente	→	a agente
o cliente	→	a cliente
o jornalista	→	a jornalista
o artista	→	a artista

COMO FLEXIONAR OS ADJETIVOS

Como já dissemos, também os adjetivos participam da concordância nominal. Normalmente, as marcas de concordância que aparecem nos adjetivos – isto é, os *morfemas* que indicam as **classes ajudantes** de **número** e **gênero** – são "cópias" do número e do gênero dos nomes. Assim, se um nome é masculino e singular, o adjetivo será também masculino e singular; se for feminino e singular, o adjetivo será também feminino e singular, e assim por diante. Veja o exemplo:

O cachorr**o** pret**o** – **A** cachorr**a** pret**a**

As regras principais para a formação do **plural** e do **feminino** dos adjetivos são as mesmas utilizadas para os nomes.

PLURAL
REGRA PRINCIPAL

> Acrescente -**S** nos adjetivos que estão no **singular**.

Singular		**Plural**
criança alegre	→	crianças alegre**s**
cachorro marrom	→	cachorros marron**s**

> Note que a letra **m** do adjetivo *marrom* muda para a letra **n** quando acrescentamos o -**s** do plural.

Há, no entanto, duas regras secundárias para a formação do plural dos adjetivos compostos:

REGRAS SECUNDÁRIAS

> 1. Quando temos adjetivos compostos, apenas o último adjetivo pluraliza, com o acréscimo de -**S**.

> Uma exceção a essa regra é o caso de **surdo-mudo**, que muda para **surdos-mudos**.

consultórios médico-cirúrgico**s** – acordos franco-germânico**s**

> 2. Os adjetivos compostos que se referem a **cores** não se flexionam quando o segundo termo é um nome.

casaco**s** vermelho-sangue – uniforme**s** amarelo-limão

FEMININO
REGRA PRINCIPAL

Substitua o -**O** que está no final do adjetivo que está no **masculino** por -**A**; ou, simplesmente, acrescente -**A**.

Masculino   **Feminino**

homem bel**o**   →   mulher bel**a**

homem encantador   →   mulher encantador**a**

feijão cru   →   carne cru**a**

As marcas da concordância nem sempre aparecem, porém, em todos os adjetivos:

O rapaz **feliz** – A moça **feliz**
Os rapazes **felizes** – As moças **felizes**

Neste exemplo, para indicar o masculino e o feminino, utilizamos a mesma forma do adjetivo *feliz*, que se flexiona, no entanto, para indicar o singular e o plural.

Há também casos em que as marcas da concordância aparecem nos adjetivos, mas não nos nomes. Por exemplo:

A casa amarel**a** – **O** dente amarel**o**

Nesses casos, embora as três palavras estejam numa relação de concordância, as marcas de feminino e masculino aparecem no determinante e no adjetivo, mas não no nome, isto é, os nomes *casa* e *dente* não exibem morfemas de concordância do feminino e do masculino.

REGRAS SECUNDÁRIAS

1. Alguns adjetivos terminados em -**U**, -**ÊS** e -**OR** não se flexionam em gênero.

    hindu – cortês – melhor – incolor – interior

2. Os adjetivos terminados em -**ÃO** formam o feminino em -**Ã** ou em -**ONA**.

    Masculino   **Feminino**

    são   →   sã

    chorão   →   chorona

3. Os adjetivos terminados em -**EU** formam o feminino em -**EIA**.

A exceção à regra secundária 3 é o adjetivo **judeu**, cuja forma feminina é **judia**.

Masculino		Feminino
europeu	→	europeia
plebeu	→	plebeia

> 4. Os adjetivos, mais raros, terminados em -ÉU (com E aberto) formam o feminino em -OA.

Masculino		Feminino
ilhéu	→	ilhoa
tabaréu	→	tabaroa

> 5. Alguns adjetivos que no masculino possuem O fechado acentuado, além de receberem o morfema -A, mudam o -O fechado para O aberto.

Masculino		Feminino
brioso (ô)	→	briosa (ó)
grosso (ô)	→	grossa (ó)

> 6. Há adjetivos que têm só uma forma para os dois gêneros.

- a. terminados em -A indígena – agrícola
- b. terminados em -E árabe – doce
- c. terminados em -L cordial – amável
- d. terminados em -AR e -OR exemplar – maior
- e. terminados em -S (quando a penúltima sílaba é acentuada) reles – simples
- f. terminados em -Z audaz – feliz
- g. terminados em -M virgem – ruim

> A exceção a essa regra é, de novo, o adjetivo composto **surdo-mudo**, que se flexiona gerando, por exemplo, *a criança surda-muda*.

Aí está a nossa última regra secundária para a formação do feminino:

> 7. Nos adjetivos compostos, apenas o segundo elemento se flexiona no feminino.

a literatura latino-american**a**
uma atuação político-partidári**a**

A concordância nominal na escrita e na fala

A concordância nominal da maneira como explicamos até aqui é mais esperada, ou ocorre com mais frequência, quando usamos a língua na modalidade *escrita*.

Na *fala*, por outro lado, nem sempre a concordância ocorre da maneira como mostramos que se dá na *escrita*. Isso também é esperado e mostra também que esse fenômeno, como qualquer outro, sofre o que chamamos de **variação**. Essa noção foi explicada em detalhes no capítulo 1.

A CONCORDÂNCIA NOMINAL NA ESCRITA

Vejamos agora, por meio do texto seguinte, que foi retirado do site do Orkut (que já encerrou suas atividades), como aparecem os morfemas de concordância nominal, num texto escrito real, da maneira como as regras que expusemos aconselham. O efeito da aplicação dessas regras pode ser mais bem visualizado por meio do sublinhado dos morfemas:

> SCRAPS:
>
> Cada perfil de usuário conta com uma página de comentários individual como uma forma de interação entre os usuários. Quando o **Orkut** ainda não contava com uma versão em português, esta era chamada de **scrapbook**. Para facilitar na linguagem, os recados passaram a ser chamados de scraps. Cabe aos usuários, destinatários ou autores dos scraps, a sua eliminação ou manutenção. Muitos os eliminam para manter a privacidade. Outros os mantêm como "índice de popularidade". Existem várias formas de se "manter popular", e cabe a cada um como fazer isto. Uma delas consiste em adicionar um maior número de pessoas, até ficar com um perfil cheio...

Vamos apontar alguns dos casos de concordância nominal desse texto:

- **uma** página individual → o *determinante* **uma** e o *nome* **página** e o adjetivo individual estão concordando no **singular** e no **feminino**.
- **os** usuários → o *determinante* **os** e o *nome* **usuários** estão concordando no **plural** e no **masculino**.
- **o Orkut** → o *determinante* **o** e o *nome* **Orkut** estão concordando no **singular** e no **masculino**.
- **várias** formas → o *determinante* **várias** e o *nome* **formas** estão concordando no **plural** e no **feminino**.
- **um** perfil cheio → o *determinante* **um**, o *nome* **perfil** e o *adjetivo* **cheio** estão concordando no **singular** e no **masculino**.

Observe de novo que, como explicamos, nem sempre as marcas de concordância se fazem presentes: é o caso, por exemplo, do adjetivo *individual*, que não tem marca visível de **feminino**, e do nome *perfil*, que não é marcado quanto ao **masculino**.

A CONCORDÂNCIA NOMINAL NA FALA

Na *fala*, como temos insistido, nem sempre a concordância nominal ocorre de acordo com as regras que propusemos para a *escrita*. Em alguns dialetos, como, por exemplo, no **paulista** e no **mineiro**, as marcas de número aparecem, na maioria das vezes, apenas no *determinante*. Veja os exemplos:

Esses ingresso cinza não serve para entrar na festa!
As filha do vizinho é **fina** demais para andar de cavalo.

As palavras em negrito concordam em relação ao **número**, isto é, no *plural*, e em relação ao **gênero**: o primeiro exemplo no *masculino* e o segundo no *feminino*. Mas veja que o -s que é a marca da concordância de número só está presente nos determinantes *Esses* e *As* e não nos nomes *ingresso* e *filha* nem nos adjetivos *cinza* e *fina*.

Os textos seguintes são três trechos reais de *fala*. Observe o resultado:

A. — **As** outr**as** pessoa taca garrafa..
— Ah! O carnaval é assim...eu gosto. Tod**os os** ano eu viajo pra Diamantina.

B. — O futebol tá muito mudado...a gente não vê mais **os** jogador de antes...
— Pois é....o Atlético já teve **seus** momento bom, né?

C. — Ele devia ter **uns** dezoito ano**s** incompleto...
— **As minhas** irmã tavam com quinze e doze anos.

> Um jeito de aprender as **regras** de concordância tais quais são recomendadas na escrita é transformar, como fizemos no capítulo 1, uma oração da fala em uma oração da escrita:
>
> Fala: **As** nossa irmã.
>
> =
>
> Escrita: **As** nossa**s** irmã**s**.

As palavras e os morfemas em negrito e sublinhados são as marcas da concordância nominal. *Nem todas as palavras estão **marcadas** como recomendam as **regras** de concordância nominal em número*. Vamos ver isso:

- **As** outr**as** pessoa → os *determinantes* **As** e **outras** e o *nome* **pessoa** *estão concordando no* **plural**, mas o -s que **marca** essa concordância não aparece no *nome* **pessoa**.
- Tod**os os** ano → os *determinantes* **Todos** e **os** e o *nome* **ano** *estão concordando no* **plural**, mas o -s que **marca** a concordância não aparece no *nome* **ano**.
- **Os** jogador → o *determinante* **Os** e o *nome* **jogador** concordam no **plural**, mas o -s só aparece no *determinante*.
- **Seus** momento bom → O *pronome possessivo* **Seus**, o *nome* **momento** e o *adjetivo* **bom** concordam no **plural**, mas o -s também só aparece no *pronome possessivo*.
- **Uns** dezoito anos incompleto → o *determinante* **Uns**, o *nome* **anos** e o *adjetivo* **incompleto** concordam em **número** e o -s do **plural** aparece no *determinante* e no *nome* mas não no *adjetivo*.
- **As** minha**s** irmã → o *determinante* **As**, o *pronome possessivo* **minhas** e o *nome* **irmã** concordam em **número**, mas o nome **irmã** não exibe o -s que marca o **plural**.

Para terminar esta parte, vamos deixar bem claro o seguinte: quando afirmo que, por exemplo, **os** e **jogador** estão concordando no *plural*, embora não apareça nenhum -s em *jogador*, o que quero dizer é que nossa compreensão da oração inclui considerar que, mesmo sem o -s, o falante se refere a *mais de um jogador*.

A CONCORDÂNCIA:
USO ADJETIVAL E USO ADVERBIAL DE ADJETIVOS

Como já mencionamos no capítulo 3, quando tratamos das classes das palavras, uma palavra, muitas vezes, pode ser usada como um adjetivo ou como advérbio. Esse fenômeno é esperado devido aos processos de mudança linguística como a que nomeamos de **gramaticalização**.

Ocorre de uma mesma palavra poder funcionar ora como **adjetivo** ora como **advérbio**. Veja os exemplos:

(1) Essa casa é muito cara.
(2) Essa casa custa caro.

No primeiro exemplo, aparece o adjetivo *cara* que concorda com *essa casa*, mas, no segundo exemplo, a ocorrência é de um advérbio que, como todos os advérbios, é invariável, isto é, não concorda com um outro termo.

Nem sempre é fácil distinguir quando a palavra está sendo usada como adjetivo e como advérbio. Por isso, é comum que os falantes flexionem o advérbio pensando tratar-se de um adjetivo. As ocorrências seguintes não são, portanto, incomuns:

A casa custava <u>cara</u>.
A faca feriu <u>funda</u>.
A pizza chegou <u>rápida</u>.
Elas brincavam <u>próximas</u> da casa.

De acordo com o português padrão, mais cobrado na *escrita*, como explicamos no capítulo 1, não deve haver concordância nesses casos por se tratar de advérbios, e as orações deveriam ser escritas, ou ditas, da seguinte maneira:

A casa custava <u>caro</u>.
A faca feriu <u>fundo</u>.
A pizza chegou <u>rápido</u>.
Elas brincavam <u>próximo</u> da casa.

OS GRAUS DO ADJETIVO E DO NOME

A nossa língua tem recursos especiais para exprimir o que chamamos de **gradação**. Essa noção quer dizer o seguinte: uma das possibilidades de expressão que nós temos é a de poder determinar a posição de uma coisa em relação a uma escala. Vejamos um exemplo: quando dizemos que *o refrigerante do aniversário do Tomás estava muito gelado,* nós consideramos, pela nossa experiência de vida, que um refrigerante pode participar de uma escala de temperatura, estando, por exemplo, *quente, frio, gelado, muito gelado* ou *geladíssimo,* e que, pela nossa avaliação, o refrigerante do aniversário em questão estava *muito gelado.* O adjetivo, já que se refere a características ou propriedades das coisas, é uma palavra que naturalmente exprime gradação. Vamos ver agora os graus do adjetivo e os recursos que nossa língua dispõe para exprimi-los.

Graus do adjetivo

O adjetivo apresenta dois graus: o **comparativo** e o **superlativo**:

COMPARATIVO

(1)   Oto é *mais esperto do que Pedro*.
      Oto é *tão esperto como (ou quanto) a Ana*.
      Pedro é *menos esperto do que Oto*.

(2)   Max é *mais esforçado que inteligente*.
      Pedro é *tão esforçado quanto inteligente*.
      Ana é *menos esforçada do que inteligente*.

SUPERLATIVO

Há dois tipos de superlativo: o absoluto e o relativo.

Absoluto:

(3)   Seu filho é *inteligentíssimo*
      O Rio de Janeiro é *belíssimo*.
      A prova estava *facílima*.

> Além dos morfemas -**íssimo(a)** e -**imo(a)**, que acrescentamos aos adjetivos para a formação do superlativo absoluto, existe ainda o morfema -**érrimo(a)**: *Gramática é uma coisa chatérrima.*

Relativo:

(4)   Lucas é o aluno *mais estudioso* da sala.
      Lucas é o aluno *menos estudioso* da sala.

Por outro lado, para alguns adjetivos – como, por exemplo, *bom, mau, grande* e *pequeno* –, a formação do comparativo e o superlativo é realizada de modo particular: existem palavras especiais que exprimem os dois graus. Aí estão:

Adjetivo	Comparativo	Superlativo	
		Absoluto	**Relativo**
bom	melhor	ótimo	o melhor
mau	pior	péssimo	o pior
grande	maior	máximo	o maior
pequeno	menor	mínimo	o menor

Existem, enfim, alguns adjetivos usados para designar noções abstratas ou científicas que não se flexionam em grau:

meteorológico – semântico – herbívoro

Também o nome pode exprimir gradação, mas, nesse caso, a escala em questão se refere a *tamanho*. Há, assim, dois graus: o grau **aumentativo** e o grau **diminutivo**. Por exemplo:

Graus do nome

	chapéu	homem	boca
Grau Aumentativo	chapelão (ou chapeuzão)	homenzarrão (ou homão)	bocarra (ou bocona)
Grau Diminutivo	chapeuzinho	homenzinho (ou hominho)	boquinha

Como foi visto, os graus aumentativo e diminutivo são formados pelo acréscimo de morfemas aumentativos e diminutivos, como **-ão**, **-zarrão**, **-zinho(a)**, **-inho(a)**, etc. Algumas das formações são mais esperadas no português padrão, sobretudo na *escrita*, como, por exemplo, *bocarra*, enquanto outros são mais frequentes na *fala*, como é o caso de *bocona*.

Para fechar essa parte, chamo a atenção para o fato, já mencionado no capítulo 2, de que nem sempre a presença dos morfemas aumentativo e diminutivo indica gradação com o sentido de tamanho. No quadro anterior, por exemplo, *boquinha* pode significar também *fazer uma pequena refeição* ou ainda *um emprego fácil de ser exercido, com boa remuneração*. Outros exemplos:

A vizinha é um mulherão.
Meu chefe é um tipinho.

Nesses exemplos, *mulherão* não quer dizer uma mulher grande ou muito alta, e sim uma mulher atraente ou muito bonita; já *tipinho* indica que o chefe é avaliado como alguém implicante, mesquinho ou que não tem grandeza de caráter.

OS GRAUS DO ADVÉRBIO

As palavras que pertencem à classe dos advérbios também podem exprimir gradação. Existem o grau **comparativo** e o grau **superlativo**. Os advérbios que podem participar da expressão de gradação são tipicamente aqueles que contribuem para a interpretação das orações com o papel temático de **modo**, assunto que será estudado no capítulo 5. Nos exemplos a seguir, utilizo o advérbio *depressa*, que exprime a gradação.

GRAU COMPARATIVO

A. Superioridade:
Joaquim andava mais **depressa** que (ou *do que*) o pai dele.

B. Igualdade:
Joaquim andava tão **depressa** quanto o pai dele.

C. Inferioridade:
O pai andava menos **depressa** do que (ou *que*) Joaquim.

GRAU SUPERLATIVO

Para formá-lo, acrescenta-se a partícula **-íssimo** ou **-íssima**:

muitíssimo – pouquíssimo – lentissimamente

Observe que, nesse último exemplo, o morfema **-íssima** aparece no meio da palavra, ou seja, a formação se dá da seguinte maneira: **lenta** + -**íssima** + **mente** = *lentissimamente*.

CONCORDÂNCIA VERBAL

Como já mostramos, a **concordância verbal** se realiza por meio de *morfemas* que aparecem junto ao *verbo* e expressam a classe da *flexão*, que, por sua vez, contém as seguintes **classes ajudantes**:

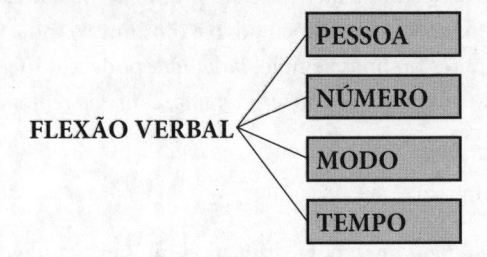

Estudamos o significado dessas **classes ajudantes** no capítulo 3 e lá dissemos também que a *flexão* não pode funcionar, sozinha, como uma palavra, aparecendo sempre "grudada" ou "misturada" no verbo.

Vamos ver de novo como os *morfemas* que expressam as classes ajudantes da *flexão* aparecem no *verbo*. No exemplo seguinte, ocorre a concordância entre *Os pagodeiros* e *cantavam*:

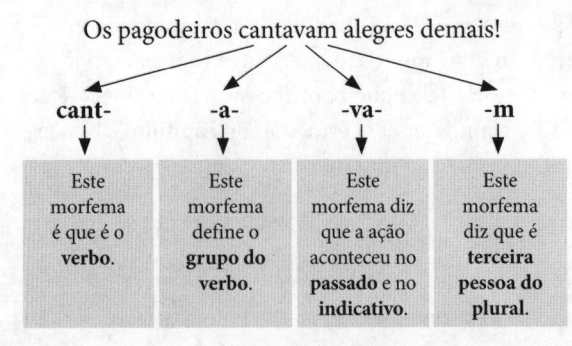

Dizer assim que há **concordância** entre *Os pagodeiros* e *cantavam* se deve ao fato de que *os pagodeiros* são de **terceira pessoa** e de **plural** e que essas propriedades são "copiadas" e "coladas" no verbo por meio da *flexão*.

Nem sempre os morfemas que indicam **tempo**, **pessoa** ou **número** podem ser facilmente separados como fizemos. Veja, por exemplo, o seguinte caso em que *Carlão* concorda com *é*:

Carlão **É** engraçado demais!

- presente
- indicativo
- verbo SER
- terceira pessoa do singular

Nesse caso, uma única palavra, isto é, o verbo flexionado *é*, que é um único som, indica tudo aquilo que apontamos com as setas: o TEMPO é o **presente** e o **modo** é o **indicativo**, o *verbo* concorda com **Carlão** que é de **terceira pessoa** e do **singular**. Não dá para, como fizemos com o verbo *cantavam*, dividir a palavra *é* em pedacinhos de maneira que cada pedacinho indicaria uma coisa. *Vamos dizer então que, em casos como este, a palavra **acumula** e **expressa** mais de uma **classe ajudante**.*

As palavras, que são *verbos*, e os morfemas que expressam as classes ajudantes exibem muitas diferenças entre eles quando são flexionados. Vamos explicar isso.

Dependendo do (1) TEMPO, do (2) **modo** e do (3) **grupo do verbo**, os morfemas que expressam as classes ajudantes da *flexão* podem ser muito diferentes uns dos outros.

O TEMPO gramatical, ao qual nos referimos, e como já explicamos no capítulo 3, apresenta as formas **simples**, formados por um único verbo, e as formas **compostas** que são formados por dois (ou mais) verbos: o primeiro é um **verbo auxiliar** e o segundo é um verbo que está no **particípio**, no **gerúndio** ou no **infinitivo**.

> Tempo e modo
> **Págs. 146 e 150**

O **modo**, como também já falamos, são três: o **indicativo**, **subjuntivo** e o **imperativo**.

E, por fim, existem três **grupos** de verbos, que são os seguintes:

> **1° Grupo:** verbos terminados com -**A**:
> cantAr – pulAr – quebrAr etc.
> **2° Grupo:** verbos terminados com -**E**:
> bebEr – comEr – vendEr etc.
> **3° Grupo:** verbos terminados com -**I**:
> saIr – dormIr – partIr etc.

De acordo então com o TEMPO, com o **modo** e com o **grupo do verbo**, as classes ajudantes da flexão vão *variar* e as terminações dos verbos vão ficar diferentes.

Dizemos, enfim, que *fazer* um verbo variar de "olho" nas **pessoas**, nos **números**, nos **modos** e nos TEMPOS da *flexão* é CONJUGAR esse verbo.

A conjugação verbal na escrita

As tabelas de conjugação verbal que apresento nesta seção exemplificam como devem ficar as terminações dos verbos no *português padrão escrito*. Mostraremos,

> Você pode consultar o dicionário de conjugação verbal de Ryan, 1988.

em primeiro lugar, os chamados **verbos regulares**, isto é, aqueles que se flexionam sempre da mesma maneira e representam os tipos mais comuns de conjugação. Como exemplos de verbos regulares, utilizaremos os verbos *cantar, vender* e *partir*. Em segundo lugar, ensinaremos como se conjugam os verbos *ser, estar, ir* e *fazer*, que, com outros verbos, como *dar, pedir, vir, dizer, saber*, etc., compõem os **verbos irregulares**, que são conjugados de maneira diferente dos verbos regulares. Com os verbos irregulares, não existe um padrão de conjugação único: o resultado da junção do verbo com os morfemas da flexão gera formas verbais bastante variadas, que devem ser aprendidas uma a uma. A razão disso pode ser atribuída à evolução da nossa língua: os verbos irregulares são normalmente verbos que vieram do latim, e a conjugação deles reflete essa origem e o percurso trilhado ao longo dos séculos. O ideal, como já explicamos em relação às *regras secundárias* da concordância nominal, é aprender com segurança os padrões de conjugação dos verbos regulares e lidar com os verbos irregulares da seguinte maneira: consultar um dicionário de conjugação verbal quando houver dúvidas sobre como conjugá-los.

Por outro lado, não incluiremos a flexão de *segunda pessoa do plural* com o pronome *vós*, que é muito pouco usada nos textos que escrevemos no Brasil. Optamos também por não incluir a flexão de *segunda pessoa do singular* com o pronome *tu*. Este pronome ainda é muito usado preponderantemente na *fala* de alguns dialetos do Brasil, como o carioca e o gaúcho. Porém, a flexão do verbo na segunda *pessoa do singular* é, na realidade, pouco produtiva mesmo nesses dialetos, pois é muito comum empregarem o *tu* flexionado na *terceira pessoa do singular*. No entanto, quando falarmos da concordância verbal na *fala* mais adiante, incluiremos o pronome *tu* ao lado do pronome *você*.

Assim, as tabelas de verbos flexionados que apresentamos a seguir reproduzem, na realidade, o modo mais comum – mas não o único – de empregarmos a concordância verbal no português do Brasil.

Verbos regulares: a conjugação dos TEMPOS básicos

Chamamos de TEMPOS **básicos** os tempos do **passado**, do **presente** e do **futuro**. O passado do indicativo e do subjuntivo é também chamado de **passado perfeito**, e o futuro do indicativo é conhecido igualmente por **futuro do presente**. Isso porque, como também já apontamos, existem outros passados e um outro futuro.

Como já dissemos, em alguns gêneros textuais, como na Bíblia e na literatura de séculos anteriores, os pronomes **tu** e **vós** estão presentes, acompanhados das respectivas flexões verbais:

– *Quem és* **tu** – *perguntou Cecília sorrindo...*
Machado de Assis, "O anjo das donzelas", 1864.

Deus! ó Deus! onde estás que não responorespondes!
Em que mundo, em qu'estrêla **tu** *t'escondes.*
Castro Alves, "Vozes d'África", 1869.

No exemplo acima, o pronome **tu** aparece pronunciado uma vez e não pronunciado com dois dos verbos – **estás** e **escondes**. O exemplo a seguir é do português europeu:

Vós *credes que a mente se definha, e ela apenas dormita...*
Herculano, *Lendas e narrativas*, 1877.

O uso do pronome **tu** com o verbo flexionado na segunda pessoa do singular pode também aparecer no dialeto gaúcho. Observe o trecho a seguir de um e-mail recebido por mim de um colega do Rio Grande do Sul:

...aproveito para te enviar o texto, já formatado, para que **tu** *releias e ajustes o que julgares necessário...*

Para exemplificar a concordância verbal, conjugamos, a seguir, um verbo de cada grupo em cada TEMPO básico. O resultado são as tabelas de conjugação a seguir:

1º GRUPO
Indicativo

CANTAR		
Passado	**Presente**	**Futuro do presente**
Eu cantei	**Eu** canto	**Eu** cantarei
Você cantou	**Você** canta	**Você** cantará
Ele/Ela cantou	**Ele/Ela** canta	**Ele/Ela** cantará
Nós cantamos	**Nós** cantamos	**Nós** cantaremos
Vocês cantaram	**Vocês** cantam	**Vocês** cantarão
Eles/Elas cantaram	**Eles/Elas** cantam	**Eles/Elas** cantarão

Subjuntivo

CANTAR		
Passado	**Presente**	**Futuro**
Eu tenha cantado	**Eu** cante	**Eu** cantar
Você tenha cantado	**Você** cante	**Você** cantar
Ele/Ela tenha cantado	**Ele/Ela** cante	**Ele/Ela** cantar
Nós tenhamos cantado	**Nós** cantemos	**Nós** cantarmos
Vocês tenham cantado	**Vocês** cantem	**Vocês** cantarem
Eles/Elas tenham cantado	**Eles/Elas** cantem	**Eles/Elas** cantarem

Imperativo

Cante (**você**)
Cantemos (**nós**)
Cantem (**vocês**)

No modo **imperativo**, não existem a primeira nem a terceira pessoas, o que se deve ao fato de que podemos dar uma ordem ou fazer uma sugestão somente à pessoa (ou às pessoas) que está nos escutando.

2º GRUPO
Indicativo

VENDER		
Passado	**Presente**	**Futuro do presente**
Eu vendi	**Eu** vendo	**Eu** venderei
Você vendeu	**Você** vende	**Você** venderá
Ele/Ela vendeu	**Ele/Ela** vende	**Ele/Ela** venderá
Nós vendemos	**Nós** vendemos	**Nós** venderemos
Vocês venderam	**Vocês** vendem	**Vocês** venderão
Eles/Elas venderam	**Eles/Elas** vendem	**Eles/Elas** venderão

Subjuntivo

VENDER		
Passado	**Presente**	**Futuro**
Eu tenha vendido	**Eu** venda	**Eu** vender
Você tenha vendido	**Você** venda	**Você** vender
Ele/Ela tenha vendido	**Ele/Ela** venda	**Ele/Ela** vender
Nós tenhamos vendido	**Nós** vendamos	**Nós** vendermos
Vocês tenham vendido	**Vocês** vendam	**Vocês** venderem
Eles/Elas tenham vendido	**Eles/Elas** vendam	**Eles/Elas** venderem

Imperativo

Coma (**você**)
Comamos (**nós**)
Comam (**vocês**)

3º GRUPO
Indicativo

PARTIR		
Passado	**Presente**	**Futuro do presente**
Eu parti	**Eu** parto	**Eu** partirei
Você partiu	**Você** parte	**Você** partirá
Ele/Ela partiu	**Ele/Ela** parte	**Ele/Ela** partirá
Nós partimos	**Nós** partimos	**Nós** partiremos
Vocês partiram	**Vocês** partem	**Vocês** partirão
Eles/Elas partiram	**Eles/Elas** partem	**Eles/Elas** partirão

Subjuntivo

VENDER		
Passado	**Presente**	**Futuro**
Eu tenha partido	**Eu** parta	**Eu** partir
Você tenha partido	**Você** parta	**Você** partir
Ele/Ela tenha partido	**Ele/Ela** parta	**Ele/Ela** partir
Nós tenhamos partido	**Nós** partamos	**Nós** partirmos
Vocês tenham partido	**Vocês** partam	**Vocês** partirem
Eles/Elas tenham partido	**Eles/Elas** partam	**Eles/Elas** partirem

Imperativo

Parta (**você**)
Partamos (**nós**)
Partam (**vocês**)

A conjugação dos verbos *cantar*, *vender* e *partir* mostrou que, para formar o **passado do subjuntivo**, precisamos usar o **verbo auxiliar** *ter* e transformar o segundo verbo no **particípio**. Temos, então, como já sabemos, um TEMPO **composto**. Vejamos a seguir mais detalhes sobre os TEMPOS derivados e os TEMPOS compostos.

Verbos regulares: a conjugação dos TEMPOS derivados

Os TEMPOS simples do passado e do futuro podem ser divididos em outros TEMPOS, dando origem ao que chamamos de TEMPOS **derivados** do **indicativo** e do **subjuntivo**. Nos quadros a seguir, colocamos os TEMPOS **simples** e **derivados** e um exemplo de cada um para que, em primeiro lugar, possam ser comparados:

Indicativo

Passado	→ **1. perfeito**: Eu viajei
	→ **2. imperfeito**: Eu viajava
	→ **3. mais-que-perfeito**: Eu tinha viajado ou eu viajara
Futuro	→ **1. do presente**: Eu viajarei
	→ **2. do passado**: Eu viajaria

Subjuntivo

Passado	→ **1. perfeito**: Eu tenha viajado
	→ **2. imperfeito**: Eu viajasse
	→ **3. mais-que-perfeito**: Eu tivesse viajado

O que chamamos de **passado perfeito** do **indicativo** e do **subjuntivo** e de **futuro do presente** do **indicativo** são, na verdade, os TEMPOS básicos do passado e do futuro, que já foram conjugados.

Vamos agora conjugar os TEMPOS **derivados** que aparecem nos dois quadros anteriores:

1° Grupo
Indicativo

CANTAR	
Passado imperfeito	**Passado mais-que-perfeito**
Eu cantava	**Eu** tinha cantado *ou* cantara
Você cantava	**Você** tinha cantado *ou* cantara
Ele/Ela cantava	**Ele/Ela** tinha cantado *ou* cantara
Nós cantávamos	**Nós** tínhamos cantado *ou* cantáramos
Vocês cantavam	**Vocês** tinham cantado *ou* cantaram
Eles/Elas cantavam	**Eles/Elas** tinham cantado *ou* cantaram.
Futuro do passado	
Eu cantaria	
Você cantaria	
Ele/Ela cantaria	
Nós cantaríamos	
Vocês cantariam	
Eles/Elas cantariam	

Subjuntivo

CANTAR	
Passado imperfeito	**Passado mais-que-perfeito**
Eu cantasse	**Eu** tivesse cantado
Você cantasse	**Você** tivesse cantado
Ele/Ela cantasse	**Ele/Ela** tivesse cantado
Nós cantássemos	**Nós** tivéssemos cantado
Vocês cantassem	**Vocês** tivessem cantado
Eles/Elas cantassem	**Eles/Elas** tivessem cantado

2º GRUPO
Indicativo

VENDER	
Passado imperfeito	**Passado mais-que-perfeito**
Eu vendia	**Eu** tinha vendido *ou* vendera
Você vendia	**Você** tinha vendido *ou* vendera
Ele/Ela vendia	**Ele/Ela** tinha vendido *ou* vendera
Nós vendíamos	**Nós** tínhamos vendido *ou* vendêramos
Vocês vendiam	**Vocês** tinham vendido *ou* venderam
Eles/Elas vendiam	**Eles/Elas** tinham vendido *ou* venderam
Futuro do passado	
Eu venderia	
Você venderia	
Ele/Ela venderia	
Nós venderíamos	
Vocês venderiam	
Eles/Elas venderiam	

Subjuntivo

VENDER	
Passado imperfeito	**Passado Mais-que-perfeito**
Eu vendesse	**Eu** tivesse vendido
Você vendesse	**Você** tivesse vendido
Ele/Ela vendesse	**Ele/Ela** tivesse vendido
Nós vendêssemos	**Nós** tivéssemos vendido
Vocês vendessem	**Vocês** tivessem vendido
Eles/Elas vendessem	**Eles/Elas** tivessem vendido

3º GRUPO
Indicativo

PARTIR	
Passado imperfeito	**Passado mais-que-perfeito**
Eu partia	**Eu** tinha partido *ou* partira
Você partia	**Você** tinha partido *ou* partira
Ele/Ela partia	**Ele/ela** tinha partido *ou* partira
Nós partíamos	**Nós** tínhamos partido *ou* partíramos
Vocês partiam	**Vocês** tinham partido *ou* partiram
Eles/Elas partiam	**Eles/Elas** tinham partido *ou* partiram

Futuro do passado
Eu partiria
Você partiria
Ele/Ela partiria
Nós partiríamos
Vocês partiriam
Eles/Elas partiriam

Subjuntivo

PARTIR	
Passado imperfeito	**Passado mais-que-perfeito**
Eu partisse	**Eu** tivesse partido
Você partisse	**Você** tivesse partido
Ele/Ela partisse	**Ele/Ela** tivesse partido
Nós partíssemos	**Nós** tivéssemos partido
Vocês partissem	**Vocês** tivessem partido
Eles/Ela partissem	**Eles/Ela** tivessem partido

Podemos formar ainda TEMPOS **compostos**, no **passado**, no **futuro do presente**, no **futuro do passado** do **indicativo** e no **futuro** do **subjuntivo**. Os modelos a seguir são exemplos que utilizam o verbo auxiliar *ter* + *particípio* do verbo do 2º grupo *vender*. A conjugação dos verbos do 1º e·do 3º grupo é idêntica à do verbo *vender*. Apenas o particípio se altera: *cantado* é o particípio de *cantar* e *partido* é o particípio de *partiu*:

Indicativo

Passado composto	Futuro do presente composto
Eu tenho vendido	**Eu** terei vendido
Você tem vendido	**Você** terá vendido
Ele/Ela tem vendido	**Ele/Ela** terá vendido
Nós temos vendido	**Nós** teremos vendido
Vocês têm vendido	**Vocês** terão vendido
Eles/Elas têm vendido	**Eles/Elas** terão vendido

Futuro do passado composto	
Eu teria vendido	
Você teria vendido	
Ele/Ela teria vendido	
Nós teríamos vendido	
Vocês terão vendido	
Eles/Elas terão vendido	

Subjuntivo

Futuro composto
Eu tiver vendido
Você tive vendido
Ele/Ela tiver vendido
Nós tivermos vendido
Vocês tiverem vendido
Eles/Elas tiverem vendido

Não adianta muita coisa saber ou decorar esses modelos de conjugação dos verbos sem compreender como usar os verbos conjugados nos textos que escrevemos. Quando produzimos um texto falado ou escrito, é preciso usar adequadamente os TEMPOS da flexão nos verbos, combinando uns com os outros. A maneira como isso deve ser feito foi ensinada no capítulo 3.

Verbos irregulares:
a conjugação dos TEMPOS básicos e dos TEMPOS derivados

Como ilustração, você encontrará nesta seção as tabelas de conjugação de quatro verbos irregulares: *ser*, *estar*, *ir* e *fazer*, que, apesar de irregulares, são extremamente frequentes:

Indicativo

SER		
Passado perfeito	**Presente**	**Futuro do presente**
Eu fui	**Eu** sou	**Eu** serei
Você foi	**Você** é	**Você** será
Ele/ela foi	**Ele/ela** é	**Ele/ela** será
Nós fomos	**Nós** somos	**Nós** seremos
Vocês foram	**Vocês** são	**Vocês** serão
Eles/elas foram	**Eles/elas** são	**Eles/elas** serão
Passado imperfeito	**Passado mais-que-perfeito**	
Eu era	**Eu** fora *ou* tinha sido	
Você era	**Você** fora *ou* tinha sido	
Ele/Ela era	**Ele/Ela** fora *ou* tinha sido	
Nós éramos	**Nós** fôramos *ou* tínhamos sido	
Vocês eram	**Vocês** foram *ou* tinham sido	
Eles/elas eram	**Eles/Elas** foram *ou* tinham sido	

Futuro do passado
Eu seria
Você seria
Ele/Ela seria
Nós seríamos
Vocês seriam
Eles/Elas seriam

ESTAR		
Passado perfeito	**Presente**	**Futuro do presente**
Eu estive	**Eu** estou	**Eu** estarei
Você esteve	**Você** está	**Você** estará
Ele/Ela esteve	**Ele/Ela** está	**Ele/Ela** estará
Nós estivemos	**Nós** estamos	**Nós** estaremos
Vocês estiveram	**Vocês** estão	**Vocês** estarão
Eles/Elas estiveram	**Eles/Elas** estão	**Eles/Elas** estarão
Passado imperfeito	**Passado mais-que-perfeito**	
Eu estava	**Eu** estivera ou tinha estado	
Você estava	**Você** estivera ou tinha estado	
Ele/Ela estava	**Ele/Ela** estivera ou tinha estado	
Nós estávamos	**Nós** estivéramos ou tínhamos estado	
Vocês estavam	**Vocês** estiveram ou tinham estado	
Eles estavam	**Eles** estiveram ou tinham estado	

Futuro do passado
Eu estaria
Você estaria
Ele/Ela estaria
Nós estaríamos
Vocês estariam
Eles/Elas estariam

IR		
Passado perfeito	**Presente**	**Futuro do presente**
Eu fui	**Eu** vou	**Eu** irei
Você foi	**Você** vai	**Você** irá
Ele/Ela foi	**Ele/Ela** vai	**Ele/Ela** irá
Nós fomos	**Nós** vamos	**Nós** iremos
Vocês foram	**Vocês** vão	**Vocês** irão
Eles/Elas foram	**Eles/Elas** vão	**Eles/Elas** irão

Passado imperfeito	Passado mais-que-perfeito
Eu ia	**Eu** fora *ou* tinha ido
Você ia	**Você** fora *ou* tinha ido
Ele/Ela ia	**Ele/ela** fora *ou* tinha ido
Nós íamos	**Nós** fôramos *ou* tínhamos ido
Vocês iam	**Vocês** foram *ou* tinham ido
Eles/Elas iam	**Eles/Elas** foram *ou* tinham ido

Futuro do passado
Eu iria
Você iria
Ele/Ela iria
Nós iríamos
Vocês iriam
Eles/Elas iriam

FAZER		
Passado perfeito	**Presente**	**Futuro do presente**
Eu fiz	**Eu** faço	**Eu** farei
Você fez	**Você** faz	**Você** fará
Ele/Ela fez	**Ele/Ela** faz	**Ele/Ela** fará
Nós fizemos	**Nós** fazemos	**Nós** faremos
Vocês fizeram	**Vocês** fazem	**Vocês** farão
Eles/Elas fizeram	**Eles/Elas** fazem	**Eles/Elas** farão

Passado imperfeito	Passado mais-que-perfeito	
Eu fazia	**Eu** fizera *ou* tinha feito	
Você fazia	**Você** fizera *ou* tinha feito	
Ele/Ela fazia	**Ele/Ela** fizera *ou* tinha feito	
Nós fazíamos	**Nós** fizéramos *ou* tínhamos feito	
Vocês faziam	**Vocês** fizeram *ou* tinham feito	
Eles/Elas faziam	**Eles/Elas** fizeram *ou* tinham feito	

Futuro do passado
Eu faria
Você faria
Ele/Ela faria
Nós faríamos
Vocês fariam
Eles/Elas fariam

Subjuntivo

SER		
Passado perfeito	**Presente**	**Futuro**
Eu tenha sido	**Eu** seja	**Eu** for
Você tenha sido	**Você** seja	**Você** for
Ele/Ela tenha sido	**Ele/Ela** seja	**Ele/Ela** for
Nós tenhamos sido	**Nós** sejamos	**Nós** formos
Vocês tenham sido	**Vocês** sejam	**Vocês** forem
Eles/Elas tenham sido	**Eles/Elas** sejam	**Eles/Elas** forem
Passado imperfeito	**Passado mais-que-perfeito**	
Eu fosse	**Eu** tivesse sido	
Você fosse	**Você** tivesse sido	
Ele/Ela fosse	**Ele/Ela** tivesse sido	
Nós fôssemos	**Nós** tivéssemos sido	
Vocês fossem	**Vocês** tivessem sido	
Eles/Elas fossem	**Eles/Elas** tivessem sido	

ESTAR		
Passado perfeito	**Presente**	**Futuro**
Eu tenha estado	**Eu** esteja	**Eu** estiver
Você tenha estado	**Você** esteja	**Você** estiver
Ele/Ela tenha estado	**Ele/Ela** esteja	**Ele/Ela** estiver
Nós tenhamos estado	**Nós** estejamos	**Nós** estivermos
Vocês tenham estado	**Vocês** estejam	**Vocês** estiverem
Eles/Elas tenham estado	**Eles/Elas** estejam	**Eles/Elas** estiverem
Passado imperfeito	**Passado mais-que-perfeito**	
Eu estivesse	**Eu** tivesse estado	
Você estivesse	**Você** tivesse estado	
Ele estivesse	**Ele** tivesse estado	
Nós estivéssemos	**Nós** tivéssemos estado	
Vocês estivessem	**Vocês** tivessem estado	
Eles/Elas estivessem	**Eles/Elas** tivessem estado	

IR		
Passado perfeito	**Presente**	**Futuro**
Eu tenha ido	**Eu** vá	**Eu** for
Você tenha ido	**Você** vá	**Você** for
Ele/Ela tenha ido	**Ele/Ela** vá	**Ele/Ela** for
Nós tenhamos ido	**Nós** vamos	**Nós** formos
Vocês tenham ido	**Vocês** vão	**Vocês** forem
Eles/Elas tenham ido	**Eles/Elas** vão	**Eles/Elas** forem
Passado imperfeito	**Passado mais-que-perfeito**	
Eu fosse	**Eu** tivesse ido	
Você/Tu fosse	**Você/Tu** tivesse ido	
Ele/Ela fosse	**Ele/Ela** tivesse ido	
Nós fôssemos	**Nós** tivéssemos ido	
Vocês fossem	**Vocês** tivessem ido	
Eles/Elas fossem	**Eles/Elas** tivessem ido	

FAZER		
Passado perfeito	**Presente**	**Futuro**
Eu tenha feito	**Eu** faça	**Eu** fizer
Você tenha feito	**Você** faça	**Você** fizer
Ele/Ela tenha feito	**Ele/Ela** faça	**Ele/Ela** fizer
Nós tenhamos feito	**Nós** façamos	**Nós** fizermos
Vocês tenham feito	**Vocês** façam	**Vocês** fizerem
Eles/Elas tenham feito	**Eles/Elas** façam	**Eles/Elas** fizerem
Passado imperfeito	**Passado mais-que-perfeito**	
Eu fizesse	**Eu** tivesse feito	
Você fizesse	**Você** tivesse feito	
Ele/Ela fizesse	**Ele/Ela** tivesse feito	
Nós fizéssemos	**Nós** tivéssemos feito	
Vocês fizessem	**Vocês** tivessem feito	
Eles/Elas fizessem	**Eles/Elas** tivessem feito	

Formas verbais abundantes

Alguns verbos têm a propriedade de formar o **particípio** de mais de uma maneira. Por isso, chamamos esses particípios de **formas abundantes**. A seguir, estão alguns exemplos de verbos, divididos por grupo, que aceitam mais de uma forma de particípio:

Verbos do 1º Grupo		
Verbo	**Particípios**	
	Forma Longa	**Forma Curta**
aceitar	aceitado	aceito
entregar	entregado	entregue
expressar	expressado	expresso
isentar	isentado	isento
salvar	salvado	salvo
soltar	soltado	solto
Verbos do 2º Grupo		
acender	acendido	aceso
eleger	elegido	eleito
prender	prendido	preso
suspender	suspendido	suspenso
incorrer	incorrido	incurso
Verbos do 3º Grupo		
emergir	emergido	emerso
exprimir	exprimido	expresso
imprimir	imprimido	impresso
inserir	inserido	inserto
omitir	omitido	omisso
submergir	submergido	submerso

> O verbo **aceitar** também admite, além de **aceitado** e **aceito**, o particípio **aceite**.

Orações ativas e passivas
Pág. 355

Como se vê, existem as formas **longas** do particípio, como *aceitado*, *acendido* e *omitido*, formadas, basicamente, pelo acréscimo dos morfemas *-ado(a)* e *-ido(a)*, e as formas **curtas**, como *aceito*, *aceso* e *omisso*, que são formadas por morfemas variados. As formas curtas são mais próximas do latim, enquanto as formas longas são mais tipicamente portuguesas.

Normalmente, as formas longas são usadas quando temos as orações ativas, com o auxiliar *ter*; já as formas curtas são preferencialmente usadas nas orações passivas, que utilizam o auxiliar *ser*, e depois de verbos de ligação, como *estar*, *ficar*, *andar*, etc. Veja alguns exemplos:

(1) Ele tinha **aceitado** suas desculpas.
   O pedido foi **aceito**.
(2) O frigorífico tem **matado** muito gado de elite.
   O traficante foi **morto** pela polícia.
(3) O colégio tem **expulsado** só aqueles que não têm jeito.
   Meu colega está **expulso**.

Os particípios, quando usados com um *verbo de ligação* ou logo *após um nome*, se comportam mais como adjetivos do que como verbos. Aí estão alguns exemplos:

(1) A loja fica **situada** na Green Street.
(2) As obras ficam **expostas** na vitrine e no interior da galeria.
(3) É uma das pizzarias mais famosas de Nova York, onde nobres e plebeus ficam **sentados** lado a lado.
(4) Bem **frequentada**, mas sem pretensão.
(5) Os artistas **beneficiados** farão uma exposição.

Fonte: Angelina Freitas, *ViverBrasil*, abr. 2012, p. 78.

> Tem aparecido novas formas **curtas** de particípios que são mais típicas da fala de alguns dialetos. Vejamos exemplo seguinte:
>
> *O bolo foi **trago** por mim.*
>
> Formas curtas como *trago* são muito rejeitadas no português padrão escrito.

Os particípios adjetivais estão destacados nos exemplos: em todos os casos, os particípios estão restringindo ou qualificando nomes, como, por exemplo, *loja* em (1); *obras* em (2); *nobres e plebeus* em (3); *pizzaria* em (4) e *artistas* em (5).

Outra maneira de distinguir os particípios adjetivais dos particípios verbais é observar se é possível incluir um *agente*. Veremos essa noção em detalhe no capítulo 5, mas trata-se do seguinte: é mais natural colocarmos a pessoa que praticou uma ação quando temos um particípio verbal. Observe:

(1) O servente de pedreiro está morto.
    * O servente de pedreiro está morto **pelo traficante**.
(2) O servente de pedreiro foi morto.
    O servente de pedreiro foi morto **pelo traficante**.

Nesses exemplos, aparece a palavra *morto*, que deve ser analisada diferentemente: no caso de (1), que é um particípio adjetival, não é possível, em geral, acrescentar o agente *pelo traficante*; em (2), um particípio verbal, a oração com o agente da ação é bem formada.

Verbos defectivos

Existem verbos que só podem ser usados em alguns TEMPOS, modos ou pessoas. São os chamados verbos **defectivos**. Em muitos casos, é o tipo de evento expresso pelo verbo que não pode se aplicar a determinadas pessoas, como verbos que exprimem fenômenos da natureza como *chover*, *ventar* e outros que só são usados na terceira pessoa do singular:

Choveu ontem.
Venta muito em agosto.

Outros verbos que são empregados apenas na terceira pessoa do singular são *haver*, quando indica existência, e *fazer* com o significado de tempo decorrido:

Houve pessoas que fugiram pela escada.

Faz seis meses que não como chocolate.

Há os verbos que exprimem vozes de animais como *miar* ou *latir*, que só aparecem flexionados na terceira pessoa do singular e do plural.

Enfim, temos ainda verbos defectivos, em sua grande maioria pertencentes ao *3º grupo de conjugação verbal*, que podem ser divididos em dois tipos:

1º tipo: verbos que não dispõem da 1ª pessoa do presente do indicativo e nenhuma das pessoas do presente do subjuntivo. É o caso de *banir*:

Presente do indicativo	Presente do subjuntivo
-----------	-----------
Você bane	-----------
Ele/Ela bane	-----------
Nós banimos	-----------
Vocês banem	-----------
Eles/Elas banem	-----------

De acordo com o uso recomendado no português padrão, não ocorrem, portanto, as formas * *eu bano,* * *eu coloro* ou * *eu demolo,* etc. Como *banir*, comportam-se os verbos *abolir, emergir, demolir, colorir* e outros.

2º tipo: verbos que só possuem a 1ª pessoa do plural do presente do indicativo e nenhum das pessoas do presente do subjuntivo. Observe o exemplo de *falir*:

Presente do indicativo	Presente do subjuntivo
-----------	-----------
-----------	-----------
-----------	-----------
Nós falimos	-----------
-----------	-----------
-----------	-----------

Conjugam-se como *falir* os verbos: *combalir, foragir-se, fornir,* e outros ; e também, do 1º grupo, *adequar*, e do 2º grupo, *precaver-se* e *reaver*.

O infinitivo flexionado

A língua portuguesa dispõe de uma forma verbal muito rara chamada de **infinitivo flexionado**. Normalmente, as línguas possuem apenas o infinitivo sem flexão, como é o caso de *sair,* *viajar, amar*, etc., que são as formas "primitivas" do verbo – sempre terminadas por um *-r* – às quais são acrescentadas, como vimos, as flexões de pessoa, TEMPO e modo. No entanto, o nosso português permite que o infinitivo tenha um *sujeito* e que também seja conjugado de acordo com morfemas que indicam pessoa. Veja a seguir o exemplo do infinitivo *sair*:

Sujeito
Pág. 253

> **Eu** sair
> **Você** sair
> **Ele/Ela** sair
> **Nós** sairmos
> **Vocês** saírem
> **Eles/Elas** saírem

Na tabela, o infinitivo dispõe de um sujeito, isto é, *eu, você, ele/ela, nós, vocês* ou *eles/elas*, e os morfemas de concordância, *-mos* e *-em*, aparecem junto ao verbo na primeira, segunda e terceira pessoas do plural.

Nem sempre é fácil saber quando o infinitivo deve aparecer flexionado ou não flexionado. O critério mais simples é analisar, primeiro, se ele dispõe de um sujeito: se aparecer um sujeito, a concordância se faz e os morfemas de flexão estarão presentes. Veja alguns exemplos:

A professora deixou *os alunos* **saírem** mais cedo.
Gilson lamentou muito *vocês* não **terem** ido à feijoada.
O fato de *eu* **desistir** não impediu a eleição do representante.
A diretora pediu à minha esposa para *nós* **chegarmos** depois das 11 horas.
Os avós queriam ver *o netinho/ele* **correr** a maratona.

> No português padrão, o último exemplo pode também receber uma versão na qual o pronome forte **ele** é convertido no pronome fraco **-(l)o**:
>
> *Os avós queriam vê-**lo** correr a maratona.*

É preciso tomar cuidado para não confundir o **infinitivo flexionado** com o **futuro do subjuntivo**: quando se trata dos *verbos regulares*, as formas verbais são idênticas. Só no uso das duas formas é que dá para distingui-las. O **futuro do subjuntivo** é empregado, sobretudo, nas orações que desempenham a função

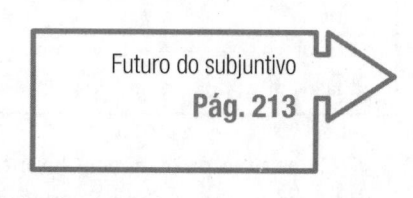

Futuro do subjuntivo
Pág. 213

de **modificador** e que indicam **condição**. Na grande maioria das vezes, são orações introduzidas pelas conjunções *se* e *quando*. Veja os seguintes exemplos com *se*:

Se *vocês* **saírem** agora, o porteiro não deixará que vocês entrem de novo.
Se *eu* **sair** agora, o porteiro vai me impedir de voltar.

Na interpretação desses exemplos, existe a ideia de condição, que tem a seguinte estrutura: *se algo acontecer então vai acontecer tal coisa ou vai haver tal consequência*. Pois bem, é essa ideia que lança o que é dito para o tempo *futuro do subjuntivo*. No capítulo 5, mostraremos, no entanto, que com alguns verbos as formas do infinitivo flexionado e do futuro do subjuntivo se apresentam de maneira diferente.

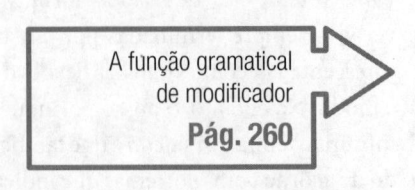

A função gramatical de modificador
Pág. 260

A concordância verbal na fala

Como já mostramos para a concordância nominal, também a concordância verbal, na *fala*, nem sempre é realizada da maneira como se espera que ocorra no português padrão, que é mais exigido na *escrita*. Ela pode, de fato, ocorrer de maneira bastante *reduzida* ou *econômica*.

Vamos destacar *dois modelos* de realizar a concordância verbal no português não padrão, mais comuns na *fala*: a primeira delas é mais usual nas áreas urbanas e a segunda é mais usual em áreas rurais, como, por exemplo, naquelas onde se usa o dialeto mineiro e no interior de São Paulo e de Goiás. Na exemplificação a seguir, utilizamos apenas o verbo *viajar*, do 1º grupo, conjugado no TEMPO presente:

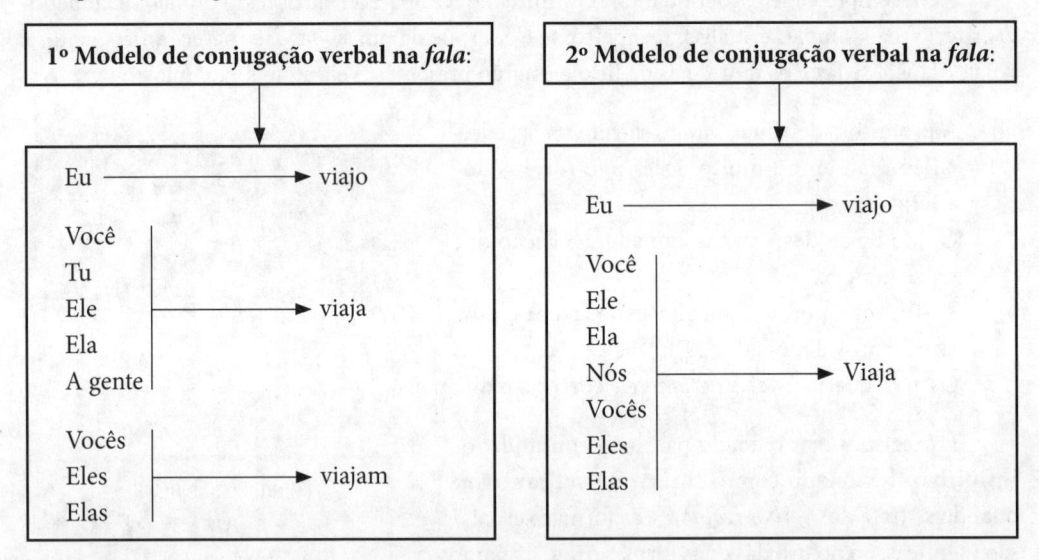

Como se vê, no 1º modelo, há apenas três tipos de flexão junto ao verbo e aparece o pronome *a gente*, muito comum da *fala*, equivalendo ao pronome *nós*. A forma *nós* também pode aparecer neste 1º modelo da *fala*, embora com menor frequência que *a gente*. Quando isso ocorre, o verbo se flexiona da maneira como aparece na escrita, gerando *nós viajamos*.

No 2º modelo, que é o mais reduzido do português do Brasil, aparecem apenas dois tipos de flexão junto ao verbo: a que serve para expressar a primeira pessoa do singular e a que expressa todas as outras pessoas. Neste modelo, a ocorrência de *nós* é muito mais frequente que a de *a gente*.

No quadro a seguir, estão alguns exemplos reais da concordância verbal como acontece na *fala* do 2º modelo de conjugação:

2º Modelo de conjugação verbal na fala

- "Os outros fala que é de coração"
- "...por mim, vocês faz o que quiser"
- "Os homi tá destruindo tudo que vê"
- "Mas eles num pode mexer agora"
- "Eles foru ficar olhando, mas num adiantô nada".
- "Nós levava ele pro médico, levava ele pra benzedeira, a senhora sabe, né?"

Inglês e português do Brasil

O **2º modelo** de concordância da **fala** é parecido com o modelo de conjugação da **língua inglesa**. Nesta, também só há duas marcas de flexões verbais: uma para a terceira pessoa do singular, isto é, *he/she/it* e outra para todas as outras pessoas. Observe o exemplo a seguir como verbo *to sing* (cantar) que está no presente:

I (eu) **sing**
You (você) **sing**
He/She (ele/ela) **sings**
We (nós) **sing**
You (vocês) **sing**
They (eles/elas) **sing**

Nesses exemplos, as palavras com que os verbos concordam são de terceira pessoa do plural – *eles*, *os homi*, *os outros* – de segunda pessoa do plural – *vocês* – e de primeira pessoa do plural – *nós*. E, em todos os casos, os verbos estão no singular, como prevê o 2º modelo. A exceção é o verbo *foru*, que é uma maneira mais econômica de dizer *foram*, que seria a conjugação desse verbo mais próxima do que se espera que ocorra na *escrita*.

Escrevi também algumas palavras da maneira como elas foram pronunciadas. Por exemplo: *os homi* é *os homens*; *num* é como muitas vezes falamos a palavra *não*, e *tá* é mais comum na *fala* do que *está*.

Para dar uma ideia a você, fizemos anteriormente a diferença entre a concordância verbal na *escrita* e na *fala*, mostrando de que maneira ela ocorre **com mais frequência** nas duas modalidades de uso da língua. É preciso saber, porém, que a aplicação da concordância, assim como tudo o que usamos na língua, é um fenômeno *variável*. Isso quer dizer que a concordância pode ter várias "caras", ou seja, dependendo dos **fatores**, que estudamos no capítulo 1, ela pode, a cada hora, aparecer de um jeito diferente. Como já explicamos, podemos comparar a concordância com a gente mesmo: quando vamos à praia, estamos de um jeito: de calção de banho ou de biquíni, de sandálias, etc.; mas, quando vamos a um casamento, trajamos um terno, um vestido longo e assim por diante.

Com a concordância ocorre algo parecido: o seu uso *oscila* muito, o que mostra que o sistema subjacente à gramática é bastante instável. Assim, uma mesma pessoa pode, numa hora, usá-la da maneira como prevê o português padrão; noutro momento, usá-la do jeito que é comum no português não padrão ou ainda misturar os dois jeitos. Não existe, portanto, um limite rígido entre os usos recomendados na escrita e aqueles que são frequentes na fala.

Vou contar o que acontecia comigo: fui proprietário de um sítio um pouco longe de Belo Horizonte, bem na zona rural de Minas Gerais. Como sou professor, esforço-me para usar na minha fala, sobretudo quando estou dando aulas, a concordância verbal da maneira mais próxima possível do que é previsto na *escrita*. Veja que nessa hora a minha *fala* se aproxima da *escrita*. Entretanto, quando ia, no fim de semana, para o sítio e interagia com a vizinhança, as coisas mudavam: como os vizinhos usavam um dialeto no qual a concordância se realizava, mais frequentemente, da maneira como expusemos no 2º modelo, eu, muitas vezes, sem me dar conta, passava automaticamente a usar também esse dialeto.

É só ficar um pouco atento para perceber que o que relatei acontece com todos nós: usamos, por exemplo, uma língua para namorar e outra quando somos chamados para conversar com um chefe ou com uma diretora de colégio e assim por diante.

Fatores gramaticais que favorecem ou que desfavorecem a concordância verbal

Apesar de ser muito variável no português do Brasil, o uso da concordância verbal não é *livre*, ou, como pode parecer, apenas condicionada por fatores sociais: existem alguns fatores do sistema da língua que atuam de maneira a favorecer ou a desfavorecer a concordância da forma como se espera que ela ocorra na modalidade *escrita*. Os principais fatores são os seguintes:

A. Posição do nome com o qual o verbo concorda:

O nome com o qual o verbo concorda, que, como veremos no capítulo 6, desempenha, com outros itens, a função de **sujeito** da oração, pode ocupar um lugar antes ou depois do verbo. Por exemplo:

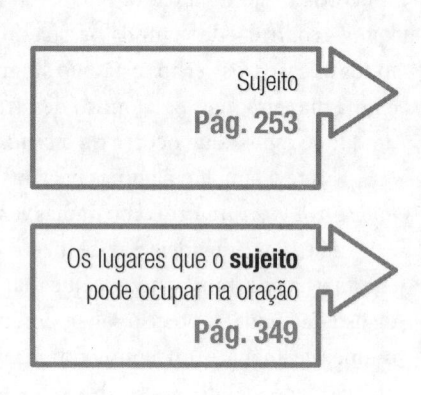

Sujeito
Pág. 253

(1) **Cinco convidados** já chegaram.
(2) Já chegaram **cinco convidados**.

Os lugares que o **sujeito** pode ocupar na oração
Pág. 349

As pesquisas mostram que quando os termos com os quais o verbo concorda aparecem depois do verbo, a concordância tende, o que pode ser medido estatisticamente, a se reduzir, realizando-se, sobretudo na *fala*, na **terceira pessoa do singular**. Aproveitando o exemplo, é comum então aparecer o seguinte:

Já chegou **cinco convidados**.

Esse tipo de construção, com o verbo na terceira pessoa do singular e com o **sujeito** no plural, localizado depois do verbo, também já aparece em muitos dos autores da nossa literatura. Observe alguns exemplos:

Érico Veríssimo

↓

Mal **cabe** nela a cama, um baú, um lavatório de ferro e uma cadeira...

Fonte: Veríssimo, 1974: 139.

Nesse exemplo, o verbo *cabe* está no singular, mas o sujeito é plural, composto de *a cama, um baú, um lavatório de ferro e uma cadeira*. É o mesmo caso do exemplo a seguir:

Aníbal Machado

↓

Ali se **achava** uma mexicana rouca e uma prostituta de Montes Claros.

Fonte: Machado, 1972: 191.

Por outro lado, nos dois exemplos, o sujeito, embora no plural, é um sujeito composto por mais de núcleo, isto é, *cama*, *baú*, *lavatório* e *cadeira*, no primeiro exemplo; e *mexicana* e *prostituta*, no segundo.

B. A distância entre o nome e o verbo.

Quanto maior for a distância entre o nome e o verbo, maior a possibilidade de a concordância se realizar na **terceira pessoa do singular**. Veja os exemplos:

> No português padrão, o verbo **ser** concorda com a expressão numérica nas orações que exprimem horas e datas:
>
> (1) **Eram** 9 horas.
> (2) **Eram** dois de setembro, quando ocorreu a tragédia.
> (3) Hoje **são** 15 de agosto (mas: Hoje **é** dia 15 de agosto).

(1) **Aquelas canetas**...que você disse que a escola não queria encomendar...**quebram** a tampa à toa.

(2) **Aquelas canetas**...que você disse que a escola não queria encomendar...**quebra** a tampa à toa.

Na oração (1), o verbo *quebram* está na **terceira pessoa do plural**, concordando com *aquelas canetas*. Por outro lado, devido à distância entre os termos, é muito frequente o verbo aparecer, como no exemplo (2), na **terceira pessoa do singular**.

C. As diferenças de sons entre a concordância do plural e do singular.

Com alguns verbos, as diferenças entre a flexão de **terceira pessoa do singular** e as **flexões das pessoas de plural** são menos salientes ou mais parecidas umas com as outras, o que faz com que a concordância de terceira pessoa do singular seja mais favorecida. Já com outros verbos, no entanto, as diferenças entre as flexões são maiores e diminui a frequência da terceira pessoa do singular quando o sujeito é plural. Compare, por exemplo, os pares (*comem/come* ou *vendem/vende*), que estão

> Também de acordo com o português padrão, a flexão dos verbos **haver**, **fazer** e **dar** nos eventos de *existência* e *fenômeno da natureza* sempre deve aparecer na 3^a *pessoa do singular*.
>
> (1) **Há** pessoas capazes de matar canários.
> (2) **Faz** duas semanas que o dólar despencou.
> (3) **Deu** doze badaladas no relógio da matriz.

no TEMPO presente, com os pares (*disse/disseram*), que estão no TEMPO passado, e (*é/são*). Há mais semelhança fônica entre as formas verbais no primeiro caso do que no segundo. Por isso, a diminuição da concordância de plural é mais comum no primeiro grupo de verbos do que no segundo grupo. Se prestarmos atenção, não é raro, na *fala*, escutarmos a concordância se realizar da seguinte maneira:

Eles **come** tudo que tem na geladeira.

Eles **vende** barato demais!

Mas, estatisticamente, a concordância, nos exemplos a seguir, tende a se realizar, com mais frequência, da maneira como se espera que ocorra no português padrão escrito:

Eles **disseram** muita bobagem na reunião!

Eles **são** uns covardes!

Para finalizar este capítulo, chamo a atenção para um tema já comentado quando explicamos o uso dos pronomes pessoais no capítulo 3. O fato de a concordância ser realizada da maneira como os autores do gênero **literário** a utilizam, isto é, com o verbo no singular e o sujeito, situado depois do verbo, no plural, não quer dizer que em outros gêneros da escrita, como, por exemplo, no texto **científico** ou de **reportagem**, esse uso seja comum ou considerado "legítimo". Na dúvida, se você não está buscando escrever um texto com fins artísticos ou estéticos, o melhor mesmo é seguir as regras propostas para o português padrão escrito.

EXERCÍCIOS

1. O trecho a seguir faz parte de uma crônica de Alcântara Machado, publicada nos anos 1940:

GENIALIDADE BRASILEIRA

Confusão. Sempre confusão. Espírito crítico de antologia universal. Lado a lado todas as épocas, todas as escolas, todos os matizes. Tudo embrulhado. Tudo errado. E tudo bom. Tudo ótimo. Tudo genial. Olhem a mania nacional de classificar palavreado de literatura. Tem adjetivos sonoros? É literatura. Os períodos rolam bonito? Literatura. O final é pomposo? Literatura, nem se discute. Tem asneiras? Tem. Muitas? Santo Deus. Mas são grandiloquentes? Se são. Pois então é literatura e da melhor. Quer dizer alguma cousa? Nada. Rima, porém? Rima. Logo é literatura...

Fonte: disponível em: <musicaquelembro.blospot.com.br>, acesso em: 09 nov. 2016.

Tarefa 1: As palavras das classes dos nomes, adjetivos e determinantes, presentes no texto, exprimem noções de **gênero** e **número**, mas você deverá extrair apenas as palavras em que é visível *a presença de morfemas* que indicam essas duas classes ajudantes.

Tarefa 2: Indique, nas palavras extraídas, os morfemas que aparecem: de **gênero**, de **número** ou ambos.

2. O texto seguinte é um trecho de uma reportagem publicada na *ViverBrasil*, de autoria de Janaína Oliveira:

> [...] "Fazemos desde churrascos com mesas de plásticos até casamentos chiquérrimos para 400, 500 pessoas, em lugares como AltaVila, Província e Mix Garden", detalha Sílvia [a empresária Sílvia Nogueira Vidal], que normalmente atende ao público A e B.
> São batizados, bodas, aniversários, noivados, casamentos, *coffee breaks*, *brunches*, almoços, jantares, eventos empresariais, casamentos, festas de 15 anos e confraternizações em família ou empresariais. Momentos mágicos, enfim...
>
> Fonte: *ViverBrasil,* 6 de abril de 2012, n. 79, p. 39.

Tarefa 1: O *morfema de plural* -s pode apresentar mais de um *alomorfe*. Identifique, nos nomes que aparecem no texto, os alomorfes de -s.

Tarefa 2: Encontre um adjetivo que exprima *grau superlativo*. Destaque o *morfema de superlativo absoluto* encontrado e cite, pelo menos, mais dois exemplos de adjetivos que apresentam alomorfes desse morfema.

3. O texto seguinte é um trecho de uma entrevista dada por uma mulher de 36 anos, que cursou o ensino fundamental e que mora na cidade de São João da Ponte, no norte de Minas Gerais:

> VOCÊ SEMPRE TRABALHOU ASSIM?
>
> Sempre...nas casa de família pra cuidar dos meu filho...ele deixou tudo pequeno...a mais velha com seis ano e os otro era tudo pequeno...eu fiquei foi nessa vida ai trabalhando...de aluguel... paga aluguel... paga água...luz...comprei coisa pra eles minha filha tá estudando em Montes Claros tem que mandar as coisa pra ela...tudo...toda vez tem que mandar as coisa pra ela...Todo mês não...tem dois ano que ela tá pra lá trabalhando... trabalhando não estudando e ela fica lá e eu vem...quando é tempo de férias ela vem...
>
> Fonte: *corpus* de dados do grupo de pesquisa Nupevar (Fale/UFMG).

Tarefa 1: Como o trecho é da *fala* e do dialeto mineiro, a *concordância nominal* de **número** não se realiza da maneira como se espera que ocorra na *escrita*, de acordo com o português padrão. Você deverá extrair os constituintes em que a concordância não se realiza como previsto na *escrita* e retextualizá-los de acordo com o português padrão.

Tarefa 2: Encontre três nomes nesse trecho os quais mostram que a entrevistada não "apaga" o som -s quando ele é parte de um nome, mas somente quando o morfema -s representa a concordância de número.

4. O texto seguinte é um trecho de uma reportagem, cujo autor é Sérgio Martins, publicada na *Veja*, n. 45, de 12 de novembro de 2008, p. 143:

> Vanguarda musical por definição, os jazzistas são um bocado antiquados no que toca à presença feminina em seu meio. Cantoras sempre foram bem-vindas e cantoras-pianistas também são toleradas, em especial quando fazem o gênero sexy – regra bem ilustrada pelo sucesso da canadense Diana Krall, que até a semana passada vinha se apresentando no Brasil. Mas a mulher que se arrisca a trabalhar como instrumentista corre o risco de ser rechaçada...

Tarefa 1: Extraia do texto quatro palavras que podem ser usadas para se referir tanto a alguém do sexo feminino quanto do sexo masculino.

Tarefa 2: Derive um nome e um verbo a partir de cada um dos cinco adjetivos presentes no texto que o permitem (se for preciso, consulte um dicionário).

Tarefa 3: Explique por que a palavra composta *bem-vindas* só apresenta morfemas de concordância em -*vindas* e por que essas marcas estão presentes nas duas palavras que compõem *cantoras-pianistas*.

5. O texto seguinte, assinado por Thaís Coimbra, foi retirado da revista *TodaTeen*, n. 197, p. 40, abril de 2012:

> SLEEPER
>
> O novo queridinho da temporada é uma mistura de sapatilha com mocassim. Chamado de *sleeper*, ele promete ganhar as fashionistas com sua pegada *boyfriend*. Mas já existem mil e uma opções superfemininas pra quem quer algo menos tradicional. São tantos modelos que vai ser fácil achar um pra chamar de seu.

Tarefa 1: Utilizando o nome *queridinho* como um *adjetivo*, mas sem o morfema diminutivo -**inho**, que, aliás, não provoca o significado de "querido pequeno", e incluindo o nome *calçado*, exprima o que está dito por "o novo queridinho da temporada" por meio de uma expressão formada por um *superlativo relativo*.

Tarefa 2: Transforme o adjetivo *superfemininas* numa expressão formada por *superlativo absoluto*.

6. O texto seguinte é um trecho do prefácio do livro *O abolicionismo*, de Joaquim Nabuco, de 1883, uma das obras fundamentais para entender a História do Brasil e o que somos. Nos espaços com pontinhos, estavam os verbos flexionados cuja forma no infinitivo, com a indicação do TEMPO e do modo utilizados pelo autor, estão explicitados entre parênteses:

> Já _____ (*existir, pres. ind.*), felizmente, em nosso país, uma consciência nacional – em formação, _____ (*ser, pres. ind.*) certo – que _____ (*ir, pres. ind.*) _____ (*introduzir, ger.*) o elemento de dignidade humana em nossa legislação, e para a qual a escravidão, apesar de hereditária, _____ (*ser, pres. ind.*) uma verdadeira mancha de Caim, que o Brasil _____ (*trazer, pres. ind.*) na fronte...
> Quanto a mim, _____ (*julgar-me, fut. do pres.*) mais do que recompensado, se as sementes da liberdade, direito e justiça, que estas páginas _____ (*conter, pres. ind.*), _____ (*dar, fut. do subj.*) uma boa colheita no solo ainda virgem da nova geração; e se este livro _____ (*concorrer, fut. subj.*), unindo em uma só legião os abolicionistas brasileiros, para _____ (*apressar, inf.*), ainda que _____ (*ser, pres. do subj.*) de uma hora, o dia em que _____ (*ver, pres. do subj.*) a Independência completada pela Abolição, e o Brasil elevado à dignidade de país livre...
>
> Fonte: Nabuco, 2000: 21-2.

Antes de ler a tarefa, veja o que significam as abreviaturas utilizadas: *pres.*= presente; *ind.*= indicativo; *ger.*= gerúndio; *fut. do pres.*= futuro do presente; *fut. do subj.*= futuro do subjuntivo; *pres. do subj.*= presente do subjuntivo; *inf.* = infinitivo.

Tarefa: Complete os espaços com pontinhos no texto flexionando os verbos de acordo com as indicações de TEMPO e adequando a concordância de acordo com a pessoa e o número.

7. O texto a seguir é uma versão portuguesa de um texto que fez parte do discurso de posse do presidente norte-americano Barack Obama, no dia 4 de novembro de 2008:

> Se existe alguém que ainda duvide que os Estados Unidos sejam o lugar onde todas as coisas são possíveis, que ainda questione a força de nossa democracia, a resposta está aqui esta noite.

Tarefa 1: Extraia três verbos do texto que ocorrem no modo *subjuntivo*. Tente explicar por que o modo subjuntivo é o mais adequado no contexto da oração de Obama.

Tarefa 2: Flexione os três verbos encontrados, passando-os para o modo *indicativo*.

8. O texto seguinte é um trecho de uma reportagem publicada na revista *Encontro*, n. 122, de 1º de agosto de 2011, p. 47, assinada por Tereza Rodrigues e André Lamounier.

> Imagine a seguinte situação: uma região muito valorizada de Belo Horizonte é subaproveitada, sofre com um trânsito caótico e com várias consequências trazidas por uma universidade irregular nas imediações. Surge, então, uma oportunidade de superar esse cenário com uma proposta de remodelação do espaço. O projeto, inicialmente aprovado por quem vive no entorno, é depois rechaçado em um debate simplista que não chegou a considerar as reais demandas da cidade...
> Por razões eleitoreiras, o edital para desenvolvê-lo não chegou a ser publicado. Foi suspenso diante da pressão de uma parcela da população que não gostou do projeto...

Tarefa 1: Ocorrem, no texto, sete particípios. Você deverá dizer quais são de natureza verbal e quais são de natureza adjetival.

Tarefa 2: Os particípios podem ter uma *forma longa* ou *uma forma curta*. Encontre uma forma curta de particípio no texto.

Tarefa 3: Crie, em primeiro lugar, uma outra forma curta a partir de uma das formas longas presentes no texto. A forma curta a ser obtida é mais típica da *fala* e não é aceita no português padrão. Em segundo lugar, crie uma oração com a forma curta obtida.

9. O texto seguinte é um trecho de uma reportagem, cuja autora é Eliana Fonseca, publicada na revista *ViverBrasil*, n. 78, de 23 de março de 2012, p. 64.

Na realidade, é muito importante que o pai goste de conversar e compreenda o que seus filhos pensam, como é o processo de aprendizagem deles e que tenham prazer em ensinar. Mas a escola deveria estar nesse contexto, tendo como complemento o fato de pais também estarem ensinando seus filhos, num sentido mais cuidadoso. É um movimento que traria efeitos positivos seja do ponto de vista do desenvolvimento intelectual e também para uma tendência de gerar uma interação mais próxima e positiva dos pais com os filhos...

Tarefa: Extraia cinco ocorrências de verbo no infinitivo do texto e diga qual delas é um *infinitivo flexionado*.

10. O texto seguinte foi publicado na revista *TodaTeen*, de autoria de Carolina Vieira, n. 197, de abril de 2012, p. 48:

LIXA AMIGA

Para as unhas não quebrarem facilmente, o segredo está na hora de lixá-las. As dos pés devem estar sempre no formato quadrado, para não encravarem. Já as das mãos variam de acordo com a fragilidade: se forem muito fracas, melhor optar pelo formato oval ou redondo. Se as unhas forem fortes, dá pra usá-las quadradinhas, lixando com movimentos firmes e retos. Independente da forma escolhida, também é legal lixar, uma vez por mês, a superfície da unha com a parte mais fina da lixa para retirar as impurezas e células mortas.

Tarefa 1: Extraia, do texto, duas ocorrências de *infinitivo flexionado*.

Tarefa 2: Há, nesse texto, duas ocorrências de *futuro do subjuntivo*, cujos morfemas de flexão são idênticos aos de um infinitivo. Encontre essas ocorrências.

Tarefa 3: Extraia seis ocorrências de *infinitivo não flexionado*.

Tarefa 4: Extraia uma ocorrência de *gerúndio*.

11. O texto seguinte é um trecho de *fala* de uma mulher de 31 anos, que cursou os quatro primeiros anos do ensino fundamental e reside no município de Piranga, em Minas Gerais:

E QUANDO CÊ ERA NOVA O QUE QUE CÊ FAZIA LÁ?

Ah...brincava muito né porque era eu...eu sou a segunda da última né...vão supor nóis é sete...então eu sou... eu...sou acima da mais nova... aí...brincava muito porque tinha as menina maior e a gente era as pequenininha....aí nóis brincava depois foi crescendo...ah...que cuidava de tudo né...que sempre...né...quando a gente é mais novo a gente sempre deixa pro que tá dentro de casa... elas foi casando... aí ficou...passou tudo pra mim a obrigação...aí eu continuei...peguei tudo peguei o incargo das outra [risos]...é...continuei fazendo né...daí a pouco fui crescendo...nóis plantava roça e eu ia pra roça...e ficava lá ajudando mais assim né...

Fonte: *corpus* de dados do grupo de pesquisa Nupevar (Fale/UFMG).

Tarefa: Em alguns dos verbos que aparecem nesse texto, a *concordância verbal* não se realiza de acordo com o português padrão exigido na *escrita*. Encontre pelo menos cinco desses verbos e flexione-os de acordo com o português padrão.

12. O primeiro texto a seguir é composto de trechos de *fala* de uma mulher de 70 anos, que cursou os quatro primeiros anos do ensino fundamental e reside no município de São João da Ponte, em Minas Gerais. O segundo texto é um trecho extraído do livro *João Miguel*, de Raquel de Queiroz:

TEXTO 1

Essas professoras que dava aula, elas iam na casa dos alunos?
Não, era assim ó...não tinha escola...eles alugava uma casa e fazia escola daquela casa mesmo....
Quem mora aí na casa da senhora?
Eu tô morando aqui mais tem um filho meu que mora mais eu...é que ele tá trabaiando fora agora.... uma parte dos meus filho mora em Maria da Cruz, Montes Claros e São Paulo, Brasília de Minas... mais mora uns filho e uns sobrinho aqui mesmo.

Fonte: *corpus* de dados do grupo de pesquisa Nupevar (Fale/UFMG).

TEXTO 2

Bastava missa na capela do fim da linha, onde só ia cabocla e pé-rapado...

Fonte: Queiroz, 1957: 213.

Tarefa 1: Descubra, no texto 1, dois verbos que não se flexionam de acordo com o que é esperado no português padrão e, em seguida, explicite os possíveis *fatores* que favoreceram a realização da concordância verbal de maneira não padrão.

Tarefa 2: No texto 2, a concordância verbal também não se realiza de acordo com o português padrão. Comparando os dois textos, aponte o fator que favoreceu a não concordância no trecho de Raquel de Queiroz.

13. Para criar uma generalização e se referir ao "povo brasileiro", o falante utiliza, no texto a seguir, os pronomes *nós* e *a gente*:

Eh, dizem, dizem, os nutrólogos, né, que ***nós*** somos um povo que pior comem, né? ***Nós*** não sabemos nos alimentar, né? E é, e é verd... e é real porque ***a gente*** não tem um mínimo, ***a gente*** não tem a mínima preocupação com a comida...tem mesmo esse problema com ***a gente***."

Fonte: inquérito 050, Projeto Nurc/Rio de Janeiro.

Tarefa: Reescreva as partes do texto em que esses pronomes aparecem substituindo *a gente* por *nós* e *nós* por *a gente*. Para que essa troca dê certo, você deverá modificar a concordância do verbo e procurar uma palavra que substitua, no português padrão, a expressão *com a gente*.

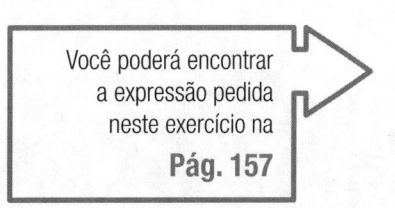
Você poderá encontrar a expressão pedida neste exercício na
Pág. 157

14. O texto seguinte é do português de Portugal escrito do século XIX:

Português de Portugal
↓

> Mancebos (se os há aí que se deem às letras), vós que encetais a mui árdua e perigosa vereda que pelas letras conduz à fama, seja qual for o gênero de poesia para onde propendais, seja qual for o vosso não vulgar engenho, sejam quais forem os louvores que os velhos na arte vos concedam, [...] não vos deis pressa de aparecer...
>
> Fonte: Castilho, 1910, apud Sousa da Silveira, 1966: 255.

Tarefa: Você deverá retextualizar esse texto, substituindo os pronomes *vós* por *vocês*, *vosso* por *de vocês*, eliminando o pronome *vos* e também adequando a concordância verbal.

> Olhe no dicionário o significado das palavras que você não conhece.

15. O texto a seguir foi adaptado de um texto publicado na revista *TodaTeen*, assinado por Mariana Scherma, n. 197, de abril de 2012, p. 72:

> Pensar na adolescência como uma guerra cheia de batalhas a serem vencidas não é muito comum, mas faz todo sentido. Por quê? Oras, bem quando você mandou as espinhas embora, vem o fora do ficante. Ou quando você superou os problemas do colégio, tem uma briga feia com seus pais. Mas nada de ficar de cabelo em pé. Você mesma votou no site da *TodaTeen* sobre o que mais a incomoda e a gente foi atrás da solução. Prepare-se pra sair vencedora dessa guerra.

Tarefa: Extraia, do texto, os verbos irregulares e regulares.

5

AS FUNÇÕES E OS PAPÉIS TEMÁTICOS DOS SINTAGMAS

A GRAMÁTICA MENTAL

Vamos iniciar este capítulo esclarecendo alguns pontos sobre a palavra **gramática**. Como já discutimos na introdução "Aos leitores", essa palavra pode ter, pelo menos, três significados. O primeiro deles quer dizer "o livro de gramática", isto é, um livro de gramática como este; o segundo significado é o seguinte: "a teoria da gramática de uma língua que está exposta num livro"; o terceiro significado é o que nos interessa mais de perto agora: é possível entender gramática como uma **gramática mental**, isto é, todos os seres humanos têm uma habilidade natural, cognitiva ou mental, para adquirir uma língua materna e é essa gramática mental que nos permite elaborar e decodificar os enunciados na interação com os falantes.

> Acidentes vasculares cerebrais, lesões cerebrais, tumores cerebrais e patologias psíquicas podem, no entanto, afetar nossa gramática mental, tendo como resultado problemas de linguagem, como, por exemplo, as **afasias**.

Há muitos argumentos, elaborados por cientistas da linguagem, que confirmam a existência desta gramática mental. Vamos apenas mencionar dois desses argumentos: (1) um deles diz respeito à aquisição da linguagem pelas crianças: essa aquisição é muito homogênea e eficiente, isto é, acontece, na sua primeira fase, entre 1 e 4 anos, independentemente de classe social, cultura, etc., e é completa, ou seja, as crianças adquirem todo o sistema da gramática da sua língua materna; (2) a comparação entre as gramáticas de inúmeras línguas mostra que existe um certo número de princípios ou leis que são comuns a todas as gramáticas das línguas humanas. Não poderemos desenvolver esses argumentos aqui neste livro porque fugiria dos nossos objetivos, que têm a ver com o ensino. Apesar disso, vamos considerar que essa gramática mental existe e veremos neste capítulo como essa noção pode nos ser útil.

Para isso, precisaremos detalhar um pouco mais como essa gramática mental está estruturada. Consideraremos que podemos dividi-la em **componentes** e que, além disso, esses componentes parecem poder funcionar, até certo ponto, de maneira independente um do outro.

Para explicar melhor essa ideia dos componentes, pense num *carro* que tem, como componentes principais, *o motor*, *a suspensão com as rodas* e *a lataria*. Cada componente serve para realizar tarefas diferentes e, embora sejam interligados, funcionam, até certo ponto, de maneira independente um do outro.

A estrutura e o funcionamento da gramática mental podem ser comparados com os de um carro. Vamos considerar que ela tem três componentes que são: **sintaxe**, **fonética** e **semântica**:

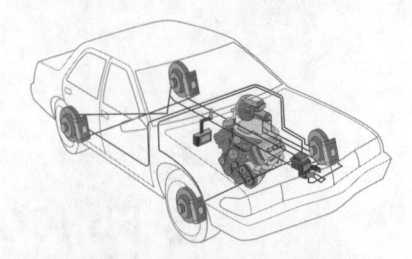

GRAMÁTICA MENTAL

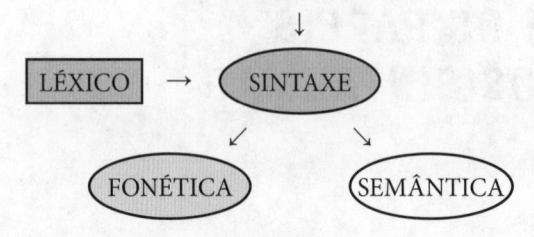

Cada **componente** do carro tem suas próprias funções, que são desempenhadas de maneira independente. Um carro em movimento é o resultado, no entanto, de todas essas partes funcionando juntas.

Além dos três componentes, a gramática conta também com um **léxico**, que é como um dicionário, ou seja, é uma lista das palavras ou morfemas que temos armazenada na nossa memória. É o léxico que "alimenta" a gramática, isto é, que fornece as palavras para que os falantes formem as orações da língua. Outra comparação pode ser feita: imagine um programa de computador que tem que ser "alimentado" com dados para "rodar". Pois bem, essa gramática mental é como um programa de computador e as palavras funcionam como os dados que fazem a gramática "rodar".

Os princípios e os recursos da gramática mental são finitos, mas permitem combinações infinitas de palavras, formando orações e textos. Essas características da nossa gramática mental explicam a *criatividade* no uso da língua, isto é, o fato de podermos gerar orações diferentes infinitamente.

O funcionamento da gramática mental pode ser comparado com o funcionamento do sistema aritmético. Dispomos de algarismos finitos, isto é, 0,1,2,3...9, e, com eles, utilizando operações e regras, contamos coisas infinitamente.

Cada componente da gramática tem tarefas específicas a desempenhar, e o resultado do funcionamento conjunto dos três componentes é a formação de uma oração ou de um texto pronto para ser usado pelo falante num contexto real de *fala* ou de *escrita*. Vamos ver quais são as principais tarefas de cada componente:

SINTAXE → "pega" as palavras do **léxico** e monta *orações* com as palavras.
FONÉTICA → "recebe" a oração montada pela **sintaxe** e atribui *sons* à oração.
SEMÂNTICA → "recebe" a oração montada pela **sintaxe** e atribui *significado* à oração.

O resultado dos processamentos realizados pelos três componentes é, como já dissemos, a oração ou o texto utilizado pelo falante.

No entanto, no ato da comunicação entre dois falantes, outros conhecimentos e habilidades mentais são acessados por eles para que a troca de mensagens seja efetivada. Por exemplo, vamos imaginar a seguinte situação:

Num dia chuvoso, a professora observa uma janela aberta no fundo da sala de aula e, em seguida,
diz a oração seguinte olhando para o aluno que está sentado ao lado dessa janela:

– A janela está aberta!

Na sequência, o aluno se levanta rapidamente e fecha a janela.

Nessa pequena história, a comunicação entre a professora e o aluno foi bem-sucedida: o aluno "descobriu" o que a professora queria dizer ou qual era sua *intenção*. Nesse caso, a gramática produziu apenas a oração "*A janela está aberta!*". O fato de o aluno ter interpretado corretamente essa oração depende de mais conhecimentos e habilidades que estão armazenados na sua mente, como, por exemplo, o conhecimento de como o mundo está organizado e de como pessoas são, isto é, informações como: "*como está visível que a janela está aberta, o que a professora quer, na verdade, é me fazer um pedido para fechá-la, já que sou eu que estou mais próximo da janela*"; "*é ruim água de chuva entrar na sala, pois pode molhar as pessoas ou os objetos*"; "*janelas abertas deixam entrar água de chuva, mas não quando estão fechadas*"; etc. Esses conhecimentos são aparentemente simples, mas tivemos que aprendê-los ao longo da vida. Pois bem, todos esses conhecimentos, que *não* são produzidos pela gramática, foram acessados, de forma instantânea, para que a comunicação desse certo.

Nossa explicação, que aplicaremos adiante, deixa entender o seguinte: a gramática produz as orações, mas no **uso** da língua utilizamos muitos outros conhecimentos para realizar a comunicação entre os falantes.

SINTAGMAS E A DEFINIÇÃO DE ORAÇÃO

Para explicar as funções das palavras na oração, precisamos antes introduzir uma noção muito importante, que é a de **sintagma**.

Vamos lá: até agora, dissemos que os elementos que fazem parte da oração são as palavras, e partes das palavras – como a flexão –, que foram, como vimos, classificadas em *nome*, *verbo*, *determinante*, etc. Na verdade, para formar uma oração, as palavras, de início, se agrupam formando blocos de palavras. Esses grupos ou blocos de palavras são os **sintagmas**. Então, para formar uma oração, nossa gramática ou o componente sintático da gramática funciona da seguinte maneira: seleciona, primeiro, um conjunto de palavras; em seguida, "pega" essas palavras e forma blocos dessas palavras, que são os sintagmas; e, por fim, encaixa esses sintagmas para obter as orações.

Vamos ilustrar o que acabamos de explicar. Considerem o seguinte conjunto de palavras:

cozinha, armário, baratas, da, pequenas, no, viviam, três

Para formar uma oração com essas palavras, precisamos, para começar, montar os dois **sintagmas** seguintes:

1º Sintagma: três baratas pequenas

2º Sintagma: no armário da cozinha

Em seguida, "pegamos" a palavra *viviam*, que é um verbo, para encaixá-la com o sintagma *no armário da cozinha*:

viviam no armário da cozinha

Quando encaixamos os dois elementos destacados, formamos, então, o terceiro sintagma, que é o seguinte:

3º Sintagma: viviam no armário da cozinha

E, finalmente, encaixamos o primeiro sintagma, obtendo a seguinte oração:

Três baratas pequenas viviam no armário da cozinha

Precisamos dar nomes aos sintagmas que formamos!

Para fazer isso, é necessário encontrar o **núcleo** do sintagma, isto é, aquela palavra que é a mais *importante* do sintagma. Consideraremos que todas as categorias lexicais, isto é, *nome, verbo, adjetivo, advérbio e numeral* podem ser núcleos de sintagmas.

Existem, então, os sintagmas seguintes:

Sintagma Nominal
Sintagma Verbal
Sintagma Adjetival
Sintagma Adverbial
Sintagma Numeral

Montar um vaso de flores é como montar uma oração, mas, no caso da oração, fazemos isso sem pensar e sem dificuldade. Trata-se de uma habilidade natural que os seres humanos possuem.

Podemos também nos referir aos sintagmas ao lado através de **siglas**. Da seguinte maneira:

Sintagma Nominal	→	**SN**
Sintagma Verbal	→	**SV**
Sintagma Adjetival	→	**SA**
Sintagma Adverbial	→	**SAdv**
Sintagma Numeral	→	**SNum**

Os três sintagmas que formamos podem exemplificar dois desses sintagmas. No caso de *no armário da cozinha*, o núcleo é o nome *armário* e, em *três baratas pequenas*, o núcleo é o nome *baratas*. Já que *armário* e *barata* são nomes, os sintagmas do qual participam são **sintagmas nominais**. O terceiro sintagma, isto é, *viviam no armário da cozinha*, é um **sintagma verbal**, já que o núcleo é o verbo *viviam*.

Para exemplificar os outros tipos de sintagmas, vamos considerar o seguinte conjunto de palavras:

mais, serão, primeiro, os, provavelmente, baixos, alunos

Com essas palavras, formamos, primeiro, os seguintes sintagmas:

1º Sintagma:	mais baixos
2º Sintagma:	os primeiros
3º Sintagma:	Os alunos
4º Sintagma:	provavelmente

Vamos agora "pegar" o verbo *serão* e encaixar com o sintagma *os primeiros*, o que gera o seguinte **sintagma verbal**:

5º Sintagma: serão os primeiros

O sintagma *os primeiros* é um **sintagma numeral**, pois o seu núcleo é o numeral *primeiros*. Vamos encaixar agora os sintagmas *os alunos* e *mais baixos*, o que dá o seguinte:

6º Sintagma: os alunos mais baixos

O sintagma *mais baixos* é um **sintagma adjetival**, já que o adjetivo *baixos* é o núcleo. Nós o encaixamos com o sintagma nominal *os alunos*, formando o encaixe *os alunos mais baixos*, que também é um sintagma nominal porque no resultado do encaixe, isto é, em *os alunos mais baixos*, o núcleo *geral* é **alunos**.

Podemos agora encaixar o sintagma nominal *os alunos mais baixos* com o sintagma verbal *serão os primeiros*, o que gera a oração seguinte, que está quase completa:

os alunos mais baixos serão os primeiros

Para finalizar a montagem da oração, vamos acrescentar o nosso último sintagma, ou seja, o **sintagma adverbial** *provavelmente*, que só dispõe do núcleo. Esse encaixe final gera:

Provavelmente os alunos mais baixos serão os primeiros.

Aqui, foi possível perceber que uma oração pode ser formada, basicamente, quando encaixamos um sintagma nominal e um sintagma verbal. Da seguinte maneira:

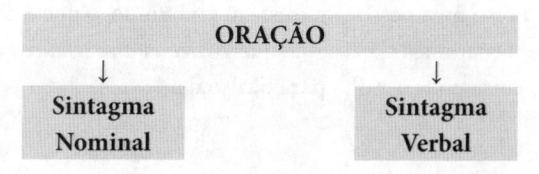

Mas pode ser que a oração inclua um terceiro sintagma que, no exemplo "Provavelmente os alunos mais baixos serão os primeiros", foi o sintagma adverbial *provavelmente*. A oração pode ser assim:

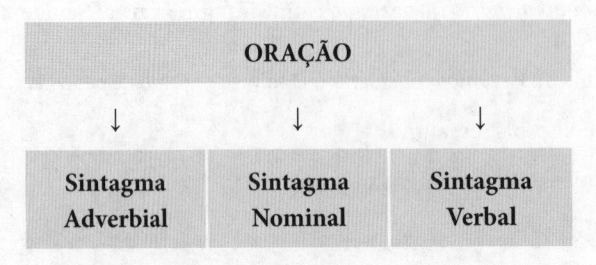

Como também vimos, dentro do sintagma nominal e dentro do sintagma verbal podem ocorrer outros sintagmas. Vamos "destrinchar", então, a oração toda até encontrar as palavras que a compõem:

Assim como um prédio, podemos dizer que uma oração também dispõe de uma estrutura subjacente.

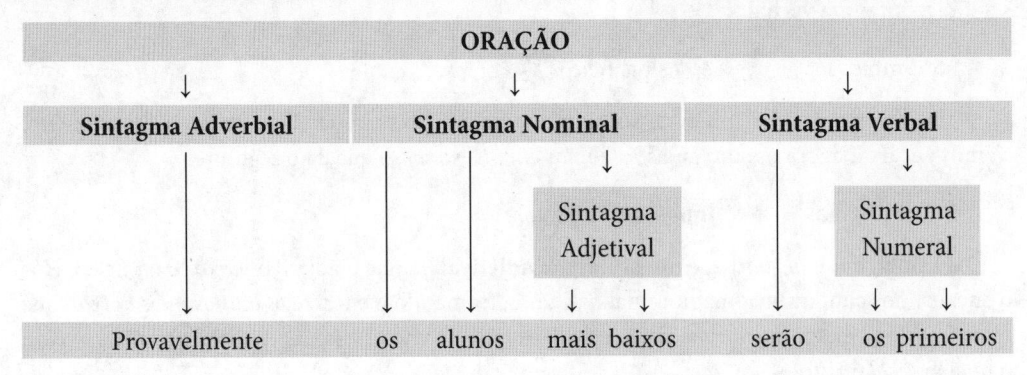

Falamos que, para descobrir o **núcleo** de um sintagma, precisamos encontrar a palavra mais **importante**, já que um sintagma pode ser composto de: (1) uma única palavra, que é, então, o seu núcleo; ou (2) de mais de uma palavra. Nesse segundo caso, a dúvida que surge então é como ter certeza de que a palavra que julgamos ser a mais importante é de fato a mais importante.

Em primeiro lugar, *mais importante* quer dizer que é a palavra **mais forte** do ponto de vista do significado. Nem sempre é fácil entender o que quer dizer "palavra de significação mais forte". Vamos dar alguns exemplos:

O meu irmão.

Nesse exemplo, que é um sintagma nominal, a palavra *irmão* é a mais importante porque ela faz referência a algo, no caso uma pessoa, que está aí no mundo, o que é diferente das palavras *O* e *meu*, que só ajudam a tornar mais claro o que quero dizer sobre *irmão*. *Irmão* é, então, o núcleo do sintagma. A mesma coisa pode ser dita para o caso de:

mais novo

que é um sintagma adjetival porque a palavra mais importante, ou seja, o núcleo, é o adjetivo *novo*, que significa, nesse caso, uma qualidade ou propriedade atribuída a alguém. Agora, quando juntamos os dois sintagmas, como em:

O meu irmão mais novo.

a palavra *irmão* continua a ser a mais importante em relação às outras. Então, *irmão* é o núcleo do sintagma nominal *O meu irmão mais novo*.

Vamos analisar agora um caso de sintagma verbal:

comprei outra blusinha.

Dentro desse sintagma verbal, existe o sintagma nominal *outra blusinha*, cujo núcleo é o nome *blusinha*. Quando encaixamos esse sintagma nominal com o verbo *comprei*, geramos o sintagma verbal *comprei outra blusinha*. Nesse sintagma verbal, a palavra de significação mais forte é o verbo *comprei*, que indica uma ação que realizei.

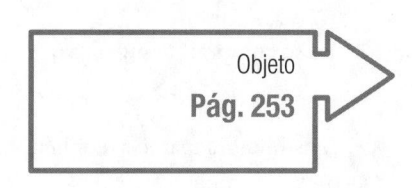
Objeto
Pág. 253

Para ter certeza de que identificamos corretamente o núcleo do sintagma, podemos utilizar ainda *dois critérios* bem objetivos.

1º critério: são os núcleos que determinam, de acordo com sua significação, se o sintagma tem ou não um **objeto**. Por exemplo:

(1)   Neste fim de semana, Rodrigo não [saiu].
                               SV
(2)   Neste fim de semana, Rodrigo não [encontrou *os amigos*]
                               SV

No primeiro exemplo, o sintagma verbal só tem um verbo, *saiu*, que não "pede" um **objeto**; já no segundo exemplo, o núcleo é o verbo *encontrar*, que "pede" um objeto, que é *os amigos*, ou seja, *quando utilizamos **encontrar**, necessariamente ativamos na nossa mente o que ou quem foi encontrado*. O fato, então, de haver ou não um objeto é decidido pelo verbo, que é, portanto, o núcleo do sintagma verbal. O mesmo pode ser dito para o caso dos sintagmas nominais cujo núcleo, que é um nome, decide se há ou não um **objeto**. Por exemplo:

(1) [A nossa viagem] foi bem-sucedida.
  SN
(2) [A construção da casa] foi bem-sucedida.
  SN

No primeiro exemplo, o núcleo *viagem* não "pede" um objeto, mas o núcleo *construção*, no segundo exemplo, "pede" um objeto que é *casa*. Veremos, neste capítulo e no seguinte, mais detalhes sobre o que quer dizer "pedir o objeto".

2º critério: o núcleo decide como deve ser a concordância do sintagma e da oração. Por exemplo:

[**As filhas** do vizinho] estav**am** revoltad**as** com o novo bronzeador.
SN

Nesse caso, o núcleo *filhas* do sintagma nominal *as filhas do vizinho* determina a concordância de gênero – **feminino** – e de número – **plural** – do determinante *As*, do adjetivo *revoltadas* e
também a flexão de 3ª pessoa do plural que aparece no verbo *estavam*.

Vejamos agora outra informação sobre os sintagmas. Acabamos de estudar que um sintagma
deve ter, *pelo menos*, um *núcleo*, como é o caso do sintagma verbal e do sintagma nominal a seguir:

Depois que eu cheguei, ele [dormiu].
SV
Eu só comprei [bugigangas].
SN

Mas podem aparecer também outros constituintes do sintagma à esquerda e à direita do
núcleo. Por exemplo:

Juninho [mal **tocou** na comida].
SV
[A **cura** da aids] ainda vai demorar um pouco.
SN
Eu estou [bastante **contente** com a viagem].
SA
O juiz agiu [muito **favoravelmente** a vocês].
SAdv

Nesses exemplos, os núcleos *tocou* (do sintagma verbal); *cura* (do sintagma nominal); *contente*
(do sintagma adjetival) e *favoravelmente* (do sintagma adverbial) dispõem de um item à esquerda e
de outros à direita. Os itens que aparecem à esquerda são chamados de **especificadores** e os itens
que aparecem à direita são os **objetos**. De maneira que a estrutura de um sintagma é a seguinte:

Estrutura de um SINTAGMA
↓
[Especificadores + Núcleo + Objetos]

Veja agora como ficam os sintagmas exemplificados descritos por meio dos componentes
da estrutura de um **sintagma**.

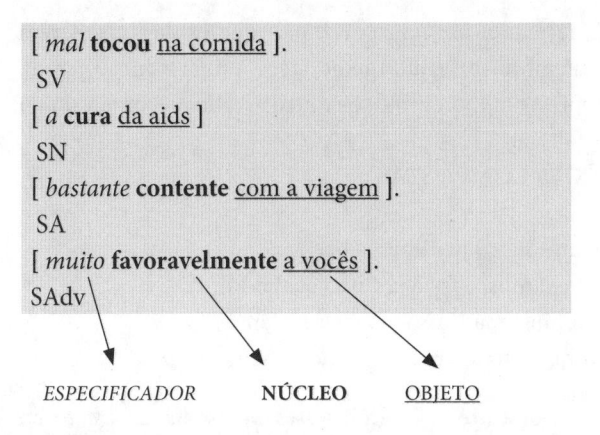

[*mal* **tocou** <u>na comida</u>].
SV
[*a* **cura** <u>da aids</u>]
SN
[*bastante* **contente** <u>com a viagem</u>].
SA
[*muito* **favoravelmente** <u>a vocês</u>].
SAdv

ESPECIFICADOR   **NÚCLEO**   <u>OBJETO</u>

Também o **sintagma numeral** pode dispor de constituintes à esquerda e à direita do núcleo:

Esta senhora é
[*a* **terceira** da fila]
SNum

A diferença em relação aos demais sintagmas é que o constituinte à direita do núcleo, isto é, da fila, não é um objeto e desempenha outra função que chamaremos de **delimitador**.

Pág. 261

Para concluir esta seção, vamos reforçar que um sintagma tem que ter, pelo menos, um **núcleo**, e que os **especificadores** e os **objetos** são opcionais, o que vai depender do núcleo escolhido e do que queremos dizer. Veremos mais detalhes sobre os constituintes dos sintagmas quando falarmos sobre as funções gramaticais ainda neste capítulo.

TIPOS DE ORAÇÃO

As **frases**, como comentamos no capítulo 2, não apresentam verbos. É o caso, por exemplo, quando dizemos:

Que bom! – Fogo! – Beleza!

Estaremos mais interessados, porém, apenas nas **orações** que, como também vimos, contêm, pelo menos, um verbo. Acabamos de ver que uma oração assim pode ser montada com um **sintagma nominal** e um **sintagma verbal**. Esses são, então, os *componentes básicos de uma oração*, mas não são os únicos, já que, além desses componentes básicos, uma oração pode conter, por exemplo, um **sintagma adverbial**.

Além disso, podemos dividir as orações em **simples** e **compostas**. Vamos diferenciá-las da seguinte maneira:

ORAÇÃO SIMPLES: formada por um *único* verbo (ou por uma locução verbal).
ORAÇÃO COMPOSTA: formada por *mais* de um verbo.

Vamos comparar alguns exemplos para entender isso melhor:

ORAÇÃO SIMPLES
↓
João Pedro **odeia** brócolis.
Luís Antônio **devolveu** o dinheiro ao colega.
Ele **está chegando** agora.
Marta **pode ter dito** isso.

As orações são simples porque representam *um único evento*, o que explica elas terem apenas um verbo ou uma locução verbal. Lembre-se de que, quando temos uma locução verbal, só existe um verbo com conteúdo que representa um evento; os outros verbos – como *está* ou *pode ter* – são *auxiliares* do verbo principal.

ORAÇÕES COMPOSTAS
↓

Silvana **garantiu** que Sinval **pediu** uma licença.
Na hora em que nós **chegamos**, a festa já **tinha acabado**.
Tiago **quis entrar** no shopping, mas Jussara já **estava** cansada.
Ele **exigiu** o crachá porque **tem aparecido** muito penetra.

Ocorrem dois verbos principais em cada oração e cada verbo desses representa um *evento*: no primeiro exemplo, o primeiro evento é *Silvana garantiu algo* e o segundo evento é *Sinval pediu uma licença*; na segunda oração, o primeiro evento é *nós chegamos* e o segundo é *a festa tinha acabado*. No terceiro exemplo, temos o evento *Tiago quis entrar no shopping*, com o auxiliar *quis* e o verbo principal *entrar*, e o evento *Jussara já estava cansada*. No último exemplo, articulamos *Ele exigiu o crachá* com *tem aparecido muito penetra* que contém o auxiliar *tem* e o verbo principal *aparecido*, que se encontra no particípio. Os dois eventos em cada oração do exemplo estão articulados e formam o que chamamos de *oração composta*. Estudaremos, no capítulo 6, os recursos da língua que permitem a formação dessas orações compostas.

Existe, no entanto, um tipo de oração que não contém verbo, mas que, mesmo assim, chamaremos de oração. Com base nas *funções gramaticais*, que definiremos a seguir, diremos que se trata de orações porque elas apresentam uma estrutura que contém um sintagma que funciona como **sujeito** e um outro sintagma – nominal ou adjetival – que funciona como **predicado**. Veja os exemplos a seguir:

Eu acho [*Mara* **muito sábia**].
A Argentina elegeu [*uma mulher* **presidente**].
Eles chamaram [*João* **de moleque**].

Os sintagmas destacados nos exemplos formam o que chamamos de *minioração*: é uma oração que não tem verbo, mas que dispõe de um *sintagma nominal* – como *Mara, uma mulher* e *João* – seguido de um núcleo que pode ser um *sintagma adjetival – muito sábia –*, um *sintagma nominal – presidente –* ou um *sintagma nominal precedido por preposição – de moleque*. Um argumento para considerar que essas *minioração* formam mesmo uma oração é o fato de podermos dizer a mesma coisa que elas dizem utilizando o verbo *ser*:

Mara é muito sábia (para mim).
Uma mulher é presidente (foi eleita pelos argentinos).
João é moleque (segundo quem chamou).

Como dissemos, vamos estudar na próxima seção as funções desempenhadas pelos sintagmas que compõem as *orações* e as *minioração*.

A classificação em orações simples e compostas diz respeito ao fato de elas expressarem um ou mais eventos, o que resulta numa oração mais ou menos informativa.

Além dessa classificação, é possível diferenciar as orações de acordo com as seguintes *intenções* do falante:

O falante pode querer:
↓
1. Fazer uma DECLARAÇÃO ou fazer uma PERGUNTA.
2. Fazer uma AFIRMAÇÃO ou fazer uma NEGAÇÃO.

Para explicar como funcionam essas escolhas, vamos reproduzir, passo a passo, como o falante, ou alguém que escreve um texto, se comporta mentalmente para se comunicar: ao dizer algo a alguém, o falante escolhe primeiro o que quer dizer, isto é, quais as palavras necessárias para dizer o que ele quer dizer. Vamos imaginar que ele escolheu as seguintes palavras que estão organizadas em sintagmas nesta oração:

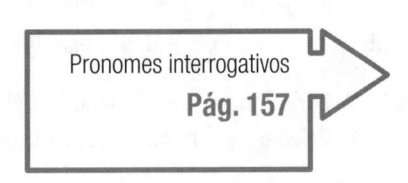

Pronomes interrogativos
Pág. 157

Manuela conseguiu passar de ano.

Se o falante disser a oração tal qual ela está acima, ele terá escolhido fazer uma **declaração** e teremos assim uma **oração declarativa**.

Mas o falante pode também escolher fazer uma **pergunta** com essa mesma oração. Nesse caso, ele acrescenta uma maneira especial de pronunciá-la, chamada *entonação*, que, na *escrita*, é representada pelo sinal interrogativo **?**:

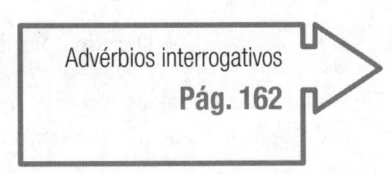

Advérbios interrogativos
Pág. 162

Manuela conseguiu passar de ano?

Essa ocorrência é, portanto, de uma **oração interrogativa**. As reações do ouvinte ao ouvir as orações interrogativas e declarativas são diferentes. Em relação ao caso de perguntas como a que está em destaque, o ouvinte é convidado a produzir uma resposta que confirma ou que nega o que está sendo perguntado. É também possível construir uma oração interrogativa de maneira a solicitar ao ouvinte que complete uma informação que queremos. Nesses casos, usamos um pronome interrogativo ou um advérbio interrogativo do tipo de *quem, o que, onde, quando*, etc.

Onde você comprou aquela sandália?
Quem você disse que mudou para Tocantins?

Continuando a nossa explicação, o falante terá também que tomar decisões em relação à segunda escolha, ou seja, ele pode fazer uma **afirmação** e aí teremos uma **oração afirmativa** ou então elaborar uma **negação**, o que gera uma **oração negativa**.

Vejamos como é isso: a oração declarativa é também uma oração afirmativa:

Manuela conseguiu passar de ano.

Para formar uma **oração negativa**, a maneira mais comum é acrescentar advérbios negativos como *não*, *nunca* e outros:

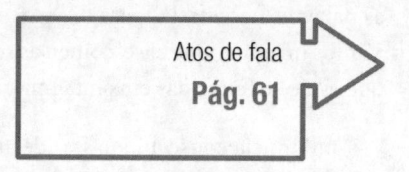

Advérbios negativos
Págs. 139 e 282

Manuela **não** conseguiu passar de ano.

Ao negar uma oração, nós simplesmente dizemos que determinado evento não ocorreu.

As orações negativas podem ser formadas ainda por meio de sintagmas nominais com significado negativo, como, por exemplo, *nada*, *ninguém*, *nenhuma pessoa*, etc.:

Ninguém conseguiu tirar nota boa naquela prova.
Eu **não** percebi **nada** de estranho no comportamento dela.

Observe que a segunda oração é interpretada como *uma única negação*, apesar de aparecem duas palavras de significado negativo, isto é, *não* e *nada*.

Atos de fala
Pág. 61

A terceira escolha que o falante pode fazer ao dizer o que tem em mente é a seguinte:

O falante pode querer:
↓
3. Dar uma ORDEM, um CONSELHO ou fazer um PEDIDO.

Nesse caso, o falante produz uma **oração imperativa** e, para isso, o *modo imperativo* é empregado, como nos seguintes exemplos:

Saia agora!
Cai fora!
Some!
Devolve minha boina já!

Modo imperativo
Pág. 150

Dê uma olhadinha na nossa explicação do modo imperativo e lembre-se que o imperativo ocorre de maneiras diferentes: um mais frequente na *fala* e outro mais esperado na *escrita*. Outra observação importante é que, como a ordem nos exemplos é direta, isto é, o falante se dirige diretamente ao ouvinte, não precisamos pronunciar *quem deve sair*, *devolver a boina*, etc., ou seja, está subentendido que é a pessoa a quem o falante se dirige. Vamos estudar, na sequência, como entender melhor esses fenômenos através da noção de *função dos sintagmas*.

Por fim, o falante pode construir sua oração de maneira a expressar o seguinte:

O falante pode querer:

↓

4. Exteriorizar suas EMOÇÕES.

No caso citado, é uma **oração exclamativa** que o falante elabora, como nos exemplos seguintes:

Nossa! Que prova difícil!
Amei o brigadeiro!
Que nojo esse lençol!

Como se vê, nesse tipo de oração, os afetos ou sentimentos do falante se tornam visíveis: *a insatisfação com o seu desempenho na prova; o prazer que sentiu ao comer o brigadeiro* e *o asco sentido em relação ao lençol.*

Observe ainda que, ao final das orações exclamativas e também das orações imperativas, utilizamos sempre o sinal de **exclamação**, ou seja, !, que representa a ênfase, ou força de elocução da oração, colocada pelo falante.

Para terminar, chamo a atenção para o fato de que nós podemos combinar as quatro escolhas mencionadas, formando, por exemplo, orações como as seguintes:

Quem não conseguiu passar de ano?
Não largue a escada!

Assim, a primeira oração é interrogativa e também negativa ao passo que a segunda é uma oração imperativa e também negativa.

AS FUNÇÕES DOS SINTAGMAS

Os sintagmas que definimos desempenham, na oração, certas **funções gramaticais**. Vamos considerar as seguintes funções:

FUNÇÕES →
1. Sujeito
2. Predicado
3. Objeto
4. Modificador
5. Delimitador

A função de **objeto** é também chamada de **complemento** e a função de **modificador** é conhecida também por **adjunto**.

A combinação dos sintagmas através dessas funções é que viabiliza a formação de uma oração da língua. Para explicar a noção de **função gramatical**, vamos considerar a seguinte comparação com o conceito de papel numa peça de teatro: a encenação da peça *Romeu e Julieta* necessita de um ator para o papel de Romeu, de uma atriz para o papel de Julieta, de outros atores para os papéis de pais de Romeu e assim por diante. A cada montagem da peça, esses papéis terão de ser preenchidos, isto é, teremos que ter atores e atrizes para desempenhá-los. Quando formamos uma oração, algo de semelhante acontece.

Romeu e Julieta

Uma **função** gramatical é comparável a um **papel** numa peça teatral. A cada encenação da peça, os atores desempenham seus papéis. Assim é nossa vida: a cada momento e ambiente, desempenhamos papéis diferentes.

Para fazer essa comparação, podemos dizer que certas palavras da língua são como peças teatrais, isto é, preveem certas funções que terão que ser desempenhadas por sintagmas. Essas funções são determinadas pelo *nosso conhecimento do significado das palavras*.

Vamos explicar isso falando um pouco sobre a aquisição da língua materna pela criança. É na primeira fase da aquisição da linguagem, quando temos, aproximadamente, entre 1 e 4 anos, que aprendemos o significado das palavras básicas da nossa língua; como reconhecê-las e produzi-las por meio dos sons e, por fim, como usá-las nas orações que utilizamos na interação com os demais falantes. Observe o seguinte diálogo entre duas crianças dessa idade:

Criança 1 (3 anos e meio): "Cê pegou minha boneca!"
Criança 2 (3 anos e 10 meses): "Peguei não....foi Aninha..."

Esse diálogo mostra que as crianças sabem reconhecer palavras quando as escutam e também pronunciá-las; sabem o que significam e como formar orações com elas. Este "saber" é *inconsciente*, isto é, é um conhecimento natural que não precisou de um ensino explícito. Como o aprendemos então?

Da seguinte maneira: imagine uma criança que anda em direção a um brinquedo, digamos um carrinho, que se encontra no chão. Em seguida, ela se agacha e segura o carrinho com a mão. Nesse momento, um adulto, que está por perto, diz a ela: "Nenê pegou o carrinho!" O que a criança aprendeu nesse episódio?

Em primeiro lugar, aprendeu que *pegar* é uma palavra que se refere a uma ação que, para ser realizada, depende de *alguém* que a pratique. Vamos representar o que acabamos de dizer da seguinte maneira:

O verbo *pegar*, como qualquer outro, é usado também com significados **abstratos**, como, por exemplo:

Eu peguei uma gripe.
Ele pega muita mulher.

Mesmo assim, o verbo *pegar* continua ocorrendo com objeto, que são os sintagmas nominais *uma gripe* e *muita mulher.*

(1) _____ pegou o carrinho

Ela aprendeu, em segundo lugar, que *quem pega*, necessariamente, pega *alguma coisa*, ou, em outras palavras, que há *um objeto que é visado* ou *mirado pela sua ação:*

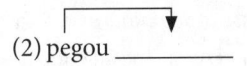

(2) pegou _____

Toda vez que falamos/escrevemos ou escutamos/lemos o verbo *pegar*, são incluídos, em (1), no lugar do traço, *quem pega* e, no lugar do traço, em (2), *pega o quê*. *Pegar* torna-se, assim, um tipo de "ficha" que é armazenada na memória da criança a partir do momento em que entendeu o que o adulto disse. Essa "ficha" estará sempre disponível para nós de maneira que toda vez que formos usar o verbo *pegar*, como no caso citado, acessamos as informações de que *alguém pegou alguma coisa*. É verdade, por outro lado, que nem sempre pronunciamos *quem pegou* ou *o que foi pego*, mas, de toda maneira, ao escutarmos ou pronunciarmos esse verbo, sempre construímos mentalmente essas duas informações. Voltaremos a falar desses constituintes não pronunciados na seção "Tipos de sujeito".

Todos os sintagmas que expressarem *quem pegou* desempenham a função de **sujeito** e todos os sintagmas que expressarem *o que foi pego* funcionam como **objeto**.

O **sujeito** é um *sujeito* de um **predicado**. O *predicado* é, então, algo que é dito do *sujeito*. Em outras palavras, podemos dizer que um predicado é *"aberto"* e será *"fechado"* por um sujeito, para que, no final, a gente tenha uma oração. Enfim, a maneira mais comum de formar uma oração é juntar um *sintagma nominal*, que desempenha a função de sujeito, e um *sintagma verbal*, que funciona como predicado. Vamos ilustrar o que acabamos de propor com os seguintes exemplos:

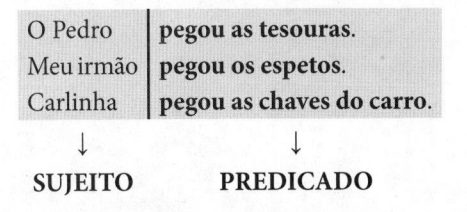

O Pedro	**pegou as tesouras.**
Meu irmão	**pegou os espetos.**
Carlinha	**pegou as chaves do carro.**
↓	↓
SUJEITO	**PREDICADO**

Observe, portanto, que os constituintes que funcionam como sujeito são *sintagmas nominais*, enquanto os constituintes que funcionam como predicado são *sintagmas verbais*.

Descobrir o sintagma que desempenha a função de sujeito nem sempre é uma tarefa fácil. Quando falamos, lemos ou escrevemos um texto, fazemos isso sem nos dar conta, isto é, identificamos e selecionamos o sujeito, interpretando-o e inserindo-o nas orações, de maneira espontânea, de acordo com a nossa gramática mental. Alguns critérios, no entanto, são empregados por nós, provavelmente, de maneira conjunta, na execução dessa tarefa.

Em primeiro lugar, a *concordância verbal*, que estudamos no capítulo 4, ocorre, na verdade, entre o **verbo flexionado** e o *sintagma que desempenha a função de* **sujeito**. Observe a oração seguinte em que a concordância verbal se realiza da maneira como se espera que ocorra na *escrita*:

(1) **Os alunos** ped**iram** uma segunda chance.
(2) **O aluno** ped**iu** uma segunda chance.

Nesses exemplos, o sintagma nominal *Os alunos*, que desempenha a função de sujeito, está no plural e, por causa disso, o verbo *pedir* se flexiona na *terceira pessoa do plural*, ou seja, ped*iram*. O mesmo ocorre com o sintagma nominal *O aluno*, que, sendo sujeito e estando no singular, leva o verbo para a *terceira pessoa do singular*, isto é, ped*iu*.

Em segundo lugar, o português do Brasil tem como *ordem básica de palavras* a sequência **Sujeito-Verbo-Objeto** ou, na forma de uma sigla, a ordem SVO. Essa ordem é básica porque ela é mais frequente, mas não é a única possível, como discutiremos, em detalhes, no capítulo 6.

Essa *ordem* retrata o fato de que o sintagma nominal imediatamente à esquerda do verbo flexionado tem, normalmente, a função de sujeito da oração. Como também explicaremos no capítulo 6, essa não é, porém, a única posição que o sujeito pode ocupar, mas é a mais comum.

Podemos concluir, assim, que é muito útil examinar o lugar dos sintagmas nominais na oração para descobrir qual é o sujeito da oração, isto é, em boa parte das vezes, ele aparece antes do verbo.

Por último, observamos também de que maneira os sintagmas nominais que funcionam como sujeitos, são interpretados. Vamos descrever a interpretação dos sintagmas nominais, que desempenham a função de sujeito e outras funções, através da noção de **papel temático**, que será explicada em detalhes mais adiante. Voltaremos ainda a falar do sujeito, explicitando alguns de seus tipos.

Vamos dar mais detalhes agora sobre a função de **objeto**. Para isso, voltemos aos exemplos seguintes:

O Pedro SN	*pegou [as tesouras].*
Meu irmão SN	*pegou [os espetos].*
Carlinha SN	*pegou [as chaves do carro].*

↓

PREDICADO

Nesses exemplos, os predicados são, como vimos, *sintagmas verbais* que contêm, como está representado, além do verbo *pegar*, um sintagma nominal, isto é, *as tesouras, os espetos* e *as chaves do carro*. Pois bem, são esses sintagmas nominais, dentro do predicado, que desempenham a função chamada de **objeto**. Essa análise está representada a seguir:

Pegou	**as tesouras.**
Pegou	**os espetos.**
Pegou	**as chaves do carro.**

↓

OBJETO

Já vimos, por outro lado, que há muitos tipos de verbo diferentes na língua, ou seja, nem todos são como o verbo *pegar*. Voltaremos a estudar os tipos de verbo no capítulo 6. Por enquanto, saibam apenas que há verbos, por exemplo, que "pedem" dois **objetos**. São casos como os seguintes:

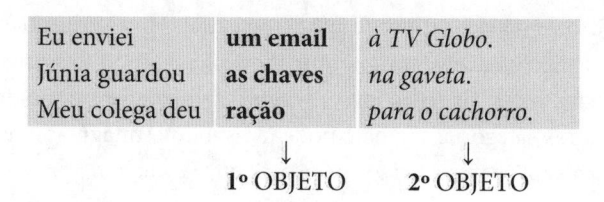

Eu enviei	**um email**	*à TV Globo.*
Júnia guardou	**as chaves**	*na gaveta.*
Meu colega deu	**ração**	*para o cachorro.*

$$\downarrow \qquad\qquad \downarrow$$
1º OBJETO   2º OBJETO

Também nesses casos, aprendemos que há dois objetos, ou seja, na fase de aquisição da linguagem, nós descobrimos, ao observar a língua sendo usada à nossa volta, que *quem envia algo envia esse algo a alguém*; *quem guarda guarda algo em algum lugar*; e *quem dá algo dá algo para alguém*, necessariamente. Vamos representar esse conhecimento como fizemos nos casos anteriores:

> Na *fala* de alguns dialetos, como o mineiro, pode ocorrer, no entanto, uma troca de lugar entre os dois objetos e, nesse caso, a preposição **não** precisa aparecer:
>
> *Eu dei ela um presente.*
>
> Esse tipo de oração é comum em inglês:
>
> *I gave her a gift*

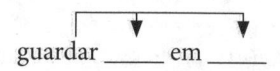

guardar _____ em _____

O segundo **objeto** é sempre precedido por uma **preposição**: no exemplo, é a preposição *em*. Por essa razão, esse segundo objeto é também chamado de **objeto indireto**. A palavra *indireto*, nesse caso, quer dizer que a relação entre o verbo e esse segundo objeto é indireta porque é feita por meio de uma preposição.

Vamos ver agora se os critérios que propomos para encontrar o sujeito podem servir para localizarmos os sintagmas que desempenham a função de objeto do verbo.

O critério da concordância verbal pode ser usado da seguinte maneira: *os* **objetos** *nunca concordam com os verbos*, como este exemplo nos mostra:

O cachorrinho da Madalena tomou **os sorvetes**.

O sintagma nominal *os sorvetes*, que é o objeto da oração, está no plural, enquanto o verbo, que concorda com o sujeito *o cachorrinho da Madalena*, está no singular, o que prova, portanto, que o objeto não concorda com o verbo.

A verificação da concordância verbal não é, porém, suficiente para identificarmos o objeto porque, como veremos ainda nesta seção, os sintagmas que desempenham a função de **modificador** também **não** concordam com o verbo.

É preciso, então, considerar, com a análise da concordância, os critérios da *posição que o sintagma ocupa na oração* e da *interpretação do sintagma que suspeitamos ser o objeto*.

Como já vimos, a posição básica do objeto, isto é, a mais *frequente*, é depois do verbo que o "pede". No exemplo discutido, que obedece à ordem de palavras Sujeito-Verbo-Objeto, o objeto *os sorvetes* se localiza, como previsto, à direita do verbo *tomou*. Essa é, então, a sua posição mais frequente. Entretanto, como também será discutido no capítulo 6, essa não é a única posição que o objeto pode ocupar.

Orações objetivas
Pág. 329

Para termos certeza de que localizamos o constituinte que desempenha a função de objeto, é útil examinar de que maneira eles participam do evento determinado pelo verbo, ou seja, analisar os **papéis temáticos** que são atribuídos a eles. Na seção logo a seguir detalharemos esse assunto.

Além do verbo, palavras de outras categorias também podem dispor de sintagmas que desempenham a função de objeto. Para explicar isso, vamos comparar o (1) *sintagma nominal* e a (2) *oração* que estão destacados a seguir:

(1) [**A construção do shopping**] acabou.
    SN

(2) [**A empresa** MRV **construiu o shopping.**]
    Oração

> A flexão **-iu** aparece, é claro, em outros verbos que não "pedem" um objeto, como, por exemplo, *dormiu*. Fica claro então que não é a flexão que "pede" o objeto.

Na oração (2), aparece o verbo *construiu*, que ocorre com um sujeito, ou seja, *A empresa* MRV e com um objeto, isto é, *o shopping*. Observe, além disso, que o verbo *construiu* é formado pelo morfema *constru-* e pela flexão *-iu*; e que é o morfema *constru-* que, na verdade, "pede" o objeto.

Repare agora que *constru-* é o morfema que forma o núcleo *construção* do sintagma nominal (1) com outro morfema, isto é, *-ção*. Ora, o fato de *constru-* ter um objeto é preservado no nome *construção* de maneira que o sintagma nominal, repetido a seguir, dispõe também de um sintagma nominal, precedido por preposição, que desempenha essa função:

[**A construção do *shopping***] acabou.
 SN

↓

OBJETO

Também dentro do *sintagma adjetival* e do *sintagma adverbial* podemos encontrar sintagmas que desempenham a função de objeto. Para verificar isso, comparemos as orações a seguir com os sintagmas adjetivais que formamos na sequência

Uma das igrejas americanas temia **o fim do mundo**.
Os funcionários não se satisfizeram com **o aumento**.

> O que estamos chamando de **objeto** do nome e do adjetivo pode também ser chamado de **complemento nominal**.

↓

OBJETO

Observe agora que, quando transformamos os verbos *temer* e *satisfazer* em adjetivos, a função de objeto continua a ser desempenhada pelos mesmos sintagmas, que passam a ser introduzidos por uma preposição:

Uma das igrejas americanas está *temerosa* com **o fim do mundo**.
Os funcionários não estão *satisfeitos* com **o aumento**.

↓

OBJETO

Veja, por fim, o caso dos objetos de advérbios:

> O promotor agiu *favoravelmente* a **seu filho**.
> Comprar o piso *separadamente* **do rejunte** vai dar problema.

↓

OBJETO

Nos casos citados, os advérbios *favoravelmente* e *separadamente* foram formados tendo, como base, os adjetivos *favorável* e *separado,* aos quais acrescentamos o morfema *-mente*. Assim, os objetos *seu filho* e *o rejunte*, que funcionam também como objetos dos adjetivos que serviram de base, se conservaram quando os advérbios foram formados:

> O promotor foi *favorável* a **seu filho**.
> Comprar o piso *separado* d**o rejunte** vai dar problema.

Vamos voltar agora à função do predicado e aos constituintes que estão dentro do sintagma verbal. O **predicado** pode conter, por outro lado, além do verbo, outros sintagmas ou mesmo orações. Vejamos alguns exemplos:

(1) Juninho	**dormia.**
(2) Juninho	**pegou o carrinho.**
(3) Juninho	**devolveu o carrinho ao primo.**
(4) Juninho	**acredita que Papai Noel existe.**
(5) Juninho	**é muito tranquilo.**

↓

PREDICADO

Em todos esses exemplos, os sintagmas verbais funcionam como predicados do sintagma nominal *Juninho*, que é o sujeito. No exemplo (1), apenas o verbo *dormir* forma o predicado; no exemplo (2) aparece, além do verbo, o sintagma nominal *o carrinho*; dois sintagmas nominais – *o carrinho* e *o primo* (este precedido por preposição) – compõem o predicado junto com o verbo *devolveu* no exemplo (3); é uma oração – *que Papai Noel existe* – e o verbo *acredita* que formam o predicado no exemplo (4); enfim, o predicado em (5) é composto por um *verbo de ligação* e por um sintagma adjetival, ou seja, *muito tranquilo*.

Quando introduzidos por um **verbo de ligação**, os predicados podem também conter, além de um *sintagma adjetival* como no exemplo citado, *um sintagma nominal, um sintagma adverbial* ou mesmo uma *oração* que, nesse caso, funcionam como o núcleo de significação mais forte do predicado. Observe as ocorrências de um *sintagma nominal* como *presidente do Brasil*, do *sintagma adverbial* do tipo de *aqui* e da oração *que meu time seja campeão*:

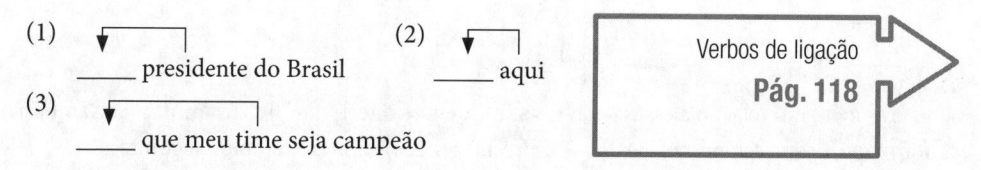

(1) _____ presidente do Brasil

(2) _____ aqui

(3) _____ que meu time seja campeão

> Verbos de ligação
> **Pág. 118**

Os predicados são "abertos" no sentido que definimos anteriormente, ou seja, é preciso dizer quem *foi presidente do Brasil,* o que ocorreu *aqui* e o que está relacionado à oração *que meu time seja campeão,* como nas ocorrências seguintes:

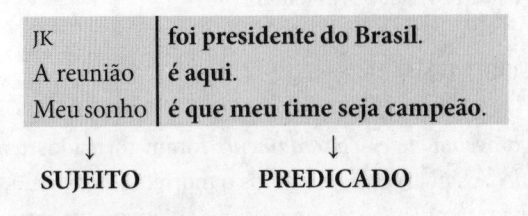

JK	foi presidente do Brasil.
A reunião	é aqui.
Meu sonho	é que meu time seja campeão.

↓   ↓
SUJEITO   **PREDICADO**

Um predicado é também a função desempenha-da pelo núcleo de uma *minioração.* Alguns exemplos estão a seguir:

Minioração
Pág. 250

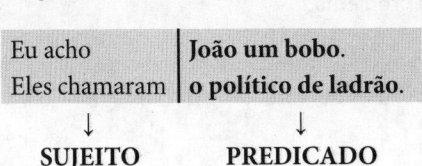

| Eu acho | João um bobo. |
| Eles chamaram | o político de ladrão. |

↓   ↓
SUJEITO   **PREDICADO**

Veremos em detalhes, no capítulo 6, que orações e outros sintagmas podem também desempenhar as funções de *sujeito* e *objeto.*

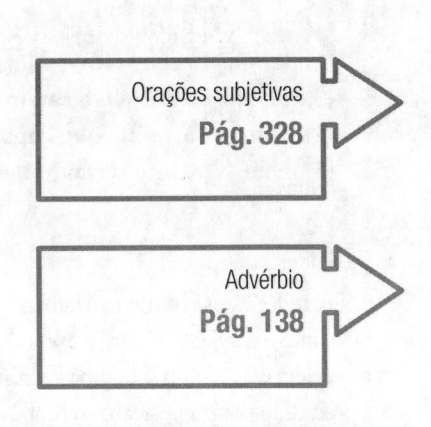

Orações subjetivas
Pág. 328

Advérbio
Pág. 138

Explicaremos, a seguir, a quarta função listada no início desta seção, isto é, a função de **modificador**, que é parecida com a de predicado. O **modificador** é "aberto" no sentido de que é preciso incluir outro cons-tituinte, o **modificado**, que vai "fechar" a mensagem. Ocorre então uma *transferência* ou uma *contribuição* do significado do constituinte que funciona como modifi-cador em relação a outro constituinte que é, portanto, *modificado.* Os *advérbios,* divididos em *dois grandes grupos* de acordo com os seus significados, são as categorias mais comuns – mas não as únicas – que, como núcleos de *sintagmas adverbiais,* desempenham a função de modificador.

Para ilustrar como funcionam os modificadores, preste atenção no significado de sintagmas adverbiais como *ontem* e *aqui.* Assim como um predicado, essas duas palavras "pedem" outros constituintes com os quais acabam criando um tipo de ligação ou dependência. Vamos representar o que acabamos de dizer da seguinte maneira:

_____ ontem   _____ aqui

Também em relação a essas palavras aprendemos que, quando as usamos, precisamos acres-centar *o que aconteceu ontem* e *o que aconteceu aqui,* como nos exemplos seguintes:

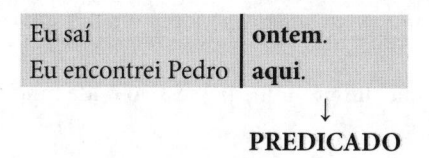

↓

PREDICADO

Vemos, assim, que um modificador, como o próprio nome deixa claro, *modifica* a compreensão do constituinte com o qual ele entra em relação, isto é, o fato de *Eu ter saído* aconteceu *ontem*, e não *anteontem* ou *na semana passada*; assim como o fato de *Eu ter*

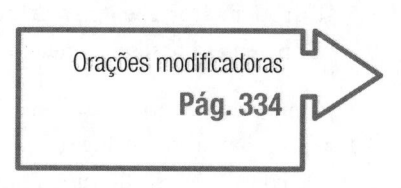

encontrado Pedro aconteceu *aqui*, e não *lá em casa* ou *no shopping*, etc. As orações *Eu saí* e *eu encontrei Pedro* são, portanto, os constituintes modificados.

De acordo com o que falamos anteriormente sobre a função de *predicado* com *verbo de ligação* e a função de *modificador*, vemos que um mesmo sintagma adverbial, como *aqui*, pode desempenhar essas duas funções. Aliás, em princípio, qualquer sintagma pode desempenhar qualquer função. Assim, não podemos dizer, por exemplo, que o sintagma adverbial *aqui*, como indica um *lugar*, deva ser, necessariamente, um modificador. Nada disso! Como vimos, ele pode ser também, aliado a um verbo de ligação, um predicado. A própria ideia de função autoriza nossa proposta, ou seja, a função é determinada pelas relações que os constituintes mantêm uns com os outros.

Falta explicar a última função, a de **delimitador**, que atua sobre um *nome* e é desempenhada, nos casos a seguir, por *sintagmas adjetivais* e *sintagmas nominais introduzidos por uma preposição*. Observe o seguinte esquema:

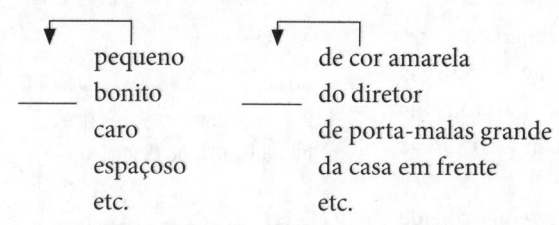

Quando usamos uma das expressões desses exemplos, precisamos incluir um **nome** no espaço do traço, como se vê a seguir:

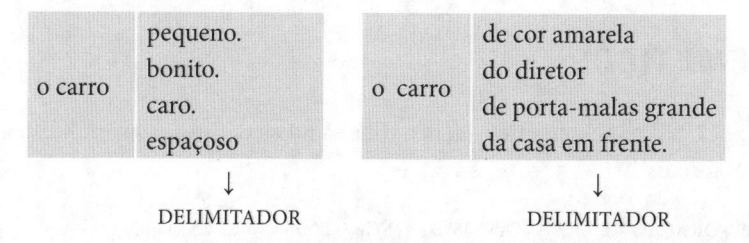

Assim, da mesma maneira que o **predicado** e o **modificador**, o **delimitador** é também um termo "aberto" que, ao ser "fechado" por um nome, gera uma mensagem. Nesses exemplos, o nome **carro** é *delimitado*, ou *restringido*, por um dos *sintagmas adjetivais* ou por um dos *sintagmas nominais precedidos por preposição*.

Um fenômeno interessante da nossa língua é que um pronome possessivo pode funcionar também como delimitador. Observe os exemplos:

Um boi **meu** arrebentou a cerca.
Os parentes **nossos** são meio doidos.

Como se vê, o fato de ser *meu* e *nossos* é a característica que delimita ou restringe os nomes *boi* e *parentes*.

Os constituintes que funcionam como delimitadores podem também ser colocados numa posição antes do nome. Discutiremos essa propriedade no capítulo 6.

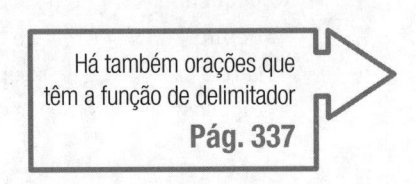

Adjetivos e restrição
Pág. 137

Já vimos, no capítulo 2, o que quer dizer *restringir* quando falamos da classe dos adjetivos. Vamos comentar um exemplo só para relembrar. Preste atenção:

Todas as pessoas são felizes.

Nessa oração, alguém está afirmando que acredita que *todas as pessoas são felizes,* isto é, para quem disse isso, o conjunto de todas as pessoas do mundo são felizes. Mas essa mesma pessoa pode rever o que disse e afirmar, agora, o seguinte:

Todas as pessoas **generosas** são felizes.

Quando acrescenta o sintagma adjetival *generosas*, ela *delimita* ou *restringe* o conjunto de pessoas que acha que são felizes, ou seja, não são mais todas as pessoas da terra que são felizes, mas somente as pessoas generosas é que são felizes.

Há também orações que têm a função de delimitador
Pág. 337

Vejamos a seguir a noção de papel temático, que nos será muito útil na compreensão e na identificação das funções gramaticais.

OS PAPÉIS TEMÁTICOS

Para explicar a noção de **papel temático**, vamos voltar à nossa definição de *oração*, que foi colocada nos seguintes termos:

UMA **ORAÇÃO** REPRESENTA COMO CONCEBEMOS UM **EVENTO**.

Como já sabemos, ocorrem eventos de vários tipos no mundo e nós consideramos os seguintes:

TIPOS DE EVENTOS

1. Estado
2. Processo
3. Atividade
4. Fenômeno da natureza
5. Existência

Para entender a razão da divisão dos eventos em tipos, vamos levar em conta, em primeiro lugar, que o que existe no mundo, isto é, *as pessoas, os animais, as plantas, as coisas* (reais ou imaginárias) e mesmo as coisas abstratas, como *os sentimentos, as propostas, as teorias*, etc., participam do que ocorre no mundo de maneiras diferentes, por exemplo, realizando ações, sendo classificados, participando de processos, etc. Além disso, os *processos* que ocorrem no mundo, as *atividades* que desempenhamos, os *fenômenos da natureza*, etc., podem ser compreendidos em relação a várias circunstâncias como ser situados no *tempo*, no *espaço*, etc.

Consideraremos que as relações de **significado** entre as palavras que representam o que concebemos que existe no mundo são estabelecidas pelo que chamamos de **papéis temáticos**. Os papéis temáticos são "conteúdos", ou significados, que representam o modo como *concebemos* a participação dos constituintes nos eventos que ocorrem no mundo.

É importante ter clareza do que acabamos de dizer, ou seja, os papéis temáticos não retratam, com fidelidade, a maneira como o mundo é na realidade, e sim a maneira como nós concebemos o mundo. Para entender o que dissemos, vamos analisar o exemplo a seguir:

Aquela planta gostou do terreno do nosso sítio.

Na verdade, não é que a planta gostou, como um ser humano ou animal, do terreno, mas sim que, por razões geológicas e climáticas, ela desenvolveu-se da maneira esperada no terreno do sítio.

Os papéis temáticos representam, portanto, não o que sempre ocorre de fato, mas sim como concebemos mentalmente o que ocorre no mundo.

Essa proposta faz parte de uma discussão bastante ampla e antiga sobre a relação entre a linguagem e o mundo, ou seja, a linguagem retrata fielmente o que existe e ocorre no mundo ou a linguagem é uma maneira de conceber o que existe e ocorre no mundo? Adotamos, como veremos nesta seção, a segunda perspectiva.

Para continuar a falar dos papéis temáticos, vamos retomar agora as funções gramaticais: das cinco funções que distinguimos, três delas, isto é, o predicado, o modificador e o delimitador, *atribuem* papéis temáticos, e duas delas, ou seja, o sujeito e o objeto, *recebem* papéis temáticos.

Como dissemos, os vários tipos de papéis temáticos são determinados, sobretudo, pelo significado dos itens que os atribuem. Por exemplo, na oração *O João saiu*, o predicado, composto apenas pelo verbo *saiu*, é que atribui o papel temático de **agente** ao sujeito *o João*. O fato de o papel temático ser agente é porque *saiu* é um *verbo de ação* que "pede" um sujeito que participe do evento como agente.

Vejamos agora em detalhes nossa descrição dos papéis temáticos.

Os papéis temáticos atribuídos ao sujeito e ao objeto

Como dissemos, é o predicado que atribui os papéis temáticos ao sujeito e são os verbos, os nomes, os adjetivos e os advérbios que atribuem os papéis temáticos ao objeto. Trata-se, portanto, das duas relações seguintes:

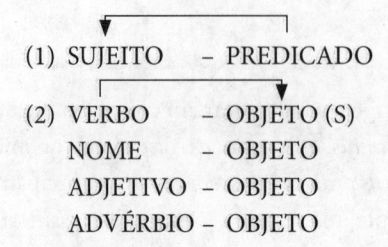

(1) SUJEITO – PREDICADO

(2) VERBO – OBJETO (S)
    NOME – OBJETO
    ADJETIVO – OBJETO
    ADVÉRBIO – OBJETO

Aí está a lista dos papéis temáticos atribuídos ao sujeito e ao objeto:

PAPÉIS TEMÁTICOS

(1) Agente
(2) Paciente
(3) Tema
(4) Causador
(5) Experienciador
(6) Destinatário
(7) Possuidor
(8) "Coisa" possuída
(9) Instrumento
(10) Quantidade
(11) Lugar
(12) Resultado
(13) Identificado

A seguir, explicaremos como são interpretados cada um desses papéis temáticos.

Para comentar o papel de **agente**, vamos voltar à nossa historinha da criança na fase de aquisição da linguagem que aprende o verbo *pegar*. Como vimos, a criança aprendeu que, para montar uma oração com esse verbo, é preciso incluir *quem praticou a ação de pegar*. Quando fazemos isso, dizemos que quem praticou esta ação é interpretado como **agente,** que é então um papel temático atribuído pelo verbo *pegar* com seu *objeto*.

Vamos dizer, então, que o sintagma nominal que desempenha a função de sujeito no exemplo a seguir recebe o papel temático de agente:

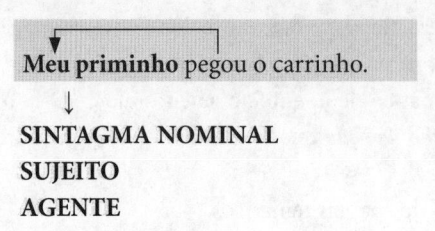

Meu priminho pegou o carrinho.

↓

SINTAGMA NOMINAL
SUJEITO
AGENTE

Nesse exemplo, então, *Meu priminho* é um **sintagma nominal** que desempenha a função de **sujeito** e recebe o papel temático de **agente**.

Observe agora que não é, como afirmamos, apenas o verbo, mas todo o **predicado** que determina o papel temático do sujeito. Veja a diferença entre os dois papéis temáticos dos sujeitos a seguir:

(1) Pedro pegou **a raquete colorida**.
(2) Pedro pegou **dengue**.

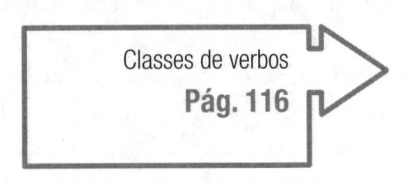
Classes de verbos
Pág. 116

No primeiro caso, *Pedro* é **agente** e sabemos disso também por causa do objeto, *a raquete colorida*, que é algo que podemos, concretamente, *pegar*. No segundo exemplo, *Pedro* não recebe o papel temático de agente, e sim o de **paciente**, que será detalhado logo a seguir. Sabemos disso por causa do objeto *dengue*, que é algo que pode nos afetar e não algo que podemos pegar com as mãos.

No exemplo (1), o verbo *pegar*, núcleo do sintagma verbal que funciona como predicado, atribui o papel temático de agente porque é um **verbo de ação** da classe dos eventos de **atividade**. Além dos verbos de ação, outras classes de verbos atribuem o papel temático de agente a seus sujeitos. Veja os exemplos da classe dos **verbos de conhecimento**, dos **verbos de modo de falar** e dos **verbos de desejo**:

> **João** *pensou* muito naquela questão.
> **Márcia** *gritava* demais.
> **Meu primo** *quer* um carro novo.
>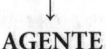
> **AGENTE**

Com todos os verbos das classes que acabamos de mencionar, o sujeito recebe o papel temático de agente.

Nas orações a seguir, nas quais os sujeitos representam seres humanos e os predicados são nucleados pelos verbos *esconder-se* e *dormiu*, os sujeitos também recebem o papel temático de agente:

> **O ladrão** *se escondeu* atrás daquela árvore enorme.
> **Chiquinho** *dormiu* na rua.

No entanto, esses mesmos predicados podem formar orações com sujeitos que se referem a fenômenos naturais ou astros, como *o Sol*, ou são coisas inanimadas, como *carro*, o que coloca a questão de saber qual é o papel temático de sujeitos desse tipo:

> **O Sol** *se escondeu* atrás daquela árvore enorme.
> **O carro** *dormiu* na rua.

Por causa de casos como esses, dissemos que os papéis temáticos representam, na verdade, como concebemos a participação dos constituintes nos eventos que ocorrem no mundo. Vamos explorar um pouco mais a ideia de "concepção do que ocorre no mundo" que faz parte desta definição.

Nas orações comentadas, *o Sol* não pode ter tido, como *o ladrão* no exemplo anterior, a intenção de se esconder atrás da árvore. O que aconteceu foi simplesmente que a terra realizou seu movimento rotatório natural, o que fez com que os raios de sol ficassem, aos nossos olhos, obstruídos pela árvore enorme. Na nossa concepção, no entanto, tudo se passa como se *o sol*, da mesma maneira que um ser humano, se escondesse atrás da árvore. Em outras palavras, existe uma metáfora subjacente na interpretação dessas orações, ou seja, uma comparação entre a impossibilidade de acesso visual a uma pessoa, *o ladrão*, e aos raios de sol, devido à interposição de uma árvore. Da mesma maneira, ao usar o verbo *dormir*, estamos, na verdade, querendo dizer que *o carro* ficou estacionado na rua e não foi guardado na garagem. Adotando essa perspectiva, diremos que *o Sol* e *o carro*, nesses exemplos, são concebidos como agente e também recebem, portanto, esse papel temático.

Outros exemplos podem ser dados em que, apesar de se tratar de um sujeito que *não* é um ser animado, temos o papel temático de agente

> **A tradição judaica** conhece muito bem o significado da palavra *pai*.
> **A filosofia da linguagem** tenta compreender a linguagem sem o contexto sócio-histórico.
> **O cenário econômico** estabeleceu o novo aumento do dólar.

↓
AGENTE

De acordo com o nosso conhecimento do mundo, *a tradição judaica*, *a filosofia da linguagem* e *o cenário econômico* não são seres vivos, mas são concebidos como agente nos eventos representados pelas orações analisadas.

Há uma diferença, por outro lado, entre as ocorrências de agente quando o sujeito é um ser vivo e quando não é. Trata-se do seguinte: como só os seres vivos podem ter *intenções*, isto é, fazer algo "por querer" ou "sem querer", somente quando o sujeito é um ser vivo é possível incluir o advérbio *intencionalmente*. Compare:

> **O presidente da bolsa** estabeleceu o novo aumento do dólar intencionalmente.
> **O cachorro** me lambeu intencionalmente.

> * **O cenário econômico** estabeleceu o novo aumento do dólar intencionalmente.
> * **O Sol** se escondeu atrás daquela árvore enorme intencionalmente.

Esses exemplos provam que fazemos diferença entre sujeitos como *o cachorro* e *o Sol*. Apesar disso, continuaremos mantendo que, tanto num caso como no outro, é o papel temático de **agente** que é atribuído.

Há, enfim, uma diferença de significado entre sujeitos como as entidades abstratas do tipo de a *tradição judaica* e sujeitos como *o Sol*. Em relação ao primeiro caso, podemos pensar que existem ou existiram pessoas atuantes que, de forma conjunta, exercem ou exerceram atividades as quais permitiram a elaboração dessas entidades. Nada disso pode ser dito para *o Sol*, que é inerentemente inanimado. De novo, consideraremos que, em todos esses casos, é o papel temático de agente que é atribuído aos sintagmas nominais.

Há casos, por outro lado, assemelhados com os que acabamos de analisar, que merecem ser classificados de maneira diferente. Trata-se de ocorrências como as seguintes:

A friagem fez Carminha gripar.
O vento abriu a porta.
A poeira incomodou muito a dona Fátima.

Poderíamos pensar que, também em enunciados como esses, teríamos o papel temático de agente. No entanto, nossa análise será diferente. Ora, nesses casos, não concebemos, na verdade, *o vento*, *a friagem* e *a poeira* como agentes. Em outras palavras, os sujeitos dessas orações não foram "personificados" por nós e são entendidos, na realidade, como **causa** *da gripe de Carminha, da abertura da porta* e *do incômodo de dona Fátima*. Por essa razão, diremos que o papel temático desses sujeitos é o de **causador**.

Observe, enfim, que também nesses casos, a presença do advérbio *intencionalmente* provoca má-formação dos enunciados. Faça você mesmo o experimento.

O papel temático de **paciente** é desempenhado com *muita frequência* pelos sintagmas nominais que funcionam como *objeto*. Esse papel temático ocorre quando o sintagma nominal é afetado pela atividade expressa pelo verbo, ou seja, quando ocorre mudança de estado da "coisa" que funciona como objeto, devido a essa atividade. Preste atenção:

Sílvia matou **o escorpião**.
↓
PACIENTE

Nesse exemplo, o objeto **o escorpião** estava vivo antes da ação do sujeito *Sílvia*; depois da ação, ele mudou de estado, isto é, morreu. O objeto dessa oração caracteriza muito bem então o papel **paciente**.

Vamos considerar também que paciente pode ser atribuído também a sintagmas nominais que não são "vivos", isto é, também o que é inanimado, como nos exemplos seguintes, se sofre alguma alteração de estado, é interpretado por meio desse papel temático:

Pedrinho rasgou o **livrinho de histórias**.
Pedrinho estrangulou o **patinho de borracha**.
↓
PACIENTE

Note que há sutilezas na interpretação da mudança de estado desses objetos: *o livrinho de histórias* ficou rasgado de forma irreversível (a não ser que a gente o cole), mas *o patinho de borracha* pode voltar ao estado anterior desde que Pedrinho pare de estrangulá-lo. Como se vê, há detalhes da interpretação dos sintagmas nominais que não são "captados" pela noção de papel temático, o que é um convite à pesquisa.

O papel paciente pode também ser atribuído ao sujeito como nos seguintes casos:

> **O Titanic** afundou.
> **O pneu do carro** furou na viagem.

↓

SUJEITO
PACIENTE

Em orações como essas, os sintagma nominais, como *o Titanic* e o *pneu do carro*, estão numa relação de concordância com o verbo, funcionam, portanto, como sujeito e são interpretados como paciente. O evento, nesse caso, é de **processo**.

Por outro lado, verbos como *furar* e *afundar* podem também ser verbos que representam eventos de **atividade**, como nos seguintes casos:

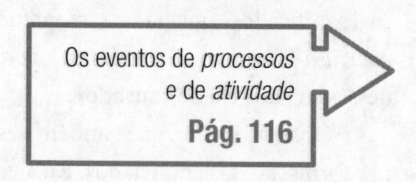

Os eventos de *processos* e de *atividade*
Pág. 116

O ladrão **furou** o pneu do carro.
A polícia federal **afundou** o barco do traficante.

Nessas orações, *furar* e *afundar* atribuem os papéis temáticos de agente, ao sujeito, e de paciente, ao objeto. Mas nos exemplos em que os verbos representam um processo, cancelamos o papel de agente e incluímos apenas o de paciente. Houve, assim, uma **transformação** do tipo do verbo. Estudaremos essa e outras transformações do tipo do verbo no capítulo 6.

Em orações como as seguintes, consideraremos que o papel temático de paciente também é atribuído ao objeto:

Nós evitamos **a correria dos alunos** naquela hora.
Meu chefe liberou **os pedidos de férias**.

Como nos casos que discutimos em que os sujeitos são entidades abstratas e são interpretadas como agente, diremos que, nesses exemplos, subjacente à *correria dos alunos* e aos *pedidos de férias*, encontram-se pessoas que foram afetadas pela ação dos verbos.

O papel temático **tema** é também, muito frequentemente, atribuído ao objeto. Preste atenção aos seguintes exemplos:

> Minha mãe comprou **um descascador de batatas**.
> Joana foi a única que leu **o livro**.
> Silvinha pediu **uma festa** de presente.

↓

TEMA

Nem sempre é fácil distinguir os papéis temáticos **tema** e **paciente**. Consideraremos que, no caso de tema, não ocorre uma mudança de estado do objeto da mesma maneira que ocorre no caso de paciente. Assim, *o descascador de batatas* do exemplo permanece o mesmo, pelo menos fisicamente, quando é comprado. No caso de paciente, é diferente, por exemplo:

Minha mãe quebrou **o descascador de batatas**.

↓

PACIENTE

Nesse caso, *o descascador de batatas* mudou de estado após a ação ser praticada, isto é, estava inteiro e ficou quebrado.

Consideraremos também que o papel temático de tema é atribuído ao sujeito nos eventos como os seguintes:

Acabaram **todas as empadinhas**.
Ocorreu **um acidente** na estação da Sé.

Nessas orações, ocorre apenas um sintagma nominal que funciona como sujeito e, na maioria das vezes, esse sujeito aparece depois do verbo. Estudaremos o lugar dos constituintes da oração no capítulo 6.

Os papéis temáticos de paciente e tema são também atribuídos aos objetos dos nomes, adjetivos e advérbios, como nos seguintes exemplos:

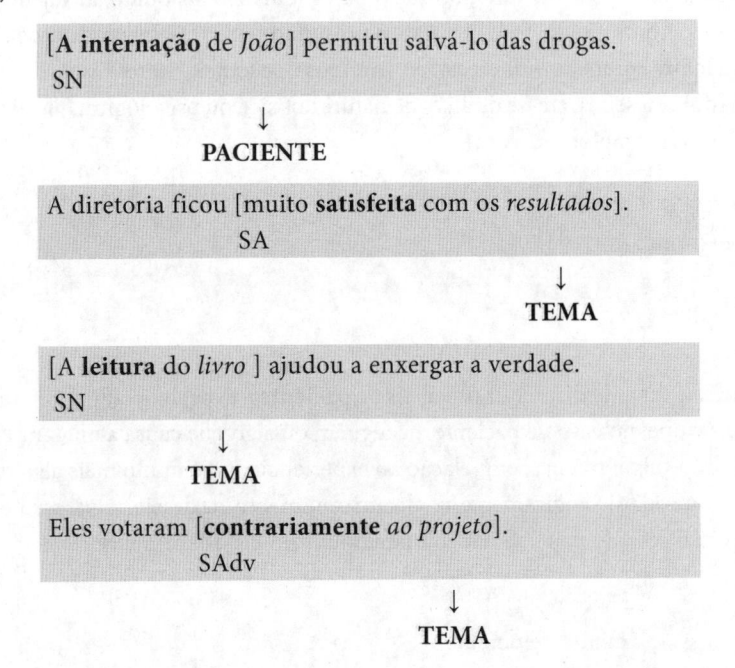

[**A internação** de *João*] permitiu salvá-lo das drogas.
SN

↓

PACIENTE

A diretoria ficou [muito **satisfeita** com os *resultados*].
SA

↓

TEMA

[A **leitura** do *livro*] ajudou a enxergar a verdade.
SN

↓

TEMA

Eles votaram [**contrariamente** *ao projeto*].
SAdv

↓

TEMA

Diremos também que, em casos como os que se seguem, o objeto sendo afetado pelo evento determinado pelo verbo, temos ocorrências de **paciente**.

A música alta incomodou **meu pai**.
Aquele camarão intoxicou **o Pedro**.

↓

PACIENTE

É interessante observar agora que, nesses exemplos, a presença de verbos da classe de **verbos psicológicos** como *incomodar* ou *intoxicar* faz com que o sintagma nominal que desempenha a função de objeto seja interpretado como paciente.

Por outro lado, podem ocorrer orações em que o objeto, embora seja um sintagma nominal, é interpretado como um evento, ou seja, como um fato que aconteceu, e que o sujeito seja um **causador**. Nesses casos, o sintagma nominal objeto parece relatar uma consequência ou o resultado do que houve. Veja os exemplos seguintes:

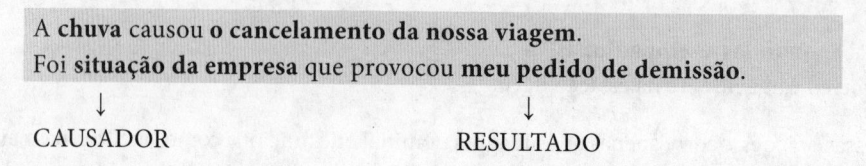

A **chuva** causou **o cancelamento da nossa viagem.**
Foi **situação da empresa** que provocou **meu pedido de demissão.**

     ↓   ↓

CAUSADOR   RESULTADO

A chuva e *a situação da empresa* são interpretados como **causador** e chamaremos o papel temático de *o cancelamento da nossa viagem* e *meu pedido de demissão* de **resultado**.

Prosseguindo nosso assunto, consideraremos que o papel temático atribuído ao sujeito de **verbos de sentimento** *não* é o de agente: ora, nesses eventos, não parece tratar-se de atos que praticamos da mesma maneira como *quebrar* ou *correr*. Diremos que temos, nesses casos, o papel temático de **experienciador**, ou seja, trata-se de algo, de natureza física ou psicológica, que experimentamos. Aí estão alguns exemplos:

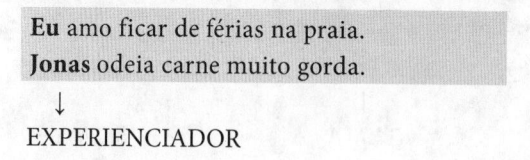

Eu amo ficar de férias na praia.
Jonas odeia carne muito gorda.

↓

EXPERIENCIADOR

Temos dificuldade, às vezes, de distinguir os papéis de **paciente** e **experienciador**. Diremos que a diferença entre eles é que, no caso de paciente, há alguém ou algo que causa a mudança de estado de alguma coisa ou de alguém, mas, em relação ao experienciador, é muito mais algo que experimentamos, fisicamente ou psicologicamente, como um sentimento, de desejo, raiva, asco, etc.

Vamos estudar agora o caso do papel temático **instrumento**. Veja os exemplos:

Aquela chave conseguiu abrir a porta.
O Gol subiu no passeio em alta velocidade.

↓

INSTRUMENTO

Os sujeitos desses exemplos, isto é, *aquela chave* e *o Gol* se referem aos instrumentos que foram utilizados por alguém para praticar a ação de *abrir a porta* e *subir no passeio*. Sabemos, é claro, que *aquela chave* não abriu a porta sozinha, nem *o Gol* subiu no passeio sozinho, isto é, alguém – que, se aparecesse na oração, seria o agente – os utilizou para praticar essas ações. Por uma razão muito simples não é adequado classificar esses casos também como agente: não estamos concebendo *aquele chave* e *o Gol* como agentes, e sim de fato como instrumentos que alguém, que não aparece na oração, utilizou para praticar determinadas ações.

Essa análise mostra que, em toda oração, há um contexto maior do qual ela é parte, isto é, existe um conjunto de outros eventos associados àquele que pronunciamos, como *por que razão alguém praticou determinada ação, onde aconteceu, na companhia de quem*, etc. Apesar disso, nessas orações, quem as pronunciou quis dar destaque à *chave* que serviu para abrir a porta e ao *carro* usado para subir no passeio, e não às pessoas que os utilizaram.

Vamos continuar a nossa explicação definindo agora o papel temático chamado de **destinatário**, que é atribuído à pessoa ou ao ser que é visado pela ação determinada pelo verbo. O sujeito e o objeto podem ser interpretados dessa maneira. Veja os exemplos:

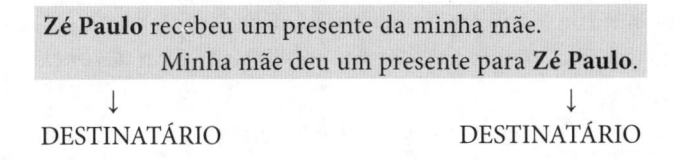

Zé Paulo recebeu um presente da minha mãe.
Minha mãe deu um presente para **Zé Paulo**.

↓	↓
DESTINATÁRIO	DESTINATÁRIO

Zé Paulo é que foi visado pelos eventos comandados pelos verbos *receber* e *dar*. É interessante observar uma curiosidade a respeito desse caso: as duas orações nem sempre querem dizer a mesma coisa. Veja o que acontece se for acrescentado, às duas orações, uma outra oração como "mas ele não quis aceitar":

? **Zé Paulo** recebeu um presente da minha mãe, mas ele não quis aceitar.
Minha mãe deu um presente para **Zé Paulo**, mas ele não quis aceitar.

A primeira oração, mas não a segunda, se torna estranha com o que acrescentamos: ficou parecendo uma contradição. Isso se deve ao fato de que, na primeira, mas não na segunda oração, o destaque é dado ao *recebimento* do presente, que, portanto, já ocorreu.

> O sinal de interrogação antes do primeiro exemplo ao lado significa que temos dúvida em relação à boa formação ou à gramaticalidade dela.

A seguir, vamos comentar o papel temático **possuidor** e o de **"coisa possuída"**, que são muito fáceis de entender: em alguns eventos, nós não fazemos nada nem sofremos nada, mas, simplesmente, somos possuidores de algo. Por exemplo:

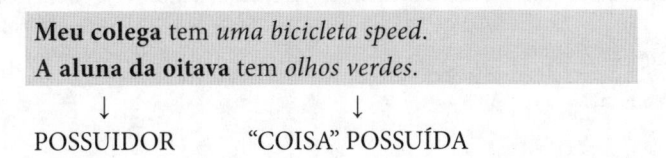

Meu colega tem *uma bicicleta speed*.
A aluna da oitava tem *olhos verdes*.

↓	↓
POSSUIDOR	"COISA" POSSUÍDA

Quando pensamos em **possuidor**, imediatamente acionamos a ideia de que há uma "coisa" que é possuída. Mas, há uma diferença entre os dois exemplos: na primeira oração, *o meu colega tem uma bicicleta speed*, mas pode vendê-la e deixar de ser seu possuidor. No caso da *aluna da oitava*, não tem jeito: ela tem *olhos verdes* e não há como deixar de tê-los.

Como deve ter ficado claro, são os **verbos de posse** – outros exemplos são: *possuir, dispor de* – que atribuem esse papel temático.

Por outro lado, os tipos de "posses" e de "coisas" que possuímos podem ainda variar bastante. Preste atenção:

Eles têm **tempo** hoje à noite.
Carminha tem **ideias ótimas** para a festa junina.
Eu tenho **uma coceirinha** no pé que não sara.

O auxiliar *ter*
Pág. 128

No primeiro exemplo, *ter tempo* é, na verdade, entendido como *dispor de tempo* ou *estar disponível*; no segundo exemplo, trata-se de "coisa" possuída que é *abstrata* e, no último, é algo que está ocorrendo no meu corpo. Também esses exemplos mostram muito claramente que os papéis temáticos retratam, na verdade, como concebemos o mundo: concebo, por exemplo, *estar disponível para algo* como *possuir tempo*.

O verbo *ter* pode ainda aparecer com outros usos. Um deles, que já estudamos, é quando ele funciona como um verbo auxiliar, como em:

Meu pai *tem* viajado muito.
↓
AGENTE

Quando é auxiliar, não é o verbo *ter* que atribui papel temático ao sujeito, e sim o verbo que está no *particípio*. Nesse exemplo, o verbo *viajar* atribui o papel temático **agente**. Tanto isso é verdade que, se mudarmos o verbo para *gostar* e mantivermos o auxiliar *ter*, o papel temático do sujeito passa a ser o de **experienciador**. Confira:

Meu filho *tem* gostado muito de brócolis.
↓
EXPERIENCIADOR

Mas, além do uso como auxiliar, o verbo *ter* pode ainda ser usado para exprimir *obrigação* ou *compromisso* da pessoa que fala e também nos eventos de *existência*, já mencionados. Veja os exemplos:

Eu **tenho** *que/de* sair agora.
Tem carros demais nas ruas.
↓
EVENTO: EXISTÊNCIA

Nos eventos de existência, não ocorre a atribuição de nenhum papel temático ao sujeito: simplesmente, atestamos a existência de algo. Voltaremos a falar da ausência de papel temático do sujeito nesse tipo de evento.

O próximo papel temático é **lugar**, atribuído ao objeto, e diz respeito ao *espaço* que toma parte de um evento. Veja alguns exemplos:

> Os jogadores deixaram **o estádio** depois da derrota.
> Ela guardou as chaves no **armário**.
> Os alpinistas alcançaram **o topo da pedra da Gávea**.
> Eles vieram do **Rio** e vão para **Sete Lagoas**.

↓
LUGAR

Os constituintes destacados recebem, todos, o papel temático de **lugar**. Observe, no entanto, que há diferenças entre os significados desses exemplos: *o armário* é um lugar que é um objeto físico, o que é diferente de *Rio* ou *topo da pedra da Gávea*, que são lugares definidos, digamos, geograficamente. *Rio* é também interpretado como o lugar de *onde eles vieram*, ou seja, um pouco como *origem* ou *fonte*, enquanto *Sete Lagoas* é interpretado como um lugar que é uma *meta* ou *para onde se dirige*.

O papel temático lugar pode ser atribuído também, aliás, é até mais comum, pelos constituintes que funcionam como **modificadores**. Mais adiante, explicaremos como podemos diferenciar quando o constituinte interpretado como lugar é objeto e quando é modificador.

O papel temático seguinte é chamado de **quantidade** e expressa qualquer medição que fazemos. Observe alguns exemplos:

> O lixo inglês que chegou ao Brasil pesava **15 toneladas**.
> Meu colega pagou **150 reais** pela bicicleta.
> Os maratonistas já correram **7 quilômetros**.
> César Cielo mede **1 metro e 95 centímetros**.
> A bronca do diretor durou **uma hora**.

↓
QUANTIDADE

Como se vê, as quantidades apontadas se referem a propriedades diferentes dos objetos. Trata-se de *peso*, de *valor monetário*, de *distância*, de *altura* e de *duração de tempo*.

O sujeito dos predicados que contêm o papel **quantidade** pode ser interpretado por meio de mais de um papel temático. Observe os exemplos:

> **O pessoal do site** me pagou *150 reais*.
> **O meu colega** mede *1 metro e oitenta*.

Na primeira oração, o sujeito *o pessoal do site* recebe o papel de agente; mas, no segundo exemplo, *o meu colega* é um sujeito que não pratica nenhuma ação. Consideraremos que, em casos como esse último, o sujeito é interpretado como tema.

O fato mencionado pelo segundo exemplo acima pode também ser expresso de outra maneira:

> **O meu colega** tem *1 metro e oitenta*.

Nesses casos, já que o verbo é *ter*, diremos que o sujeito *o meu colega* recebe o papel temático de possuidor. Você poderia fazer a objeção de que o significado das duas orações é o mesmo e que não há razão para duas análises diferentes. No entanto, como explicamos, os papéis temáticos retratam, sobretudo, nossa concepção do mundo. Nos exemplos analisados, é verdade que o fato, ou seja, a altura do meu colega, é o mesmo, mas o expressamos de modos diferentes ou, como vimos, por meio de papéis temáticos distintos.

Vamos comentar, enfim, o papel temático chamado de **identificado**. Esse papel ocorre nos eventos de *estado*, ou seja, quando compõem o predicado, com os verbos de ligação como *ser, estar, ficar, parecer*, etc. Veja um exemplo desse tipo de evento:

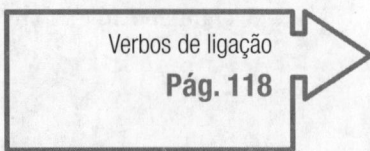

Verbos de ligação
Pág. 118

Caruaru **é a capital do forró**.

À primeira vista, a gente poderia pensar que o sujeito *Caruaru* recebe o papel temático de lugar, já que faz referência a uma cidade de Pernambuco. Mas o problema é que *não há* um verbo que atribua esse papel: o predicado *é a capital do forró* apenas diz o que é *Caruaru*, isto é, identifica o sujeito por meio de uma característica ou propriedade dele. Portanto, nesse tipo de evento, o sujeito não pratica uma ação nem se envolve em processos determinados pelo verbo e é, simplesmente, associado com um predicado que o *identifica*, isto é, diz algo sobre ele que pode ser sobre seu *estado*, sua *localização, o que ele é*, etc. Observe outros exemplos:

> **Flávio Henrique** é o melhor lutador de muay thai da academia.
> **Matinas** está feliz com a política do governo.
> **Aquele sofá** fica sempre sujo.
> **Sua ideia** parece excelente.
>   ↓
> IDENTIFICADO

Os sintagmas nominais que funcionam como sujeito dos predicados com verbos de estado, como nesses exemplos, são assim pessoas ou seres, "coisas" – concretas ou abstratas – que recebem o papel de identificado. Esse papel temático pode ser atribuído ainda a sintagmas nominais que se referem a *medidas*, a *fenômenos da natureza*, a *cargos administrativos* e a muitas outras coisas. Confira mais alguns exemplos de constituintes interpretados dessa maneira:

> **100 metros de arame** são necessários para fazer essa cerca.
> **Uberlândia** está mais perto de São Paulo do que de Belo Horizonte.
> **A chuva** parece mais forte agora.
>   ↓
> IDENTIFICADO

Para resumir, diremos então que, nesses casos, o papel temático utilizado é o de identificado, ou, em outras palavras, são *lugares, quantidades, fenômenos da natureza, pessoas* ou *coisas* que são identificados.

Vamos detalhar um pouco mais nossa análise. Compare o exemplo discutido, repetido a seguir, com a oração seguinte:

(1) **Caruaru** é a capital do forró.

(2) Isadora se encontrou com o noivo em **Caruaru**.

A participação de *Caruaru* nos dois eventos é diferente: no segundo exemplo, *Caruaru* informa *o lugar* – atribuindo, portanto, o papel temático de lugar – onde ocorreu o evento de *Isadora se encontrar com o noivo*. Na primeira oração, não é assim: *Caruaru* não exprime o lugar onde algo se deu, e sim "sustenta" uma propriedade, isto é, dizemos algo que identifica *Caruaru*.

Vamos concluir essa seção mencionando dois fenômenos.

É bom ficar atento ao fato, já visto no início dessa seção, de que os verbos, dependendo sobretudo da natureza do objeto que incluímos, podem ser interpretados de maneiras diferentes, o que provoca alteração do papel temático atribuído ao sujeito. Veja os casos a seguir:

(1) Pedro *quebrou* **o portão**.

   Pedro *quebrou* **a perna**.

(2) Pedro *quebrou* **o nosso galho**.

   Pedro *quebrou* **a cabeça** com este problema.

É fácil perceber que, nos dois exemplos em (1), o papel temático de *Pedro* é diferente: no primeiro, ele é agente, mas, no segundo, é paciente.

Já nos exemplos em (2), temos **expressões fixas**, em que os objetos *o nosso galho* e *a cabeça* não têm como referentes, de fato, "galho de árvore" e "cabeça do Pedro", ou seja, esses objetos não recebem, na verdade, o papel temático de paciente. Na realidade, essas orações querem dizer que "Pedro nos ajudou" e que "Pedro refletiu muito sobre um problema", o que indica que *os objetos*, nesses casos, não recebem papel temático e compõem, com os verbos, expressões fixas que têm significados especiais.

Acontece também de haver mudança de significado do verbo e o papel temático continuar o mesmo. Vamos prosseguir com o verbo *quebrar* e ilustrar esse fenômeno:

- quebrar **o contrato** → "romper"
- quebrar **a hierarquia** → "desrespeitar"
- quebrar **o tabu** → "não seguir costume/norma"
- quebrar **a empresa** → "falir"
- quebrar **o sistema** → "invadir"

Consideraremos que, em todos esses casos, o papel temático do objeto é o de paciente, já que ocorre uma mudança de estado do que é referido pelo sintagma nominal que funciona como objeto. A diferença entre eles é que os três primeiros exemplos são mais *abstratos*: o que muda de estado não é o próprio *contrato*, *hierarquia* ou *tabu*, mas a situação de eventos prevista

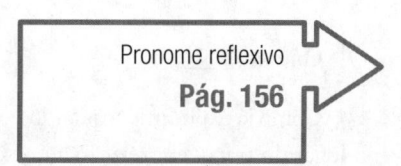

Pronome reflexivo
Pág. 156

por esses sintagmas; nos outros dois exemplos, *a empresa* e *o sistema* (*de informática*) são afetados, de forma *concreta*, pela ação do verbo, o que caracteriza mais facilmente o papel de paciente.

Podem surgir dúvidas, por outro lado, em relação à classificação do papel temático em orações que exibem um *pronome reflexivo* como *se, me*, etc. (ou formas longas equivalentes como *ele mesmo/ela mesma; si próprio/si própria, eu mesmo*, etc.). Trata-se de casos como os seguintes:

> Infelizmente, *Carmen*[1] **se**[1] matou (-**se**[1]).
>
> *Eu*[1] **me**[1] lavei (-**me**[1]) no ribeirão já que não tinha banheiro.
>
> *Sirlei*[1] presenteou a **si mesmo**[1].

A interpretação dessas orações inclui considerar, como se vê, que a ação do verbo, praticada pelo sujeito, afeta o objeto representado pelos pronomes, que têm a mesma referência do sujeito. Nesses casos, diremos que o papel temático do sujeito é o de agente, e o papel temático do objeto, realizado pelos pronomes, é o de paciente; e acontece, além disso, que o sujeito e o objeto são *correferentes*, isto é, como já vimos no capítulo 3, referem-se à mesma pessoa. Nessa análise, ficou claro que estamos considerando que os pronomes, embora façam parte das classes funcionais, também podem receber papéis temáticos. Daremos mais detalhes sobre essa análise na seção "Os papéis temáticos e os pronomes pessoais".

Enfim, encerramos esta seção chamando a atenção para o fato de que

> *as maneiras que temos de interpretar a participação do sujeito*
> *e do objeto nos eventos determinados pelos verbos **não** se*
> *limitam aos papéis temáticos comentados, que são,*
> *na realidade, apenas os mais comuns.*

Os eventos que ocorrem no mundo são, como sabemos, extremamente variados e é muito difícil, senão impossível, dar a lista completa de como podemos participar de todos. Essa conclusão se deve também ao fato de os papéis temáticos exprimirem, na verdade, como concebemos a participação dos seres e das coisas nos eventos do mundo.

Os papéis temáticos atribuídos pelos modificadores

Os sintagmas que desempenham a função de **modificador** também são interpretados de acordo com papéis temáticos. Mas, diferentemente do que ocorre com as funções de sujeito e de objeto, que recebem os papéis temáticos do predicado e do verbo, são os modificadores que **atribuem** os papéis temáticos às orações e aos sintagmas, que passam a ser modificados.

Assim, como já dissemos, o sintagma que desempenha a função de modificador "diz algo" sobre um outro constituinte da oração; e é esse "diz algo" que explicitaremos por meio da noção de papel temático. Por exemplo:

Ontem _____

Como já explicamos, quando nós falantes escolhemos usar a palavra *Ontem*, é preciso incluir, no lugar do traço, em relação a que devemos associar o significado de "dia anterior ao de hoje".

No caso do advérbio *Ontem*, que se refere a **tempo**, devemos incluir **uma oração** que representa *um evento*, ou, em outras palavras, um sintagma adverbial de **tempo** *modifica um evento*, já que os eventos do mundo ocorrem num determinado momento do tempo. Por exemplo:

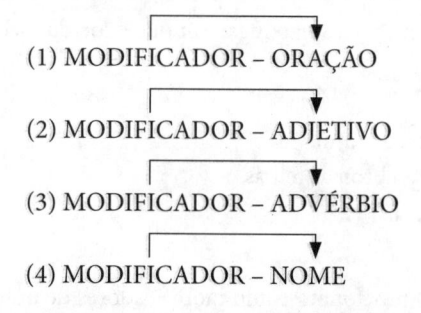

ONTEM →
- eu insisti para ele não pegar o carro.
- teve a segunda chamada do vestibular.
- choveu granizo lá perto de casa.
- ela ficou com o Diego.

Nossa língua dispõe de outros modificadores de oração com significados variados e também de muitos outros modificadores que "dizem algo" sobre outros constituintes da oração.

Dividimos os modificadores em quatro tipos de *relações de modificação* de acordo com o constituinte que é modificado:

(1) MODIFICADOR – ORAÇÃO

(2) MODIFICADOR – ADJETIVO

(3) MODIFICADOR – ADVÉRBIO

(4) MODIFICADOR – NOME

O primeiro tipo, os (1) **modificadores de oração**, como já dissemos, modificam um evento e há os seguintes papéis temáticos que podem ser atribuídos a uma oração:

PAPÉIS TEMÁTICOS dos
MODIFICADORES DE ORAÇÃO:

(1) Tempo
(2) Lugar
(3) Opinião do falante
(4) Modo
(5) Causador
(6) Companhia
(7) Concessão
(8) Condição
(9) Conformidade
(10) Finalidade
(11) Instrumento
(12) Negador
(13) Frequência

O caso (1), isto é, quando queremos situar o evento em relação ao **tempo**, já foi explicado. Vamos apenas completar a explicação fornecendo outras palavras e expressões da classe dos advérbios e de outras classes que se referem a tempo e que podem funcionar como modificadores de oração indicando uma circunstância de tempo em relação a um evento:

MODIFICADORES DE ORAÇÃO – TEMPO

Amanhã, depois de amanhã, logo, nessa hora, cedo, depois, agora, à noite, de dia, à tardinha, ontem, hoje, etc.

Veja que não são apenas os sintagmas adverbiais que podem desempenhar a função de modificador e indicar tempo. Também os demais papéis temáticos de modificador podem ser atribuídos por outros sintagmas, além do adverbial. No quadro, existem sintagmas nominais precedidos de preposição, como, por exemplo, *nessa hora*, que desempenham essa função.

O papel temático (2), **lugar**, é também muito fácil de entender: os falantes, quando se referem a um evento do mundo, podem querer situá-lo em relação ao lugar em que ocorreu, ocorre ou ocorrerá. Por exemplo:

LÁ EM CASA, → o meu tio fez um churrasco ótimo.
a chuva de granizo não quebrou as telhas.
a internet pega muito bem.

Veja agora uma pequena lista de advérbios que funcionam como modificadores de oração, acrescentando uma circunstância de lugar:

MODIFICADORES DE ORAÇÃO – LUGAR

Aqui, ali, acima, a seguir, perto, dentro, longe, lá, atrás, fora, adiante, aí, à direita, ao lado, à esquerda, em cima, por fora, etc.

Expressões formadas por duas ou mais palavras de outras classes podem também servir para indicar lugar e funcionar, portanto, como um modificador de oração:

Perto do bar, →
No shopping, →
Atrás do prédio, → tem vaga para estacionar.
Em frente a C&A, →

É bom observar que muitos dos advérbios, que são modificadores de oração, atribuindo o papel temático de **lugar**, só dão certo, isto é, situam claramente o evento, se o falante e o ouvinte estão, ambos, no mesmo ambiente. Olhem os exemplos seguintes:

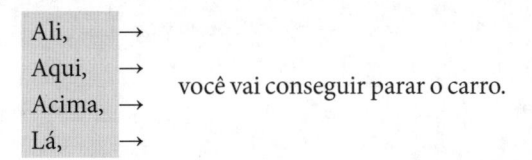

Como se vê, para saber que lugar é *ali*, *aqui*, etc., é preciso que o falante e o ouvinte estejam no mesmo *contexto*, isto é, *no mesmo lugar* e *no mesmo momento* em que foi dito o que está nesse exemplo.

O papel temático seguinte dos modificadores de oração, ou seja, (3) **opinião do falante**, é muito interessante. Nós os usamos quando queremos informar *o que pensamos*, *o que sentimos* ou *qual é a nossa avaliação* sobre o que consta no evento. Veja alguns exemplos:

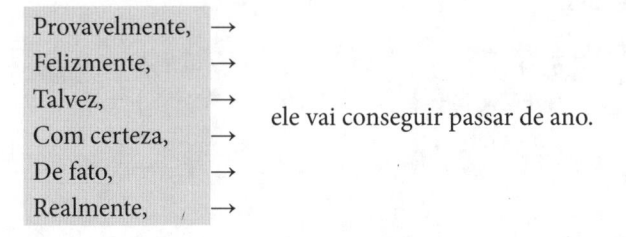

Esses advérbios e expressões deixam claro a avaliação do falante sobre o evento *ele vai conseguir passar de ano*, que pode ser de *certeza*, de *dúvida*, de *alívio* ou de *probabilidade* de que o evento vai ocorrer. O uso deste tipo de modificador é então um dos recursos da língua que o falante tem para se colocar, *psicologicamente* ou *subjetivamente*, em relação aos eventos do mundo.

O próximo papel temático da nossa lista é o de (4) **modo**. Esse papel nos informa o "jeito" ou, ainda, a maneira como uma ação foi praticada, recebida, processada, etc. Nesse sentido, podemos dizer que modo atinge mais claramente o predicado que é o constituinte que expressa a ação, o processo, etc. Contudo, vamos manter que se trata de um modificador de oração tendo em vista que o predicado estabelece uma dependência indissolúvel com o sujeito. Veja alguns exemplos:

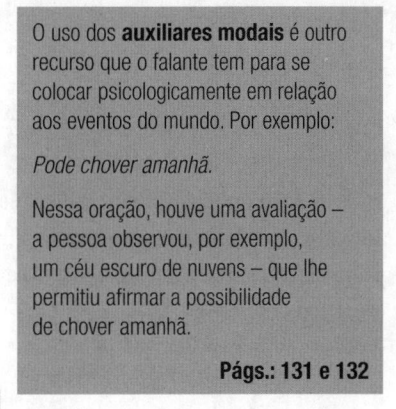

O uso dos **auxiliares modais** é outro recurso que o falante tem para se colocar psicologicamente em relação aos eventos do mundo. Por exemplo:

Pode chover amanhã.

Nessa oração, houve uma avaliação – a pessoa observou, por exemplo, um céu escuro de nuvens – que lhe permitiu afirmar a possibilidade de chover amanhã.

Págs.: 131 e 132

Joaquina mudou seus horários
← completamente.
← rapidamente.
← sabiamente.

Entendemos essas orações da seguinte forma: a maneira ou o "jeito" de *Joaquina mudar seus horários* foi *completo*, *rápido* ou *sábio*. Veja agora estes modificadores aplicados a um evento de **processo**:

A picanha assou
- ← completamente.
- ← rapidamente.
- ← mais ou menos.
- ← depressa.
- ← devagar.

Uma parte dos modificadores de modo são terminados com o morfema -*mente* e aparecem, com maior frequência, no final da oração. Falaremos mais sobre a ordem das palavras e dos modificadores no capítulo 6.

Há, no entanto, muitos outros modificadores de modo que não são compostos por esse morfema, como nas orações seguintes:

Cidinha encontrou Carlão
- ← às claras.
- ← frente a frente.
- ← com cautela.

Ou ainda:

Marcelo cruzou bem / mal a bola.

O papel temático seguinte é o de (5) **causador**. Veja o exemplo:

O alpinista carioca morreu
- ← de frio.
- ← por causa do frio.
- ← devido ao frio.

É o *frio*, portanto, que foi a causa da morte do alpinista. Tome cuidado porque não adianta concluir, erradamente, que tudo o que vier depois de um verbo como *morrer* e for precedido da preposição *de* será um causador: no exemplo seguinte, o sintagma depois do verbo atribui o papel temático de modo:

O alpinista carioca morreu ← de maneira impressionante.

Continuando nossa explicação, vamos definir agora o papel temático chamado de (6) **companhia**, que é muito fácil de entender. Nós o usamos quando queremos informar em companhia de quem fizemos algo. Por exemplo:

Eu fui à festa de quinze anos
- ← com o Tiago.
- ← na companhia do Tiago.

O caso seguinte é o papel temático (7) **concessão**. No capítulo 3, já falamos um pouco sobre esse conteúdo, quando explicamos o uso das conjunções como *mas*, *porém* e outras. Vamos repetir: a ideia de *concessão* é a seguinte: ocorre quando nós afirmamos alguma coisa que vai contra o que é normalmente esperado e, nesse sentido, o que afirmamos é interpretado como uma *concessão*, isto é, algo que ocorreu ou admitimos como possível de ocorrer ou de ser verdadeiro. Por exemplo:

Acabei dando a Max um lugar no time de basquete, **apesar de ele ser baixo**.

O trecho que está em negrito, *apesar de ser baixo*, é uma oração que atribui o papel de **concessão** porque o que é mais comum e esperado é que os jogadores de basquete sejam altos. Assim, o fato de *Max ter lugar no time* é visto como uma *concessão*. Para ficar ainda mais claro, experimente trocar *apesar de ser baixo* por *apesar de ser alto*: a oração ficaria muito estranha do ponto de vista do que sabemos acerca do mundo! Observe enfim exemplos desse papel temático com outros sintagmas:

$$\text{Ele desceu a serra} \begin{cases} \leftarrow \text{apesar do escuro.} \\ \leftarrow \text{mesmo com o pé machucado.} \end{cases}$$

No exemplo com *apesar de ele ser baixo*, apareceu uma oração que funciona como modificador. Estudaremos, no capítulo 6, que as orações também podem, como já dissemos para as funções de sujeito e objeto, desempenhar essa função.

Prosseguindo nossa explicação, vamos ver agora o papel temático (8) **condição**, que nos informa sobre algo que é preciso ter ou acontecer para que determinado evento também possa ocorrer. Também estudamos um pouco essa interpretação quando falamos de conjunções como *se* no capítulo 3. Observe os exemplos:

Você só entrará na festa ← com o ingresso.

Você não entrará na festa ← sem o ingresso.

O primeiro exemplo é útil para vermos que não adianta "decorar a matéria" e sim refletir sobre a língua e tentar entendê-la: poderíamos pensar que, quando o sintagma nominal fosse introduzido pela preposição *com*, teríamos sempre o papel temático **companhia**. Mas, como se vê, não é sempre assim: no exemplo, a interpretação do modificador é mais bem descrita como condição, isto é, *a condição para se entrar na festa é ter o ingresso*.

O papel temático seguinte é chamado de (9) **conformidade**. Nesse caso, afirmamos algo que está de acordo com outra informação precedente, ou, dito de outra maneira, nós compatibilizamos ou fazemos um paralelo entre duas informações. Por exemplo:

$$\text{João Carlos fez o pavê} \begin{cases} \leftarrow \text{de acordo com a receita.} \\ \leftarrow \text{conforme a receita.} \\ \leftarrow \text{segundo a receita.} \end{cases}$$

O caso seguinte é o papel temático (10) **finalidade**, que indica *para quê, para obter o quê* ou *com que objetivo* algo é feito ou proposto. Veja os exemplos:

Kelly se enfeitou toda   ←   para o baile.
                             ←   para você.

É rico observar que a compreensão desses exemplos inclui considerar que *Kelly se enfeitou toda para ir ao baile* ou *para agradar* ou *provocar você*. Ou seja, parece que há, na verdade, uma oração "escondida" nos modificadores *para o baile* e *para você*. Veremos na seção "Sujeito não pronunciado" que, de fato, o uso da língua permite que nós compreendamos "coisas" que nem sempre estão ditas ou pronunciadas.

O papel temático seguinte é chamado de (11) **instrumento**, que, como já vimos na seção "Os papéis temáticos atribuídos ao sujeito e ao objeto", pode se realizar também na função de sujeito. Esse papel é fácil de entender: é algo que utilizamos para praticar uma ação, como, por exemplo, nos seguintes casos:

Eu tirei as fotos da festa   ←   com uma máquina antiga.

O baiano fez a volta ao mundo   ←   de bicicleta.

Nosso próximo papel temático, (12) **negador**, é usado quando queremos informar o contrário do que existe, do que acontece, do que foi praticado ou sofrido, etc. Por exemplo:

Pedro Antônio   não / nunca / jamais   pediu Aninha para namorar.

Os itens negativos, embora apareçam antes do verbo que está flexionado, atuam sobre todo o evento. O advérbio *não* tem o poder de negar todo o evento. Os outros advérbios do exemplo, isto é, *nunca* e *jamais*, além de negar o evento, acrescentam um conteúdo de *tempo*, ou seja, *em nenhum momento* aconteceu de *Pedro Antônio pedir Aninha para namorar*.

O papel **negador** pode ser expresso também por outras palavras de significado negativo, como, por exemplo, *nada, ninguém, nem, nenhum* e *nenhuma*. Quando essas palavras negativas aparecem depois do verbo, é necessário que o advérbio *não* também apareça antes do verbo. Observe:

Ela   não   gostou de   nada / ninguém / nenhuma pessoa   na festa do pião.

Na *fala*, é muito frequente a presença de um segundo *não* no final da oração, o que funciona como um *reforço* da negação:

Eu   não   gostei de   nada / ninguém   não.

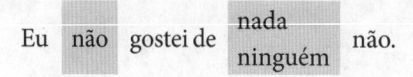

Preste atenção também, uma hora dessas, na pronúncia do primeiro *não* em orações como as anteriores: *não* é, na verdade, realizado, em muitos dialetos do nosso português, como *num*:

Eu num sei não mas eu acho que o futebol piorou muito.

E, por fim, temos o papel temático de (13) **frequência** que indica, ainda que de forma imprecisa, com que frequência um determinado evento acontece. Aí estão alguns exemplos:

Geralmente,
Às vezes,
Muitas vezes,
Sempre, → eu penso em chutar tudo e ir morar na praia.
Raramente,
De vez em quando,

Passemos agora a comentar a segunda relação de modificação destacada que gera os (2) **modificadores de sintagma adjetival**. Esses modificadores só atribuem um papel temático que é o seguinte:

PAPEL TEMÁTICO dos
MODIFICADORES DE → INTENSIFICADOR
SINTAGMA ADJETIVAL

Veja agora uma pequena lista desses modificadores:

MODIFICADORES DE SINTAGMA ADJETIVAL
↓

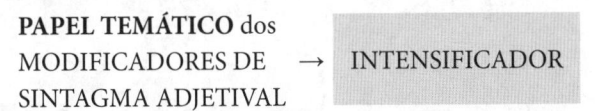

muito, pouco, bastante, bem, quase,
tão, mais, menos, demais, etc.

Esses advérbios aparecem, normalmente, numa posição dentro de um sintagma adjetival e introduzem a ideia de *grau de intensidade* ou *de força* associada ao adjetivo que é o núcleo do sintagma:

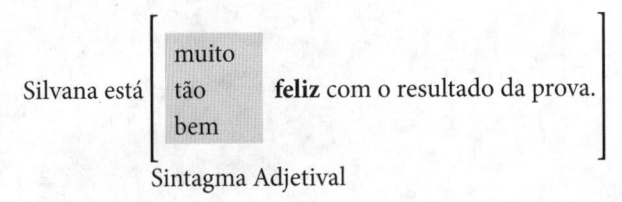

Silvana está
⎡ muito ⎤
⎢ tão ⎥ **feliz** com o resultado da prova.
⎣ bem ⎦
Sintagma Adjetival

> O advérbio *demais* é diferente dos outros modificadores de sintagma adjetival: ele aparece depois do adjetivo. Compare os dois exemplos:
>
> (1) Ele é **bom** demais.
> (2) Ele é muito **bom**.
>
> Voltaremos a falar da ordem dos constituintes no capítulo 6.

A terceira relação de modificação é a dos (3) **modificadores de sintagma adverbial**. A lista de modificadores é composta dos mesmos advérbios que podem funcionar na segunda relação de modificação. Vamos repeti-los a seguir:

MODIFICADORES DE SINTAGMA ADVERBIAL
↓

> muito, pouco, bastante, bem, quase, tão,
> mais, menos, demais, etc.

E o papel temático é também o mesmo:

PAPEL TEMÁTICO dos
MODIFICADORES DE → INTENSIFICADOR
SINTAGMA ADVERBIAL

Veja agora os exemplos:

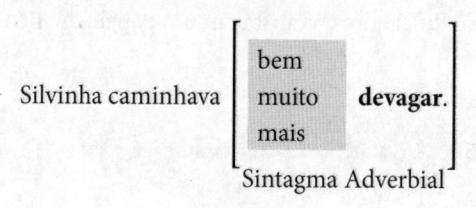

Silvinha caminhava ⎡ bem ⎤
⎢ muito **devagar**. ⎥
⎣ mais ⎦
Sintagma Adverbial

Observe enfim o caso do quarto tipo de relação de modificação, que nos permite obter os (4) **modificadores de sintagma nominal**. Trata-se dos advérbios seguintes:

MODIFICADORES DE SINTAGMA NOMINAL
↓

> só, apenas, até, mesmo, etc.

Quando incluímos um desses advérbios, o efeito é de destacar a pessoa ou coisa que funciona como núcleo do sintagma nominal. Por essa razão, chamaremos esse papel temático de **destacador**:

PAPEL TEMÁTICO dos
MODIFICADORES DE → DESTACADOR
SINTAGMA NOMINAL

O papel temático de **destacador** pode, em certos contextos, ser atribuído a uma oração, como no seguinte exemplo real de *fala*:

"...a gente pensa **até** que é dentro de campo que acontece...jogador tá... desinteressado e tal.."

(Fonte: *corpus* do Peul/UFRJ).

O modificador **até** destaca a oração "que é dentro de campo que acontece..."

Os seguintes exemplos podem ser dados:

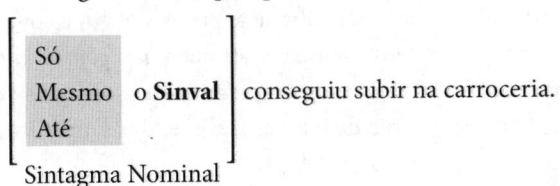

$$\begin{bmatrix} \text{Só} \\ \text{Mesmo} \\ \text{Até} \end{bmatrix} \text{o } \mathbf{Sinval} \Bigg| \text{ conseguiu subir na carroceria.}$$

Sintagma Nominal

Neste caso, é *Sinval*, núcleo do sintagma nominal, que é destacado.

A FUNÇÃO DE DELIMITADOR E OS PAPÉIS TEMÁTICOS

Quando estudamos os adjetivos, foi explicado que esses constituintes, que se associam aos nomes, informam as *propriedades* ou *características* deles. É exatamente isso que quisemos explorar ao dizer que os adjetivos são núcleos de sintagmas adjetivais que desempenham a função de delimitador.

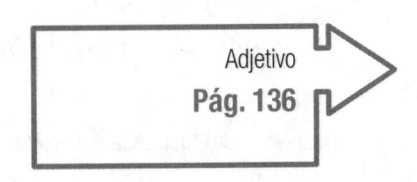

Adjetivo
Pág. 136

A contribuição semântica dos sintagmas que desempenham a função de delimitador, que além dos sintagmas adjetivais incluem outros sintagmas como os sintagmas nominais precedidos por preposição e também orações, é bastante ampla já que incluem as incontáveis características ou propriedades que podemos associar aos nomes, como propriedades relativas ao *tamanho, cor*, inúmeras *características físicas* ou *psicológicas* quando se trata de seres humanos, *origem, valores morais, estéticos*, etc. Veja alguns exemplos:

Aquele aluno	concentrado alto estudioso de Recife bagunceiro de pasta marrom cabeludo amigo do diretor que mora no Rio bonitão bonzinho	não veio hoje.

↓
QUALIFICADOR

Dentro do sintagma nominal é ainda possível identificar, como vimos em seção anterior, a atribuição dos papéis de **paciente** e **tema**.
É também comum termos o papel de **agente**. Compare os dois exemplos:

(1) **O Pedro** *fugiu*.
(2) A *fuga* **do Pedro** deu certo.

O Pedro é agente do predicado *fugiu* em (1) e conserva essa interpretação na relação que estabelece com o nome *fuga* em (2).

Há ainda o caso, comentado na seção "As funções dos sintagmas", de o delimitador indicar posse, como nos exemplos a seguir:

Os **meus** filhos são todos estudiosos.
Os parentes **dela** são mais alegres que os de João Carlos.

Elaborar uma lista de propriedades que podemos atribuir aos nomes é uma tarefa exaustiva que, talvez, seja impossível de ser completada. Devido a isso, diremos que os sintagmas que desempenham a função de delimitador, como nos exemplos analisados, atribuem *um papel temático* que chamaremos de **qualificador**. Com esse termo, queremos indicar que os sintagmas que desempenham essa função *qualificam* os nomes por meio de inúmeros conteúdos semânticos.

EVENTOS SEM PAPEL TEMÁTICO PARA O SUJEITO

Quando produzimos os eventos nomeados de **fenômeno da natureza** e de **existência**, nenhum papel temático é atribuído ao sujeito pelo verbo ou predicado. Preste atenção, em primeiro lugar, nos exemplos do primeiro evento:

FENÔMENO DA NATUREZA

↓

> _____ Choveu demais ontem à noite.
> _____ É uma hora da tarde.
> _____ Fez muito frio ontem.
> _____ Deu cinco horas no relógio da matriz.

> A oração *O professor tem muita cadeira ainda na sala* pode ocorrer se interpretarmos o verbo **tem**, neste caso, como **dispor de**, isto é, *O professor dispõe de muita cadeira na sala ainda*.

Consideramos que, quando nos referimos a eventos em que ocorre *chuva*, *raios*, etc., mas também quando mencionamos *as horas* e *a temperatura*, temos o evento **fenômeno da natureza**. Veja que, nesse tipo de evento, ninguém *praticou*, *recebeu* ou *causou* qualquer coisa, ou, em outras palavras, não há um papel temático disponível a ser atribuído a um sintagma nominal na posição do traço no quadro destacado.

Veja agora o segundo caso:

EXISTÊNCIA

↓

> _____ Há muita cadeira ainda na sala.
> _____ Existe uma ideia boa para isso.
> _____ Tem muita cadeira ainda na sala.
> _____ Trata-se da Paula.

Também nesse tipo de evento, nós apenas declaramos o fato de algo ou alguém existir ou ser introduzido numa conversação ou num texto e, assim, no lugar do traço, não cabe um sintagma nominal que receba papel temático do predicado.

Assim, o fato de não haver um papel temático disponível é uma característica dos verbos que participam desses dois tipos de eventos. Observe que as orações ficam **agramaticais** se tentarmos incluir um sintagma nominal no lugar no traço:

* Pedro choveu ontem à noite.
* Pedro é uma hora da tarde.
* Pedro existe uma ideia boa para isso.
* Pedro tem muita cadeira ainda na sala.

A estranheza dessas orações se deve então ao fato de não haver nenhum papel temático disponível para *Pedro* ou, ainda, dito de outra maneira, com os verbos desses eventos, não há como *Pedro* tomar parte do evento. Há uma maneira, porém, de "salvar" essas orações: é só fazer uma pausa entre *Pedro* e o *verbo*, o que é representado, a seguir, por uma vírgula:

> Pedro, choveu ontem à noite.
> Pedro, é uma hora da tarde.
> Pedro, existe uma ideia boa para isso.
> Pedro, tem muita cadeira ainda na sala.

VOCATIVO

O **vocativo** é também uma função gramatical, mas não a detalharemos aqui. É quando mencionamos o nome de alguém com o intuito de chamar sua atenção para o que vamos dizer. Na *fala*, é comum incluirmos um **ô, psiu** ou **ei** antes do nome. Veja o exemplo:

Ô Pedro, pega um copo pra mim!

Mas, quando fazemos essa pausa, *Pedro* passa a funcionar como um **vocativo**, que tem a função de *chamamento* da atenção da pessoa a quem nos dirigimos. Ou seja, nos exemplos acima, estamos chamando a atenção de *Pedro* para que ele escute o que temos a dizer. Se é assim, *Pedro* não participa dos eventos que dizemos a ele, não precisa de papel temático e é por isso que as orações se tornam gramaticais.

Apesar do predicado, nesses tipos de evento, não atribuir papel temático à sua posição sujeito, desenvolvemos uma análise, na seção "Tipos de sujeito", que vai propor existir uma "casa" ou uma posição sujeito em exemplos como os que discutimos nesta seção. Essa posição sujeito poderá ser ocupada, na nossa análise, por um sintagma nominal que *não é pronunciado* ou, em outras palavras, trata-se de um *sintagma nominal vazio*, que não recebe papel temático. Essa análise pode parecer estranha à primeira vista, mas teremos oportunidade de discuti-la em detalhes e verificar suas vantagens.

DIFERENÇAS ENTRE A FUNÇÃO DE MODIFICADOR E AS FUNÇÕES DE OBJETO E SUJEITO

Um assunto muito discutido nos livros de gramática, mas nem sempre esclarecido, é a diferença entre, de um lado, as funções de objeto e sujeito, e, de outro lado, a função de modificador. Uma das razões dessa dificuldade é que a interpretação desses constituintes é, muitas vezes, a mesma.

Nas orações a seguir, o sintagma *a avenida Brasil*, por exemplo, interpretado como lugar, funciona como modificador na primeira oração e como objeto na segunda oração:

O pai do Juquinha matou um cachorro **na avenida Brasil**.

↓

MODIFICADOR

O pai do Juquinha atravessou **a avenida Brasil**.

↓

OBJETO

A diferença de função das duas ocorrências de *a avenida Brasil* se deve ao seguinte: na primeira oração, o verbo é *matou* e, ao adquirirmos esse verbo, na fase da aquisição da linguagem, aprendemos que faz parte do significado do verbo a inclusão de dois constituintes que se realizam na forma de sintagmas nominais:

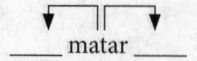

_____ matar _____

Os sintagmas nominais exigidos pelo verbo *matar*, nesse exemplo, *O pai do Juquinha* e *um cachorro*, desempenharão, respectivamente, as funções de sujeito e objeto e serão interpretados como agente e paciente.

Assim, o acréscimo do sintagma *a avenida Brasil* na oração *O pai do Juquinha matou um cachorro* **na avenida Brasil** não é uma exigência do verbo *matar*, ou seja, o acréscimo de um sintagma se referindo a lugar não é algo que aprendemos quando interiorizamos esse verbo mentalmente. Por essa razão, *na avenida Brasil*, nesse caso, tem a função de modificador e o papel temático de lugar, que, na verdade, é atribuído pelo modificador a toda a oração, serve para nos mostrar em que *circunstância* o evento aconteceu. Essa circunstância é como o "cenário" de uma peça de teatro, isto é, o evento *O pai do Juquinha matar um cachorro* aconteceu, então, no *"cenário"* da *avenida Brasil*.

O caso da oração *O pai do Juquinha atravessou* **a avenida Brasil** é diferente: quando adquirimos o verbo *atravessar* aprendemos que esse verbo exige dois sintagmas nominais que desempenharão as funções de sujeito e objeto:

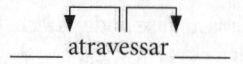

_____ atravessar _____

Nesse caso, o sintagma nominal *a avenida Brasil* é parte integrante do evento no sentido de que foi preciso incluí-lo como um objeto exigido pelo verbo *atravessar*, e não apenas como "cenário" do evento como no exemplo anterior. Enfim, é o verbo *atravessar* que atribui o papel temático de lugar sustentado por *a avenida Brasil*.

Essa explicação serve também para os seguintes exemplos:

Aquela chavinha abriu a gaveta.

↓

SUJEITO

Zé Paulo abriu a gaveta com **aquela chavinha**.

↓

MODIFICADOR

A interpretação de *aquela chavinha* é sempre instrumento, mas funciona como sujeito no primeiro exemplo, já que é exigência do verbo *abrir*, e, no segundo, funciona como modificador, pois os dois papéis previstos pelo verbo já estão preenchidos pelos sintagmas *Zé Paulo* e *a gaveta*.

Observe agora o caso de verbos como *guardar*:

O dono da padaria guardou **o dinheiro** *no banco*.

↓   ↓
1º OBJETO 2º OBJETO

O verbo *guardar* tem dois objetos, isto é, quando o adquirimos, aprendemos que *quem guarda algo guarda em algum lugar necessariamente*. Vamos representar o que acabamos de dizer da maneira habitual:

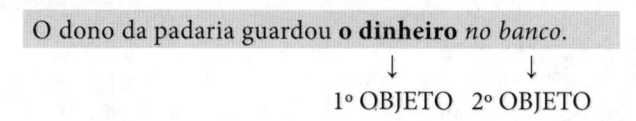

_____ guardar _____ _____

Os sintagmas nominais *o dinheiro*, interpretado como tema, e *o banco*, interpretado como lugar, são, portanto, objetos do verbo *guardar*.

Mas o papel temático de lugar pode, como já vimos, ser atribuído também por um modificador. Por exemplo:

Eu vi meu colega **no banco**.

↓
MODIFICADOR

Para ilustrar um pouco mais a ideia de que os modificadores introduzem *circunstâncias*, proporcionando o "cenário" dos eventos, vejamos um exemplo com o verbo *dormir*. Aprendemos que esse verbo exige apenas um sintagma nominal que seja o agente:

_____ dormir

Como, por exemplo:

Sábado à tarde, **eu** dormi.

Qualquer outro constituinte que for acrescentado a essa oração, inclusive *Sábado à tarde*, desempenhará a função de modificador que detalha as circunstâncias do que ocorreu. Por exemplo:

Sábado à tarde, **eu** <u>dormi</u>, *no sofá, sozinho, com a Maria, de pijama, com a boca aberta, muito,* etc.

TIPOS DE SUJEITO

Dependendo de como interpretamos e se pronunciamos ou não os termos que funcionam como sujeito, obtemos tipos diferentes de sujeitos. Vejamos isso mais de perto.

Sujeito não pronunciado

Observe, em primeiro lugar, que, nos exemplos a seguir, não aparece nenhum sintagma nominal antes do verbo para desempenhar a função de sujeito:

_____ **Encontrei** a Maria já desmaiada no sofá.

Silvana falou que _____ **conseguiu** o emprego no shopping.

_____ Já **sabemos** que o Flamengo será o campeão este ano.

Os **sujeitos não pronunciados** são parecidos com as casas vazias de uma _cartela de bingo_. Quando os pronunciamos é como se preenchêssemos uma "casa" vazia da oração.

Não podemos dizer, porém, que essas orações não têm sujeito. Ora, os verbos _encontrar, conseguir_ e _saber_ atribuem o papel temático de agente aos seus sujeitos, e os falantes interpretam essas orações de maneira que alguém, de fato, praticou as _atividades_ previstas pelos verbos. Nossa conclusão é de que a gramática da nossa língua permite ocorrer um sujeito que é realizado do ponto de vista temático, mas não é realizado do ponto de vista fonético, isto é, trata-se de _um sujeito que não é pronunciado_.

Essa conclusão está de acordo com uma intuição que todos nós temos a respeito de um recurso que a linguagem tem. A intuição é que nós, ao usarmos uma língua, queremos dizer mais "coisas" do que efetivamente pronunciamos. É fácil constatar isso quando perguntamos, por exemplo, o que tal pessoa quis dizer com o que falou, ou seja, a suposição é que ela disse coisas, mas que nem tudo o que ela quis significar foi realmente pronunciado. A proposta de que foi incluído um sujeito interpretado como agente nessas orações, mas que ele não foi de fato pronunciado, é uma maneira de tratar ou de descrever esse recurso da linguagem.

Precisamos examinar agora qual é a propriedade do português do Brasil, isto é, o que é que nossa língua tem que permite a ocorrência desse **sujeito não pronunciado**.

É interessante observar inicialmente que um sujeito não pronunciado ocorre com mais frequência na _escrita_ do que na _fala_. O fato de ser mais frequente na _escrita_ pode ser explicado pelo seguinte: os morfemas que formam a flexão do verbo no português do Brasil são, sobretudo na _escrita_, bastante "ricos", isto é, esses morfemas, que aparecem junto ao verbo, permitem-nos _recuperar_ quem é o sujeito da oração. Assim, nos exemplos discutidos, repetidos a seguir, a flexão dos verbos garante que os sujeitos são _eu, ela_ ou _ele_, e _nós_ que ocupam a "casa vazia" ou a posição sinalizada pelos traços:

Eu encontrei a Maria já desmaiada no sofá.

Silvana falou que **ela/ele conseguiu** o emprego no shopping.

Nós já **sabemos** que o Flamengo será o campeão este ano.

Quando interpretamos o segundo exemplo, concluindo que o sujeito não pronunciado é _ela_, o falante considera também o fato de o sujeito do verbo _falou_ ser _Silvana_, que é do gênero feminino. Nesse caso, como já explicamos, dissemos que _Silvana_ e _ela_ têm a mesma referência ou, dito de outra maneira, são _correferentes_, o que, como já vimos, ocorre também em outros fenômenos da língua. Essa correferência está representada a seguir por meio do símbolo [1] que associa a interpretação dos dois constituintes:

Silvana[1] falou que **ela**[1] **conseguiu** o emprego no shopping.

Veja agora que a razão de o sujeito não pronunciado ser menos frequente na *fala* se explica pelo fato de que, nesta modalidade de uso da língua, a flexão ocorre, com frequência, de maneira mais reduzida, isto é, *nós distinguimos menos as pessoas do discurso por meio da flexão*. É comum, na *fala* de muitos dialetos do português do Brasil, a flexão de terceira pessoa do singular ser usada também quando, por exemplo, o sujeito é de terceira pessoa do plural:

Confira os modelos de flexão verbal do português do Brasil
Págs. 213 e 230

Eles comeu tudo que tinha na geladeira!

Fica claro assim que se tivéssemos deixado o verbo *comeu* sem o sujeito *eles*, poderíamos pensar que foi apenas uma pessoa que *comeu tudo que tinha na geladeira*, e não mais de uma, como foi a intenção da pessoa que usou essa oração.

A ocorrência de sujeitos não pronunciados sugere que nem sempre *um constituinte da gramática existe em todos os componentes*. Vamos comentar essa ideia um pouco mais. Como vimos, a gramática tem, além do **léxico**, três componentes:

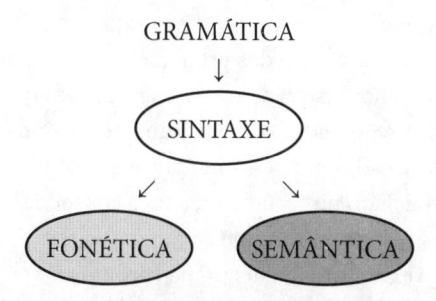

GRAMÁTICA
↓
SINTAXE
FONÉTICA   SEMÂNTICA

Pode acontecer, então, que um constituinte da oração, como é o caso do sujeito não pronunciado, ocorra no componente sintático, já que ele tem uma função de sujeito a ser desempenhada; ocorra no componente **semântico**, uma vez que ele é interpretado por meio de um papel temático, mas que não ocorra no componente **fonético**, isto é, não haja nenhum conjunto de sons que o pronuncie. Nesse sentido, diremos que se trata de um constituinte vazio foneticamente.

Nossa análise faz surgir, pelo menos, mais uma pergunta: há outros constituintes não pronunciados no português além daqueles que são sujeitos?

A resposta é sim. No exemplo seguinte, podemos dizer que ocorre um constituinte vazio que desempenha a função de objeto do verbo *vi*. Trata-se, assim, de um objeto não pronunciado, que detalharemos na seção "Tipos de objeto":

Pergunta: Você viu o Júnior ontem na festa?
Resposta: Eu vi ____!

Esse objeto não pronunciado é de terceira pessoa do singular: pode ser um sintagma nominal vazio, correspondendo a *o Júnior*, ou um pronome vazio, equivalendo a *ele* ou ao pronome fraco *o*.

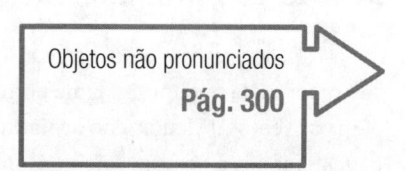
Objetos não pronunciados
Pág. 300

Os casos de constituintes não pronunciados mencionados até aqui desempenham as funções de sujeito e de objeto. Há ainda outros constituintes, além dos sintagmas nominais e dos pronomes, que podem aparecer vazios. Veja o seguinte exemplo:

Gilmar foi ao shopping, mas sua namorada não _____.

O constituinte vazio nesse exemplo corresponde a um *sintagma verbal,* ou seja, a *foi ao shopping,* que não tem, portanto, existência no componente fonético.

Por outro lado, pesquisas recentes nas áreas de Linguística e Língua Portuguesa mostram que há no português do Brasil de hoje uma forte tendência, sobretudo na *fala,* de os falantes pronunciarem um sujeito pronominal ao invés de deixá-lo não pronunciado. Cada vez mais, portanto, usamos a língua da maneira como está em (1), a seguir, em lugar do que está em (2):

(1) **Eu** saí ontem e foi ótimo.
    Meus colegas disseram que **eles** vão à excursão da faculdade.
(2) _____ Saí ontem e foi ótimo.
    Meus colegas disseram que _____ vão à excursão da faculdade.

Tudo indica assim – é o que as pesquisas mostram – que o português do Brasil está passando por uma mudança no que concerne ao uso dos pronomes, isto é, quando são ou não são pronunciados. Essa mudança é bem menos visível na *escrita,* na qual a frequência do uso de sujeitos não pronunciados, neste caso, não registrados ortograficamente, é ainda bastante elevada. Como já apontamos, uma das razões alegadas para essa mudança é o fato de o português do Brasil estar passando por um processo, iniciado no século XIX, com a consolidação dos pronomes *você(s)* e *a gente,* de redução das flexões verbais. Discutimos esse fenômeno no capítulo 4.

Por fim, ao considerar a existência de sujeitos não pronunciados, nossa análise confirma que a estrutura da oração mais básica da nossa língua tem, *pelo menos,* um **sintagma nominal** e um **sintagma verbal**, o que pode ser representado da seguinte maneira:

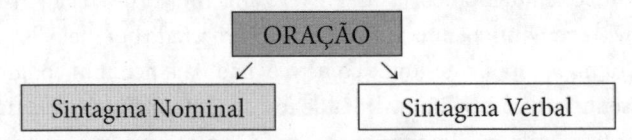

Esses sintagmas que compõem a oração podem ser, como vimos, pronunciados ou não, isto é, ter ou não ter existência fonética.

A estrutura oracional proposta é a mais comum da nossa língua, mas não é a única. Voltaremos a esse assunto no capítulo 6.

Sujeito não pronunciado e não interpretado

A proposta com a qual fechamos a seção anterior, ou seja, de que a oração tem a estrutura básica formada por um sintagma nominal e um sintagma verbal, não parece funcionar, no entanto, para os eventos de fenômeno da natureza e de existência, cujos predicados não atribuem nenhum papel temático à posição sujeito. Como já visto, são orações como as seguintes:

____ Choveu muito em Santa Catarina naquele ano.

____ Há um computador naquela sala.

____ Faz seis meses que existe este novo sistema de multas.

Sabemos que a primeira oração é um evento que descreve um fenômeno meteorológico ocorrido num estado do Brasil numa certa época. Nas outras orações, ocorrem constatações, por parte do falante, da existência de um objeto num espaço físico e da quantidade de tempo de existência de um sistema de multas. Em nenhuma dessas orações, há, portanto, a participação de um sintagma nominal como agente, paciente, etc. As gramáticas, na grande maioria das vezes, afirmam que em casos como esses nós temos *orações sem sujeito*, o que quer dizer, na verdade, que os verbos estão flexionados na terceira pessoa do singular, que são orações em que *não* há atribuição dos papéis temáticos reservados ao sujeito, ou seja, *ninguém fez nada, não sofreu nada*, e assim por diante. A noção de *oração sem sujeito* sempre foi, porém, um problema da teoria gramatical porque nos impede de definir adequadamente o que é uma oração – unidade básica da análise gramatical –, já que a grande maioria dos gramáticos define *oração* como um enunciado que tem *sujeito* e *predicado*. Ora, para manter a coerência, teríamos que dizer que as *orações sem sujeito* não podem receber o nome de orações. Vamos propor, então, outra possibilidade de análise para as orações como essas.

Dizer que uma oração tem ou não sujeito depende, obviamente, do que consideramos como sujeito. Já sabemos que pode existir sujeito mesmo quando não o pronunciamos: é o caso do sujeito não pronunciado estudado em seção anterior. É possível dizer algo parecido a respeito das orações que acabamos de comentar? Vejamos.

Observe, inicialmente, que tem se tornado bastante produtivo, sobretudo na *fala* do português do Brasil atual, a presença de sintagmas ocupando a "casa" ou a posição do sujeito em orações que expressam os eventos que estamos analisando. Trata-se de ocorrências como as seguintes:

(1) **A região sul** chove muito.

   A sala tem cinco cadeiras sobrando.

   O casamento tinha champanhe.

   A Kombi cabe muita gente.

   Fonte: Pontes, 1987.

Observe que os sintagmas nominais destacados parecem ocupar exatamente a posição do sujeito nessas orações. Se for assim, tudo indica que a posição do sujeito existe ou está disponível mesmo que o predicado não atribua o papel temático de agente ou outro qualquer.

Os sintagmas nominais de (1) são, é claro, interpretados como expressando **lugar** e funcionam, na verdade, como modificadores das orações, o que, como esperado no português padrão, daria orações como as seguintes:

(2) **Na região sul**, chove muito (**na região sul**).

   Na sala, tem, ou há, cinco cadeiras sobrando (**na sala**).

   No casamento, tinha, ou havia, champanhe (**no casamento**).

   Na Kombi, cabe muita gente (**na Kombi**).

Mas note que isso parece não os impedir de ocupar a "casa dos outros", isto é, esses sintagmas eliminam, ou apagam, a preposição *em* e se alocam na posição de sujeito em estruturas como (1).

Caminhamos assim na direção de definir a função sujeito como uma posição numa estrutura que pode ser ocupada por elementos de natureza variada.

Como uma evidência adicional para a nossa análise, é interessante considerar ainda a ocorrência, em vários dialetos do português de Portugal, e não apenas na *fala*, de orações nas quais a posição sujeito de eventos de fenômeno da natureza e de existência aparece ocupada pelo pronome *ele*:

A estrela da manhã (...) Bom, **ele** há várias estrelas, não é?
...era melhor, mas **ele** não chove amanhã.
Fonte: Carrilho, 2008: 14.

Esse pronome *ele* que aparece nesse exemplo não é, porém, interpretado, ou seja, não recebe papel temático, aparecendo apenas para preencher a posição do sujeito. Pronomes como esse, que não são interpretados, recebem o nome de **expletivo** e são muito comuns em línguas como o inglês e o francês. Voltaremos a comentar esse fenômeno logo a seguir.

Com base no que dissemos, vamos considerar que na posição sujeito de orações que expressam eventos de existência e de fenômeno da natureza ocorre um *sujeito vazio*, isto é, *não pronunciado*, que também *não é interpretado* por meio de um papel temático. Esse sujeito vazio pode se realizar como um *sintagma nominal* ou como um *pronome*.

Vamos explicar um pouco mais essa análise considerando o exemplo a seguir:

(1) ____ Choveu muito ontem.

Nessa oração, o verbo *choveu* encontra-se na *3ª pessoa do singular*. Considerando essa observação, podemos dizer que essa oração dispõe de um *sujeito não pronunciado,* equivalente a *ele*, que é indicado pela flexão verbal, o que permite comparar esse exemplo com o seguinte:

(2) ____ Saiu sem dizer adeus.

Mas esse *ele* não pronunciado, que estamos dizendo que pode ocorrer no lugar do sujeito de orações com verbos como *chover*, *haver* e outros, não é, evidentemente, igual ao *ele* que significa *terceira pessoa do discurso*, isto é, "sobre quem se fala", e que ocorre, por exemplo, na oração (2). Esse *ele* não pronunciado de verbos como *choveu* não significa nada! Isto é, não recebe um papel temático e nem poderia ser interpretado assim, já que os verbos que indicam eventos como *fenômeno da natureza* e *existência* não atribuem papel temático à sua posição sujeito.

Esse *ele* não pronunciado que estamos propondo pode ser comparado com o *it* da língua inglesa e com o *il* da língua francesa, que são usados como sujeitos de verbos como *chover* e outros. Veja os exemplos dessas línguas com a tradução das orações em português:

It rains now.
"Chove agora"
Il pleut maintenant.
"Chove agora"

Os pronomes *it* e *il*, equivalentes ao *ele* de alguns dialetos do português de Portugal que comentamos, não significam nada, mas devem ser analisados como sujeito dessas orações, já que é com eles que os verbos *rains* e *pleut* concordam.

Nossa proposta levanta a seguinte pergunta: Por que o inglês e o francês exigem a presença de *it* e *il* com verbos como *chover* enquanto o português do Brasil, e mesmo os dialetos majoritários do português de Portugal, não exigem isso?

Para responder a essa pergunta, vamos considerar o fato de que o português não está sozinho: o espanhol, como se vê a seguir, comporta-se da mesma maneira que nossa língua:

_____ Llove ahora.
"Chove agora"

Nessa língua, também não é necessário incluir, em orações com o verbo *chover*, um pronome como *it* ou *il* no lugar do sujeito, ou seja, o sujeito pode ficar, como no caso do português, não pronunciado.

Parece que existem então dois grupos de línguas:

1º Grupo:	**2º Grupo:**
Português	Inglês
Espanhol	Francês

A propriedade que distingue os dois grupos de línguas está relacionada, *principalmente*, com a flexão verbal. Para que ocorra sujeito não pronunciado, é necessário que o modelo de conjugação verbal tenha morfemas de flexão que deixem o mais claro possível se o sujeito é de *primeira, segunda* ou *terceira pessoa* e se é *singular* ou *plural*; ou, em outras palavras, a flexão verbal deve ser a mais diferenciada possível. No caso do português padrão, essa diferenciação acontece. Por exemplo:

Vou conseguir a vaga nesse time.

Quando ouvimos essa oração, sabemos que o sujeito é *Eu*, não pronunciado, porque a flexão o indica ou o "recupera". No caso do inglês, esta possibilidade não existe:

O *italiano* é uma outra língua do primeiro grupo e o *alemão* é um outro exemplo de língua do segundo grupo.

* will take a place in this team.

Nesse exemplo do inglês, equivalente à oração portuguesa analisada, não sabemos se o sujeito é *I* (eu), *You* (você), *He/She* (ele/ela), *We* (nós), *You* (vocês) ou *They* (eles/elas), ou seja, qualquer um desses pronomes poderia ser o sujeito dessa oração e é por essa razão, já que a mensagem não é clara, que ela é agramatical.

O fenômeno do sujeito não pronunciado e sua relação com a flexão verbal são mais complexos do que deixei entender. Há outros aspectos a serem considerados. Por exemplo: como vimos, o português do Brasil, sobretudo na modalidade da *fala*, está perdendo a diferenciação entre os morfemas de flexão verbal, o que faz com que, nesta modalidade, os falantes cada vez mais pronunciem o sujeito pronominal e preencham, como vimos, a posição do sujeito. O que acabamos de dizer mostra que uma língua pode mudar em relação a admitir ou não um sujeito não pronunciado; e isso é verdade: o *inglês* e o *francês* já foram, antigamente, línguas de sujeito não pronunciado e deixaram de ser quando ocorreu uma redução dos morfemas de flexão verbal. Com alguns verbos do *inglês* e no *francês* escrito é ainda possível observar a presença da flexão de forma diferenciada, o que não é suficiente, no entanto, para que sejam, atualmente, línguas de sujeito não pronunciado.

Todas essas questões, e outras que não mencionamos, são motivo de pesquisa na área de Linguística e tarefa para os profissionais da área. Para os nossos objetivos, o mais importante, no entanto, é saber que, nas línguas do **segundo grupo**, que, normalmente, não aceitam sujeito não pronunciado, é preciso acrescentar um pronome ou outro constituinte no lugar do sujeito em orações formadas por verbos como *chover*, *haver*, etc., mesmo que esse pronome não tenha qualquer significado. Essa necessidade não ocorre com as línguas do **primeiro grupo**, que aceitam o sujeito não pronunciado, ou seja, o lugar do sujeito em orações com esses verbos não precisa ser ocupado por um constituinte pronunciado.

No entanto, supondo que a gramática mental é a mesma para os seres humanos, independentemente da língua, ou seja, que ela tem caráter universal, propomos que mesmo nas línguas do primeiro grupo ocorre um sujeito não pronunciado de terceira pessoa do singular que, no entanto, também não é interpretado. Trata-se enfim, para resumir, do *sujeito não pronunciado e não interpretado* que ocorre em orações cujos verbos se referem a eventos como *fenômeno da natureza* e *existência*.

Portanto, para nós,

> **As orações sempre têm um sujeito**.

Para fechar nossa análise, observe um resumo das possibilidades de realização de um sujeito que a teoria da gramática admite:

1) Realizado nos três componentes, isto é, na sintaxe, na fonética e na semântica:

Eu vou conseguir um lugar nesse time.

2) Realizado em dois componentes, isto é, na sintaxe e na semântica:

____Vou conseguir um lugar nesse time.

3) Realizado em dois componentes, isto é, na sintaxe e na fonética:

It rained yesterday.
"Choveu ontem"

4) Realizado apenas em um componente, isto é, na sintaxe:

_____ Choveu ontem.

Vamos dizer, enfim, que, no lugar do sujeito, quando temos um *sujeito não pronunciado* ou um *sujeito não pronunciado* e *não interpretado,* ocorre o que chamaremos de uma **categoria vazia** que, abreviadamente, será representada da seguinte maneira: [**c.v.**]. Veja a seguir como fica a representação da categoria vazia nas orações em que ele ocorre:

[**c.v.**] Assaltei a geladeira ontem à noite.
[**c.v.**] Choveu demais ontem à noite.

Sujeito indeterminado

Muitas vezes, os falantes não querem deixar claro, ou mesmo não sabem, quem fez algo, sofreu algo, etc. Nesses casos dizemos que temos um **sujeito indeterminado**. Já falamos um pouco desse assunto no capítulo 2 quando tratamos do *gênero textual científico*. Nossa língua dispõe de alguns recursos para provocar esse efeito de significado.

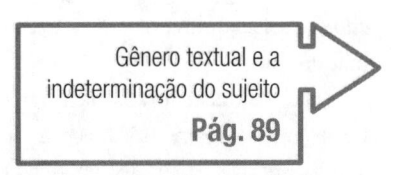

Gênero textual e a indeterminação do sujeito
Pág. 89

Na *escrita*, o mais comum é empregarmos um sujeito não pronunciado com a flexão na *3ª pessoa do plural*, o que permite omitir a identidade do sujeito. Veja o exemplo:

Falaram mal do Djalma naquela festinha.

Na interpretação dessa oração, entendemos que o falante não quer, ou não sabe dizer, *que pessoa(s) falou ou falaram mal do Djalma naquela festinha.*
Na *fala*, como há uma tendência de pronunciar o sujeito pronominal, o pronome *eles* pode aparecer e ser interpretado como um sujeito indeterminado, da seguinte maneira:

Eles falaram mal do Djalma naquela festinha.

Bateram na porta.

Essa oração permite, então, duas interpretações: o pronome *eles* pode se referir a pessoas específicas que o falante e o ouvinte conhecem ou sabem quem são; ou pode servir para ocasiões em que o falante não sabe de quem se trata ou não quer revelar ao ouvinte de quem se trata.

Em alguns dialetos do português do Brasil, como no mineiro, o pronome *eles* pode ocorrer *reduzido* e ser pronunciado como *ez*. Esse pronome reduzido é também usado para indeterminar o sujeito e, nesse caso, a flexão do verbo vai para a *3ª pessoa do singular*:

Ez falou mal do Djalma naquela festinha.

Há, enfim, o caso de pronomes indefinidos como *alguém* que, quando aparece no lugar do sujeito, faz com que ocorra a interpretação de sujeito indeterminado:

Alguém falou mal do Djalma naquela festinha.

Sujeito generalizado

Existe um tipo de sujeito cuja interpretação se parece um pouco com a do sujeito indeterminado: é o **sujeito generalizado**. Nesse caso, não é apontada uma pessoa específica que tenha desempenhado os papéis temáticos de agente, paciente, etc.: o sujeito é *generalizado*, ou seja, aquilo que o evento afirma é válido para qualquer pessoa.

Há muitos recursos da língua para obter essa interpretação. Vejamos os dois principais recursos mais comuns ou mais esperados na *escrita*:

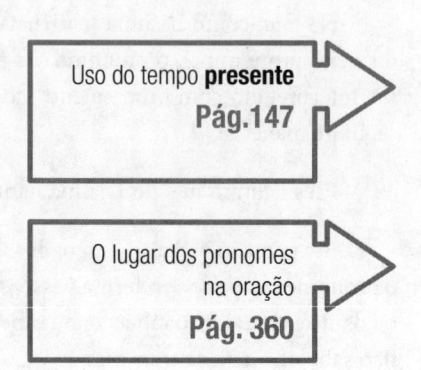

O pronome *se* pode aparecer ainda na **passiva sintética** cujo sujeito é interpretado como *indeterminado*. Falaremos mais sobre isso no capítulo 6
Pág. 356

1º) Sujeito não pronunciado na terceira pessoa do singular com a presença do pronome *se*:

____ Vive-se mal hoje em dia nas grandes cidades.
____ Se vive mal hoje em dia nas grandes cidades.

Na interpretação dessas orações, entendemos que não é *eu*, *você*, *ele(s)* ou *ela(s)* que *vive(m) mal nas grandes cidades*, e sim todo mundo que for morar numa delas. Ocorre, então, uma *generalização*, ou seja, o evento *viver mal hoje em dia nas grandes cidades* é generalizado para qualquer pessoa. Observe ainda dois fatos em relação a esses exemplos: a) o TEMPO da flexão mais comum para criar uma generalização é o **presente**. O presente, como vimos no capítulo 3, pode ser usado para exprimir também o passado e o futuro, sendo um tempo mais "neutro" que os outros dois; b) o pronome *se* pode ser colocado *antes* ou *depois* do verbo. Na *escrita*, o que é esperado é que este pronome fique depois do verbo, a não ser que exista uma palavra que o "atraia" para antes do verbo. Explicaremos no capítulo 6 tudo o que está envolvido na definição do lugar de pronomes como este.

Uso do tempo **presente**
Pág.147

O lugar dos pronomes na oração
Pág. 360

2º) Sujeito não pronunciado com verbo no infinitivo:

_____ Conseguir um emprego hoje em dia está muito mais fácil.

Quando interpretamos esse exemplo, percebemos que *para qualquer pessoa que for procurar um emprego é muito mais fácil conseguir hoje em dia*. O emprego do **infinitivo** também favorece a generalização, pois, como há ausência de tempo, é ainda mais "neutro" que o tempo presente.

Na *fala*, já que, como vimos, há uma tendência de preenchimento do lugar do sujeito, alguns pronomes são "recrutados" para funcionar como sujeito generalizado. Observe os exemplos:

A gente conseguir um emprego hoje em dia está muito mais fácil.
Você conseguir um emprego hoje em dia está muito mais fácil.

A interpretação do exemplo com *a gente* é comparável com o exemplo anterior em que ocorre sujeito não pronunciado, ou seja, é também uma generalização. O exemplo com *você* pode ter duas interpretações: uma delas é equivalente ao exemplo com *a gente*, ou seja, trata-se de um sujeito generalizado; a outra é a habitual interpretação de segunda pessoa, isto é, neste caso, o falante se dirige à pessoa com quem conversa.

O uso de *você* para criar uma interpretação de sujeito generalizado é muito frequente na *fala* hoje em dia. Para perceber isso, observe com atenção, de agora em diante, a fala das pessoas que são entrevistadas na televisão: independentemente do nível cultural ou de escolaridade, o uso de *você* é bastante dominante. Veja mais um exemplo desse uso presenciado por mim ao ouvir um programa da rádio *BandNews* no dia 13/08/2013, às 13h, sobre a redução da população de abelhas nos EUA devido à monocultura e ao uso de agrotóxicos:

Entrevistador: ...Quer dizer que é um bom negócio montar uma empresa de colmeias?

Entrevistado: Sim...por mais estranho que pareça...além de **você** ganhar na produção de mel... **você** ganha também na polinização, isto é, **você** pode alugar colmeias para polinização de pomares...

Ao responder a uma pergunta que tem a ver com algo hipotético, o entrevistado utiliza a forma *você* três vezes, mas em nenhuma delas *você* se refere ao entrevistador, servindo, portanto, para criar a interpretação de sujeito generalizado.

Na *escrita*, é também comum ocorrer o pronome *nós* com a interpretação de sujeito generalizado, que pode também ser não pronunciado. Nada impede, é claro, que este recurso seja utilizado na *fala*, mas é menos frequente do que na *escrita*:

Nós conseguirmos um emprego hoje em dia está muito mais fácil.
_____ Conseguirmos um emprego hoje em dia está muito mais fácil.

Também nesses exemplos há duas interpretações possíveis: uma é a de sujeito generalizado e a outra se refere a *eu* e *mais uma ou mais pessoas*. Outro detalhe é que o verbo que está no infinitivo – *conseguirmos* – flexiona na primeira pessoa do plural.

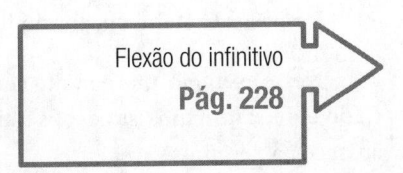

Flexão do infinitivo
Pág. 228

Não são apenas os pronomes e os sujeitos não pronunciados que permitem criar uma generalização. A língua dispõe também do recurso de *sintagmas nominais* que, quando ocupam o lugar do sujeito, servem para criar uma interpretação desse tipo. Veja os exemplos:

Hoje em dia, **as pessoas** acabam um casamento por qualquer motivo.
Os alunos desse colégio gostam muito de praticar esportes.
O brasileiro gosta muito de futebol.

Fica claro assim que, no primeiro exemplo, o sintagma nominal *as pessoas* se refere às pessoas em geral que se casaram; no segundo exemplo, o universo de pessoas ao qual o sintagma nominal se refere, isto é, *os alunos desse colégio*, é bem mais restrito do que no exemplo anterior, mas mesmo assim é uma generalização, já que não determina alunos específicos. No último exemplo, *o brasileiro* não se refere a um cidadão brasileiro específico, mas sim a todas as pessoas que têm nacionalidade brasileira.

TIPOS DE OBJETO

Vimos anteriormente os variados papéis temáticos que os objetos podem receber. Além disso, vimos que, já que é o sujeito que provoca a flexão que está no verbo, o objeto *nunca* vai concordar com o verbo flexionado.

Já explicamos, também, que o objeto é o sintagma nominal que aparece na maioria das vezes depois do verbo, o que cria a ordem básica de palavras da nossa língua que é a ordem Sujeito-Verbo-Objeto. Mas, como veremos no capítulo 6, o objeto, assim como os outros constituintes, podem ser deslocados dessa posição básica e ocupar outros lugares na oração.

Como também já estudamos, o objeto pode aparecer *não pronunciado* e, nesse caso, ele se realiza como uma *categoria vazia*, isto é, existente no componente sintático e no semântico, mas não no fonético. A interpretação desse objeto não pronunciado gera três tipos de objetos que comentamos a seguir.

Objeto não pronunciado determinado

Observe o objeto não pronunciado, representado por [**c.v.**], que, como vimos na seção "Sujeito não pronunciado", aparece na resposta à pergunta a seguir:

Pronomes fortes e fracos
Pág. 158

Pergunta: Você encontrou **a Laura** no shopping?
Resposta: O Pedro encontrou [**c.v.**]!

Nesse exemplo, que é muito comum na *fala* do português do Brasil, o objeto não pronunciado é **determinado**, isto é, nós sabemos que ele se refere ao sintagma nominal *a Laura*, que aparece na pergunta.

É comum também esse objeto realizar-se como um pronome. Neste caso, na *fala*, é muito usado um pronome **forte** como *ela, ele, nós*, etc., mas, na *escrita*, espera-se que apareça um pronome **fraco** como *a, o, te*, etc. Veja os exemplos:

O lugar dos pronomes fracos
Pág. 360

> Fala: → O Pedro encontrou ela!
> O Pedro encontrou __!
>
> Escrita: → O Pedro a encontrou!
> ou
> O Pedro encontrou-a!

Vou insistir na ideia de que a separação dessas ocorrências, em termos de *fala* e *escrita*, é apenas um registro do que é mais comum ou mais esperado nas duas modalidades.

Objeto não pronunciado indeterminado e generalizado

Quando montamos uma oração com alguns verbos, principalmente os da classe dos *verbos psicológicos*, que também atribuem o papel temático de paciente a seus objetos, é possível deixar o objeto não pronunciado e, nesse caso, ele pode ser interpretado como indeterminado ou como generalizado:

Objeto não pronunciado **indeterminado**
↓

> O bebedeira do namorado da Mariana incomodou ____ muito.

Nesse exemplo, o evento ocorrido é que alguém, que pode ser mais de uma pessoa, ficou incomodado com *a bebedeira do namorado da Mariana*. Mas quem pronunciou esta oração não quer determinar *quem ficou incomodado* e, por isso, a interpretação do objeto é **indeterminada**. Se o falante quisesse dizer quem se sentiu incomodado, poderia incluir, no lugar do traço, por exemplo, *os pais de Mariana*.

O objeto pode também servir para construir uma *generalização* e, nesse caso, trata-se do objeto não pronunciado **generalizado** cuja interpretação é parecida com a indeterminada. Observe:

No entanto, estudaremos, no capítulo 6, os casos de verbos que podem ser usados com objeto ou sem objeto. Nesse último caso, não ocorre um objeto não pronunciado
Pág. 315

Objeto não pronunciado **generalizado**
↓

> Esse cachorro morde ____ .

Nesse exemplo, não está sendo dito que o cachorro mordeu alguém específico ou que conhecemos, ou seja, temos uma generalização que é entendida da seguinte maneira: *esse cachorro morde qualquer pessoa que se aproximar dele.*

OS PAPÉIS TEMÁTICOS E OS PRONOMES

Os pronomes, apesar de serem itens que pertencem a uma das classes de palavras *funcionais*, têm a capacidade de substituir os sintagmas nominais. Substituir nesse caso quer dizer o seguinte: um pronome pode ocupar o mesmo lugar que um sintagma nominal. Compare:

(1) [**O meu colega de Assis**] mudou de cidade.
   [**Ele**] mudou de cidade.
(2) [**O vizinho**][1] garantiu que [**ele**][1] vai cuidar melhor do lixo.
   [**O vizinho**][1] garantiu que [__][1] vai cuidar melhor do lixo.

É fácil perceber assim que, no exemplo (1), o pronome *ele* substitui o sintagma nominal *o meu colega de Assis* e, no exemplo (2), o sintagma nominal *o vizinho*. Nesse segundo exemplo, utilizamos o símbolo [1] para representar o fato de que quem vai cuidar melhor do lixo é *o vizinho*, que é o sujeito do predicado que tem como núcleo o verbo *garantiu*. Assim, consideramos, como já estudamos quando explicamos a interpretação dos pronomes relativos, que o pronome *ele* é *correferente* com *o vizinho*, isto é, *o vizinho* e *ele* se referem à mesma pessoa. Observe, além disso, na segunda oração do exemplo (2), que um sujeito não pronunciado, que nesse caso será um *pronome não pronunciado*, pode também ocupar o lugar de um sintagma nominal e ser correferente com *o vizinho*.

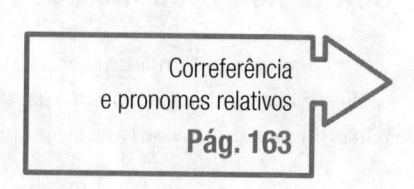

Correferência
e pronomes relativos
Pág. 163

Vamos também representar esse pronome não pronunciado por meio da sigla **c.v.** (= categoria vazia) e sinalizar o lugar que ele ocupa da seguinte maneira:

[**O vizinho**][1] garantiu que [**c.v.**][1] vai cuidar melhor do lixo.

Os sintagmas nominais *o meu colega de Assis* e *o vizinho* recebem os papéis temáticos de agente atribuídos pelos predicados cujos núcleos são os verbos *garantir* e *mudar*. Vamos considerar então que os pronomes, *pronunciados ou não*, na medida em que ocupam lugares de sintagma nominal, também recebem papéis temáticos. Nesses exemplos, portanto, *ele* e o pronome não pronunciado [c.v.] são interpretados por meio do papel agente.

Já que os pronomes podem ocupar igualmente o lugar de um sintagma nominal que funciona como objeto, diremos que um pronome, *pronunciado ou não*, pode também receber os papéis temáticos reservados ao objeto. Veja os exemplos:

(1) O filho da Adélia matou [**o periquitinho**].

(2) O filho da Adélia matou [**ele**].

(3) O filho da Adélia [**o**] matou [-**o**].

(4) — Onde está o periquitinho que ficava aqui?

— O filho da Adélia matou [**c.v.**]

Em (1), *o periquitinho* é o sintagma nominal que funciona como objeto e recebe o papel temático de paciente. As demais orações mostram que um pronome pode substituir o objeto e também receber o papel de paciente: *ele* é o pronome **forte** do exemplo (2); o pronome **fraco** *o*, que, como estudaremos no capítulo 6, pode ficar antes ou depois do verbo, substitui o sintagma nominal no exemplo (3); e um pronome não pronunciado, que aparece numa oração que é uma resposta a uma pergunta, é o constituinte que é interpretado como paciente no exemplo (4).

Também os *pronomes indefinidos*, como *alguém, ninguém, nada, algo, aquilo, isso, tudo*, etc., e os *pronomes possessivos*, estudados no capítulo 3, podem receber um papel temático. Veja alguns exemplos:

Tudo incomoda minha mãe.

Alguém fez o almoço.

Foi ele que comprou **aquilo**, mas **ninguém** quis comer.

A **minha** internação acabou me salvando.

A **sua** fuga evitou que todos fossem presos.

No primeiro quadro, *tudo, aquilo*, etc., que funcionam como sujeito ou objeto, são interpretados por meio de papéis temáticos. É o caso também dos possessivos *minha*, interpretado como paciente, e *sua*, que compreendemos como agente.

Para concluir este capítulo, quero lembrar que a abordagem dos papéis temáticos desenvolvida aqui não descreve todas as maneiras que temos de participar dos eventos que ocorrem no mundo. Talvez seja até mesmo impossível detalhar todos os papéis temáticos e as diferenças de interpretação – algumas sutis – que existem entre eles. A nossa proposta, então, já que nossa abordagem da gramática é *reflexiva* ou *inteligente*, é que você mesmo pense a respeito dos fenômenos da língua com os quais se deparem e tentem ampliar sua descrição. Os exercícios do nosso livro vão certamente ajudar nessa Tarefa.

EXERCÍCIOS

1. A seguir, no Quadro 1, há três trechos criados por mim e, no Quadro 2, uma lista dos três componentes da gramática:

QUADRO 1:

(**1**) Us carabizuras sirulidas blentiaram diraustas.

(**2**) üëbl krʔaõ kprt.

(**3**) te João chances muitas ofereceu.

QUADRO 2:
(A) Componente fonético
(B) Componente sintático
(C) Componente semântico

Tarefa: Em cada um dos trechos do Quadro 1, um (ou dois) dos componentes do Quadro 2 não foi atuante, tendo em vista as propriedades do português do Brasil. Identifique, em cada trecho, o(s) componente(s) que ficou inativo e tente fundamentar suas escolhas.

2. O texto a seguir é um trecho adaptado de uma reportagem publicada no jornal *O Estado de Minas* em 3 de abril de 2012, p. 5, e assinada por Aline Maciel:

Sem [um cadastro nacional que liste todos os políticos que tiveram as contas de campanha rejeitadas], [os candidatos às eleições municipais do mês de outubro] podem acabar escapando d[a decisão do Tribunal Superior Eleitoral (TSE) que torna inelegível o candidato que não conseguiu fechar o balanço do último pleito]...

Os constituintes entre colchetes [...] no texto são *sintagmas nominais*.

Tarefa 1: Encontre o *núcleo* desses sintagmas nominais que estão entre colchetes.

Tarefa 2: Dentro de cada sintagma nominal entre colchetes, encontre mais dois sintagmas nominais.

3. O texto a seguir é um trecho retirado de um guia de turismo sobre a Grécia:

COMO EXPLORAR A NOVA RODES

A cidade nova cresceu aos poucos no século 19 e se estabeleceu de vez durante a ocupação fascista italiana da década de 20, quando foram construídos edifícios públicos grandiosos perto do porto. A parte nova, extensa, inclui a Néa Ágora e também o porto de Mandráki. A influência italiana continua existindo nessas áreas...O lado oeste é um ativo centro turístico, com ruas movimentadas e praia cheia.

Fonte: *Guia Folha de São Paulo: Ilhas Gregas e Atenas*; 1998: 190.

Tarefa 1: Extraia quatro *sintagmas verbais* do texto.

Tarefa 2: Extraia cinco *sintagmas nominais* precedidos por preposição.

Tarefa 3: Extraia treze *sintagmas adjetivais* que são formados apenas pelo adjetivo, que é o núcleo do sintagma.

4. As orações seguintes foram elaboradas por mim:

A. O Pedro ama a Maria.
B. O Carlos Henrique enviou um e-mail ao governador.
C. Felizmente Lucas mudou sua vida.
D. O pai do meu colega conseguiu a internação do filho.
E. O meu médico ficou bastante satisfeito com os exames.

Tarefa 1: Separe os sintagmas nominais e os sintagmas verbais que são a *base* dessas orações. Separe também o sintagma adverbial que se encontra numa das orações.

Tarefa 2: Separe os sintagmas que estão contidos nos sintagmas nominais e nos sintagmas verbais encontrados na Tarefa 1.

5. O trecho seguinte foi adaptado de uma reportagem publicada na revista *ViverBrasil*, cuja autora é Teresinha Moreira, em 4 de maio de 2012, n. 81, p. 28.

> Lucas Reis é casado, não tem filhos e é uma pessoa disciplinada. Trabalha cerca de 12 horas por dia e ainda almoça em casa e frequenta academia todos os dias. "Nos fins de semana, quando temos algum lançamento, participo por algum período", mas sempre dedica parte de seus sábados e domingos à esposa.

Tarefa: Lembrando que as orações representam eventos, separe as orações que compõem esse texto.

6. O texto a seguir é um trecho de *fala* de uma mulher de 55 anos da cidade de Arceburgo, Minas Gerais, que cursou o ensino fundamental:

> Ah... eu sinceramente a pessoa que eu achava mais importante no mundo era meu pai...eu admirava meu pai... eu achava ele inteligente...eu achava ele culto...porque naquele tempo meu pai tanto escrevia em italiano como escrevia em brasileiro, em português e tudo direitinho...Sabe?...
>
> Fonte: *corpus* de dados do grupo de pesquisa Nupevar (Fale/UFMG).

Tarefa: Extraia desse trecho duas *miniorações* cujo predicado é um sintagma adjetival.

7. O texto a seguir é um trecho de uma crônica, "A mulher automática", de Oswald de Andrade, publicada nos anos 1970:

> ...O telefone continuava. Ela arrancou num gesto o fone e berrou:
> — *Não me encha*! Não é aqui!
> Desligou violentamente. A voz do outro lado ficou dizendo humildemente:
> — *Esbéra mucinha!*
> — Que esbéra, nada! Se ele ligar outra vez dou o telefone do Cemitério do Araçá. Vou fazer ele falar com defunto!
> Houve um silêncio rápido. O homem rápido perguntou:
> — A senhora é contralto?.....
>
> Fonte: Andrade, 1971: 159-60.

Tarefa: Extraia do texto quatro orações declarativas; três orações exclamativas; duas orações imperativas, sendo uma delas imperativa negativa e uma oração interrogativa.

8. As orações seguintes, algumas já utilizadas no Exercício 4, foram elaboradas por mim:

> **A.** O Pedro ama a Maria.
> **B.** O Carlos Henrique enviou um e-mail ao governador.
> **C.** Felizmente Lucas mudou sua vida.
> **D.** A ventania derrubou o varal.
> **E.** O meu médico ficou bastante satisfeito com os exames.
> **F.** O rapaz casado com Ana Cláudia encontrou um apartamento barato.

Tarefa: Separe os sintagmas que desempenham as funções de sujeito, predicado, objeto, modificador e delimitador.

9. O texto seguinte é um trecho de *fala* de uma mulher de 49 anos, residente em Belo Horizonte e com formação universitária:

[*Eu trabalhava com crianças, adolescentes e adultos com deficiência auditiva*]...trabalhava com aulas individuais usando áudio visual e também usando...um aparelho chamado *Suwag*...também trabalhava em aulas de ritmo...e nessa aula de ritmo [*eu trabalhava...é...é com... várias crianças numa sala toda carpetada*]....[*todos eles tinham um fone ligado a um aparelho*]...e a gente trabalhava com o som tirando as falas...tirando os fonemas...

Fonte: *corpus* de dados do grupo de pesquisa Nupevar (Fale/UFMG).

Tarefa: Nas orações entre colchetes, encontre os sintagmas que desempenham as funções de sujeito, objeto, predicado, modificador e delimitador.

10. O texto seguinte é um trecho de uma crônica de Otto Lara Resende, publicada em 1993:

O PASTEL E A CRISE

Quando [**a crise** convida ao pessimismo ou ameaça descambar na depressão], [está na hora de ler]...Reler sobretudo o que nunca se leu, como repeti outro dia a um amigo que [não é chegado à leitura]. [**Ele** mergulhou no Proust sem escafandro e se sente mal quando vem à tona e respira o ar poluído aqui de fora]. [Verdadeiro sábio era **o Rubem Braga**]...[Houvesse o que houvesse], trazia no coração uma medida de equilíbrio...mas era também fruto do aprendizado que só a experiência dá. [No pequeno mundo do cotidiano, sabia como ninguém identificar **as boas coisas da vida**]...

Fonte: Rezende, 1993: 136.

Tarefa 1: Classifique as orações entre colchetes de acordo com o *tipo de evento* que representam, isto é, *estado, processo, atividade, fenômeno da natureza* ou *existência*.

Tarefa 2: Diga qual é o *papel temático* que é atribuído aos sintagmas nominais que se encontram em negrito no texto.

11. Os textos seguintes são trechos de reportagens publicadas na revista *ViverBrasil*, de 4 de maio de 2012, p. 27, 89 e 93:

(1)...[O intercâmbio] [o] ajudou muito, bem como o fato de [a família] ter um quê de empreendedorismo. Na época da faculdade, [ele] passou por estágios em banco e no setor de investimentos, mas viu que [essas] não eram as áreas de atuação de seus sonhos. Foi quando surgiu [estágio] no departamento da Coca-Cola...
(2)...[Isso] [me] dá [uma ferramenta de semiologia] para compreender [o processo da pessoa] de forma muito mais real...Segundo essa leitura, [a pessoa] adoece quando surgem desvios em sua trajetória que impedem a movimentação livre, a manifestação genuína ou o exercício da escolha, quando força o ritmo ou abandona [seus reais objetivos]...
(3)...[A gente] passa [a maior parte do dia] [na cozinha] então [ela] deve ser maior...

Tarefa: Diga qual é o *papel temático* que é atribuído aos sintagmas nominais que se encontram entres colchetes [...].

12. O belíssimo texto a seguir é composto de fragmentos de uma crônica de Paulo Mendes Campos que faz parte da coletânea *O amor acaba: crônicas líricas e existenciais*, com organização e apresentação de Flávio Pinheiro.

> O amor acaba. [Numa esquina], por exemplo, [num domingo de lua nova], depois de teatro e silêncio; acaba... diferente dos parques de ouro onde começou a pulsar; [de repente]...depois duma noite voltada à alegria póstuma, que não veio...na insônia dos braços luminosos do relógio; e acaba o amor...[no filho tantas vezes semeado], às vezes vingado por alguns dias, mas que não floresceu, abrindo parágrafos de ódio inexplicável...e o amor acaba; [na descontrolada fantasia da libido]; [...] mas pode acabar [com doçura e esperança]; uma palavra, muda ou articulada, e acaba o amor; [...] por qualquer motivo o amor acaba [para recomeçar em todos os lugares] e a qualquer minuto o amor acaba...
>
> Fonte: Campos, 2013: 22.

Tarefa: Diga quais são os *papéis temáticos* que são atribuídos pelos modificadores que estão entre colchetes [...].

13. O texto a seguir é um conjunto de fragmentos de uma entrevista de uma mulher de 55 anos, carioca, com ensino médio completo.

> ...Não, ela tinha um problema de RH e ela tinha interrompido uma gravidez e não tinha feito aquela vacina. Ela engravidou, tava tudo legal e foi acho que comecinho de janeiro, foi em janeiro aquele teste que você faz quando você tem RH negativo você faz um acompanhamento chamado *Coombs* aí ela fez o *Coombs* e deu logo uma taxa altíssima...de...de frequência no sangue dela de anticorpos em relação ao sangue do menino. Mas foi uma gravidez tumultuadíssima porque aí mesmo a médica achou estranho porque era... Só tava dando zero zero zero zero e o normal seria assim ser oito, dezesseis, trinta e dois, porque é a quantidade de...É o percentual de líquido que você dilui o sangue....Foi complicado....Porque aí a expectativa era muito grande...a gente sabe hoje que se ele tivesse vingado bem provavelmente não seria legal... mas é difícil você imaginar, né? sei lá...o bebê pequenininho imaginar que vai crescer...é muito complicado. E eles num tão bem não, ontem foi o aniversário da Maria e num achei ele bem não, achei ele...Ele é uma pessoa...calada...Ontem ele tava muito. Acho que incomoda né?, ...machuca porque acho que tem todo aquele planejamento que quando a Maria fizesse anos o menino estar ali.
>
> Fonte: adaptado do *corpus* do Peul/UFRJ (*Maria*; nome fictício)

Tarefa 1: Extraia os modificadores do texto e classifique-os de acordo com *modificador de oração, de sintagma nominal, de sintagma adverbial* ou *de sintagma adjetival*.

Tarefa 2: Diga quais são os *papéis temáticos* que esses modificadores atribuem.

14. O texto a seguir é um trecho de uma reportagem publicado na revista *IstoÉ*, n. 2219, de 23 de maio de 2012, p.65:

> [...] Muitos moradores ainda batalham para ter de volta os bens recolhidos pela prefeitura antes da passagem dos tratores. Uma delas é a costureira Sônia Maria da Silva, 43 anos. Depois da saída forçada, ela voltou por três dias à área para tentar pegar sua mobília. Não conseguiu e recebeu a informação de que suas coisas seriam enviadas para um galpão, à beira da rodovia Presidente Dutra...

Tarefa: Há, pelo menos, dois sintagmas no texto, precedidos por preposição, que expressam *lugar*. Um deles, no entanto, desempenha a função de *objeto* enquanto o outro tem a função de *modificador*. Encontre-os e diga o que o levou a classificá-los como objeto e modificador.

15. O texto seguinte é um trecho de uma crônica de Machado de Assis, nosso maior escritor, do final do século XIX:

O CÂMBIO E AS POMBAS

[...] Afinal, deixei a contemplação das pombas e fui-me à farmácia, a uma das farmácias que há naquela rua. Ia comprar um remédio; pediram-me por ele quantia grossa. Como eu estranhasse o preço, replicou-me o farmacêutico: "Mas o que quer o senhor que eu faça com este câmbio a 8?"[...] A vista era boa, serena, quase risonha. Quis raciocinar, mas raciocínio é uma cousa e medicamento é outra; saí de lá com o remédio e um acréscimo de quinhentos réis no preço. Contaram-me que já não há tostões nas farmácias, nem tostões, menos ainda vinténs. Tudo custa mil-réis, ou mil e quinhentos, dous mil-réis ou dous mil e quinhentos, e assim por diante...

Fonte: Machado de Assis, 2003: 347.

Tarefa 1: Sinalize por meio da sigla [**c.v.**], isto é, categoria vazia, as posições em que ocorrem *sujeitos não pronunciados*.

Tarefa 2: Distinga, dos sujeitos não pronunciados encontrados por meio da Tarefa 1, dois deles que não recebem *papel temático*.

16. O texto a seguir é um trecho modificado de uma reportagem publicada no jornal *Folha de S.Paulo*, em 21 de julho de 2000.

Após sumiço de três semanas, Eduardo Jorge desembarca hoje em Brasília. Ele vem do Rio de Janeiro. Ele traz consigo um lote de documentos. Ele deve se reunir ainda nesta sexta-feira com seu advogado, José Geraldo Grossi, para ele dar início à montagem de sua defesa.

Com o nome exposto ao Sol e à chuva, ele acha que chegou a hora de ele se defender.

Ele sabe que, se não o fizer, não haverá quem o faça. Ele enviou um recado aos procuradores da República que o investigam: ele está à disposição.

Ele mandou dizer que não será preciso nem mesmo que o intimidem. Basta um telefonema. Por isso, ele vem para Brasília onde ele fica mais à mão. Ele fica também mais próximo do ex-chefe. Mas ele não planeja encontrar FHC, para ele evitar constrangimentos.....

Tarefa 1: Você deverá retirar ocorrências do pronome *ele* de forma a obter orações com sujeitos não pronunciados.

Tarefa 2: O que se pode concluir a respeito do uso de sujeitos não pronunciados após a realização da Tarefa 1?

17. O texto a seguir é um trecho de uma reportagem publicada na revista *IstoÉ*, n. 2219, de 23 de maio de 2012, p. 124:

Uma lenda comum entre os amantes da fotografia diz que Henri Cartier-Bresson, o grande gênio do fotojornalismo, sempre se ajoelhava ao encontrar o colega húngaro André Kertérz. Na sequência, lhe oferecia sua câmara e pedia que a abençoasse. A cena pode parecer afetada, mas faz todo o sentido...

Tarefa 1: Encontre os sujeitos não pronunciados no texto, sinalizando-os por meio da sigla [**c.v.**], e diga com que outros sintagmas eles são correferentes.

Tarefa 2: Explique porque no trecho *"A cena pode parecer afetada"*, que contém dois verbos, **não** ocorre um sujeito não pronunciado.

18. O texto a seguir é composto de trechos de *A ética do Sinai*, um livro de ensinamentos da cultura e da religião judaicas:

> Na arena da vida, sempre há correntes ocultas de suspeita e desconfiança, dentro de cada ser humano, em relação a todos os outros, exceto os seus, que ele considera como extensão de si mesmo...
> Se suas palavras imploravam ao Céu a destruição de seres humanos é porque eles haviam se convertido em instrumentos de maldade, e não porque lhes tivesse aversão...
> A bênção no cemitério sugere ainda que, na ressurreição, haverá outro juízo. "E ele te haverá de devolver novamente a vida em juízo." Isto é estranho, pois, após a morte, o homem perde o livre-arbítrio..."
> Fonte: Bunim, 1998: 289-98.

Tarefa: Distinga, dentre as quatro ocorrências do verbo *haver* no texto, duas ocorrências que estão em orações cujo sujeito recebe um papel temático e duas que estão em orações cujo sujeito é não pronunciado e não interpretado.

19. O texto a seguir foi adaptado de um diálogo entre um entrevistador e uma mulher de 53 anos, carioca, com ensino médio completo:

> — Seus filhos ficam sem apoio da senhora, lá na Barra?
> — Não, não sentem não. Eles vivem passeando. Olha, o Pedrinho vai sempre lá para Mendes, que ele tem casa lá. Vai sempre para lá, fim de semana vai para lá. Aí, ele fica lá, na casa dele lá ele adora aquilo, não é? tem piscina, tem sauna, tem tudo lá. Ele adora aquilo.
> — E a senhora vai para a Barra?
> — Aí, eu vou ver se eu vou lá porque tem muita coisa ainda para ver, sabe? Eles ficaram de colocar as cortina e ainda não colocaram. Não sei se eles vão colocar essa semana... Então eu tenho que ver uma porção de coisa. Eu não tenho tempo... é uma coisa!...
> Fonte: adaptado do *corpus* do Peul/UFRJ (*Pedrinho*; nome fictício)

Tarefa 1: Dentre as ocorrências de pronomes de terceira pessoa do plural, masculino, distinga aquelas que são interpretadas como *sujeito indeterminado* e aquelas que não são.

Tarefa 2: Dentre as ocorrências de sujeito não pronunciado de terceira pessoa do plural, distinga também aquelas que são interpretadas como *sujeito indeterminado* e aquelas que não são.

20. O texto seguinte é típico da *fala*. Aparecem nesse texto algumas de suas características, como, por exemplo, as repetições, e a mais visível delas é a palavra *você*. Destaquei seis ocorrências desta palavra que estão em negrito e uma ocorrência que está sublinhada. Os dois tipos de ocorrências são compreendidos de forma diferente: o <u>você</u> é a segunda pessoa, isto é, a pessoa com quem o falante do exemplo está conversando, mas **você** é diferente: **você** não é compreendido como a pessoa a quem o falante se dirige, mas sim a qualquer pessoa que "*compra um carro*, que "*acaba de pagar*", que "*troca por outro*", e assim por diante. Em outras palavras, **você** é um **sujeito generalizado**.

> 1. **você** compra um carro
> 2. **você** aluga, né?
> 3. quando **você** acaba de pagar
> 4. **você** troca por outro
> 5. aí **você** continua alugando o carro
> 6. **você** não tem carro nunca
> 7. e <u>você</u> vê....isso tá descapitalizando o cidadão
> Fonte: Marcuschi, 1996.

Tarefa 1: Reescreva o texto substituindo *você* por recursos que o português padrão utiliza para expressar *sujeito generalizado*.

Tarefa 2: Também ocorre no texto sintagmas não pronunciados. O sintagma *o carro* está não pronunciado nas linhas (2), (3) e (4). Ao retextualizá-lo, inclua pronomes, nos casos em que é possível, nas posições em que *o carro* está não pronunciado.

21. O primeiro texto a seguir é composto de trechos de uma crônica de Patrus Ananias sobre o tema da ética. O segundo texto é um trecho de uma reportagem assinada por Rafael Campos:

TEXTO 1

A palavra ética entrou na moda. Infelizmente muito mais falada do que vivida. E quase sempre nós a cobramos nos outros reservando pouco espaço para a reflexão sobre os nossos atos e responsabilidades. É sempre bom buscar o sentido das palavras nas suas raízes históricas. Ética vem do termo grego *éthikos*, donde veio *etos*, que originariamente significava covil ou lugar onde os animais se resguardavam e se protegiam das perseguições ou dos percalços da natureza...

No Brasil, temos muitos exemplos que fundam princípios éticos que mudaram nossa forma de pensar o país. Podemos citar o marechal Rondon, lançando um novo olhar e uma nova política sobre os povos indígenas...

Falamos hoje, com mais frequência, na ética, ou falta dela, na ação dos políticos...

Fonte: *Encontro*, n. 122, 1º de agosto de 2012, p. 16.

TEXTO 2

Quando se fala em trânsito, a palavra que deve prevalecer em qualquer conversa é a paciência. Além dos temíveis congestionamentos, inerentes a qualquer metrópole, os motoristas devem ter jogo de cintura para driblar ameaças e a prepotência dos conhecidos flanelinhas...

Fonte: *Encontro*, n. 122, 1º de agosto de 2012, p. 69.

Tarefa: Encontre os recursos que os autores dos textos usaram para introduzir a interpretação de *sujeito generalizado*.

22. O texto seguinte é parte de um depoimento do fotógrafo Pedro Martinelli dado à revista *Veja*, n. 45, p. 131, de 12 de novembro de 2008.

TURISMO NA AMAZÔNIA

O turismo na Amazônia não existe. Existe o turismo internacional, mas turismo brasileiro não tem. E não tem por dois motivos: o primeiro é que é mais fácil você ir para a Europa do que ir para Manaus. Quando você planeja uma viagem para a Europa, sabe qual será o seu custo: quanto vai custar o táxi, o trem, o almoço. Você consegue ver pela internet a foto do quarto onde vai ficar. Na Amazônia, não tem nada disso. O turista viaja no escuro – e o risco de ele se decepcionar, de o colocarem para pescar piranha é muito grande. O segundo motivo é que muitos brasileiros têm uma expectativa errada em relação à Amazônia. Querem ir para ver onça, arara, vitória-régia e índio pelado. O problema é que na Amazônia você não vê bicho nunca: pode navegar dias sem enxergar nem um passarinho. E também não vai ver índio, a não ser que vá para o Xingu. Seria muito melhor se o sujeito fosse para lá a fim de ver o que é um rio com 8 quilômetros de largura, navegar por esse rio e ter uma ideia das dimensões do país que ele habita.

Tarefa: Encontre os recursos – pronomes, sintagmas nominais, sujeitos não pronunciados – que o autor do texto usou para introduzir a interpretação de *sujeito generalizado* ou de *sujeito indeterminado*.

23. O texto seguinte é um depoimento de uma mulher, carioca, de 43, com ensino médio completo:

> — E o que que aconteceu lá?
> — Mandou, depois...o delegado mandou que fosse reconhecer, não é? Os ladrões...que eles tinham pego uma turma por aí, mas eu aconselhei e outras pessoas também a não querer reconhecer. Não adiantava mais, não ia recuperar mesmo. O dinheiro, ainda se ganha outro, mas... e o cordão? Que ele tinha estima. Já tinha ido, não é? O cordão das crianças também. Isso foi outra vez. Aqui em casa já fomos assaltado quatro vezes. Quatro vezes. Levaram calculadora, levaram um montão de coisa. E é assim. Se chamar para reconhecer, não vamos reconhecer não, porque não adianta. E eu não quero. É preferível não reconhecer nada. Deixa para lá. Deixa eles ganharem do outro lado.
>
> Fonte: adaptado do *corpus* do Peul/UFRJ.

Tarefa: Encontre quatro ocorrências diferentes de sintagmas vazios, sinalizando-os com a sigla [**c.v.**], que ocorrem como *objetos não pronunciados*.

24. O próximo texto é um trecho de uma coluna do jornalista Carlos Lindenberg, a respeito do problema da corrupção na esfera da administração pública, publicada na revista *ViverBrasil*, n. 64, de 12 de agosto de 2011, p. 162:

> ...O governo não precisa, nem deve esperar, a denúncia da imprensa, a despeito do que dizia Rui Barbosa: a imprensa são os olhos e os ouvidos da nação. Claro, porque há momentos em que o governo não vê nem ouve, em alguns casos por conveniência. Em outros, poucos felizmente, é a imprensa que fica muda e surda e neste caso quem perde é o cidadão...

Tarefa 1: Encontre dois verbos no texto cujos objetos são não pronunciados.

Tarefa 2: Elabore também uma versão para o que seriam os objetos caso fossem pronunciados.

25. O texto a seguir é composto de trechos adaptados de uma reportagem sobre os problemas do transporte ferroviário, assinada por Paula Rocha e Michel Alecrim, publicada na revista *IstoÉ*, n. 2219, de 23 de maio de 2012, p. 84:

> [...] Em sua defesa, a CPTM [Companhia Paulista de Trens Metropolitanos] alegou que não houve redução de orçamentos, mas um "contenção de investimentos até que os recursos...entrassem em caixa".
> No Rio de Janeiro, passageiros são obrigados a enfrentar uma rotina de caos. A superlotação é o maior problema daqueles que saem do subúrbio da capital ou de municípios da região metropolitana...
> [...] Já para o presidente do Sindicato dos Metroviários de São Paulo..., o incidente prova que o sistema precisa passar por uma revisão. "O sucateamento do sistema é o responsável por esse acidente e por vários outros", afirmou. É preciso obter a contratação de mais funcionários, a modernização dos equipamentos e a ampliação da malha...

Tarefa: Encontre *os objetos dos nomes* no texto, que são normalmente precedidos por preposição. Dois deles estão não pronunciados; sinalize-os por meio da sigla [**c.v.**].

26. O texto seguinte é composto de trechos adaptados de uma reportagem sobre a busca de felicidade, assinada por Raquel Costa, publicada na revista *IstoÉ*, n. 2219, de 23 de maio de 2012, p. 68:

> [...] Nem todos, porém, conseguem fazer como Mariana e não ficar obsessiva com o bem-estar incessante. "É emblemático esse dogma contemporâneo de que pessoas de sucesso são aquelas que, independentemente de suas perdas, dores e fracassos, se mantém aparentemente inabaláveis e demonstrando que a felicidade é sua companheira permanente" [...]. Ser alegre o tempo todo nunca foi uma meta para ela. Adepta do zen budismo, para ela o fundamental é manter o equilíbrio quando o humor oscila...

Tarefa 1: Encontre *os objetos dos adjetivos* no texto, que são normalmente precedidos por preposição.

Tarefa 2: Encontre *um objeto de advérbio*.

27. O texto seguinte é um trecho de uma reportagem, assinada por Élida Ramirez, publicada na revista *ViverBrasil*, n. 81, de 4 de maio de 2012, p. 94:

> Do outro lado da cidade, Dea Ramalho Evagelista, 59 anos, aposentada, declara: "Quer me ver feliz? Me coloque na cozinha!" Para ela, ver as pessoas saboreando um prato é tão gostoso quanto. "Quando você faz uma coisa que gosta de fazer, faz com carinho. Quando a pessoa sente isso, eu sinto também." Ela e a vizinha Virma Quites Silva...são da mesma idade...

Tarefa: Diga quais são os *papéis temáticos* atribuídos aos pronomes e aos sintagmas nominais pronunciados no texto que desempenham as funções de sujeito e objeto.

6

OS LUGARES
DOS SINTAGMAS NA ORAÇÃO

TIPOS DE VERBO DE ACORDO
COM A PRESENÇA OU A AUSÊNCIA DO OBJETO

É possível distinguir *quatro* tipos de verbos de acordo com os seguintes critérios: (1) a presença ou não de um objeto; (2) se este objeto é precedido ou não por uma preposição e também de acordo com (3) o número de objetos que aceitam. Veja a seguir quais são esses tipos:

[1º] Verbos que "pedem" um *objeto*. Por exemplo:

esconder – comprar – ler – amar – comer – sujar – consertar – ligar – plantar – varrer – colar – lavar – matar

Observe as orações que podemos formar com esses verbos:

(1) Ana escondeu **todas as saias curtas**.
(2) Marcos lavou **a varanda**.
(3) Valdir plantou **um pé de jabuticaba**.

O objeto, que está em negrito nesses exemplos, é parte inerente do evento. Ilustramos o que acaba de ser dito da seguinte maneira:

LAVAR ____

Assim, como já explicamos no capítulo 5, quando éramos crianças e aprendemos o verbo *lavar*, guardando-o na nossa memória, introjetamos, como parte do entendimento da ação de *lavar* o fato de que alguma coisa deve ser acrescentada, e esta coisa é que sofre a ação de *ser lavada*.

Como também estudamos no capítulo 5, muitas vezes, nós usamos esse tipo de verbo para construir orações em que o *objeto do verbo é não pronunciado*, como nos seguintes casos:

Joana **lê** muito.
Vovó já **comeu.**

Compreender orações como essas implica saber que, nas ações de *ler* e de *comer,* ocorrem objetos, ou seja, nós mentalizamos o objeto desses verbos interpretando as orações de maneira que *Joana lê livros, revistas, etc.* e *Vovó comeu algo.* Consideramos enfim que, nesses casos, aparecem **categorias vazias**, isto é, existentes na semântica, mas não na fonética, que são interpretados como *indeterminados* ou *generalizados.*

[2º] Verbos que "pedem" um *objeto* precedido por preposição:

obedecer – confiar – combinar – depender – opinar – pensar – acreditar – morar – concordar – colidir – dispor – duvidar

Veja alguns exemplos com esses verbos:

(1) Eu dependo <u>de</u> **meus pais**.
(2) Zeca confiou <u>em</u> **você**.
(3) Leite não combina <u>com</u> **manga**.

Usando de novo o nosso esquema, sabemos que, para usar os verbos destacados, além do objeto, é preciso acrescentar uma preposição; no exemplo a seguir, a preposição é *em:*

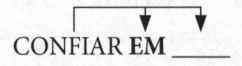

CONFIAR **EM** ____

Existe ainda um subgrupo desses verbos que aparecem, ou devem aparecer, pelo menos na *escrita,* com um **pronome**; e esse pronome concorda com o sujeito da oração. Por essa razão, eles são também chamados de **verbos pronominais**. Veja uma pequena lista desses verbos na qual aparece o pronome de terceira pessoa *se:*

aproximar-se – afastar-se – distanciar-se – lembrar-se – certificar-se – atrever-se – apegar-se – casar-se – aproveitar-se – arrepender-se – entender-se

Vamos entender agora como esses verbos são usados. Em primeiro lugar, observe como se espera que esses verbos sejam usados no português padrão, sobretudo na *escrita:*

(1) Ele **se** casou **com** a Maria de Fátima.
  Eu **me** casei **com** a Maria de Fátima.
(2) Ele **se** aproveitou **da** situação.
  Eu **me** aproveitei **da** situação.
(3) Nós **nos** lembramos **de** pedir a nota fiscal.
  Ele **se** lembrou **do** seu nome.
(4) Ele **se** entendeu **com** o chefe.
  Nós **nos** entendemos **com** o chefe.

> O **pronome** que aparece com os verbos pronominais pode também ser colocado depois do verbo:
>
> "Eu lembrei-**me** de você."
>
> Falaremos mais sobre o lugar do pronome na seção "Os lugares dos pronomes fracos".

Como se vê, é preciso incluir um pronome **fraco** – *se*, *me*, *nos* ou *te* (no caso deste último, a escolha do sujeito é o *pronome forte tu*) – que concorda com o sujeito. A necessidade da inclusão desses pronomes junto ao verbo teve origem no período medieval da língua portuguesa: a presença deles servia para reforçar a ideia de que a ação verbal é uma atividade mental ou psicológica do sujeito, isto é, no caso de *lembrar-me*, por exemplo, é como se o interpretássemos, à maneira de um reflexo no espelho, da seguinte forma: "eu lembro *eu mesmo* de alguma coisa".

No entanto, em muitos dialetos contemporâneos, sobretudo na *fala*, o pronome que acompanha o verbo é *apagado*, o que gera orações como as seguintes:

(1) Ele casou **com** a Maria de Fátima.
Eu casei **com** a Maria de Fátima.
(2) Ele aproveitou **da** situação.
Eu aproveitei **da** situação.
(3) Nós lembramos **de** pedir a nota fiscal.
Ele lembrou **do** seu nome.
(4) Ele entendeu **com** a Malu.
Nós entendemos **com** a Malu.

> Como ilustração, aí está o verbo pronominal *lembrar-se* conjugado no passado do indicativo:
>
> Eu **me** lembrei de você
> Você **se** lembrou de mim
> Ele/Ela **se** lembrou de mim
> Nós **nos** lembramos de você
> Vocês **se** lembraram de mim
> Eles/Elas **se** lembraram de mim.

O apagamento do pronome nesses casos não provoca alteração do significado das orações, ou seja, estaremos dizendo a mesma coisa usando *Ele se casou com a Maria de Fátima* ou *Ele casou com a Maria de Fátima*.

A ideia do reforço da atividade do sujeito, que vigorou em outros momentos da nossa língua, não é mais sentida da mesma maneira pela grande maioria dos falantes. Apesar disso, a presença do pronome ainda é exigida, sobretudo no *português padrão escrito*, mas não é apenas por uma questão de conservadorismo, pois, como veremos logo a seguir, a presença do pronome ajuda a caracterizar, em alguns usos, o significado do verbo que está sendo empregado.

[3º] Verbos que *não* "pedem" um *objeto*:

Existem verbos, por outro lado, que ocorrem sem um objeto. Eis alguns deles:

dormir – nadar – galopar – sorrir – chorar – soluçar

Observe agora alguns exemplos:

(1) Ontem, eu **nadei**.
(2) Mesmo eu xingando, ele **sorria**.
(3) Era sempre à noite que ela **chorava**.

> As diferenças entre objeto e modificador
> **Pág. 287**

Nesses exemplos, não aparece nenhum objeto depois do verbo. Quando aprendemos esses verbos, interiorizamos, na nossa memória, que as ações de *nadar*, de *sorrir* ou de *chorar* não visa um objeto ou, ainda, não se estendem em direção a um objeto, como acontece com verbos como *quebrar*. Mas nem sempre é tão simples assim. Nas orações com esses verbos, podem aparecer outras palavras depois do verbo, como, por exemplo, (1) *eu nadei de bermudas* ou (2) *ela chegou esses dias*, que levantam dúvidas se são objetos ou não. Comentamos essas possíveis dúvidas no capítulo 5 e concluímos que, na verdade, desempenham a função de modificador: no primeiro exemplo, *de bermudas* é um modificador que atribui o papel temático de modo, isto é, *o modo como eu nadei*; no segundo exemplo, *esses dias*, apesar de ser um sintagma nominal, não é um objeto do verbo, e sim um modificador que atribui o papel temático de tempo, fazendo referência a um **tempo indeterminado**, ou seja, algo como *cheguei num desses dias*.

Poderíamos ainda ter dúvidas se há ou não um objeto em orações como as seguintes:

(3) Choveu **canivete** ontem.
(4) Ele chorou **sangue**, mas não adiantou nada.
(5) A rainha da bateria sambou **um samba** muito bom.

Em casos como (3) e (4), *canivete* e *sangue* também não são objetos: *choveu canivete* e *chorou sangue* são, na verdade, **expressões fixas** que querem dizer: *choveu muito* e *reivindicar algo com muita ênfase*, ou seja, apesar de serem sintagmas nominais, *canivete* e *sangue* funcionam como modificadores, indicando também modo e, mais precisamente, a *intensidade* do evento.

Já (5) é um pouco diferente: *samba* parece mesmo ser um objeto do verbo *sambar*, mas veja que, em casos como este, é praticamente só *samba*, precedido pelo determinante *um*, que pode ser objeto desse verbo, ou seja, não é como nos demais casos de objeto que podem indicar *múltiplos seres*, *coisas abstratas* e *concretas*, etc. Trata-se de um objeto que apenas "duplica" o significado do verbo. Chamaremos casos como este, que são muito especiais, de **objeto cognato**.

[4º] Verbos que "pedem" *dois objetos* **e um deles é** *precedido por uma preposição*:

Observe a lista e os exemplos a seguir:

dar – enviar – pedir – distribuir – emprestar – servir – ensinar – colocar – entregar – falar – dizer – mostrar – garantir – informar.

Observe alguns exemplos:

(1) Eu <u>enviei</u> **um e-mail** <u>ao Carlinhos</u>.
(2) Gilberto <u>pediu</u> **um filhote de cachorro** <u>para Dona Mirtes</u>.
(3) Zeca <u>emprestou</u> **um martelo** <u>ao vizinho</u>.

As palavras em negrito formam o primeiro objeto e as que estão sublinhadas formam o segundo objeto do verbo, que é introduzido por uma preposição. Como já explicamos, na fase de aquisição da linguagem, os falantes aprendem que, com o verbo *pedir*, por exemplo, nós pedimos *algo* a *alguém* necessariamente, isto é, a compreensão do evento com o verbo *pedir* exige que a gente pense em *algo que foi ou será pedido* e na *pessoa a quem foi* ou *será pedido algo*. Vamos representar o que acabamos de dizer da maneira de sempre:

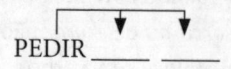

PEDIR ____ ____

Por outro lado, muitas vezes, empregamos esses verbos, principalmente na *fala*, sem pronunciar o segundo objeto. Veja o exemplo:

Silvio disse muita bobagem na reunião.

Para compreender essa oração, sabemos que o uso do verbo *dizer* implica mentalizar *o que foi dito e a quem foi dito algo*. Esse segundo objeto não aparece na fonética, mas está presente na semântica e na sintaxe, sendo realizado como uma **categoria vazia**. Nesse caso, interpretamos que *Silvio disse muita bobagem* **às pessoas que estavam presentes na reunião.**

TRANSFORMAÇÕES DOS TIPOS DE VERBOS

Vamos comentar agora o seguinte fenômeno: os verbos podem "migrar" de um tipo para outro. Como vimos, há quatro tipos de verbos que foram classificados observando se há ou não objeto, quantos objetos são e se é precedido ou não por preposição. Acontece, porém, que nós podemos transformar um verbo de um tipo em outro e temos de ficar atentos, porque, quando há uma transformação destas, pode ocorrer também *uma mudança de significado* do verbo.

As transformações são as seguintes:

> Podemos dar uma pista para ajudar a entender como os significados das palavras evoluem: *em geral, um significado de tipo mais* **concreto** *é a fonte de um significado de tipo mais* **abstrato**, ou, em outras palavras, um significado concreto é gerado primeiro e é a partir do significado concreto que surge o significado abstrato. Vejam o exemplo de **peso**:
>
> **Concreto:**
> *Ele levantava peso.*
>
> **Abstrato:**
> *Ele está com peso na consciência.*
>
> **Pág. 104**

Transformações dos tipos de verbos:

↓

(A) Verbos que *"pedem" um objeto* ↔ **verbos que** *não "pedem" um objeto*:

(1) Ele **abriu** a porta da carro.
　　O tempo **abriu**.
(2) Meu ônibus **mudou** o itinerário.
　　Tudo na vida **muda**.
(3) Glorinha **enxergou** as letras.
　　Glorinha não **enxerga** mais.

Esses exemplos devem ser entendidos da seguinte maneira: em cada par de orações, a primeira oração tem um verbo com um objeto e a segunda tem um verbo sem objeto. Não é importante para nós agora saber "quem nasceu primeiro", ou seja, descobrir se o uso inicial, ou mais primitivo, do verbo é com ou sem objeto. Para descobrir isso é preciso analisar a história da língua portuguesa, o que não faremos aqui.

Nesses casos, ocorre ainda o que adiantamos: o verbo *abriu*, por exemplo, tem significados diferentes nas duas orações. O significado de *abriu* em *O tempo abriu* é **abstrato** em relação ao significado **concreto** do verbo em *Ele abriu a porta do carro*.

Observe, enfim, que, em casos como *O tempo abriu* não aparece uma categoria vazia no lugar do objeto, ou seja, não é possível mentalizar um objeto não pronunciado nesse lugar. Exemplos como este devem então ser analisados de maneira diferente de casos como o seguinte:

Vovó lê muito.

Nessa oração, incluímos um objeto não pronunciado, realizado, já vimos, como uma categoria vazia. Na interpretação da oração, mentalizamos que *Vovó lê muitos livros, revistas*, etc.

Há casos ainda de verbos desse grupo que podem ocorrer com ou sem objeto e que são diferentes dos que acabamos de analisar. Veja alguns exemplos:

(1) Ele **mente** muito.
Ele **mentiu** que estava doente.
(2) Mariana **dança** muito bem.
Mariana **dança** *funk*.
(3) Os professores da UFMG **trabalham** muito.
Eu **trabalhei** minhas dificuldades.
(4) Ela **sonhava** muito.
Bernardo **sonhou** com a namorada.

Nessas orações, o verbo pode ocorrer sem objeto – e, nesse caso, é mais natural incluir um advérbio do tipo de *muito* –, ou com um objeto que pode ser uma oração, como no primeiro exemplo, ou ainda um sintagma nominal precedido ou não por preposição. Observe, enfim, a diferença de interpretação e estrutura de complementos entre as duas orações com o verbo *ler* e *mentir*, repetidas a seguir:

(1) Vovó lê muito.
(2) Ele mente muito.

No primeiro caso, como dissemos, *vovó lê algo muito*, que pode ser *livros, revistas*, etc., ou seja, há um objeto realizado como uma categoria vazia; mas nada disso ocorre no segundo exemplo: trata-se de uma construção em que, de fato, não ocorre nenhum tipo de objeto.

(B) Verbos que "pedem" *um objeto* ↔ verbos que "pedem" *um objeto precedido por preposição + um pronome*:

O segundo tipo de verbo dessa fórmula foi também chamado por nós de **verbo pronominal**. Observe os dois usos dos verbos a seguir e a transformação de seus significados:

(1) Eu **entendi** a nova matéria de Física.
Eu **me entendi com** os alunos.
(2) Neide **apertou** a saia
Neide não **se apertou com** a falta de dinheiro.
(3) Tiago **aproveitou** a minha presença.
Tiago **se aproveitou da** minha presença.

Quando o verbo *entender* é usado, no segundo exemplo de (1), como um **verbo pronominal** (*com a presença ou não do pronome*), ele significa que *houve um acordo entre duas ou mais pessoas*, mas quando é empregado sem a preposição e o pronome, este verbo quer dizer que *houve compreensão de determinado assunto*. Você mesmo pode agora tentar descrever as diferenças de significado – algumas delas são mais sutis – entre os dois usos desses verbos nos exemplos dados.

(C) Verbos que "pedem" *um objeto* ↔ verbos que "pedem" *um objeto precedido por preposição*:

(1) O pedreiro **acabou** o trabalho.

A diretora **acabou com** a brincadeira.

(2) A decoradora **combinou** todas as cores.

O vizinho não **combina com** Oswaldinho.

(3) Seu Tobias **desceu** os preços.

Foi ali que ela **desceu do** ônibus.

Como nos outros casos, pode ocorrer mudança do significado dos verbos: reparem a diferença do verbo *combinar* em *A decoradora **combinou** todas as cores* e *O vizinho não **combina com** Oswaldinho*.

(D) Verbos que "pedem" *um objeto* ↔ verbos que "pedem" *dois objetos* e um deles *é precedido por preposição*:

(1) O escândalo **envolveu** um deputado.

Eu **envolvi** Maria de Fátima **na** confusão.

(2) Eu **distingui** os dois gêmeos.

O professor **distinguiu** os espíritas **dos** católicos.

Veja que o verbo *envolver* pode aparecer, por exemplo, com um objeto, como *um deputado*, ou dois, isto é, *Maria de Fátima* e *na confusão*. Observe ainda que, no exemplo (2), é possível converter os dois objetos em um só, expressando o mesmo significado: *O professor distinguiu as duas religiões ou distinguiu as religiões espírita e católica*.

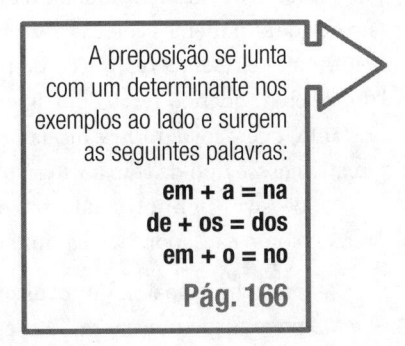

A preposição se junta com um determinante nos exemplos ao lado e surgem as seguintes palavras:

em + a = na
de + os = dos
em + o = no
Pág. 166

Vamos explicar, por fim, uma última transformação, muito usada no português do Brasil, que consiste em colocar o sintagma nominal, interpretado comumente como paciente, na posição do sujeito, o que o faz concordar com o verbo. Trata-se do seguinte caso:

(E) Verbos que "pedem" *um objeto* ↔ verbos que "acolhem" *o sintagma nominal interpretado como paciente no lugar do sujeito*:

Veja o esquema desta transformação:

(1) O ladrão furou o **pneu**.

(2) O **pneu** furou.

Note que o sintagma nominal *o ladrão*, interpretado, na oração (1), por meio do papel temático agente, é cancelado na oração (2). Essa última só dispõe do sintagma nominal *o pneu*, que passa a funcionar como sujeito, isto é, ocupa a posição do sujeito e é com ele que o verbo concorda; além disso, mantém o papel temático de paciente. Veja outros exemplos da mesma transformação:

Joaquim fechou **a porta**.
A porta fechou.
João esvaziou **a banheira**.
A banheira esvaziou.
Clarinha quebrou **o copo**.
O copo quebrou.

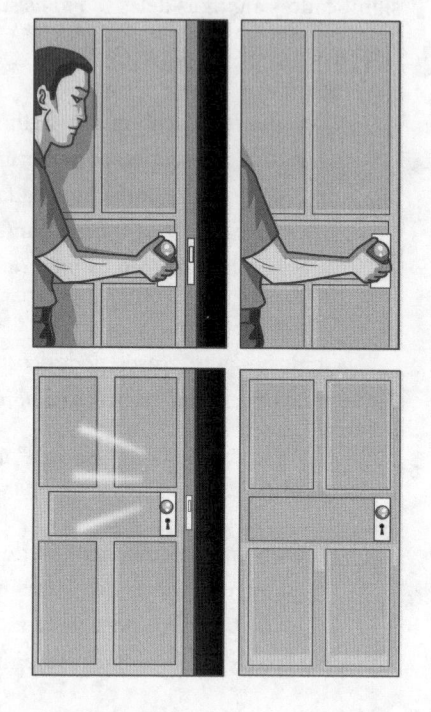

Há um experimento que podemos fazer, já utilizado no capítulo 5, que prova que o agente não está mais presente nas orações que ficaram apenas com um sintagma nominal no lugar do sujeito. É o seguinte: se colocarmos o advérbio *intencionalmente* a oração se torna agramatical:

* A banheira esvaziou intencionalmente.

A razão da agramaticalidade da oração se deve ao fato de que só podemos colocar o advérbio *intencionalmente*, que se refere à realização de uma ação que foi "por querer", quando temos um agente, o que prova, portanto, que ocorreu um cancelamento desse papel temático nesse tipo de transformação.

É possível, por outro lado, introduzir nessas orações um modificador, que passa ser interpretado como causador. Da seguinte maneira:

A banheira esvaziou **por causa daquele furo**.
O pneu furou **por causa do prego**.
João emudeceu **devido à atitude dela**.

Por fim, vamos concluir essa discussão frisando que é importante distinguir a transformação (E) da transformação (A), explicada no início desta seção.

Na transformação (A), ocorre uma mudança de significado do verbo, que muitas vezes, mas nem sempre, converte o significado *concreto* em significado *abstrato*; no caso da transformação (E), isso não ocorre: o significado do verbo permanece o mesmo após a transformação. Compare os dois pares de orações seguintes:

Transformação (A) ↓	Transformação (E) ↓
Milton abriu a porta do carro.	Milton abriu a porta do carro.
O tempo **abriu**.	A porta do carro **abriu**.

Como você mesmo pôde perceber, o significado abstrato caracteriza apenas o primeiro caso, isto é, *o tempo abriu*, mas não o segundo caso no qual permanece o significado concreto do verbo *abrir*.

LISTA DE VERBOS E SEUS USOS

Com a finalidade de exemplificar um pouco mais as transformações e as mudanças de significado que os verbos sofrem, forneço nesta seção uma pequena lista de verbos e de seus principais usos. Na chamada gramática tradicional, esses fenômenos são conhecidos pelo nome de **regência verbal** e há dicionários específicos que exemplificam amplamente os verbos portugueses e os seus usos.

Vejamos, então, nossa pequena lista:

ABAIXAR:	ACABAR:
• Ele **abaixou** o muro meio metro. • Pedro **abaixou** o tom da voz. • A temperatura **abaixou**.	• O pedreiro **acabou** o trabalho. • A diretora **acabou** com a brincadeira. • A diretora **acabou** com a turma. • Eu **acabei** de pagar a TV de plasma. • Ele **acaba** de saber de tudo. • **Acabou** que eu consegui o emprego.
AGARRAR:	APROVEITAR:
• Sávio Henrique **agarrou** o braço dela. • Ele se **agarrou** aos filhos depois da morte da esposa.	• Meu pai **aproveitou** a oportunidade. • João se **aproveitou** da secretária. • O candidato **aproveitou** da situação econômica. • Pedro **aproveitou** que seu pai saiu e...
BATER:	CABER:
• O zagueiro **bateu** em todos os atacantes. • Eu me **bati** pela preservação do meio ambiente. • **Bateu** uma hora da manhã. • Ele **bateu** asas. • O gerente **bateu** as botas. • A gente **batia** o queixo lá no alto.	• Este salão **cabe** duzentas pessoas. • Os convidados não **cabem** nesta igreja. • A mesa **cabe** por esta porta. • Não **cabe** a Pedro propor essa mudança.
CAIR:	CHAMAR:
• João **caiu** e machucou. • João **caiu** sobre a mesa. • A noite **caiu**. • Ela **caiu** em si. • Eu **caí** como um pato. • Naquele tempo, as pessoas **caíam** no mundo.	• Ela **chamou** o garçom. • Mamãe **chamou** a gente às 6 horas. • Os manifestantes **chamaram** o governador de ladrão. • Ela se **chama** Maria.

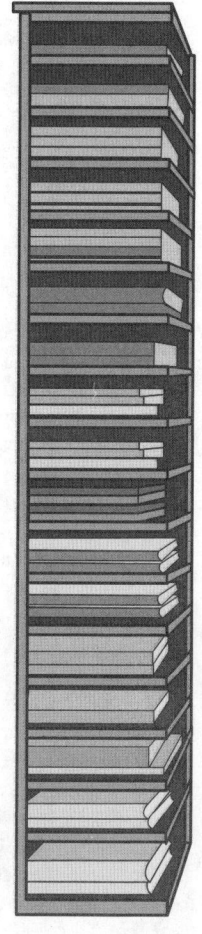

Para saber com quais tipos de objeto os verbos ocorrem, você deverá consultar um *Dicionário de regência verbal*.

Indiquei dois desses dicionários na bibliografia: Fernandes (1948) e Luft (1986).

CHEGAR:	COMUNICAR:
• Meu pai **chegou** da Europa ontem. • A primavera **chegou**. • A equipe **chegou** ao cume da montanha. • A mesada não **chega** para o mês. • A conta **chega** a 200 reais. • Ela **chegou** a cadeira para perto.	• Tiago **comunicou** sua escolha aos pais. • Tiago **comunicou** aos pais que vai cursar design de moda. • Ela não se **comunica** com os colegas. • O quarto **comunica** com a sala. • Os noivos **comunicaram** o casamento.

CORRER:	CUSTAR:
• É à noite que ela sempre **corre**. • Eles **correram** mundo. • O ladrão **correu** a mão pela barba. • Ele **correu** mil metros.	• O tênis **custa** 500 reais • O tênis me **custou** muito. • **Custa** a crer que ele tenha fugido com o dinheiro. • **Custo** a crer que ele tenha fugido com o dinheiro.

DAR:	DEIXAR:
• O empresário **deu** dinheiro para a creche. • O empresário **deu** dinheiro à creche. • A tora de eucalipto **deu** 7 tábuas. • A estratégia do técnico **deu** certo. • Já **deram** nove horas. • Pedro se **deu** bem. • Minha prima **deu** à luz. • Eu **dei** de cara com o chefe da gangue. • O diretor **deu** a palavra aos alunos. • Sair correndo vai **dar** na vista.	• O rapaz **deixou** a casa dos pais. • Mateus **deixou** um presente para Carol. • Depois que se conheceram, eles não se **deixaram** mais. • Ele **deixou** que toda a turma saísse. • Ele **deixou** a turma toda sair. • O assassino se **deixou** prender.

DISPOR:	EMBARCAR:
• Triciane **dispôs** os livros na estante. • Eu **disponho** de mil reais. • O professor se **dispõe** a ajudar os alunos com dificuldade.	• A firma **embarcou** a mercadoria. • Ele **embarcou** num negócio ruim. • Todos devem **embarcar** agora. • O partido **embarcou** numa canoa furada!

ENCHER:	ENCONTRAR:
• João **encheu** a garrafa. • A garrafa **encheu**. • João **encheu** a garrafa de café. • Eu me **enchi** com a manha dela. • Manha **enche** a gente. • Solidariedade **enche** os olhos.	• Eu **encontrei** a chave. • Eu **encontrei** Aninha no shopping. • Silvia se **encontrou** com Aninha no cinema. • Eu **encontrei** com a Aninha. • Ela se **encontrou** no budismo. • Mamãe **encontrou** minha irmã doente.

ESCONDER:	EXPLICAR:
• Eles **escondiam** dinheiro na meia. • O bandido **escondeu** da polícia. • O bandido se **escondeu** da polícia. • O Sol **escondeu**. • O Sol se **escondeu**.	• O professor **explicou** a matéria aos alunos. • O professor nos **explicou** que não poderá dar aula amanhã. • Meu pai **explicou** por que não vamos viajar nessas férias. • O acusado se **explicou**.

FALAR:	FAZER:
• Ele **falou** bobagens para ela. • A candidata **falou** sobre o clima. • Meu colega **fala** japonês. • Na reunião, só ele **falava**. • A diretora **falou** que vai liberar a quadra. • Eu **falei** com o síndico.	• Minha mãe só **fez** cinco tortinhas. • Os eleitores **fizeram** Pedro Paulo diretor. • O traficante se **fez** de amigo. • O tio mais velho **fez** as vezes de pai. • Eu **fiz** as pazes com ela. • O ministro **faz** vista grossa para a corrupção. • O governo **fez** com que os mais pobres fossem beneficiados. • Não **faço** ideia! • Os bombeiros **fizeram** as pessoas saírem da sala. • Ele não **faz** mal a ninguém. • **Faz** calor hoje. • Roberto **fez** fortuna no ramo das embalagens.

FECHAR:	**FICAR:**
• Antes de sair, ela **fechou** a janela.	• Eles **ficaram** em São Paulo.
• A janela **fechou**.	• Esta parte do trabalho **fica** para o dia seguinte.
• A ferida **fechou**.	• Esta maquiagem **ficou** bem.
• O tempo **fechou**.	• Eu **fiquei** na mão.
• Os alunos do colégio **fecharam** a prova.	• Este projeto **ficou** no papel.
• Eu **fechei** a declaração de imposto de renda ontem.	• Todo mundo **ficou** feliz.
• Eu me **fechei** a você.	• Ontem na festa, eles **ficaram**.
• O ministro **fechou** os olhos para a corrupção.	

GANHAR:	**IGUALAR:**
• A professora **ganhou** um presente dos alunos.	• A morte **iguala** as pessoas.
• O presidente **ganhou** muito prestígio internacional.	• A construtora **igualou** a estrada.
• O presidente **ganhou** simpatias.	• Paris não **iguala** com o Rio.
• Eles **ganharam** a rua e sumiram.	• A aluna se **igualou** ao professor.
• Quem **ganha** com isso é você!	
• Carlos Henrique **ganhou** terreno na firma.	

IR:	**LANÇAR:**
• Nós **vamos** a Fortaleza no próximo verão.	• Eles **lançaram** pedras na janela.
• Ele **foi** da Bahia a São Paulo a pé.	• Sílvio **lançou** Joelma candidata à diretoria.
• O relatório **vai** junto com um pedido.	• Sílvio **lançou** uma candidatura à presidência.
• Muita gente **vai** nessas barcas do Amazonas.	• A Maison Dior **lançou** uma nova moda.
• Nós **vamos** na cola dele.	• O conferencista **lançou** luz sobre o tema.
• O governo não **foi** na onda da oposição.	• O estaleiro **lançou** um novo navio ao mar.
• Nosso plano **foi** por água a seguir.	• O assaltante se **lançou** sobre o carro.
• Vovó **vai** muito bem.	• Eu me **lancei** nesse projeto.

LEVAR:	**LIGAR:**
• Meu pai **levou** os colegas em casa.	• Esta estrada **liga** os dois municípios.
• Eu **levei** o projeto ao diretor.	• João não **liga** para isso.
• Eu **levei** o doce de goiaba para ela.	• Eu **liguei** sua atitude ao ciúme.
• O cansaço **levou** Marcos a fazer esta viagem.	• Minha avó **ligou** o creme com o pavê.
• O governador **levou** dinheiro no negócio.	• Ele não se **ligou** ao curso de administração.
• Ele **levou** vantagem nesse negócio.	• Ela **ligou** o DVD antes da hora.
• Nós **levamos** ferro na prova.	
• O torcedor **levou** pancada.	
• O chefe **levou** em conta seu pedido.	
• Ela **levou** a mal minha brincadeira.	
• O Vasco **levou** a melhor.	

MANDAR:	**METER:**
• Tiago **mandou** um presente para a namorada.	• Ele **meteu** o arame na fechadura.
• O professor **mandou** todos saírem em silêncio.	• Um colega nosso se **meteu** com drogas pesadas.
• O professor **mandou** que todos saíssem em silêncio.	• Ele se **meteu** nisso.
• O coronel gosta de **mandar**.	• Ele se **meteu** a fazer bobagens.
	• João **meteu** a mão no colega.
	• Ana **mete** o bico nos problemas dos outros.
	• Ana **mete** a colher nos problemas dos outros.
	• O mal educado **meteu** o rabo entre as pernas.
	• O mal educado **meteu** os pés pelas mãos.

MUDAR:	OCUPAR:
• A companhia **mudou** o itinerário. • O itinerário **mudou**. • O casamento **mudou** meu primo. • Eu **mudei** o sofá de lugar. • Aquela família se **mudou** para Recife. • Aquela família **mudou** para Recife. • A azaleia **mudou** as folhas. • Ele **mudou** de vida. • Tudo **muda**.	• Os sem-casa **ocuparam** o terreno. • O serviço **ocupou** João. • A vizinha se **ocupa** com a vida dos outros. • Ele se **ocupa** em vender imóveis.
PASSAR:	PEGAR:
• Eu **passei** o pedido à loja. • A quadrilha **passava** dinheiro falso. • Minha mãe já **passou** o café. • Os vizinhos **passavam** privações. • Vovó **passou** o dia bem. • A lei seca **passou**. • Dois primos **passaram** no vestibular. • O cachorro **passou** pela cozinha. • Era rica, mas **passava** por mendiga. • **Passamos** quinze dias em Atenas. • Ele **passou** por cima da pedra. • O cartola **passou** por cima do regulamento.	• Meu irmão **pegou** o casaco. • Eu **peguei** no sapo. • O carro **pegou**. • Eu não **peguei** sua ideia. • Esse shortinho curto **pegou** bem. • Esse canal **pega** mal. • O barracão **pegou** fogo. • Ele **pegou** no sono
PERDER:	PÔR:
• Ele sempre **perde** dinheiro. • João **perdeu** um braço no acidente. • Eu **perdi** um tio recentemente. • Acabei de **perder** o ônibus. • Na Itália, ela se **perdeu**. • O filho de dois anos se **perdeu** da mãe. • O zagueiro **perdeu** a cabeça. • Com o susto, ela **perdeu** a cor. • Eu **perdi** os colegas de vista. • O professor **perdeu** a paciência.	• Ele **pôs** o peixe em cima da pia. • Ela **pôs** a culpa no ex-marido. • Meu primo **pôs** uma loja de pneus. • O guarda se **pôs** a rir. • A polícia **pôs** os assaltantes para correr. • Os bancos **puseram** muitos funcionários no olho na rua. • Maria já **pôs** a mesa. • Eles se **puserem** à mesa. • D. Lucinha não quis **pôr** preço no apartamento. • Eu acabei **pondo** de lado sua proposta. • Roberto **pôs** de pé todos os irmãos. • O Sol já se **pôs**.
RELACIONAR:	SAIR:
• Ele se **relacionou** com a Neide durante dois anos. • Eu **relacionei** sua atitude com a inveja.	• Nós **saímos** ontem. • O Sol já **saiu**. • Ela **saiu** da escola às 11 horas. • Com a sua luta, José Paulo **saiu** da miséria. • Meu filho acabou de **sair** da adolescência. • Dois colegas **saíram** do armário. • O milho começou a **sair**. • O professor **saiu** do sério. • A turma se **saiu** bem na prova.

SEGUIR:
• O cachorro **seguiu** o enterro.
• O médico **seguiu** todas as fases da doença.
• Ele **seguiu** um bom caminho.
• Nós **seguimos** para o norte.
• O ódio **segue** ao casamento desfeito.
• O monge **seguiu** os passos do mestre.
• É melhor **seguir** caminho.

SENTIR:
• Eu **senti** um mal cheiro.
• Eu **senti** um amargo.
• Nós **sentimos** o barulho no telhado.
• O alemão **sentiu** os nossos costumes e se adaptou.
• Meu avô **sentiu** o peso dos anos.
• Nós **sentimos** que era a hora de voltar.
• Nós **sentimos** muito ele ter feito essa ofensa.
• Os maus não **sentem**.
• Eu me **senti** excluído.

SER:
• João **é** feliz.
• Serginho **é** um menino levado.
• Carla **é** de Florianópolis.
• Carla **é** que conseguiu a vaga.
• Eles **eram** de uma família tradicional.
• Aquela mesa **é** de pedra.
• Serginho não **é** para o exército.
• Hoje **é** dia 2 de março.
• A verdade **foi** que eu pedi minha saída.
• Eu **sou** da opinião que o Brasil melhorou.
• Eu **sou** contra a legalização do aborto.
• João **é** pau para toda obra.
• **Sou** todo ouvidos.

SERVIR:
• Maria **serviu** champanhe aos convidados.
• Maria **serviu** os convidados.
• Maria **serviu** o jantar.
• A saia não **serviu** nela.
• A saia não **serviu** para ela.
• Essa madeira **serve** para a construção de barcos.
• Esse empregado não **serviu** à empresa.
• Ele **se serviu** de ambas as propostas.
• A lojinha **servia** de farmácia.
• Maurício **serviu** exército.
• Maurício **serviu** no exército.

SUBIR:
• Eles **subiram** a rua da Bahia.
• O nível do rio **subiu**.
• Roberto **subiu** para casa.
• Ela **subiu** de posto.
• O sucesso **subiu** à cabeça.
• O supermercado **subiu** os preços.
• Os automóveis **subiram** de preço.
• Ela **subiu** no meu conceito.
• O presidente **subiu** ao céu no dia 21 de abril.

TER:
• Eu **tenho** uma coleção de chaveiros.
• Beth **tem** olhos verdes.
• Eu sempre **tenho** dor de cabeça.
• O diretor **tem** duas secretárias.
• Este livro **tem** duas partes.
• Ele só **tem** ideias ótimas!
• Todos **têm** que sair agora.
• Todos **têm** de sair agora.
• Eu **tenho** boas lembranças de Belém do Pará.
• Ele **tinha** certeza de tudo.
• Os ouvintes **tiveram** a palavra.
• Muitos adolescentes não **têm** cabeça para estudar.
• Eu sempre **tenho** em vista a minha saúde.
• Isso **tem** origem na mentira.
• Eu **tenho** para mim que ela é uma boa pessoa.
• O que você disse não **tem** razão de ser.
• Meu ex-namorado **tem** sangue de barata.
• Essa situação não **tem** remédio.
• Ele não se candidata porque **tem** telhado de vidro.

TIRAR:	TOCAR:
• Minha mãe **tirou** todas as manchas.	• Ele **tocou** o meu braço.
• Eu **tirei** o dinheiro da gaveta.	• Essa música **tocou** o Pedro.
• O assaltante **tirou** o tênis do meu irmão.	• Eu me **toquei** com essa notícia.
• Eu **tirei** o dente do siso.	• Ele não **tocou** nesse assunto.
• Você **tirou** o Pedro de uma enrascada!	• Alguém **tocou** na porta.
• Muita gente **tirou** dez na prova.	• Martinha **toca** violino.
• Ele **tirou** a barriga da miséria.	• Ela **tocou** na ferida.
• O gol foi de **tirar** o chapéu.	• Jair já **tocou** o gado.
• Ela sempre **tira** proveito da situação.	
• A enchente **tirou** a vida de muita gente.	

TOMAR:	VER:
• Eu **tomei** três sorvetes.	• Eu **vi** a Camila no shopping center.
• Ele **tomou** o brinquedo da priminha.	• Eu **vi** que a Fernanda não estava mais na sala.
• Adolfo **tomou** o lugar do colega.	• Jorge **viu** os ladrões fugirem.
• Os mineiros **tomaram** o partido dos paulistas.	• Ele **viu** o Vinícius morto.
• A professora **tomou** as dores do aluno injustiçado.	• Vinícius se **viu** em aperto.
• O presidente **tomou** as medidas necessárias.	• Elas ficavam se **vendo** no espelho.
• A costureira **tomou** minhas medidas.	• Eu não **vi** com bons olhos sua mudança de colégio.
• Ele **tomou** a palavra e falou durante meia hora.	• **Veja** o que você está fazendo!
• Eu **tomei** conta do recém-nascido.	
• Meu filho **tomou** conta do negócio.	

VIRAR:	VOLTAR:
• Ele **virou** a mesa.	• Eu vou **voltar** ao Rio.
• Fabiana **virou** o tornozelo.	• Eu vou **voltar** a morar no Rio.
• **Vire** sempre à esquerda.	• Ela se **voltou** para o filho.
• Meu primo **virou** porteiro de boate.	• A professora nunca **volta** atrás.
• Juliano se **virou** no trabalho.	• Depois do susto, ela **voltou** a si.
• Não **vire** as costas para mim!	• Nós devemos **voltar** os pensamentos para Deus.
• Os moradores se **viraram** contra a proposta de aumento.	

Essa lista de verbos, com seus usos mais comuns, serve como fonte de consulta para você ter uma ideia de como os vários usos dos verbos trazem modificações de seus significados. Você mesmo poderá verificar as modificações desses significados. Como já falamos, alguns deles são mais *concretos* e outros são mais *abstratos*, como, por exemplo, os dois empregos seguintes do verbo *subir*:

O nível do rio **subiu**.

Ela **subiu** no meu conceito.

No primeiro caso, *o nível da água do rio subiu concretamente*, mas, no segundo uso, *subir no conceito* quer dizer que eu passei a ter *uma opinião mais favorável em relação ao desempenho ou à maneira de ser ou de agir de uma pessoa*. Observe ainda que, no segundo uso, o verbo dispõe de um sintagma nominal, precedido por preposição, funcionando como **objeto**, o que não ocorre no primeiro uso do verbo. Um aspecto muito importante, portanto, a ser observado é quando determinado uso de um verbo, com seu significado específico, deve dispor ou não de um objeto e, além disso, de que tipo é esse objeto, isto é, com preposição ou sem preposição, com um ou dois objetos, com ou sem uma oração que funciona como objeto.

Alguns dos usos dos verbos da nossa lista são **expressões fixas**, com um significado muito particular, como no seguinte exemplo:

Carlos Henrique **ganhou** terreno na firma.

Ganhar terreno nesse caso não se refere, é claro, a um lote que alguém teria ganhado, mas que a pessoa em questão *foi promovida ou está bem avaliada* na firma em que trabalha.

Enfim, há usos que são mais típicos da *fala*, como, por exemplo, quando apagamos o pronome *se* nos usos pronominais dos verbos. Assim, em vez da primeira oração a seguir, o mais comum, em muitos dialetos do português do Brasil, é falarmos como aparece na segunda oração:

O bandido se **escondeu** da polícia.
O bandido **escondeu** da polícia.

Fique atento, por fim, ao fato de que muitos dos usos listados são mais típicos da *fala*, como, por exemplo, o uso do verbo *ficar* no conhecido comportamento interpessoal dos jovens:

Ontem na festa, eles **ficaram**.

ENCAIXANDO ORAÇÕES: ORAÇÕES COMPOSTAS POR SUBORDINAÇÃO E POR COORDENAÇÃO

Como vimos no capítulo 5, as orações podem ser **simples**, quer dizer, são orações que descrevem apenas um *evento* e dispõem de somente um verbo ou de uma locução verbal, isto é, de um auxiliar e outro verbo. Mas é possível também formar um tipo de oração que chamamos de oração **composta**, que descreve dois ou mais eventos e tem, pelo menos, dois verbos principais. Para formar a oração **composta**, nós *encaixamos* duas, ou mais, orações.

Há duas maneiras de fazer esse encaixe: por meio da **subordinação** e por meio da **coordenação**. É o que explicaremos a seguir.

A subordinação:
orações encaixadas por meio de funções gramaticais

Para explicar a **subordinação**, vamos retomar, em primeiro lugar, as funções gramaticais que já utilizamos:

FUNÇÕES →
1. Sujeito
2. Predicado
3. Objeto
4. Modificador
5. Delimitador

Como vimos, essas **funções** gramaticais podem ser desempenhadas, por exemplo, por *sintagmas nominais*, precedidos ou não por *uma preposição*. Recordem os exemplos:

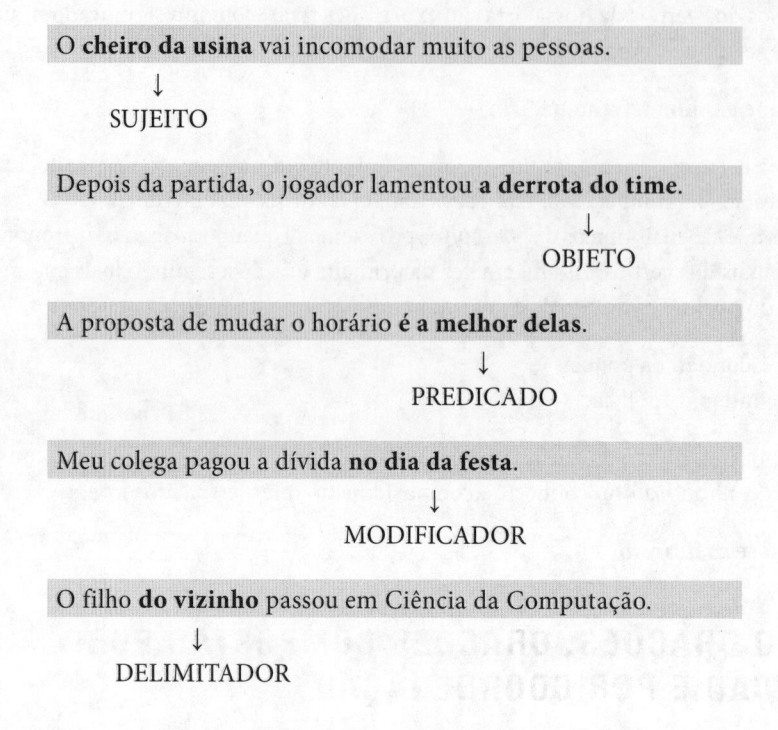

O **cheiro da usina** vai incomodar muito as pessoas.
↓
SUJEITO

Depois da partida, o jogador lamentou **a derrota do time**.
↓
OBJETO

A proposta de mudar o horário **é a melhor delas**.
↓
PREDICADO

Meu colega pagou a dívida **no dia da festa**.
↓
MODIFICADOR

O filho **do vizinho** passou em Ciência da Computação.
↓
DELIMITADOR

Acontece, por outro lado, que uma oração pode também desempenhar qualquer uma das cinco *funções*, ou seja, *podemos introduzir uma oração dentro da outra utilizando, para isso, as funções gramaticais*. Quando fazemos isso, dizemos que a oração **composta** que resulta desta operação é uma oração **subordinada**.

A oração assim introduzida pode aparecer (1) *com* TEMPO, isto é, a flexão, que está anexada ao verbo, exprime um dos tempos: *passado, presente...*; ou (2) *sem* TEMPO, isto é, o verbo está no *infinitivo, no gerúndio* ou *no particípio*. Nos dois tipos, a oração pode dispor de um sujeito pronunciado, com o qual, portanto, o verbo concorda, ou então um sujeito não pronunciado.

Infinitivo, gerúndio e particípio
Pág. 129

Vamos estudar os vários casos. O primeiro deles é o das orações que funcionam como sujeito, chamadas de **orações subjetivas**:

ORAÇÕES SUBJETIVAS
↓

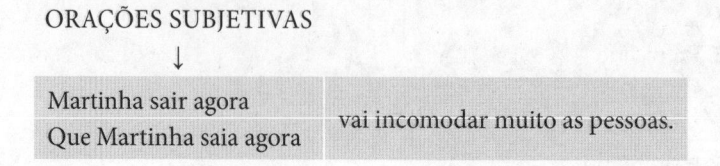

Martinha sair agora	
Que Martinha saia agora	vai incomodar muito as pessoas.

Veja que a oração subjetiva que está no infinitivo pode, por sua vez, aparecer com seu próprio sujeito que é *Martinha* em *Martinha sair agora*, mas pode também aparecer com um sujeito não pronunciado, como no seguinte exemplo, interpretado, preferencialmente, como *sujeito generalizado*:

Sair agora vai incomodar muito os donos da casa.

A interpretação mais comum desse tipo de oração é: ***a gente*** ou ***qualquer pessoa*** *sair agora vai incomodar muito os donos da casa.*

O caso seguinte é o das orações que funcionam como objeto, isto é, as **orações objetivas**:

ORAÇÕES OBJETIVAS
↓

| O jogador não acreditou | **que ele venceu.**
ser o vencedor. |

Também a oração objetiva pode aparecer *com* TEMPO ou *sem* TEMPO, isto é, no *infinitivo*. Nesse exemplo, o modo que aparece junto ao verbo, quando a oração objetiva aparece com TEMPO, isto é, *que ele venceu*, é o modo **indicativo**, já estudado no capítulo 3.

Modos indicativo
e subjuntivo
Pág. 150

Mas há também a possibilidade de a oração objetiva vir no modo **subjuntivo**, o que vai depender do verbo que "pede" a oração objetiva. O verbo *lamentar*, por exemplo, é um desses verbos:

O gari lamenta **que os jogadores ganhem tanto**.

Podemos, assim, dividir os verbos em três tipos, utilizando como critério o modo, ou os modos, que aparecem em suas orações objetivas. São os seguintes:

1º Os verbos de INDICATIVO:

afirmar – dizer – saber – provar – esquecer – confessar – notar – considerar – confirmar – repetir – prometer – ver etc.

Esses verbos só aceitam uma oração objetiva no modo indicativo:

Muitos colegas disseram que eles **tinham** ido à formatura.
* Muitos colegas disseram que eles **tivessem** ido à formatura.

Como se vê, a presença do subjuntivo, no auxiliar *tivessem*, na oração objetiva do verbo *dizer* causa agramaticalidade.

2º Os verbos de SUBJUNTIVO:

adorar – lamentar – admirar – evitar – aceitar – propor – temer – proibir – mandar – deixar – querer – tentar – pretender – conseguir etc.

Já os verbos de subjuntivo escolhem, portanto, orações objetivas no modo subjuntivo:

Muitos colegas lamentaram que eles **tivessem** ido à formatura.
* Muitos colegas lamentaram que eles **tinham** ido à formatura

Com os verbos desse segundo tipo, a construção não é bem formada se o verbo da oração objetiva, como é o caso do último exemplo, aparece no indicativo.

3º Os verbos MISTOS:

acreditar – duvidar – supor – pensar – admitir etc.

Com esse último tipo de verbo, que são menos numerosos, a oração objetiva pode vir tanto no modo indicativo quanto no modo subjuntivo:

Muitos colegas acreditaram que eles **tinham** ido à formatura.
Muitos colegas acreditaram que eles **tivessem** ido à formatura.

A escolha mais rígida do modo nas orações objetivas, como discutido, é uma característica do português padrão, principalmente, na modalidade *escrita*. No entanto, há uma tendência atual, sobretudo na modalidade oral, de predominância do modo *indicativo,* de maneira que não é raro esse modo ser usado também com o que chamamos de verbos de *subjuntivo.*

Vejamos agora o seguinte: os verbos que "pedem" uma oração objetiva no *subjuntivo* podem também ocorrer com uma oração objetiva no infinitivo a qual dispõe de sintagma nominal funcionando como sujeito. Veja:

ORAÇÕES OBJETIVAS
↓

| O gari lamenta | **que os jogadores ganhem tanto.** |
| | **os jogadores ganharem tanto.** |

Os jogadores é, assim, o sujeito das orações subordinadas; a primeira com TEMPO e a segunda no infinitivo. No caso desta, como dissemos, o verbo aparece *flexionado*, o que é uma particularidade da língua portuguesa.

A flexão do infinitivo
Pág. 228

Algumas classes de verbos, como a dos *verbos de percepção* e a dos *verbos causativos*, aceitam, com muita naturalidade, uma oração objetiva de infinitivo com sujeito e flexão no verbo. Veja alguns exemplos:

ORAÇÕES OBJETIVAS
↓

| Eu vi | **os ladrões fugirem.** |
| Matilde ouviu | **a porta bater.** |

| Os bombeiros mandaram | **todos saírem.** |
| A professora deixou | **a gente sair mais cedo.** |

Os verbos de percepção são muito usados também com uma oração objetiva com sujeito e com o verbo no *gerúndio*:

ORAÇÕES OBJETIVAS

| A gente viu | **os ladrões correndo.** |
| Nós ouvimos | **as janelas batendo.** |

Enfim, com alguns verbos, principalmente com aqueles que chamamos de *verbos pronominais*, quando aparecem orações objetivas, elas oferecem a opção de poder ou não ser precedidas de preposição, como nos seguintes exemplos:

ORAÇÕES OBJETIVAS
↓

| Eu me lembrei | **de que era a hora de acordar o Mateus.** |
| Eu me lembrei | **que era a hora de acordar o Mateus.** |

Nem todos os verbos, por outro lado, aceitam uma oração como sujeito ou como objeto. Boa parte deles só admite mesmo um sintagma nominal nessas funções. Compare as orações a seguir:

[**O piano da escola**] foi para o concerto.
*[**O piano ser da escola**] foi para o concerto.
*[**Que o piano era da escola**] foi para o concerto.

Eu encontrei [**Maria**] no shopping.
*Eu encontrei [**Maria estar no shopping**].
*Eu encontrei [**que Maria estava no shopping**].

É muito claro que verbos como *ir* e *encontrar* só aceitam sintagmas nominais desempenhando as funções de sujeito e de objeto. Eu "forcei a barra" tentando incluir uma oração no lugar do sujeito e do objeto desses verbos e a consequência, como se vê, é a agramaticalidade dos enunciados. A conclusão é que o *significado do verbo* é que determina se ele pode fazer parte de um enunciado com orações ou com sintagmas nominais funcionando como sujeito e objeto. Assim, para ficar ainda mais claro, o significado do verbo *encontrar*, por exemplo, implica que, necessariamente, *alguém encontra alguém ou alguma coisa*. Não podemos, portanto, incluir uma oração, que faz referência a um *evento*, no lugar de objeto desse verbo.

Vejamos agora que, como explicamos no capítulo 5, uma oração pode também complementar um nome funcionando, portanto, como um objeto. Nesses casos, é comum a presença de uma preposição introduzindo a oração objetiva de um nome:

ORAÇÕES OBJETIVAS

↓

Ele tinha a <u>mania</u>	*de* **tomar uma cápsula de alho todo dia.**
Ele tinha a <u>mania</u>	*de* **que alho é bom para o sistema imunológico.**
Ele tinha a <u>mania</u>	**que alho é bom para o sistema imunológico**
Neide acreditou na <u>fofoca</u>	*de* **que o marido a estava traindo.**
Neide acreditou na <u>fofoca</u>	**que o marido a estava traindo.**
Neide acreditou na <u>fofoca</u>	*da* **gente ter visto o marido dela com outra.**

Nesses exemplos, a oração é objeto dos **nomes** *mania* e *fofoca*. Ora, *uma fofoca* é uma fofoca sobre *alguma coisa* e *uma mania* é uma mania de *alguma coisa*. Essa *alguma coisa* que acrescentamos tem assim a função de objeto. Ainda que um objeto oracional de um nome seja normalmente introduzido por uma preposição, sobretudo na *fala*, essa preposição pode algumas vezes se apagar, como na oração *Neide acreditou na fofoca* **que o marido a estava traindo.**

Também os adjetivos podem ter um objeto constituído de uma oração, que sempre aparece precedida de preposição. Veja alguns exemplos:

> Os objetos dos nomes e dos adjetivos precisam ser associados aos nomes e objetos por meio de uma preposição. São muitas as preposições que podem fazer esse papel. Veja alguns exemplos:
>
> (1) O *equilíbrio* **dos/entre** os times...
> (2) Joana estava *entusiasmada* **com/por** Pedro.
> (3) o preço desse carro é *equiparado* **com/a**o preço do importado.
> (4) Foi uma *disputa* **entre** os jogadores.
> Foi uma *disputa* **com** o técnico.
> Foi uma *disputa* **sobre** pagamento.
> (5) Tinha um *saldo* **a favor de/contra** o freguês.

ORAÇÕES OBJETIVAS de ADJETIVOS

↓

Seu William estava <u>receoso</u>	*de* **não conseguir o alvará da prefeitura.**
Juca parece <u>convencido</u>	*a* **continuar a viagem mesmo com pouco dinheiro.**

As palavras *receoso* e *convencido* são adjetivos e as orações em destaque são as que funcionam como objeto. A interpretação é a seguinte: *quem está receoso está receoso de alguma coisa* e *quem está convencido está convencido de alguma coisa* e essa "alguma coisa" que acrescentamos desempenha, portanto, a função de objeto.

Assim como no caso dos verbos, nem todo nome e nem todo adjetivo admite um objeto, oracional ou não. Veja os exemplos:

Eles têm <u>medo</u> *de* **ladrão.**
Eles têm <u>medo</u> *de* **que ladrão entre aqui**
Eles têm <u>medo</u> *de* **ladrão entrar aqui.**

Eles têm <u>dinheiro</u>.
Manuela está <u>alegre</u> *com* **a ida de seu irmão para a Petrobras.**
Esse novo carro da Fiat é muito <u>bom</u>.

Nessas orações, o nome *medo* pode ter, como objeto, um sintagma nominal precedido por preposição ou uma oração, com tempo ou no infinitivo. Mas o nome *dinheiro* não pode ocorrer com objeto. Já o adjetivo *alegre* pode dispor, como objeto, de um sintagma nominal precedido por preposição, e o adjetivo *bom* não pode ser construído com um objeto.

Quando nomes e adjetivos como *dinheiro* e *bom* aparecem com sintagmas à sua direita, estes sintagmas desempenham, na verdade, a função de delimitador ou de modificador. Observe os exemplos:

Eles têm dinheiro *de* **vários países**.
Eles têm dinheiro **ilegal**.

Esse novo carro da Fiat é muito bom *para/de* **dirigir na estrada**.

O sintagma nominal *vários países*, precedido pela preposição *de*, e o adjetivo *ilegal* **restringem** o nome *dinheiro*, ou seja, informam que *eles*, por exemplo, *não têm dinheiro simplesmente* ou *dinheiro de um país europeu* ou *dos Estados Unidos*, e sim de *vários países*; a mesma coisa em relação ao adjetivo *ilegal*, isto é, *não é dinheiro legal* ou *obtido com trabalho*, e sim *ilegal*. Nossa análise serve também para o caso do adjetivo *bom* no sentido de que a oração *para* (ou *de*) *dirigir na estrada* não é um objeto desse adjetivo; aliás, em relação a adjetivos como *bom, grande, ruim* e assemelhados, nós só podemos *intensificar*, ou seja, *algo é muito bom* ou *bom demais, muito grande* ou *grande demais*, etc. A oração *para* (ou *de*) *dirigir na estrada* funciona, na realidade, como um modificador da oração toda, ou seja, de *Esse novo carro da Fiat é muito bom*, e o papel temático atribuído por essa oração iniciada por preposição é o de finalidade. Veremos dentro em pouco, nesta seção, os casos de orações que funcionam como modificador.

Passemos agora a comentar as orações que funcionam como um predicado, ou seja, as **orações predicativas**:

ORAÇÕES PREDICATIVAS

↓

A minha vontade é	**que o trabalho fique pronto amanhã.**
A minha vontade é	**conseguir terminar o trabalho amanhã.**
O sonho de toda mãe é	**o filho passar no vestibular.**

Após o verbo *é*, ocorrem orações que funcionam como predicado. Observe duas propriedades dessas orações: quando a oração tem TEMPO, o modo que aparece é o *subjuntivo* e, quando é de infinitivo, podemos utilizar ou não um sujeito pronunciado.

A função delimitador e a noção de restrição
Págs.137 e 261

As orações que funcionam como modificador, que chamaremos de **orações modificadoras**, são, por sua vez, muito variadas, com muitos significados diferentes, exprimindo alguns dos papéis temáticos dos modificadores que estudamos no capítulo 5. Como também veremos, há ainda papéis temáticos que só são atribuídos a orações.

Vamos começar pelo seguinte caso:

ORAÇÕES MODIFICADORAS

↓

(1) Gilmar conseguirá aprender Física	**se estudar muito**.
(2) Gilmar conseguirá aprender Física	**se a escola for boa**.
(3) Gilmar conseguiria aprender Física	**se a escola fosse boa**.

Essas orações exprimem o papel temático de **condição**, ou seja, a pessoa que disse essas orações pensa que é *com a condição de ocorrer que Gilmar estude muito ou que a escola seja boa que ele poderá aprender Física.*

Já que essas orações falam de uma condição para que algo aconteça, elas são, portanto, compreendidas no tempo futuro. Por essa razão, embora nas orações (1) e (2), os verbos apareçam com um **-r** no final, não são verbos que estão no infinitivo. Como já explicamos no capítulo 4, trata-se na verdade da forma verbal que chamamos de **futuro do subjuntivo**, como, aliás, está também no subjuntivo o verbo *fosse* do exemplo (3). Como também já analisamos, no caso do verbo *estudar* do exemplo (1), as formas do *futuro do subjuntivo* e do *infinitivo* são idênticas. Contudo, nem sempre é assim: alguns verbos adquirem outra "cara", isto é, outra forma, quando se flexionam no *futuro do subjuntivo*. É o caso do verbo *ser* do exemplo (2) que, quando está no *futuro do subjuntivo*, se realiza como *for*. Veja um outro exemplo com o verbo *querer*:

Se ele **quiser**, eu trago o carvão para o churrasco.

↑

FUTURO DO SUBJUNTIVO

Ele pode **querer** que eu traga também as empadinhas.

↑

INFINITIVO

Voltemos aos exemplos das orações modificadoras: há uma diferença de significado muito sutil entre o exemplo (2), que está com o verbo no futuro do subjuntivo, e o exemplo (3), cujo verbo se encontra no passado do subjuntivo. No exemplo (2), *acreditamos que existe a possibilidade de a escola ser boa ou vir a ser boa de maneira que possibilite a Gilmar aprender Física*; em (3) não é assim: *não acreditamos que a escola seja boa nem que possa se tornar boa, o que faz com que não estamos muito confiantes na possibilidade de Gilmar aprender Física.*

É possível, enfim, ter uma oração modificadora, que atribui o papel temático de **condição** e pode ocorrer no infinitivo, no gerúndio e no particípio. Por exemplo:

(4) Gilmar conseguirá aprender Física **a não ser que a escola seja muito fraca.**

(5) **Estudando seriamente,** Gilmar conseguirá aprender Física.

(6) **Aprendida a matéria de Física,** Gilmar poderá viajar de férias.

Vejamos agora outro caso de oração modificadora:

ORAÇÕES MODIFICADORAS

→

Não consegui passar de ano	**porque ficava o dia todo na academia.**
Não consegui passar de ano	**por ter ficado todos os dias na academia.**
Não consegui passar de ano	**abatido com a morte do meu amigo.**

O papel temático dessas orações modificadoras é o de **causador,** que pode ser expresso por uma oração com TEMPO, no modo indicativo, ou por uma oração no infinitivo ou no particípio. Nesse caso, comunicamos a *causa* de algo ter ou não ter acontecido: para o falante do exemplo, *a causa de não ter passado de ano foi atribuída ao fato de a pessoa passar o dia todo ou todos os dias na academia em vez de estudar; ou foi devido ao abatimento com a morte de um amigo.* Como vimos no capítulo 2, é o falante que escolhe a que causa atribuir um acontecimento.

Observe outro exemplo de oração modificadora:

ORAÇÕES MODIFICADORAS

→

Eufrásia conseguiu emagrecer	**embora não tivesse feito regime.**
Eufrásia conseguiu emagrecer	**mesmo sem fazer regime.**
Eufrásia conseguiu emagrecer	**mesmo sem ela fazer regime.**
Eufrásia conseguiu emagrecer	**mesmo não fazendo regime.**
Eufrásia não conseguiu emagrecer	**mesmo terminado o regime.**

A ideia transmitida pelo papel temático desse tipo de oração modificadora é a de **concessão.** Vamos explicar isso de novo: *quando falamos que Eufrásia conseguiu emagrecer, logo imaginamos que ela deve ter feito algum regime ou tratamento, mas não é isso que é dito na oração modificadora, ou seja, a expectativa não é atendida e se diz o **oposto** ou **algo diferente** do que imaginamos.* Veja ainda que podemos construir essa oração modificadora com TEMPO, no modo subjuntivo, com infinitivo, com o gerúndio e também com o particípio.

Passemos à próxima oração modificadora:

ORAÇÕES MODIFICADORAS

→

O governo construiu a ponte **para que os moradores evitassem o uso das balsas.**

O governo construiu a ponte **para evitar o uso das balsas.**

O governo construiu a ponte **para os moradores evitarem o uso das balsas.**

O papel temático dessas orações modificadoras é chamado de **finalidade** e é muito fácil de entender: *elas exprimem a finalidade com que algo foi realizado ou proposto*. Como em outros casos, esse tipo de oração pode se realizar com TEMPO no modo subjuntivo ou com infinitivo.

Observe a próxima ocorrência.

ORAÇÃO MODIFICADORA
↓
Eu só consegui continuar a viagem **quando a chuva diminuiu**.

Nesse exemplo, a oração modificadora exprime o papel temático de **tempo**, isto é, *foi no momento em que a chuva diminuiu que eu consegui continuar a viagem*. É também possível formar uma oração composta com uma oração modificadora no infinitivo, no gerúndio e também no particípio. Nesses casos, o lugar mais natural dessas orações é no início da oração composta:

ORAÇÕES MODIFICADORAS
↓
Ao parar a chuva, eu consegui continuar a viagem.
Passando a chuva, eu consegui continuar a viagem.
Passada a chuva, eu consegui continuar a viagem.

Estudaremos mais adiante as posições ocupadas pelos sintagmas e pelas orações e também suas possibilidades de movimentação dentro da oração composta.

Veja agora o seguinte caso:

ORAÇÃO MODIFICADORA
↓
Flávia representou tão bem **que convenceu as crianças que era de verdade**.

A ideia passada por esse papel temático é a de **consequência**. A interpretação é a seguinte: *a atuação de Flávia teve, como consequência, o convencimento das crianças de que sua representação fosse de verdade*. É interessante chamar a atenção para o fato de que esse papel temático só pode ser atribuído por uma oração: um sintagma adverbial não pode ser interpretado por meio desse papel.

A próxima ocorrência é:

ORAÇÃO MODIFICADORA
↓
O meu filho é bom em judô **como eu era na idade dele**.

O papel temático é o de **comparação**, que é bastante fácil de ser entendido. Observe ainda que, nesse tipo de oração modificadora, é comum deixar não pronunciado algum constituinte, como é o caso de *bom em judô*, isto é, *como eu era **bom em judô** na idade dele*.

Também esse papel temático é atribuído apenas por orações. Por outro lado, podem surgir dúvidas em relação a exemplos como o seguinte, ou seja, se são orações ou apenas um sintagma nominal precedido por *como*:

O meu filho é bom em judô **como eu**.

Nesse caso, diremos que existe um sintagma verbal não pronunciado, equivalente a [*era bom em judô*]; de maneira que sempre teremos orações modificadoras interpretadas através do papel temático **comparação**.

O penúltimo tipo de oração modificadora é o seguinte:

ORAÇÃO MODIFICADORA
↓
Como já te avisei, não vou mais pagar seu cursinho.

Esse papel temático traz uma ideia de *apoio* ou *de acordo com algo que foi dito anteriormente*, isto é, *o fato da pessoa não querer mais pagar o cursinho é apoiado pelo fato de já ter acontecido um aviso de que isso poderia acontecer*. É chamado de **conformidade**.

Por fim, observemos o último caso de oração modificadora:

ORAÇÕES MODIFICADORAS
↓
(1) **À medida que a obra for ficando pronta**, eu vou te pagando.
(2) **Na medida em que a obra for ficando pronta**, eu vou te pagando.

A interpretação dessa oração composta inclui entender que *algo acontece, no caso, o pagamento de certa quantidade de dinheiro, na mesma medida ou na proporção em que as etapas da obra forem ficando prontas*. Esse papel temático é chamado de **proporção**. Consideraremos, além disso, que os constituintes como *à medida que* ou *na medida em que* são locuções com valor de *conjunção*.

A oração (1) é mais esperada na *escrita* enquanto a oração em (2) é mais comum na *fala*. A diferença entre as duas é que a primeira é introduzida por *a* com crase, isto é, *à*; enquanto a segunda se inicia com a preposição *em* – que, por causa do determinante *a*, gera a forma *na* – e contém ainda a preposição *em*. A expressão *na medida em que* pode também ter outro significado, comum na *escrita* e presente também na *fala*, que quer dizer o seguinte: *tendo em vista* ou *considerando que*; por exemplo: *Na medida em que você não fez o que combinamos, vou ter que cancelar o nosso acordo*.

Observe, finalmente, a presença do verbo da oração modificadora, isto é, *for*: trata-se do **futuro do subjuntivo**, que já explicamos.

Vamos agora comentar o último tipo de oração composta por subordinação, formada a partir da função de delimitador. Trata-se das **orações delimitadoras**:

Aquele rapaz **que é filho do vizinho** passou em Ciência da Computação.
↓
ORAÇÃO DELIMITADORA

Como se pode ver, no lugar de um sintagma adjetival que desempenha a função de delimitador aparece uma oração que terá, portanto, a mesma função. É também comum essas orações aparecerem no particípio: compare a primeira oração a seguir, no particípio, com a segunda que dispõe de TEMPO:

Os CDs **trazidos por mim de Londres** fizeram sucesso na festa.

Os CDs **que eu trouxe de Londres** fizeram sucesso na festa.

Como dissemos, a oração delimitadora, já que tem a mesma função de um sintagma adjetival, também *restringe* ou *delimita* o nome ao qual ela está ligada. Compare, no exemplo a seguir, o desempenho de sintagma adjetival, de orações e também de sintagma nominal preposicionado nessa função:

Os CDs **coloridos** fizeram sucesso na festa.

Os CDs **dos anos 1970** fizeram sucesso na festa.

Os CDs **trazidos por mim de Londres** fizeram sucesso na festa.

Os CDs **que eu trouxe de Londres** fizeram sucesso na festa.

Na interpretação desses enunciados, entendemos que *não são quaisquer CDs que fizeram sucesso na festa e sim aqueles coloridos, dos anos 1970 ou trazidos por mim de Londres.*

Há, para terminar esta seção, um tipo de oração que tem semelhanças com a oração delimitadora, mas que, na verdade, não restringe o nome que a precede, mas simplesmente diz ou *explica* algo sobre o nome precedente:

São Paulo, **que é uma cidade muito plana**, alaga muito.

Sílvia, **que foi casada com Artur**, está morando em João Pessoa.

O pai, **que ele nunca tinha conhecido**, resolveu procurá-lo ano passado.

Os bombeiros, **que fazem muito bem seu serviço**, é a classe profissional mais confiável.

Observe que, nesses exemplos, a oração destacada em negrito está ligada a um *nome próprio* ou a um *nome comum específico* e, nesses casos, não se trata de restringir ou delimitar um conjunto, já que temos um referente único, no caso dos nomes próprios, ou interpretado como específico, no caso dos nomes comuns. Esse tipo de oração é chamado de **oração explicativa**.

Para concluir, existe ainda uma mudança de significado quando uma mesma oração é usada para restringir ou explicar. Compare os dois exemplos:

Os índios **que estavam nus** não foram recebidos pelo bispo.

Os índios, **que estavam nus**, não foram recebidos pelo bispo.

O primeiro exemplo, da oração delimitadora, permite a inferência de que havia ainda índios que, *vestidos*, foram recebidos pelo bispo, mas, no segundo exemplo, essa inferência não é possível, ou seja, o que está implícito é que *todos os índios estavam nus.*

A coordenação:
orações encaixadas por meio de noções lógico-semânticas

Para formar uma oração composta por **coordenação**, utilizamos um recurso diferente das funções gramaticais, que são utilizadas para formar as orações subordinadas. O encaixe das orações coordenadas é realizado apenas por meio de **noções lógico-semânticas**, e *não* por meio de funções gramaticais, ou seja, uma noção desse tipo é que permitirá associar uma oração com outra. Uma noção lógico-semântica é um significado que pode ou não ser veiculado por uma **conjunção**. Já estudamos no capítulo 3 o

Conjunções
Pág. 170

significado das conjunções. Volte a esse capítulo e relembre o significado das conjunções porque vamos ver a seguir que é a presença da conjunção que torna explícita a noção lógico-semântica, estabelecendo a associação entre duas ou mais orações.

É assim por meio do significado das noções lógico-semânticas que conseguimos interpretar adequadamente a oração formada pela coordenação de duas ou mais orações. Consideraremos cinco noções lógico-semânticas, que são as seguintes:

Noções lógico-semânticas da *coordenação*

↓

(1) Conclusão
(2) Adição
(3) Escolha
(4) Razão
(5) Adversidade

Vamos entender agora como essas noções funcionam no caso da coordenação.

Para compreender a (1) **conclusão**, considerem as duas orações seguintes:

| O governador está no Rio | não estava no shopping ontem. |

É possível encaixar as duas orações por meio de uma **conjunção** que exprima a noção de **conclusão**. Um exemplo é a conjunção *então*, que é acrescentada entre as duas orações:

O governador está no Rio **então** ele não estava no shopping ontem.

A presença de *então* esclarece que o encaixe das duas orações se dá por meio da noção de conclusão: *como uma pessoa não pode estar em dois lugares ao mesmo tempo, deduzimos que não era o governador que estava no shopping ontem.*

A noção de (2) **adição** é bastante simples de compreender: é quando apenas adicionamos ou somamos o conteúdo de um evento com o conteúdo de outro. Veja as duas orações a seguir e o encaixe que fiz com a conjunção *e*:

| Pedro comprou um par de tênis. | Simone comprou uma bolsa de couro. |

Pedro comprou um par de tênis **e** Simone comprou uma bolsa de couro.

O caso seguinte é a (3) **escolha**. Como o próprio nome já mostra, trata-se de uma noção que exprime uma escolha ou alternância entre os conteúdos de dois eventos. Observe o exemplo com a conjunção *ou*:

> Nós devemos pagar a conta no caixa?   Podemos pagar para o garçom?

> Nós devemos pagar a conta no caixa **ou** podemos pagar para o garçom?

As noções (2) e (3), isto é, **adição** e **escolha**, podem ser utilizadas para coordenar, além das orações, outros constituintes. Veja os seguintes exemplos:

> **Carlos Eduardo** *e* **Gilvan** compraram um caminhão em sociedade.
> Foram **os alunos da oitava** *ou* **os do primeiro ano** que alugaram a quadra.
> O torcedor carioca é mais **relaxado** *e* **pacífico**.
> Para pensar isso, ele é **ingênuo** *ou* **desonesto**.

São os sintagmas nominais e sintagmas adjetivais destacados que estão coordenados por meio das conjunções *e* e *ou*.

> Muitas vezes, é difícil distinguir as orações articuladas pela noção de **razão** das orações subordinadas cujo papel semântico é o de **causador**. Ora, nos dois casos, o falante propõe uma explicação para que determinado evento aconteça ou possa acontecer. Não vamos insistir, no entanto, na necessidade dessa distinção. No que se refere à produção adequada de textos escritos ou falados, ela não nos parece de grande relevância.

A noção seguinte é (4) **razão**, que permite explicar o porquê ou a causa de algo ter acontecido, permitindo encaixar duas orações. Veja um exemplo:

> Chegue cedo.   Não gosto de dormir muito tarde.

> Chegue cedo **porque** não gosto de dormir muito tarde.

Na interpretação desta oração coordenada, entendemos que *não gostar de dormir muito tarde é uma explicação que justifica meu pedido de que a pessoa que me escuta chegue cedo*. A conjunção *porque* que permite o encaixe das duas orações é a mais comum desse tipo de coordenação.

Por fim, há a noção de (5) **adversidade** que é semelhante à ideia de *concessão* que já explicamos no capítulo 3: é quando a segunda oração da coordenação exprime um *contraste* ou *uma quebra de expectativa* em relação ao que era previsto acontecer na primeira oração. Observe o exemplo:

> Nós fomos ver o filme *A ilha do medo*   Não conseguimos entrar

> Nós fomos ver o filme *A ilha do medo*, **mas** não conseguimos entrar.

Quando dissemos que *fomos ver o filme A ilha do medo*, a expectativa é que entramos no cinema e assistimos ao filme. A segunda oração, porém, se opõe a essa expectativa e informa que *não conseguimos entrar*. Para explicitar o encaixe por meio dessa noção, utilizamos a conjunção *mas* ou outra com o mesmo valor.

Talvez você tenha observado que, nas orações formadas por **coordenação**, ocorrem, com muita facilidade, sintagmas não pronunciados. Veja mais alguns exemplos:

Paula pediu para sair mais cedo e Tiago também _____.
Gilson teve aulas particulares, mas _____ não conseguiu passar de ano.

Na primeira oração, ocorre um sintagma verbal não pronunciado após o advérbio *também*. Esse sintagma verbal é equivalente a *pediu para sair mais cedo* que é "copiado" da oração inicial da coordenação. Já na segunda oração, é um pronome não pronunciado, na função de sujeito, que aparece depois da conjunção *mas* e é equivalente a *ele*. Veja ainda o seguinte exemplo, já utilizado anteriormente:

Foram **os alunos da oitava** *ou* **os do primeiro ano** que alugaram a quadra.

Nessa oração, o constituinte não pronunciado é *alunos*, interpretado no interior do segundo sintagma nominal: *os **alunos** do primeiro ano*.

Para terminar esta parte, vou comentar ainda o fato de que, mesmo sem a presença de uma conjunção, é possível associar as interpretações de duas orações por meio das noções lógico-semânticas que apresentamos. Observe alguns dos exemplos sem a conjunção:

Chegue cedo. Não gosto de dormir muito tarde.
O governador está no Rio. Ele não estava no shopping ontem.
Nós fomos ver o filme *A ilha do medo*. Não conseguimos entrar.

Como se vê, é possível expressar a mesma dependência de significado, mesmo sem a presença das conjunções. Nesses casos, construímos, na verdade, pequenos *textos* com duas orações cada um. A presença das conjunções, por outro lado, torna mais claro o vínculo lógico-semântico que queremos expressar entre as duas orações de cada exemplo.

Vamos concluir com o seguinte resumo: para explicar a diferença entre a subordinação e a coordenação, dissemos que, na primeira, o vínculo entre as orações é realizado por meio das funções gramaticais, o que permite a atribuição de um papel temático aos constituintes que desempenham essas funções e, na segunda, o vínculo é estabelecido apenas por meio de noções lógico-semânticas. A diferença central, portanto, é que no caso da coordenação uma oração **não** desempenha uma função "dentro da outra". Para ficar ainda mais clara essa última ideia, vamos retomar o seguinte exemplo de coordenação:

Pedro comprou *um par de tênis* **e** *Simone* comprou *uma bolsa de couro*.

Nesse exemplo, as duas orações são **independentes** uma da outra no que se refere às funções gramaticais: o verbo *comprou*, que encabeça o predicado na primeira oração, dispõe do sujeito *Pedro* e do objeto *um par de tênis*; e o verbo *comprou* da segunda oração tem o sujeito *Simone* e o objeto *uma bolsa de couro*.

No caso da subordinação é diferente: as duas orações são **dependentes** uma da outra porque uma exerce uma função que é exigida dentro da outra:

Eu percebi *que Mariana tinha sarado.*

Sabemos que o verbo *perceber* do exemplo "pede" um objeto, ou seja, *quem percebe, percebe algo necessariamente*. Ora, o que é percebido, nesse caso, é expresso exatamente por uma oração subordinada, isto é, *que Mariana tinha sarado*, a qual funciona, portanto, como objeto.

TRANSFORMAÇÕES:
ORAÇÕES COORDENADAS ⟷ ORAÇÕES SUBORDINADAS

É muito proveitoso aprender a transformar uma oração coordenada numa oração subordinada e também o contrário, isto é, converter uma oração subordinada numa coordenada. Não só nos ajuda a entender melhor os dois tipos de orações como também serve de treinamento para a habilidade de composição de textos. Vimos, no capítulo 1, que a subordinação é mais frequente na modalidade *escrita*, enquanto a coordenação é mais usada por nós na *fala*, porém, como também explicamos, isso não quer dizer que devemos evitar a coordenação na *escrita* ou a subordinação na *fala*. Nada disso! São recursos diferentes de que dispomos e o bom uso da língua, num estilo informativo e atraente, necessitará lançar mão dos dois tipos de orações.

Vamos começar esse assunto observando uma coordenação de duas orações por meio da noção lógico-semântica de adição e da conjunção *e*:

Eu encontrei aquele colega **e** ele me pediu 20 reais emprestados.

Essa oração coordenada pode ser convertida numa subordinação por meio da função de delimitador. Veja:

Eu encontrei [aquele colega **que** me pediu 20 reais emprestados].

Note que a oração [*que me pediu 20 reais emprestados*] está agora dentro do sintagma nominal, cujo núcleo é *colega*, e desempenha a função de delimitador. Compare-a com as seguintes orações:

Eu encontrei [aquele colega **que me pediu 20 reais emprestados**].
     [aquele colega **da oitava**].
     [aquele colega **grandão**].

Como se vê, os constituintes destacados em negrito desempenham todos a função de delimitador e restringem *aquele colega* por meio do papel temático de qualificador, ou seja, não é, por exemplo, *aquele colega baixo, do primeiro ano* e sim *da oitava, grandão, que me pediu 20 reais emprestados*.

Vamos observar agora que uma oração coordenada, como no exemplo (1) a seguir – que utiliza a conjunção *e* –, pode também ser convertida em orações subordinadas através da função de modificador. Ao desempenhar essa função, a oração atribui o papel temático de tempo, como no exemplo (2), a seguir, ou o papel temático de concessão, como é o caso do exemplo (3):

(1) O João foi ao churrasco *e* sua mulher foi visitar os pais.

(2) O João foi ao churrasco **enquanto** sua mulher foi visitar os pais.

(3) O João foi ao churrasco, **apesar de** sua mulher ter ido visitar os pais.

Os significados das orações (2) e (3) não são, como se vê, idênticos ao da oração (1): o exemplo (2) aponta para o paralelismo, relativo ao tempo, dos dois eventos; já o exemplo (3) nos faz inferir qualquer coisa como: *João não deveria ter ido ao churrasco* ou *que o esperado é que ele acompanhasse sua mulher na visita,* etc.

Nada impede, por outro lado, que a oração coordenada (1), que, em princípio, apenas adiciona dois eventos, permita interpretações como as de (2) ou (3): nesse caso, na ausência de conjunções com significados precisos, são os falantes que inferem essas interpretações de acordo com o contexto em que as orações são ditas. Vamos imaginar, por exemplo, que sabemos que *os pais da mulher de João estão doentes* e que *João é irresponsável e bebe demais*; então, ao escutar a oração (1), nós podemos interpretá-la como (3), o que pode ser tomado também como uma reprovação do comportamento de *João*.

Nos casos a seguir, os significados das orações formadas por coordenação e das orações formadas por subordinação são bastante equivalentes. Observe os seguintes exemplos: a *primeira oração* de cada par é uma oração formada por coordenação e a *segunda* é uma oração formada por subordinação:

(4.a) Maria passou no concurso do tribunal, **mas** não será chamada neste ano.

(4.b) **Apesar de** ter passado no concurso do tribunal, Maria não será chamada neste ano.

(5.a) O deputado não conseguiu se candidatar nesta eleição **porque** foi barrado pela Lei da Ficha Limpa.

(5.b) **Devido a**o fato de ter sido barrado pela Lei da Ficha Limpa, o deputado não conseguiu se candidatar nesta eleição.

No exemplo (5.b), a oração subordinada, que introduz *a causa de o deputado não ter se candidatado,* é a primeira que aparece. Ela também poderia ser colocada por último: essa liberdade de ocorrência dos itens que desempenham a função de modificador é muito natural na nossa língua. Falaremos mais do lugar dos sintagmas na seção "O lugar e o movimento dos sintagmas".

ENCAIXANDO ORAÇÕES: AS FATIAS DE INFORMAÇÃO DA FALA E A PONTUAÇÃO DA ESCRITA

A maneira de encaixar orações que estudamos anteriormente neste capítulo, ou seja, por meio da subordinação e da coordenação, é utilizada tanto na *escrita* quanto na *fala*. No entanto, como já explicamos no capítulo 1, a *fala* é on-line e nossa capacidade de atenção

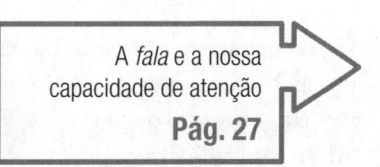

A *fala* e a nossa capacidade de atenção
Pág. 27

é limitada, podendo processar cerca de oito informações de cada vez. Uma das consequências disso é que, ao utilizar a língua na *fala*, nós fatiamos as informações que queremos comunicar e, muitas vezes, a fatia de informação realizada não corresponde exatamente a uma oração *completa*, simples ou composta, formada por subordinação e coordenação. Por **oração completa**, vamos entender o seguinte: *a oração deve dispor de um verbo principal em torno do qual se articulam sintagmas ou outras orações que desempenham todas as funções gramaticais previstas.*

Observe que, no trecho de *fala* seguinte, que é real, nem sempre obtemos uma oração completa:

1. "…então.se…se escolheu por uma coisa…acho que tem
2. que ser…dali por diante…até o fim…entendeu?…se é bom
3. ou ruim tem que manter aquilo…eu acho bonito…poxa…eu
4. acho bonito…por isso que eu mantenho o meu até hoje
5. tá? e…eu espero…tenho uma filha que…está noiva…já
6. quase noiva já…eu espero que a minha filha venha…não
7. que ela venha a seguir o meu ritmo tá?…de ter conservado
8. até hoje o meu casamento…"

Fonte: Martelotta et al., 1996: 63.

A estranheza do texto, como já vimos no capítulo 1, se deve, em primeiro lugar, às diferenças entre a maneira como falamos, representada nesse trecho, e a maneira como os textos da *escrita* são normalmente estruturados. Para entender esse texto, e ele ficar mais natural, você deverá lê-lo de maneira rápida, tentando imitar o ritmo da *fala*.

As reticências (...) representam o momento em que o falante fez uma pausa. Assim, o que está dito entre reticências é uma fatia de informação, e essas fatias nem sempre correspondem a uma oração completa. Veja, por exemplo, na linha 1, o fragmento "se escolheu por uma coisa", iniciado pela conjunção *se,* que, normalmente, introduz uma oração modificadora com o papel temático de *condição*. Ora, o falante não incluiu explicitamente o que pode resultar como consequência dessa *condição*. Só no final da *fala* é que dá para entender que o falante tem a seguinte opinião: *se alguém escolher se casar, então deve se esforçar para manter o casamento.* Observe outro exemplo disso na linha 5 em que o falante diz "...*eu espero*...". Bem, o verbo *esperar* exige um objeto, ou seja, *quem espera necessariamente espera algo,* mas não é incluído, no trecho entre reticências, nenhum sintagma ou oração para desempenhar essa função gramatical.

É muito comum, portanto, na *fala*, os falantes não estruturarem as orações de maneira completa, o que resulta muitas vezes no uso de orações que deveriam estar subordinadas a uma outra oração, mas que, no entanto, aparecem "soltas" ou desvinculadas das outras. Todos já escutamos, por exemplo, alguém dizer coisas como:

Ah, se eu tivesse 20 anos!

O que aconteceria se o falante tivesse 20 anos vai depender do que conhecemos da pessoa e do contexto do uso dessa oração: *ele começaria tudo de novo*; *moraria em outro lugar, namoraria mais* etc., ou seja, o ouvinte é que vai ter que fazer uma inferência para descobrir o que o falante está pretendendo dizer.

Por outro lado, uma das consequências do uso dessas orações "soltas" na *fala* é que, muitas vezes, quando a pessoa tem pouca experiência com a escrita, ela pode reproduzir essa característica da *fala* nos seus textos escritos, produzindo, portanto, orações "soltas" e incompletas. Não devemos confundir essas orações incompletas com as frases, ou seja, construções sem verbo que também, como detalharemos logo a seguir, podem ser utilizadas. Para discutir esses pontos, veja o seguinte exemplo de um texto escrito por um aluno do ensino médio no início de 2010:

1. 2010, ano importante para o Brasil. O ano que irá
2. decidir a nova presidência além do mais importante para
3. certa parte da sociedade e algo único para o próprio
4. país.
5. O ano das eleições, pela primeira vez na história de
6. meu país, uma mulher, considerada forte candidata a
7. presidência me deixa um pouco preocupado, pois sei
8. que as mulheres não têm capacidade de comandar o país
9. e tenho provas concretas através da própria história...

Deixemos de lado a opinião do jovem escritor sobre a capacidade das mulheres, que mostra uma concepção superada, e analisar seu texto. Vamos chamá-lo de *Pedro*, um nome fictício. Ele começa afirmando: "*2010, ano importante para o Brasil*" e encerra o trecho com ponto final; ora, este trecho contém uma data seguido por um *sintagma nominal* e, como vimos, um sintagma nominal desempenha uma *função gramatical*, devendo estar, portanto, numa relação de dependência com um *verbo* para, a partir daí, formar uma oração; e esta última é que pode aparecer entre pontos finais. Em outras palavras, o trecho considerado não é uma oração completa, não deveria ser encerrado por um ponto final, e, provavelmente, corresponde a uma fatia de informação que, como vimos, é comum quando falamos. Para adequar o trecho inicial do texto, é preciso, então, acrescentar um verbo, o que pode ser feito da seguinte maneira:

2010 é um ano importante para o Brasil.

Agora sim, o que era um sintagma nominal isolado passou a desempenhar a função de predicado e *2010*, que estava "solto" e apartado por uma vírgula, tornou-se o sujeito.

Pedro prossegue seu texto: "*O ano que irá decidir a nova presidência além do mais importante para certa parte da sociedade e algo único para o próprio país*". Embora compreensível, esse trecho é confuso porque o autor utiliza a expressão "a nova presidência", no feminino, que parece se referir ao fato de uma mulher ter concorrido ao cargo; também não é claro o que quer dizer "*importante para certa parte do país*" (não seria importante para todo o país? É especialmente importante para as mulheres?). Não é adequado também dizer que é "*o ano que irá decidir...*"; não é o *ano*, e sim *o país* ou *os eleitores que irão decidir quem será o novo presidente*. Continuando o nosso trabalho de adequar o texto, podemos criar uma *coordenação* desse trecho com o trecho inicial utilizando a conjunção *porque*, que explicita a noção lógico-semântica de **razão**:

2010 é um ano importante para o Brasil porque será o ano em que o país irá decidir quem será o novo presidente.

Excluí dessa parte o trecho *"algo único para o próprio país"* porque penso que se encaixa melhor no trecho seguinte: *"O ano das eleições, pela primeira vez na história de meu país, uma mulher, considerada forte candidata a presidência me deixa um pouco preocupado..."*. O *"algo único"* é, realmente, o fato de uma mulher ter concorrido ao cargo. De novo, o trecho é compreensível, mas não se encontra estruturado de maneira adequada. O trecho *"o ano das eleições"* é, outra vez, um sintagma nominal "solto"; e o que se segue estabelece uma dependência entre sujeito e predicado que é bastante estranha: *"uma mulher, considerada forte candidata a presidência me deixa um pouco preocupado"*, ou seja, o que Pedro afirma então é que *"uma mulher....me deixa um pouco preocupado"*. Ora, ele, na verdade, está querendo dizer algo como: *é o fato de uma mulher, considerada forte candidata à presidência, poder ser eleita que o deixa preocupado*. Vou reformular esse trecho da seguinte maneira:

> 2010 é um ano importante para o Brasil porque será o ano em que o país irá decidir quem será o novo presidente.
>
> As eleições desse ano serão únicas para o país, pois, pela primeira vez, uma mulher, considerada forte candidata, poderá ser eleita.

Como se vê, a articulação realizada foi, de novo, através da noção lógico-semântica de razão, que, apesar da repetição, reproduz, de maneira fiel, a proposta argumentativa de Pedro. Mas para evitar mais repetição, troquei a conjunção *porque* por *pois,* que é equivalente. Optei também por incluir, na parte seguinte, a preocupação de Pedro com a eleição de uma mulher. A última parte do texto é, então, como segue: *"...pois sei que as mulheres não têm capacidade de comandar o país e tenho provas concretas através da própria história..."* Pedro, outra vez, estrutura seu texto por meio dos mesmos recursos semânticos, ou seja, sua argumentação funcionou sempre da seguinte maneira: lança uma ideia sobre algo que ocorre ou pode ocorrer e, em seguida, oferece a *razão* ou a *causa* de tal "coisa" ocorrer ou poder ocorrer. A diferença desse último trecho para os dois outros é que, nesse último, ele, pelo menos, utilizou explicitamente uma conjunção, isto é, *pois*. Trata-se de uma argumentação limitada e, como dissemos, bastante repetitiva. Porém, continuando fiel à proposta de Pedro, concluí a adequação do seu texto da seguinte maneira:

> 2010 é um ano importante para o Brasil porque será o ano em que o país irá decidir quem será o novo presidente.
>
> As eleições desse ano serão únicas para o país, pois, pela primeira vez, uma mulher, considerada forte candidata, poderá ser eleita. Essa possibilidade me preocupa porque sei que as mulheres não têm capacidade de comandar o país e tenho provas concretas disso através da própria história...

Proponho agora que você compare o texto original com a versão que adequamos. As diferenças são consideráveis e afetam também outro aspecto do uso da língua que é extremamente importante. Trata-se da **pontuação**. Vamos falar um pouquinho sobre isso.

Pontuar um texto escrito é usar certos sinais gráficos – os **sinais de pontuação** – que servem para várias finalidades. Vamos comentar aqui apenas dois deles – a vírgula e o ponto – que são os principais sinais de pontuação no que se refere à estruturação do texto.

A vírgula sinaliza que estamos fazendo pausas, destacando um constituinte da oração, citando uma lista de constituintes ou separando duas orações numa coordenação, como nos seguintes casos:

> *Ontem à tarde*, elas deram certeza de que vai ter a festa junina.
>
> As pessoas que têm curso superior são, *em geral*, favoráveis à união gay.
>
> Eu fiquei de levar *os espetos, os copos, os pratos* e *os talheres*.
>
> O futebol virou um grande negócio, *mas sempre haverá paixão*.

> **SINAIS DE PONTUAÇÃO**
>
> Os sinais de pontuação que utilizamos são os seguintes:
>
> 1. a vírgula (,)
> 2. o ponto (.)
> 3. o ponto e vírgula (;)
> 4. os dois pontos (:)
> 5. o ponto de interrogação (?)
> 6. o ponto de exclamação (!)
> 7. as reticências (...)
> 8. as aspas (" ")
> 9. os parênteses (( ))
> 10. os colchetes ([ ])
> 11. o travessão (—)

São os constituintes *ontem à tarde* e *em geral* que foram destacados, nos dois primeiros exemplos, por meio de vírgulas; a lista destacada no terceiro exemplo é a de *espetos, copos, pratos* e *talheres*, enquanto no último exemplo a vírgula separa a segunda oração da coordenação, isto é, *mas sempre haverá paixão*.

O ponto, ou *ponto final*, é utilizado para sinalizar o término de uma oração declarativa, o que significa que, entre dois pontos finais, esperamos encontrar uma oração simples ou composta, estruturada de forma completa.

É muito comum que as pessoas sem experiência com a *escrita*, por não ter consciência de como se estrutura uma oração, coloquem, entre pontos, trechos que não são orações completas, o que, como vimos, é típico da segmentação da *fala,* que se dá por meio das fatias de informação. Acredito que essa é a grande causa das dificuldades de escrever que todos nós, uns menos, outros mais, apresentamos. Vamos trabalhar essa ideia mais um pouco.

Para começar, observe o seguinte trecho, escrito por uma aluna de oitava série – vamos chamá-la de Paula (nome fictício):

> Quem já tem uma formação, quando chega a hora de enfrentar o mundo de "peito aberto", coisa que todos nós temos que fazer um dia, "quebra a cara" imagine quem não sabe nada, quem está mal informado, consequentemente vai ser isolado, desprezado pela sociedade.
>
> Fonte: Starling, 1990: 115.

O texto tem um formato muito parecido com o de um texto falado. Para acompanhá-lo e compreendê-lo, precisamos reconstituir as fatias de informação utilizadas por Paula, que podem ser delimitadas da seguinte maneira:

1. Quem já tem uma informação,
2. quando chega a hora de enfrentar o mundo de "peito aberto",
3. coisa que todos nós temos que fazer um dia,

4. "quebra a cara"

5. imagine quem não sabe nada,

6. quem está mal informado,

7. consequentemente vai ser isolado,

8. desprezado pela sociedade.

Sete das fatias de informação que compõem o texto foram separadas por vírgulas e uma delas não está conectada por meio de um sinal de pontuação; o ponto final só é empregado quando o texto é encerrado.

A estruturação ideal, do ponto de vista da escrita, requer o agrupamento das fatias de informação em orações completas que deverão, por sua vez, ser destacadas por meio do sinal de ponto. Observe a seguinte proposta de reestruturação desse texto, que busca, de toda maneira, ser o mais fiel possível às ideias de Paula:

> Quando chega a hora de enfrentar o mundo de "peito aberto", o que todos nós temos que fazer um dia, a pessoa que tem informação "quebra a cara". Imagine quem não sabe nada ou está mal informado. Essa pessoa será, consequentemente, isolada ou desprezada pela sociedade.

Como se vê, condensando as fatias de informação, deu para dividir o texto de Paula em três orações, separadas, portanto, por ponto final. As três orações estão completas, isto é, com constituintes desempenhando os papéis gramaticais previstos pelos verbos; as duas primeiras são orações compostas e a última é uma oração simples que contém, no entanto, uma coordenação de dois sintagmas adjetivais, ou seja, *isolada* **ou** *desprezada pela sociedade.*

Enfim, o texto reestruturado ficou adequado em relação ao que se espera de um texto escrito de acordo com o português padrão escrito.

É preciso dizer, por outro lado, que não é impossível utilizarmos, na *escrita,* o recurso de orações incompletas, que se apresentam sem verbo, ou mesmo, é claro, de frases. Muitos escritores experientes utilizam esses recursos com fins estéticos e também informativos. Observe o trecho seguinte de uma crônica de Alcântara Machado, já utilizada por nós nos exercícios do capítulo 4:

> **Genialidade brasileira**
>
> Confusão. Sempre confusão. Espírito crítico de antologia universal. Lado a lado todas as épocas, todas as escolas, todos os matizes. Tudo embrulhado. Tudo errado. E tudo bom. Tudo ótimo. Tudo genial.
>
> Olhem a mania nacional de classificar palavreado de literatura. Tem adjetivos sonoros? É literatura. Os períodos rolam bonito? Literatura. O final é pomposo? Literatura, nem se discute. Tem asneiras? Tem. Muitas? Santo Deus. Mas são grandiloquentes? Se são. Pois então é literatura e da melhor. Quer dizer alguma cousa? Nada. Rima, porém? Rima. Logo é literatura....
>
> Fonte: disponível em: <musicaquelembro.blospot.com.br>, acesso em: 09 nov. 2016.

Como se vê, o autor utilizou, entre pontos finais, constituintes que não formam uma oração completa por não apresentarem, por exemplo, um verbo principal. Trata-se, assim, de certo tipo de frase que, no entanto, deve ser usado com muito cuidado, sobretudo quando não se tem muita experiência com a escrita, como é o caso da estudante que comentamos anteriormente. Portanto, tentem sempre que possível colocar entre pontos finais orações completas no sentido que explicamos nesta seção.

O LUGAR E O MOVIMENTO DOS SINTAGMAS

O lugar e o movimento do sujeito e do objeto

Já estudamos no capítulo 5 que uma oração é formada por, pelo menos, um *sintagma nominal* e um *sintagma verbal*, o que está representado a seguir:

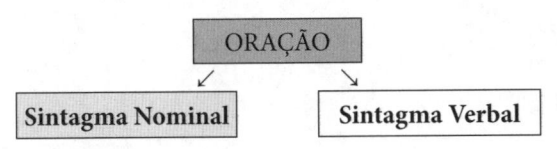

Como também vimos, os dois sintagmas desempenham as duas funções essenciais, que são as funções de sujeito e de predicado.

Tomando por base agora o verbo, aprendemos também que as palavras desta categoria podem ocorrer sem objeto ou com um ou dois objetos, e um objeto pode ser ou não precedido por uma preposição. Veja de novo alguns exemplos:

O meu cachorrinho *morreu.*
A turma *sujou* a cozinha toda.
O professor *concordou* com você
O fiscal *pediu* o endereço para mim.

É então acrescentando os sintagmas que desempenham as funções de sujeito e de objeto que conseguimos formar as orações. Além disso, os sintagmas são colocados um depois do outro de maneira que obedecem às seguintes ordens de palavras:

(1) SUJEITO-VERBO
(2) SUJEITO-VERBO-OBJETO
(3) SUJEITO-VERBO-OBJETO-OBJETO

As ordens desses itens são *básicas* na nossa língua, o que quer dizer que são as sequências mais naturais, mais frequentes e, portanto, as mais usadas por nós falantes.

Tomemos a sequência **Sujeito-Verbo-Objeto**: esta ordem dos constituintes reproduz a maneira natural que temos de relatar ou de entender um evento. Por exemplo: o evento *Pedro lavou suas meias* começa pelo sujeito que a praticou, continua com a descrição da ação, que foi lavar, e ocorreu no passado, terminando com a presença do objeto ao qual se dirigiu a ação verbal.

Porém, a sequência Sujeito-Verbo-Objeto não é, evidentemente, a única que aparece na nossa língua. *Nós podemos mudar o lugar do* **verbo** *e dos sintagmas que desempenham as funções de* **sujeito** *e de* **objeto**. Quando os sintagmas mudam de lugar, dissemos que eles se moveram de uma posição para outra. Vamos ver mais de perto as novas ordens que resultam do **movimento** dos sintagmas.

Tomando por base o exemplo a seguir, podemos movimentar o objeto e colocá-lo em uma posição no início da oração:

Eu troquei **aquele tênis**.

(1) OBJETO-SUJEITO-VERBO ____

Os seguintes exemplos podem ser dados dessa nova ordem que aparece em (1):

> **Aquele tênis**, eu troquei _____.
> **Que tênis** você trocou_____?
> Foi **aquele tênis** que eu troquei_____.

O movimento de um constituinte é como o deslocamento de uma cadeira: o lugar "original" da cadeira é junto à mesa.

Observe, inicialmente, que o traço _____, logo após o verbo, indica o lugar ou a posição de onde saiu o objeto.

No primeiro dos exemplos, colocamos o objeto na primeira posição na oração com o intuito de dar um destaque a ele. O uso deste recurso, muito comum na *fala*, é uma maneira de chamar a atenção da pessoa que está nos escutando para o *tópico* da conversação, isto é, estamos avisando a quem nos escuta que vamos dizer algo sobre *Aquele tênis*, no caso, que *eu troquei na loja ou com um colega*.

No segundo exemplo, formamos uma oração interrogativa introduzindo o sintagma interrogativo *Que tênis* e mudando o sujeito para *você*. O sintagma *Que tênis*, que também desempenha a função de objeto, sofre movimento e ocupa um lugar no início da oração.

Dar destaque é também o objetivo do movimento do objeto no terceiro dos exemplos. Nesse caso, utilizamos, adicionalmente, o recurso *foi...que..*, que é também muito usado por nós na *fala*. Observe exemplos diferentes da aplicação desse recurso:

> **Foi** só ontem **que** eu consegui terminar o trabalho.
> **É** ele **que** vai trazer os refrigerantes.
> **Era** com a Fernanda **que** ele queria sair.

No exemplo *Aquele tênis, eu troquei* _____*com um colega*, no lugar original do objeto, representado pelo traço, nada é pronunciado, mas pode também aparecer, nesse lugar ou associado a ele, um *pronome forte* ou *fraco*, como nas orações:

> **Aquele tênis**, eu troquei **ele** com um colega.
> **Aquele tênis**, eu troquei-**o** com um colega.
> **Aquele tênis**, eu **o** troquei com um colega.

Como já disse, o primeiro exemplo, com o pronome forte *ele*, é muito frequente na *fala* do dia a dia. Preste atenção na *fala* das pessoas que você vai escutá-lo.

Nos outros exemplos, aparece o pronome fraco *o* cujo emprego é mais esperado ou mais comum em textos escritos. Observe, além disso, que o lugar do pronome fraco pode variar, ocupando uma posição antes ou depois do verbo. Comentaremos esse fenômeno na seção seguinte.

Ainda na *escrita*, é comum também – o que não significa que essas orações não possam ocorrer na *fala* – orações como as seguintes:

A respeito da eleição,
Sobre a eleição,   → nós nunca conversamos.
Acerca da eleição,

Nesses exemplos, um sintagma nominal precedido por preposição é deslocado e ocupa uma posição no início da oração.

Vamos pensar agora no seguinte: como sabemos qual é o lugar de "origem" de um constituinte? Voltando ao caso do movimento do objeto, afirmamos que, quando ocorre a ordem

OBJETO-SUJEITO-VERBO ____

o objeto se movimentou e ocupou um lugar no início da oração. O que sustenta essa análise é o fato de o objeto ser interpretado do ponto de vista do papel temático logo após o verbo, isto é, na oração *Aquele pirex, o João quebrou*, o objeto *Aquele pirex* é paciente e, embora pronunciado no início da oração, é interpretado no lugar onde aparece o traço. O lugar de "origem" do objeto é, portanto, depois do verbo.

Ainda em relação ao movimento do objeto, existe ainda um caso muito importante. É quando um *pronome fraco* é deslocado e ocupa um lugar antes do verbo. Trata-se do seguinte esquema e dos exemplos logo a seguir:

SUJEITO-**OBJETO**-VERBO ____

Jobson **me** viu na rua Rio de Janeiro.
A diretoria **as** reivindicou com muita ênfase.

Já falamos um pouco sobre os pronomes fracos no capítulo 3 e voltaremos a falar do posicionamento deles na seção "Os lugares dos pronomes fracos".

Vejamos agora outra ordem, gerada pelo movimento do sujeito para uma posição no final da oração. É o seguinte esquema:

____ VERBO-OBJETO-**SUJEITO**

Observe o exemplo a seguir desta ordem:

Alugou o apartamento, **aquela família de Bom Jesus da Lapa.**

É bem mais natural, nesse caso, que o sujeito que vai para o final da oração seja "pesado", como é o caso de *aquela família de Bom Jesus da Lapa*. Chamaremos de "pesado" aquele sintagma nominal que é composto por mais de quatro palavras e de "leve", o sintagma nominal que tem até três palavras. A natureza do sintagma nominal, isto é, se é "pesado" ou "leve", tem o poder de favorecer ou desfavorecer o movimento do constituinte. No caso discutido, o sujeito é "pesado" e há uma tendência desse tipo de sujeito ocupar um lugar no final da oração. Essa ocorrência é mais típica da *escrita*; na modalidade da *fala*, vê-se muitas vezes o uso do recurso *quem....foi...*, como no exemplo seguinte:

Quem alugou o apartamento **foi** aquela família de Bom Jesus da Lapa.

O exemplo anterior é a única ocorrência em que é o sujeito que se desloca para uma posição à direita da oração, o que se deve ao fato de, como explicamos, o sujeito ser "pesado". Nos demais casos em que o sujeito não está no seu lugar "normal", isto é, no lugar onde é interpretado do ponto de vista do seu papel temático, consideraremos que é o objeto, o verbo ou *ambos* que se deslocam para posições no início da oração. Vejamos exemplos desses casos.

No primeiro deles, como o esquema a seguir está mostrando, é o verbo, então, que se desloca para o início da oração:

VERBO-SUJEITO _____

Exemplos deste tipo são abundantes:

Sobraram vários litros de refrigerante.
Restaram duas pessoas.
Chegaram cinco pessoas a pé.
Chegou um convidado.
Existem pássaros raros no cerrado mineiro.
Soou uma hora quando ele acordou.

Note que, nesse caso, não importa se o sujeito é "pesado" ou "leve", o que é uma razão a mais para considerar que é o verbo que se desloca para o início da oração.

Existem critérios, por outro lado, que podemos utilizar para checar se é mesmo o sujeito que aparece depois do verbo nessas orações. Em primeiro lugar, podemos verificar que os verbos utilizados, como já foi explicado, não "exigem" um objeto e, em segundo lugar, o verbo *concorda* com o sintagma nominal que aparece depois dele. Ora, são com os sujeitos que verbos concordam nesses exemplos.

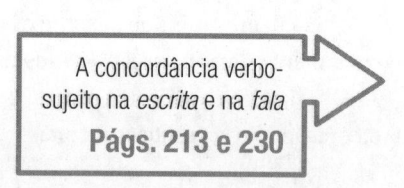

A concordância verbo-sujeito na *escrita* e na *fala*
Págs. 213 e 230

Mas cuidado! Na *fala*, muitas vezes, temos uma tendência a não concordar o verbo com o sujeito que está depois do verbo ou mantê-lo na terceira pessoa do singular. São muito comuns, na *fala*, portanto, as seguintes construções:

Sobrou **vários litro(*s*) de refrigerante**.
Chegou **cinco pessoa(*s*) a pé**.
Subiu **umas pessoa(*s*) de escada**.

Como o verbo está no singular, é também frequente que ora ocorra, ora não ocorra o morfema -s de plural junto ao *nome* – núcleo do sintagma nominal que desempenha a função de sujeito. Por essa razão, ele está entre parênteses: (**s**).

Passemos para outro caso: o verbo pode ainda aparecer no início de orações que estão no modo *imperativo*, isto é, que exprimem pedidos, ordens, desabafos, etc. Veja os esquemas e os exemplos:

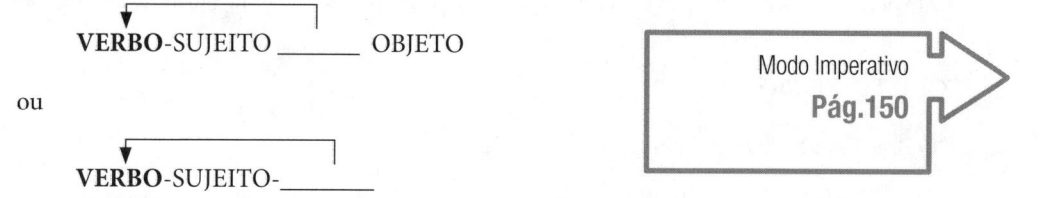

VERBO-SUJEITO _____ OBJETO

ou

VERBO-SUJEITO-_____

Modo Imperativo
Pág.150

Na *fala*, podem também variar os morfemas de flexão que se ajuntam ao verbo no modo *imperativo*. Como já estudamos, podemos ter também as seguintes ocorrências:

Arruma você o quarto!
Sai você!

Há, enfim, o caso em que o sujeito aparece depois do verbo nas orações de **discurso direto**. Antes, porém, de ver os exemplos, vamos definir o que é *discurso direto*.

Discurso direto se distingue de **discurso indireto** e trata-se do seguinte:

Nos textos do gênero literário ou em textos do tipo narrativo, pode-se utilizar o recurso de reproduzir exatamente o que foi dito por um personagem ou por alguém que tomou parte dos eventos narrados. Nesse caso, temos o *discurso direto*, como, por exemplo, no seguinte trecho do romance *Sagarana,* do escritor Guimarães Rosa (p. 263):

DISCURSO DIRETO
↓

"Seu Oscar falou...:
— Está direito... Não precisa de ralhar...Eu só pensei, porque o mulatinho é um corisco de esperto, inventador de tretas..."

Já no *discurso indireto*, nós informamos o que foi dito por um personagem, ou por alguém que tomou parte de eventos narrados, mas não necessariamente da mesma maneira que foi dito e, neste caso, o que foi dito se torna uma *oração objetiva*. Vou utilizar, pedindo licença ao nosso grande escritor, o trecho de *Sagarana,* convertendo-o num discurso indireto, o que dará algo como:

DISCURSO INDIRETO
↓

Seu Oscar falou **que** está direito, que não precisa de ralhar **e que ele** só pensou, porque o mulatinho é um corisco de esperto, inventador de tretas.

Observe que a conversão para o *discurso indireto* exigiu que acrescentássemos as conjunções *que* e *e*, para que a ligação entre as partes fosse possível, e trocamos o *eu*, do discurso direto, para *ele*, apropriado, nesse caso, ao discurso indireto, já que reproduzimos, de uma outra maneira, o que foi dito pelo personagem *Seu Oscar*.

É interessante notar agora que, no *discurso direto*, é comum o sujeito aparecer depois do verbo e a *oração objetiva*, por sua vez, aparecer em primeiro lugar. Veja o esquema e um exemplo disso:

OBJETO-*VERBO*-SUJEITO _____ _____

"O Brasil está no rumo certo", disse **o presidente**.

Observe que, nesse exemplo, dois termos, o objeto e o verbo, se deslocaram e ocupam posições no início da oração. Essa análise se deve, então, ao fato de ser preciso explicar como obtemos a ordem Objeto-Verbo-Sujeito tendo como "origem" a ordem Sujeito-Verbo-Objeto, que é formada a partir da atribuição dos papéis temáticos: nesse enunciado, a ordem básica, no discurso *indireto*, seria a seguinte:

O presidente disse que o Brasil está no rumo certo.

Há ainda outros casos em que ocorrem dois movimentos. Preste atenção no seguinte exemplo:

(1) Você vai aonde?

(2) **Aonde** *vai* você?

Como se vê, a oração (1) serviu de "origem" da oração (2), na qual o sujeito ficou "parado" e o pronome interrogativo *aonde* e o verbo *vai* se moveram para o início da oração.

Para terminar essa parte, comento um fato interessante: o movimento do verbo nas orações interrogativas era muito comum no português de séculos anteriores. Veja os exemplos dos escritores portugueses Gil Vicente, do século XVI, e Diogo do Couto, século XVII:

> O compositor **Arnaldo Antunes** fez uma canção, gravada no disco *lê lê lê*, na qual aparece a seguinte oração: *"Aonde está você?"* A diferença entre a oração de Arnaldo e a do exemplo ao lado é que, no nosso caso, o verbo **ir** se constrói com uma preposição (**ir a**) que se junta ao interrogativo **onde**, gerando **Aonde**. Já no exemplo do compositor, é formado o interrogativo **Aonde**, embora o verbo **estar** não o "peça". O uso de **aonde** no lugar de **onde** é muito comum na *fala* e foi isso que a oração de Arnaldo captou.

Que **tem** Deus de ver comigo?
Que remédio **pode** el-rei dar a essas cousas?

Os verbos *tem* e *pode* dos exemplos sofreram movimento e se alocam ao lado do sintagma interrogativo. A ordem "normal" do verbo seria a seguinte:

Que Deus **tem** de ver comigo?
Que remédio el-rei **pode** dar a essas cousas?

O movimento do verbo nas orações interrogativas do português do Brasil contemporâneo é mais raro. Na *escrita*, o mais comum é o verbo permanecer no seu lugar de origem, como o mostra exemplo:

Por que os parlamentares não **votam** a reforma tributária e previdenciária?
Fonte: *ViverBrasil*, 26 de agosto de 2011, p. 44

Mas há casos ainda – normalmente com verbos que só tem um papel temático para "descarregar" no sujeito – em que o verbo se movimenta para formar uma oração interrogativa:

Como **nasceu** a ideia de criar o espaço?...
Fonte: *ViverBrasil*, 26 de agosto de 2011, p. 112

Nessa pergunta, o sintagma nominal *a ideia de criar o espaço* é o sujeito da oração que aparece depois do verbo, indicando, portanto, o deslocamento do verbo. A ordem básica, que recupera o lugar do sujeito antes do verbo, aparece na resposta à pergunta, que é a seguinte:

A Casa da Insanidade **nasceu** durante os eventos culturais de Tiradentes...
Fonte: *ViverBrasil*, 26 de agosto de 2011, p. 112 (bate-papo com Eduardo Tavares).

Em versões mais conservadoras e cultas da língua, aparece ainda, como a seguir, a expressão *é que*;

O que **é que** o senhor pensa a respeito do novo código florestal?

Na *fala*, por outro lado, o mais comum mesmo é inserirmos, ao lado do sintagma interrogativo, um *que* (pronunciado, normalmente, como *qui*) ou então o recurso *foi...que*:

Quem **que** você encontrou na festa da Aninha?
Foi quem **que** você encontrou na festa da Aninha?

Por fim, explico uma construção gramatical muito especial, que é a formação da chamada *oração passiva*. A oração passiva deve ser entendida pelo seu contraste com a chamada oração *ativa*. Compare as duas orações a seguir: a primeira é uma oração ativa e a segunda é uma oração passiva:

ORAÇÃO ATIVA
↓
O Pedro Augusto quebrou o controle da televisão.
ORAÇÃO PASSIVA
↓
O controle da televisão foi quebrado pelo Pedro Augusto.

A comparação entre as duas orações deixa entender o seguinte: o que acontece é que o sintagma nominal interpretado como agente e o sintagma nominal interpretado como paciente na oração *ativa* trocam de lugar para formar a oração *passiva*, ou seja, o paciente ocupa o lugar do sujeito e o agente ocupa o lugar do objeto precedido por uma preposição. Além disso, aparece, na oração passiva, um *auxiliar*, e o verbo principal encontra-se no *particípio*. Vamos representar esses fenômenos da seguinte maneira:

AGENTE   **PACIENTE**
_____   QUEBROU _____

PACIENTE ◄_____   **AGENTE**
_____   FOI QUEBRADO ____ POR ___

> Existe ainda um recurso do português padrão chamado de **passiva sintética**. É uma construção muito antiga que, entretanto, ainda é muito usada, sobretudo em textos escritos mais formais como, por exemplo, os textos científicos do gênero jurídico.
> Trata-se do seguinte:
>
> **Venderam-se** *muitas casas* nesse bairro.
>
> A interpretação desse tipo de oração equivale à de uma oração passiva. É algo como:
>
> *Muitas casas* **foram vendidas** nesse bairro.
>
> Observem ainda que, na passiva sintética, o verbo concorda com o sintagma nominal que é interpretado como *tema*, isto é, *muitas casas*, e precisamos acrescentar o pronome *se*. Uma outra característica dessa construção é interpretação de *sujeito indeterminado*, ou seja, no exemplo acima, não é explicitado *quem vendeu as casas*.

Apesar de as duas orações dizerem a mesma coisa, isto é, fazerem referência ao mesmo evento, elas fazem isso de maneira diferente: na oração *ativa*, o destaque é dado à ação do agente e, na oração *passiva*, o foco é no paciente, ou, em outras palavras, no resultado provocado pela ação.

Uma oração passiva pode, enfim, aparecer sem a expressão do agente, como no seguinte exemplo:

A casa do meu vizinho foi assaltada no dia do apagão.

Excluímos o agente quando não sabemos ou não queremos dizer quem praticou a ação. Nesses casos, o agente é interpretado como *indeterminado*.

Sujeito indeterminado **Pág. 297**

Os lugares do modificador

Passemos a seguir a comentar os lugares ocupados pelos modificadores na oração. Como já vimos, dividimos os modificadores em quatro tipos:

TIPOS DE MODIFICADORES
↓
(1) Modificadores de oração
(2) Modificadores de sintagma adjetival
(3) Modificadores de sintagma adverbial
(4) Modificadores de sintagma nominal

Vejamos, em primeiro lugar, os (1) **modificadores de oração**. Os sintagmas que desempenham essa função são bastante livres e podem aparecer no início ou no final da oração e também entre o sujeito e o verbo. Observe os seguintes esquemas dos casos em que há um objeto na oração e alguns exemplos logo a seguir:

MODIFICADOR-SUJEITO-VERBO-OBJETO,
SUJEITO-VERBO-OBJETO-**MODIFICADOR**

ou

SUJEITO-**MODIFICADOR**-VERBO-OBJETO
↓

Ontem, A Joana fez carne moída com quiabo.
A Joana fez carne moída com quiabo **ontem**.
A Joana **ontem** fez carne moída com quiabo.

A ordem dos modificadores pode variar
assim como a ordem de carros numa fila.

Veja a seguir exemplos da mesma liberdade de ocorrência dos modificadores de oração, utilizando, nesse caso, um advérbio terminado pelo morfema -**mente**:

Provavelmente, a Joana vai conseguir passar de ano.
A Joana vai conseguir passar de ano, **provavelmente**.
A Joana, **provavelmente**, vai conseguir passar de ano.

Em relação aos modificadores, não existe, por outro lado, um lugar de "origem", isto é, não há uma posição básica em que o interpretamos: em qualquer lugar que apareça, o modificador é capaz de modificar a oração com a atribuição do seu papel temático. Não há como dizer, assim, que, nos exemplos comentados, o advérbio **ontem** tenha "saído de um lugar e ido para outro".

Vejamos agora o caso dos (2) **modificadores de sintagma adjetival**. Esses termos normalmente precedem o adjetivo, que é o núcleo do sintagma. Observe o esquema e os exemplos:

MODIFICADOR-ADJETIVO-OBJETO
↓
Silvana ficou [**muito** satisfeita com o presente].
SA
Ronaldo andava [**bastante** chateado com a gente].
SA

Há casos, no entanto, em que o modificador aparece depois do adjetivo que funciona como núcleo. É o caso do advérbio *demais*:

ADJETIVO-**MODIFICADOR**-OBJETO
↓
Silvana ficou [satisfeita **demais** com o presente].
SA

Os (3) **modificadores de sintagma adverbial** ocupam posições fixas nos sintagmas, isto é, sempre precedem os núcleos dos sintagmas. Vejamos o esquema e os exemplos:

MODIFICADOR-ADVÉRBIO

↓

Passei a noite [**bem** mal].
SAdv

[**Muito** provavelmente], precisaremos de mais de um dia de serviço.
SAdv

Vejamos agora, para encerrar esta parte, as posições que ocupam os (4) **modificadores de sintagma nominal**. Esses constituintes ocupam, normalmente, uma posição antes do determinante; não é, entretanto, incomum aparecerem também depois do nome. Veja os exemplos:

MODIFICADOR-DETERMINANTE

↓

[**Só** a Maria] não conseguiu atravessar a cerca de arame.
SN

[A Maria **só**] não conseguiu atravessar a cerca de arame.
SN

O advérbio *apenas*, que também funciona como modificador de sintagma nominal, pode igualmente ocupar uma posição antes do determinante ou depois do nome:

[**Apenas** a Maria] não conseguiu atravessar a cerca de arame.
SN

[A Maria **apenas**] não conseguiu atravessar a cerca de arame.
SN

Temos também, por fim, o caso de advérbio como *todos*, que é diferente dos demais modificadores do sintagma nominal: ele pode "deslizar" na oração, isto é, se deslocar, ocupando mais de uma posição, inclusive fora do sintagma nominal:

[**Todos** os alunos] sairão depois de meio-dia.
SN

[os alunos **todos**] sairão depois de meio-dia.
SN

[os alunos] sairão **todos** depois de meio-dia.
SN

OS LUGARES DO ADJETIVO
DENTRO DO SINTAGMA NOMINAL

Os adjetivos – núcleos de sintagmas adjetivais – que aparecem dentro de um sintagma nominal podem ocupar duas posições:

(1º) Depois do nome
↓

Aquele *homem* **grande** está atrapalhando a fila.

Um *engenheiro* **civil** assinou a planta para mim.

A *razão* **principal** é que não temos dinheiro agora.

O *deputado* **federal** conseguiu a verba para o metrô.

As *manhãs* **frias** de maio são boas para ficar na cama.

(2º) Antes do nome
↓

Um **grande** *homem* nunca foge de suas responsabilidades.

As **frias** *manhãs* de maio são boas para ficar na cama.

As **belas** *casas* daquele condomínio estão ameaçadas.

Um **falso** *dentista* atendia naquela clínica.

A **provável** *causa* do acidente foi o piloto automático.

Nem todos os adjetivos, por outro lado, podem ocupar a posição antes do nome:

* Um **civil** engenheiro assinou a planta para mim.

* O **federal** deputado conseguiu a verba para o metrô.

* A **solar** energia barateou minha conta de luz.

* Um **amarelo** carro é menos roubado.

Não vamos tentar dar uma explicação a respeito de por que alguns adjetivos podem aparecer antes do nome, enquanto outros não. Trata-se de um trabalho para a pesquisa linguística. Contudo, nossa intuição, como falantes nativos do português, é suficiente para "saber" quando o adjetivo pode ficar antes do nome, isto é, nós "sentimos" quando essa opção não está disponível.

Observe, para terminar, que quando temos um adjetivo que pode aparecer nas duas posições o significado das orações pode ser diferente. Compare os seguintes pares de orações:

Um **grande** homem nunca foge de suas responsabilidades.

Aquele homem **grande** está atrapalhando a fila.

A **atual** mulher do José Carlos é bem mais jovem que ele.

A mulher **atual** ocupa muitos cargos de liderança.

No primeiro par de orações, com o adjetivo *grande* antes do nome, o significado é de *um homem de caráter*, de *elevada estatura ética*; com o adjetivo depois do nome, o significado é de *um homem alto*. No segundo par de orações, o adjetivo *atual* antes do nome quer dizer que estamos nos referindo à *mulher com quem José Carlos está casado no momento*; depois do nome, *atual* significa *uma mulher moderna, contemporânea*.

Também os pronomes possessivos, que funcionam como delimitadores, podem aparecer antes ou depois do nome:

Os **nossos** parentes são meio doidos.

Os parentes **nossos** são meio doidos.

Nesse caso, porém, não há alteração de significado.

OS LUGARES DOS PRONOMES FRACOS

Já estudamos que nossa língua dispõe de pronomes **fortes** como, por exemplo, *ele, vocês, nós, elas,* etc., e de pronomes **fracos**, isto é, *lhe, me, o, a, se* etc.

O uso dos pronomes fracos é mais exigido e bem mais frequente na *escrita*. Eles, às vezes, ocorrem na *fala*, mas quando isso acontece é porque o falante tem um bom contato com a língua escrita e reproduz na *fala* o uso dos pronomes fracos que ele observou na *escrita*.

O lugar que eles ocupam na oração é um tema gramatical bastante complexo. Vamos tentar entender, antes de mostrar como usá-los na *escrita*, a que se deve essa complexidade.

Podemos dizer que a complexidade da colocação do pronome fraco na oração se deve a duas razões: (1) o fato de o pronome fraco ser mais frágil, isto é, deficiente acentualmente, como estudamos no capítulo 3, faz com que ele seja mais suscetível de variar o seu posicionamento na oração; (2) embora o português do Brasil seja acentualmente diferente do português de Portugal, nós ainda tomamos como modelo, na *escrita*, certas colocações de pronomes fracos que são naturais em Portugal. Tudo isso faz com que as regras de colocação de pronomes fracos sejam bem variadas, admitindo muitas vezes mais de uma opção.

Nos *textos escritos cultos*, portanto, o lugar esperado do pronome fraco é, em princípio, depois do verbo. Veja alguns exemplos:

O banco devolveu-**lhe** o cartão.

Considera-**se** que a infecção hospitalar pode apenas ser reduzida, nunca eliminada.

É muito raro que nós brasileiros utilizemos, na *fala*, essa colocação do pronome fraco depois do verbo. Há um caso, no entanto, em que observamos os brasileiros, que têm bom contato com a escrita, colocarem, *na fala*, o pronome fraco depois do verbo. É quando o pronome vem depois de um verbo que está no infinitivo, como no seguinte exemplo:

Eu queria encontrá-**lo** depois da reunião.

> Pronomes fracos e fortes
> **Pág. 158**

> O pronome fraco
> e sua acentuação
> **Pág. 158**

> Com dois tempos do verbo – o **futuro** e o **futuro do passado** – o pronome fraco aparece ainda *entre o verbo e a flexão*, como nos seguintes exemplos:
>
> (1) Se puder, **emprestar-**te**-ei** os livros.
> (2) Se pudesse, **emprestar-**te**-ia** os livros.
>
> Esse tipo de colocação de pronome fraco é bastante típico da *escrita*. O nome desse fenômeno é *mesóclise*.

Nesse exemplo, o pronome fraco *o* muda de forma para *-lo* por causa do **-r** que compõe o infinitivo (*encontrar + o = encontrá-lo*).

O mais usual na *fala* do português do Brasil é empregarmos os pronomes fracos antes do verbo, da seguinte maneira:

O banco **me** devolveu o cartão.
Ela **te** pediu para trazer roupa de cama.

Por outro lado, em alguns contextos de orações, nos quais ocorrem certas palavras que, por sua vez, são também acentuadas de maneira *mais forte* ou em orações que apresentam um padrão de entonação particular, o pronome fraco, *mesmo nos textos escritos cultos*, são "atraídos" para uma posição antes do verbo. Vamos chamar esses contextos que obrigam o pronome fraco a se situar antes do verbo de ***contextos atratores***. Vejamos uma lista deles:

A) Palavras de *sentido negativo*, como, por exemplo, *não, nunca, nada, ninguém*, etc.:

Eles **não** *o* encontraram no cinema.
Jamais *lhe* explicaram a razão disso.
Ninguém *nos* perdoará a ausência.

B) Advérbios como *aqui, ali, muito, já*, etc.:

Já *nos* convidaram para o casamento.
Sempre *te* disse que Bento era capaz.

C) Conjunções como *porque, que, se, como*, etc.:

Acho **que** ele *me* dirá a verdade.
Ele pediu o divórcio **porque** *a* encontrou com outro.

D) Pronomes relativos como *onde, que, o qual*, etc.:

A cidade para **onde** ele *se* mudou é perto de Salinas.
Zilma xingou a pessoa **que** *lhe* pediu dinheiro.

E) Pronomes interrogativos como *quem, como, o que*, etc.:

Como que ele *se* feriu?
Que pessoa *te* disse que o dólar caiu?

Para terminar esse assunto, vejamos agora como se espera que ocorra a colocação dos pronomes fracos, *em textos escritos cultos*, quando temos uma **locução verbal**. Como já explicamos, uma locução é formada por dois ou mais verbos e, nesse caso, há regras especiais para a colocação do pronome:

A) Com *infinitivo* ou *gerúndio*: se não houver um ***contexto atrator***, o pronome fica *depois do* **auxiliar** ou, opcionalmente, *depois* do **infinitivo** e do **gerúndio**:

Quero-**lhe** dizer a verdade.

ou

> Quero dizer-**lhe** a verdade.
> Eu estou-**lhe** falando

ou

> Eu estou falando-**lhe**.

Embora seja possível essa última colocação do pronome fraco depois do gerúndio, ela é mais rara de ser observada, mesmo em textos escritos cultos.

B) Com particípio: não havendo *contexto atrator*, o pronome fica *depois* do **auxiliar**:

> O gerente tinha-**me** pedido um favor.

C) Com um auxiliar acompanhado de preposição e infinitivo: se não houver *contexto atrator*, o pronome fica *depois* do **infinitivo**:

> Tenho de procurá-**la**.

CONCLUSÃO: OS PADRÕES ORACIONAIS MAIS COMUNS

Mostramos, durante todo o livro, que a língua dispõe de unidades que se agrupam e formam unidades cada vez maiores e mais complexas. Assim, vimos que os morfemas se agrupam e formam palavras; as palavras se agrupam e formam os sintagmas; o sintagmas, por sua vez, se agrupam e formam orações; e, por fim, as orações se agrupam e formam textos.

A oração é a unidade **central** dos estudos gramaticais porque elas expressam o que os falantes pretendem obter e representam os eventos de vários tipos que ocorrem no mundo.

Para concluir esta gramática, vamos resumir um pouco do que vimos neste capítulo a respeito dos padrões oracionais da nossa língua.

Estudamos que uma oração com verbo contém, pelo menos, dois constituintes: um que desempenha a função de sujeito e outro que desempenha a função de predicado. Um sujeito se realiza, em grande parte de vezes, por meio de um sintagma nominal, e o predicado, através de um sintagma verbal. Utilizamos o esquema seguinte para ilustrar esse fato:

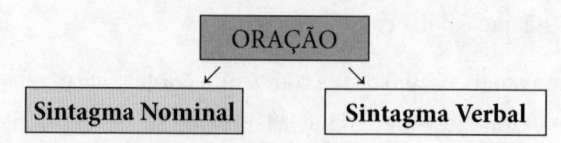

Considerando as orações simples da nossa língua, vimos, além disso, que o sintagma verbal, que é o predicado, pode ser composto, muito frequentemente, por apenas um verbo ou, como aparece logo a seguir, por um verbo mais um sintagma nominal, que desempenhará a função de objeto. Veja a representação desses fatos:

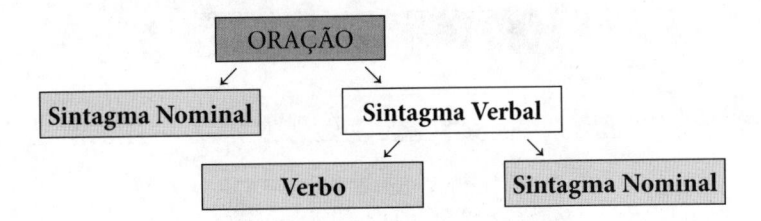

Esse esquema representa orações simples como a seguinte:

O Paulo comprou **uma bicicleta**.

No entanto, também explicamos que, em primeiro lugar, os **pronomes** podem ocupar o lugar dos sintagmas nominais e desempenhar as funções de sujeito e de objeto. Levando esse fato em conta, a representação da oração poderá ser da seguinte maneira:

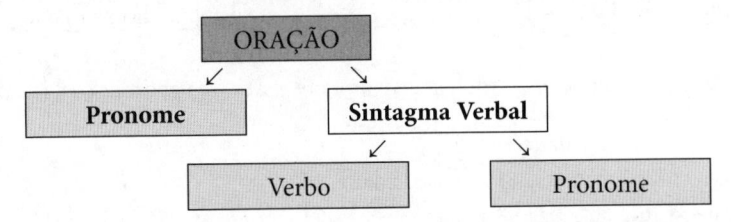

As orações seguintes podem ser exemplos para essa estrutura:

Eles comeram muitos salgadinhos.
Tomás **os** viu – Tomás viu-**os** – Tomás viu **eles**.
Eu comi **tudo**.

Em segundo lugar, vimos igualmente que as próprias orações podem funcionar também como sujeito e como objeto, o que gera as seguintes possibilidades estruturais:

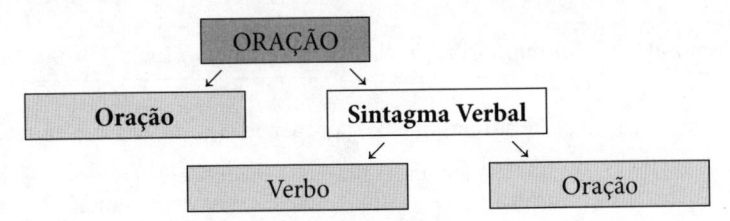

Nesse caso, temos as orações compostas, que podem ser ilustradas pelos seguintes exemplos:

João Carlos ter ficado triste incomodou sua namorada.
João Carlos garantiu **que ele não vai reclamar mais**.

Além dos termos que funcionam como sujeito e como objeto, é comum também acrescentarmos um sintagma adverbial, uma oração ou um sintagma nominal preposicionado, que desempenharão a função de modificador. Veja essas três representações:

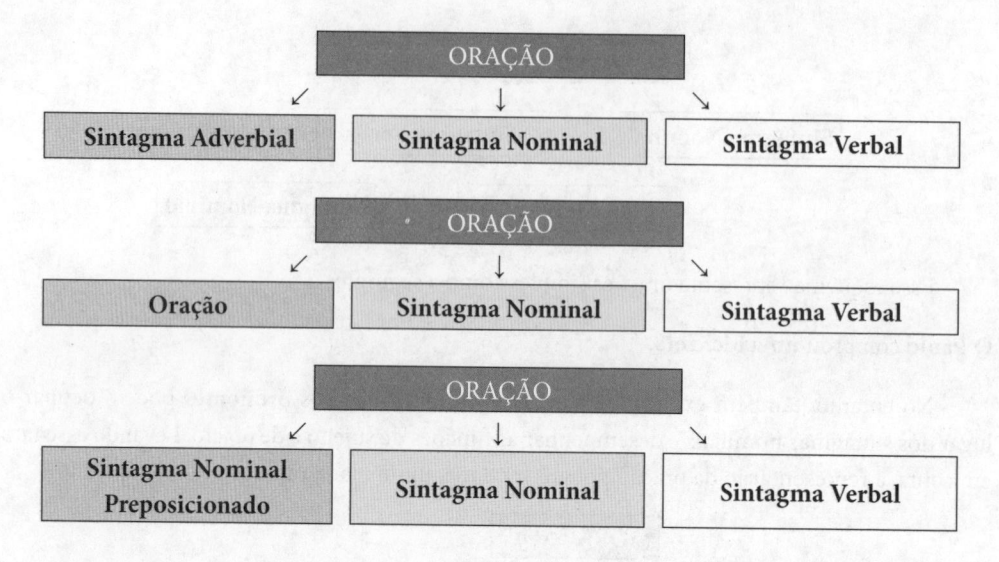

Os exemplos seguintes ilustram, respectivamente, esses três padrões oracionais:

Ontem eu fiz essa caridade.
Quando a chuva passou, eu fiz essa caridade.
Para o meu filho, eu fiz essa caridade.

Para finalizar nosso resumo sobre os padrões oracionais mais comuns, vale lembrar que podemos associar duas (ou mais orações) para formar uma **coordenação**, que é, como vimos, a estrutura mais frequente na *fala*. Veja o exemplo e a sua representação:

Alex foi se encontrar com os amigos e Carminha preferiu ir ao shopping.

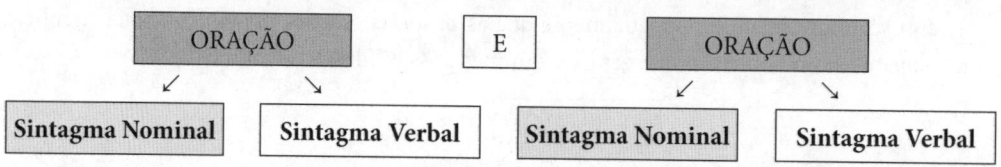

Como se vê, a ligação entre as duas orações coordenadas se dá, nesse exemplo, por meio da conjunção *e*.

Os padrões frasais que acabamos de resumir não são, como dissemos, os únicos da nossa língua, mas são os mais frequentes e retomá-los nessa conclusão é bom para fixá-los.

A compreensão da estrutura da oração portuguesa inclui saber também que os sintagmas que compõem a oração podem ser "destrinchados" nos seus constituintes menores como, por exemplo, o fato de um sintagma nominal poder ser composto por um determinante e um nome, por um determinante, um nome e um sintagma adjetival, e assim por diante. Para terminar, como vimos em detalhes neste capítulo, entender o funcionamento da nossa gramática implica saber igualmente que os constituintes que compõem a oração podem, de acordo com as escolhas e necessidades comunicativas dos falantes, ser deslocados e ocupar outras posições dentro da oração.

EXERCÍCIOS

1. O texto a seguir é uma crônica de Otto Lara Resende, publicada em 1993 e já utilizada nos exercícios do capítulo 5:

O PASTEL E A CRISE

Quando a crise convida ao pessimismo ou ameaça descambar na depressão, está na hora de ler. Poesia ou prosa, tanto faz. A partir de certa altura, bom mesmo é reler. Reler sobretudo o que nunca se leu, como repeti outro dia a um amigo que não é chegado à leitura. Ele mergulhou no Proust sem escafandro e se sente mal quando vem à tona e respira o ar poluído aqui de fora.

Verdadeiro sábio era o Rubem Braga...

Certa vez, no auge de uma crise, crivada de discursos e de diagnósticos, o Rubem estava de olho nas frutas da estação. Madrugador, cedinho já sabia das coisas. Quando o largo horizonte nacional andava borrascoso, ele se punha a par das nuvens negras, mas não mantinha o olhar fixo no pé direito alto da crise. Baixava o olhar ao rodapé, pois o sabor do Brasil está também no rés-do-chão. Num dia de greve geral, inquietações no ar, tudo fechado, o Rubem me telefonou: Vamos ao bar Luís, na rua da Carioca? Vamos ver a crise de perto...

Fonte: Rezende, 1993: 136.

Tarefa: Distinga os tipos dos verbos em negrito no texto de acordo com os seguintes critérios: (1) "pedem" um objeto; (2) não "pedem" um objeto; (3) "pedem" um objeto precedido por preposição; (4) "pedem" dois objetos e um deles é precedido por preposição. Atenção para o fato de os objetos poderem ser não pronunciados.

2. O texto a seguir é um trecho de uma crônica de Luis Fernando Veríssimo, publicada em 1983:

ED MORT E O ANJO BARROCO

Durante meses ninguém **entrara** no meu escri – *escritório* é uma palavra grande demais para descrevê-lo – a não ser cobradores, que eram expulsos sob ameaças de morte ou coisa pior. De repente, **começou** o movimento. Entrava gente o dia inteiro. Gente diferente. Até as baratas estranharam e **fizeram** bocas. Não **levei** muito tempo para descobrir o que tinha havido. Alguém trocou a minha plaqueta com a da escola de cabeleireiros, ao lado. A escola de cabeleireiros **passou** o dia vazia...

Fonte: Veríssimo, 1983: 79-82.

Tarefa 1: Invente orações com os verbos em **negrito** de maneira que esses verbos apresentem significados diferentes dos que estão no texto. Vale também converter *verbo* num *verbo auxiliar*.

Tarefa 2: Invente duas orações com cada um dos verbos a seguir de maneira que ilustrem uma *transformação* do tipo de verbo.

acabar – caber – correr – encher – fechar – igualar – levar – ocupar – por – seguir – tirar – virar

3. O texto seguinte é um trecho de fala de uma mulher de 49 anos, residente em Belo Horizonte e com formação universitária:

> E nas aulas individuais eu trabalhava com cada criança onde eu tinha os... o... o fone e também ele tinha um aparelhinho chamado Vibrador...esse aparelhinho a criança colocava na parte que ele tinha mais sensibilidade no corpo...alguns colocavam debaixo da perna...outros colocavam...ou então até mesmo na mão... aonde eles percebiam melhor o som, e eu trabalhava a dificuldade individual de cada um.
> Você sentiu alguma melhora nas crianças?
> Muuuita... e eu trabalhei muito mesmo...foi muito gratificante...
>
> Fonte: *corpus* de dados do grupo de pesquisa Nupevar (Fale/UFMG).

Tarefa: Um verbo desse texto é usado de três maneiras diferentes no que se refere a dispor ou não de um objeto. Encontre o verbo e reproduza as orações de forma a exemplificar esses três usos.

4. O texto a seguir são trechos de uma entrevista do então secretário de defesa social de Minas Gerais, Rômulo de Carvalho Ferraz, concedida à revista *Encontro*, n. 130, de 1º de abril de 2012, p. 17-20.

> **Para entender a real situação da violência existente hoje no estado**, temos de fazer um breve retrospecto... É fundamental **que a gente consiga estabelecer um equilíbrio na atuação e no relacionamento entre a Polícia Civil e a Polícia Militar**. E o que significa concretamente esse equilíbrio? Significa **que cada uma destas polícias exerça o papel constitucional** *que lhe cabe*. **Desde que tomei posse**, já fiz inúmeras reuniões com a cúpula das duas instituições e com todas as entidades representativas **que as compõem**... Não haverá unificação das polícias. Vamos avançar muito este ano nesta integração. E mais: acho **que deve existir uma relação mais aberta, mais próxima também com a Secretaria**...

Tarefa 1: As orações destacadas são todas *orações subordinadas*. Você deverá identificá-las, isto é, se são orações objetivas, orações subjetivas, orações modificadoras ou orações delimitadoras.

Tarefa 2: Explique por que a oração subjetiva encontrada está posposta em relação ao verbo.

5. O texto a seguir é parte de um depoimento de uma jovem brasileira que morou nos Estados Unidos trabalhando como babá.

> **No dia a dia, eu acordava às 7h30, preparava o café do menino, sua lancheira, jogava vídeo game e o levava à escola. Depois, ia à academia, almoçava e, às 15 horas, buscava o menino. Quando não tinha aula de beisebol ou bateria, ele ficava em casa de um amigo ou vinha com esse amigo brincar.** Às 19 horas, eu fazia o jantar, ajudava com a lição de casa, dava banho e, às 20 horas, colocava-o para dormir. **Nessa primeira fase, N. me batia, me xingava, dizia que eu não sabia falar inglês...Eu recebia US$ 1000 por mês e S. bancava meu curso de inglês, a gasolina, o celular e a academia...**
>
> Fonte: *Viagem*, n. 6, junho de 2012, p. 184.

Tarefa 1: Você deverá distinguir as *orações subordinadas* e as *orações coordenadas* que compõem os trechos destacados desse texto.

Tarefa 2: Identifique também a *noção lógico-semântica* que permite estabelecer a dependência entre as orações coordenadas.

6. O texto a seguir é um trecho de um depoimento de um homem de 53 anos, natural de Ouro Preto, Minas Gerais, que cursou o ensino médio.

> Aí eu comecei a adorar o pistão e modéstia a parte tive bons mestres como o professor Mário que me incentivou muito, dado ele ver que eu tinha um bom princípio... Eu aprendi música com o Mário... um excelente musicista e professor o seu Mário... aproveitando aquele dom que ele viu em mim me ensinou novas técnicas, que ele era italiano.
>
> Fonte: *corpus* de dados do grupo de pesquisa Nupevar (Fale/UFMG) (*Mário* é um nome fictício).

Tarefa: Você deverá identificar uma oração coordenada introduzida pela conjunção *que* que veicula a noção lógico-semântica de **razão**.

7. O texto seguir é um trecho de um depoimento de uma mulher de 55 anos, natural de Arceburgo, Minas Gerais, que cursou o ensino fundamental.

> Agora, o primeiro mês que veio foi o mês passado, junho, né? Eu tive gente em casa o mês inteirinho, só faltou cinco dias, que eu num tive gente em casa. Como é que vai fazer economia? Os banho, tudo. Num tem jeito! Agora, até que passou pouco, eu acho, agora vamos ver. E eu escrevi uma carta pedindo pra eles reverem...eles falaram que num pode, que num pode. Então eu falei pra Maria: vamos ver se esse mês a gente consegue. Tudo que podia diminuir eu diminuí...vamos economizar pra vê se acaba com essa coisa, né?
>
> Fonte: *corpus* de dados do grupo de pesquisa Nupevar (Fale/UFMG) (*Maria* é um nome fictício).

Tarefa: Identifique duas orações iniciadas pela preposição *pra* e diga qual delas é uma oração modificadora, interpretada como *finalidade*, e qual delas é uma oração objetiva precedida por preposição.

8. O texto a seguir é um trecho adaptado de um depoimento de uma menina carioca de 9 anos, no ano de 1999:

> Dá mais medo **de sair assim... porque eu não posso andar sozinha**, também num posso aqui **mas, aqui num, assim com meu irmão eu posso**, entendeu? É mais com o meu motorista, pior ainda, meu irmão, entendeu? Aí eu não posso assim, antes com o meu motorista eu podia andar, só que o problema é **que o meu...esse motorista, é meio assim**, entendeu? É meio ruim, eu não posso andar com ele, posso andar só com meu pai, minha mãe e meu irmão, ou só meu irmão, ou só meu pai... **mas, normalmente é com a minha mãe ou o meu pai assim**...posso andar com a minha cachorra e a minha empregada sabe **que ela confia muito minha mãe**, assim, **mas aqui eu posso andar de bicicleta com o meu irmão**, bicicleta com ela, **que ela é muito legal**, assim com o meu pai...
>
> Fonte: banco de dados do Projeto Peul/UFRJ: T01.

Tarefa: Você deverá identificar as orações destacadas, ou seja, se são *coordenadas* ou *subordinadas* e, quando for subordinada, dizer, analisando sua função gramatical, de qual tipo é a oração.

9. O texto seguinte é um trecho adaptado de uma crônica de Rubem Braga, escrita nos anos 1950.

> **Meu ideal seria escrever...**
> Meu ideal seria escrever uma história...tão engraçada que aquela moça que está doente naquela casa cinzenta quando lesse minha história no jornal risse, risse tanto que chegasse a chorar e dissesse – "ai meu Deus, que história mais engraçada!"...Ah, que minha história fosse como um raio de sol, irresistivelmente louro, quente, vivo, em sua vida de moça reclusa, enlutada, doente. Que ela mesma ficasse admirada ouvindo o próprio riso, e depois repetisse para si própria – "mas essa história é mesmo muito engraçada!"...
>
> Fonte: Braga, 2005: 443-4.

Tarefa 1: Encontre uma oração predicativa cujo verbo está no infinitivo.

Tarefa 2: Encontre uma oração modificadora cujo papel temático é o de *consequência*.

Tarefa 3: O autor emprega muitas ocorrências do verbo no subjuntivo. Destaque pelo menos um verbo que está no subjuntivo e tente explicar porque ele utiliza esse modo verbal com tanta frequência no texto.

Tarefa 4: Extraia uma oração objetiva que, embora não apareça o verbo que a selecione, pode ser perfeitamente entendida como um complemento de uma oração como "Eu queria...".

Tarefa 5: Tente explicar a escolha da noção de *adversidade* relacionada com a oração "mas essa história é mesmo muito engraçada".

10. O texto seguinte é um trecho adaptado de um artigo do filósofo Perry Anderson sobre a situação política do mundo contemporâneo:

> Com o colapso do bloco soviético e o começo da Era da Reforma na China, desaparece a ameaça da revolução socialista, que era o fundamento da hegemonia norte-americana após 1945. A mudança pode ser colocada de modo muito simples: assim que o pancapitalismo chegou, não há mais motivos para um todo-poderoso escudo contra inimigos anticapitalistas. Hoje, só restam Estados capitalistas amigos. Claro, nem todos os principais Estados são capitalistas na mesma medida. Rússia e China permanecem fora das normas liberais do livre mercado. Mas fazem parte do mesmo ecúmero, partilhando interesses políticos e econômicos em comum com os Estados Unidos, com os principais Estados europeus e com o Japão...
>
> Fonte: *Jornal de Resenhas* n. 9, abril de 2010, p. 12.

Tarefa 1: Construa uma oração coordenada com os trechos **com o colapso do bloco soviético, o começo da Era da Reforma na China** e a oração **desaparece a ameaça da revolução socialista**. Para isso, utilize a noção lógico-semântica de *razão*.

Tarefa 2: Utilizando a conjunção *embora*, transforme a oração coordenada **mas fazem parte do mesmo ecúmero, partilhando interesses políticos e econômicos em comum com os Estados Unidos, com os principais Estados europeus e com o Japão** em uma oração subordinada à oração **Rússia e China permanecem fora das normas liberais do livre mercado**.

11. O texto seguinte é um trecho adaptado de uma entrevista do economista Raul Velloso à revista *IstoÉ*, de 23 de maio de 2012, n. 2219, p. 33.

> Especialista em contas públicas do Brasil, o economista Raul Velloso diz que está bastante preocupado com o ritmo dos gastos acelerado, o impacto do aumento dos servidores do legislativo e do judiciário e o cálculo do reajuste do salário mínimo... "Nossa poupança interna está negativa e vai ficar ainda mais negativa. Sem poupança, não haverá espaço para investimentos".

Tarefa 1: Transforme o trecho "especialista em contas públicas do Brasil" numa *oração explicativa* associada com o sujeito *o economista Raul Velloso*.

Tarefa 2: Transforme o trecho "acelerado" numa *oração delimitadora*.

12. Os textos seguintes são trechos adaptados de reportagens publicadas na revista *ViverBrasil*, de 23 de março de 2012, n. 78, p. 43-67.

> (**1**) O aniversário da rádio Extra FM é em 11 de maio, mas as comemorações ocorrerão até o fim do ano, com extensa programação e promoções...
> (**2**) Hoje é possível pessoas de outros países ouvirem nossa programação de rádio. Ele está mais vivo do que nunca.
> (**3**) A Extra FM tem base em Belo Horizonte e também opera no interior, nas cidades de Uberlândia, com emissora própria, e em Rio Casca, por meio de parceria...

Tarefa 1: Reescreva o trecho (1), transformando-o num texto formado por subordinação, por meio da substituição da conjunção *mas* por *apesar de*.

Tarefa 2: Reescreva o trecho (2), transformando a oração *Ele está mais vivo do que nunca* numa oração delimitadora associada à oração precedente.

Tarefa 3: No trecho (3), aparecem duas ocorrências da conjunção *e*. Substitua uma delas pela conjunção *mas* que introduz a noção de *adversidade*.

13. O texto seguinte foi extraído da revista *ViverBrasil*, n. 66, de 9 de setembro de 2011, p. 16.

> Envie sua foto para a revista *ViverBrasil*. As melhores serão publicadas e você terá seu dia como repórter fotográfico... No e-mail, deverão constar os dados do autor e uma breve descrição da foto.

Tarefa 1: Encontre no texto a oração que realiza a ordem Objeto (preposicionado)-Auxiliar-Verbo-Sujeito.

Tarefa 2: Qual é o fenômeno, presente da oração pedida, que garante a identificação correta do sujeito?

Tarefa 3: Tente explicar por que a presença do sujeito no final da oração soa mais natural.

14. O texto a seguir é um trecho de uma entrevista de uma mulher de 45 anos, com curso superior completo, da região de Mariana, Minas Gerais.

> Olha eu só não gosto realmente de galinhas... todos os animais pra mim eu tenho afinidade... eu tenho aqui em casa, além de cachorro, eu tenho passarinhos que adoro, já tive, tenho papagaio, tive, tenho periquitos, tenho Sofré que eu amo profundamente...gosto imensamente também de gado...cavalo tenho verdadeira paixão...meu pai era criador de cavalos, então durante muitos anos, eu...
>
> Fonte: *corpus* de dados do grupo de pesquisa Nupevar (Fale/UFMG).

Tarefa 1: Encontre duas orações que realizam a ordem Objeto-Sujeito-Verbo.

Tarefa 2: Nessas duas orações, ocorreu também o "apagamento" de dois constituintes, o que é muito comum na *fala*. Quais são esses dois constituintes apagados?

15. O texto a seguir é um trecho de "Em ar de conversa" por José Júlio da Silva Ramos, escrito no final do século XIX:

> É...o estudo que pretendemos fazer, como quem deita por terra um espantalho destinado a por em fuga quem cobice colher os frutos da nossa ubérrima linguagem...
>
> Fonte: Sousa da Silveira, 1966: 151.

Tarefa 1: Encontre uma oração que realiza a ordem Objeto-Sujeito-Verbo.

Tarefa 2: Destaque um *recurso especial* utilizado para realizar esta ordem de palavras, muito comum na *fala*, e crie mais três orações utilizando esse recurso.

16. O texto seguinte é um trecho adaptado de "A última corrida de touros em Salvaterra", de Rêbelo da Silva, escrito em 1873:

> Correram-se as cortinas da tribuna real. Rompem as músicas. Chegou o rei, e logo depois entra pelos camarotes o vistoso cortejo, e vê-se ondear um oceano de cabeças e de plumas. Na praça ressoam brava alegria as trombetas, as charamelas e os timbales. Aparecem os cavaleiros, fidalgos distintos todos, com o conto das lanças nos estribos e os brasões bordados no veludo das gualdrapas dos cavalos. As plumas dos chapéus debruçam-se em matizados cocares, e as espadas em bainhas lavradas pendem de soberbo talins. No semblante de todos brilham o ardor e o entusiasmo..
>
> Fonte: Sousa da Silveira, 1966: 230.

Tarefa 1: Extraia do texto todas as orações nas quais a ordem é Verbo-Sujeito.

Tarefa 2: Reescreva as orações, restabelecendo a ordem básica Sujeito-Verbo.

17. O texto a seguir faz parte de uma reportagem, assinada por Terezinha Moreira e publicada na revista *ViverBrasil*, de 23 de março de 2012, n. 78, p. 46.

> Em março se comemora o dia do consumidor e as crianças têm participação expressiva nessa data. Que os pequenos sempre foram influentes nas compras em supermercado, nas decisões do dia a dia todo mundo já sabe. Mas, agora, o mercado de bens duráveis, como imóveis e automóveis, vem registrando casos cada vez mais frequentes de crianças e adolescentes batendo o martelo nas compras do país...

Tarefa: Encontre uma oração objetiva que aparece antes do sujeito, realizando a sequência Objeto-Sujeito-Verbo, e refaça a ordem Sujeito-Verbo-Objeto.

18. O trecho seguinte é parte do conto "Um apólogo" de Machado de Assis, publicado em 1903.

> Era uma vez uma agulha, que disse a um novelo de linha:
> — Por que está você com esse ar, toda cheia de si, toda enrolada, para fingir que vale alguma cousa neste mundo?
> — Deixe-me, senhora.
> — Que a deixe? Que a deixe, por quê? Porque lhe digo que está com um ar insuportável? Repito que sim, e falarei sempre que der na cabeça.
> — Que cabeça, senhora. Que lhe importa o meu ar? Cada qual tem o ar que Deus lhe deu.
>
> Fonte: Sousa da Silveira, 1966: 195.

Tarefa 1: Extraia as orações em que ocorrem *pronomes fracos* realizando a ordem Verbo-Objeto e Objeto-Verbo.

Tarefa 2: Tente determinar por que razão os *pronomes fracos* realizam a ordem Objeto-Verbo nas orações extraídas.

19. O texto a seguir é um trecho de uma crônica de Lygia Fagundes Telles, escrita nos anos 1980.

ENTÃO, ADEUS!

[...] Afastei-me e de longe ainda o vi, imóvel no topo da escadaria. A brisa agitava-lhe os cabelos ralos e murchos como uma chama prestes a extinguir-se. "Então, adeus!", pensei comovida ao acenar-lhe pela última vez. "Adeus."

Nesta mesma noite houve o clássico jantar de despedida em casa de um casal amigo. E, em meio de um grupo, eu já me encaminhava para a mesa, quando de repente alguém tocou o meu ombro...

Voltei-me. Diante de mim, o padre velhinho sorria...

Fiquei muda. Ali estava aquele de quem horas antes eu me despedira para sempre...

Fonte: Telles, 1997: 129-30.

Tarefa 1: Extraia as orações em que ocorrem *pronomes fracos* realizando a ordem Sujeito-Verbo-Objeto e Sujeito-Objeto-Verbo.

Tarefa 2: Tente determinar por que razão os *pronomes fracos* realizam a ordem Sujeito-Objeto-Verbo nas orações extraídas.

20. O trecho seguinte é do texto "Em ar de conversa", escrito por José Júlio da Silva Ramos e publicado em 1873.

Um amigo meu, a veranear em Friburgo, como o espicaçassem saudades do Rio, escrevia-me de lá: Como vai esta bela terra? Estive para lhe responder que melhor o devia ele saber do que eu. Um outro, ao cruzar comigo na rua, ou por confiar demasiado no meu bom gosto ou por ter em grande conta o meu espírito de economia, indagou: onde comprou você esta gravata?...

Fonte: Sousa da Silveira, 1966: 153.

Tarefa 1: Encontre duas orações nas quais o verbo se movimentou para a esquerda deixando o sujeito numa posição após o verbo.

Tarefa 2: Encontre uma oração que realiza a ordem Objeto-Auxiliar-Sujeito-Verbo.

Tarefa 3: Encontre uma oração que realiza a ordem Objeto-Verbo-Sujeito.

21. O texto a seguir é um trecho adaptado do romance *Fazendo meu filme: o roteiro inesperado de Fani*, de Paula Pimenta:

Ele continuou a explicação. Ele falou que ia fazer melhor do que criar uma melodia...Ele disse que ia me ensinar a tocar, me dar aulas, para que eu mesmo fizesse isso... Por que ele não vai ficar bravo por eu estar tocando?"...

Fonte: Pimenta, 2010: 167.

Tarefa: Destaque desse texto as orações construídas como *discurso direto* e como *discurso indireto*.

22. O texto a seguir é um trecho adaptado de uma reportagem publicada no Jornal *Folha de S.Paulo*, em 2 de setembro de 2012, p. A21.

FUTURO DO EURO PASSA POR AÇÃO UNIDA DE MERKEL E BC EUROPEU

Se os mercados duvidam que o euro sobreviva intacto, é porque estão pessimistas quanto à disposição de Alemanha em deixar o BCE aplicar seu poder pleno para conservar a liquidez dos governos da Europa periférica.

Muitos não perceberam, mas essa divergência foi vencida pelo presidente do BCE, Mário Draghi...

Crucialmente, Draghi foi também apoiado por Merkel e Jörg Asmussen, chefe do BC alemão...

Como assegurar que as condições sejam cumpridas; anunciar ou não metas específicas para rendimentos ou "spreads"; como acalmar os receios de subordinação dos investidores quando títulos governamentais são comprados pelo BCE – todos esses são problemas difíceis, que não serão resolvidos perfeitamente...

Tarefa: Extraia as orações passivas presentes no texto e converta-as em orações ativas utilizando, quando precisar, outras informações que foram veiculadas.

23. O texto a seguir é um trecho de um reportagem publicada na revista *Veja*, n° 32, de 8 de agosto de 2012, p. 141.

O vôlei de praia é assim desde sempre – os resultados só começam a interessar quando se aproximam as finais...E o Comitê Olímpico Internacional, que não é bobo nem nada, composto em sua maioria de senhores aparentemente vetustos, deu um jeito de garantir o espetáculo. Diz a recomendação: com temperatura acima de 17 graus, o uso do biquínis é compulsório. Apenas quando a temperatura cai é dado às atletas o direito de vestir uma calça colada no corpo. Nunca se torceu tanto para fazer calor no eternamente chuvoso verão londrino.

Tarefa: Extraia os *modificadores* e classifique-os de acordo com o tipo a qual pertencem.

24. O texto a seguir é um trecho de uma reportagem publicada na revista *IstoÉ*, n° 2219, de 23 de maio de 2012, p. 78.

Cachorros costumam ser aliados da boa saúde humana. São companheiros de caminhada, reduzem o estresse, diminuem a depressão. Agora, um canil na Inglaterra está começando a treinar cães para identificar tumores pelo cheiro...Atualmente, há seis cachorros em estágio avançado de treinamento, o que significa dizer que já são capazes de detectar com sucesso a presença de determinados tipos de câncer... Não se sabe ao certo como os animais fazem essa detecção. Uma das hipóteses seria a de que tumores teriam em sua composição substâncias químicas voláteis, identificáveis pelo olfato extremamente apurado dos cachorros...

Tarefa 1: Localize os *adjetivos* que estão *prepostos* e *pospostos* em relação a um *nome*.

Tarefa 2: Experimente agora reescrever as orações em que aparecem os adjetivos trocando-os de posição, isto é, coloque os que estão prepostos numa posição posposta e os que estão pospostos numa posição preposta. Você verá que nem sempre o resultado das trocas de posição é natural ou resulta em orações bem formadas.

25. O fragmento de diálogo a seguir foi produzido por uma entrevistadora (E) e uma informante (I) de 49 anos, carioca, com escolaridade de nível fundamental.

> **I:** Não, foi ela... Ah? (falando com outra pessoa) Ela tinha a quitanda lá na Brás de Pina e minha mãe comprava lá.
> **E:** Hum, hum, ah foi através da quitanda...
> **I:** Que a gente conheceu...
> **I:** Que eu quase não saía na rua, minha mãe mais que ia, depois que a minha mãe me levou pra conhecer ela.
> **E:** Ah, então ela te levou lá com intuito de te apresentar ela?
> **I:** É.
>
> Fonte: banco de dados do Projeto Peul/UFRJ.

Tarefa 1: Observe o uso dos *pronomes fortes* e *fracos* nesse diálogo que retrata muito bem a maneira como são empregados, na maioria das vezes, no português do Brasil contemporâneo.

Tarefa 2: Elabore agora um pequeno texto relatando o que você pôde observar sobre o uso dos pronomes nesse diálogo.

26. Por fim, o texto a seguir é um trecho de fala de uma jovem, carioca, de 19 anos, como ensino médio completo.

> Eu coloco uma latinha de leite condensado.. aí o Nescau meu vai a olho... aí coloco um pouquinho de manteiga...também tudo a olho, faço tudo a olho. E depois... aí fico mexendo, e quando ele tiver no ponto... né? quando ele tiver bom [que eu nunca acerto, o meu sempre embola, fica embolado, cheio de bola, mas tudo bem]. Quando ele tiver no ponto, aí você vai, desliga o forno, aí pega... mas isso cê já vai ter que ter picado antes o...biscoito de maisena, sabe? Pode amassar!... assim com a mão mesmo... Aí você vai... e... antes de você começar fazer o brigadeiro, você faz o biscoito, né? Amassa o biscoito, pica ele, depois quando cê desligar o fogo, aí você coloca o biscoito de maisena, mistura...aí pronto, espera esfriar. Fica muito bom!
>
> Fonte: banco de dados do Projeto Peul/UFRJ.

Tarefa 1: Faça a retextualização desse texto, convertendo-o num texto considerado adequado na modalidade escrita.

Tarefa 2: Elabore agora um texto explicitando as operações utilizadas para a execução da Tarefa 1.

PALAVRAS FINAIS

Chegamos ao fim do nosso livro, mas o trabalho ainda não acabou. Este livro, ou qualquer outro que pretenda tratar da nossa língua, é necessariamente incompleto. Ora, é impossível conseguir descrever e explicar todos os recursos de que dispomos para pensar e nos comunicar com os outros. Uma das razões dessa impossibilidade é, como explicamos, o fato de dispormos de meios finitos que permitem a criação infinita de palavras, de orações e de textos. Outra razão é que não há como representar, por meio da linguagem, toda a complexidade, em grande parte desconhecida, da realidade que nos rodeia. Não tem jeito: parte dessa realidade vai sempre nos escapar. Um exemplo desse último ponto é a limitação dos papéis temáticos que estudamos para descrever todas as maneiras que temos de participar dos eventos que ocorrem no mundo. Essas conclusões não devem nos desanimar. Pelo contrário: é um convite para que você continue a tomar a língua como um objeto de reflexão e pesquisa.

RESPOSTAS DOS EXERCÍCIOS

CAPÍTULO 1: O PORTUGUÊS E SUAS VARIAÇÕES

As respostas dos exercícios propostas a seguir são, em grande parte das vezes, possibilidades de respostas e não as únicas possíveis. Isso se deve, em parte, ao fato de os exercícios pedirem que você elabore um texto ou uma retextualização. Ora, é claro que podemos redigir um texto ou uma retextualização de mais de uma maneira e todas serem adequadas. Tomem então as respostas propostas como referências para textos adequados, e a simples comparação entre as respostas a seguir e as que você elaborou pode também servir para aumentar a sua consciência a respeito dos recursos da língua.

1) RESPOSTA:

Texto 1: Preste atenção: eu não penso dessa maneira. Quando ocorre uma traição, cada um deve buscar seu próprio caminho.

Texto 2: A minha filha, que tem atualmente três anos, foi matriculada na escola maternal de um colégio particular quanto tinha, aproximadamente, um ano e meio. Apesar de, nesta época, ela ainda tomar mamadeira, não me arrependo de tê-la colocado na escola com essa idade. Devido ao fato de a escola ser muito boa, ela pôde desenvolver-se bastante. Enfim, na minha opinião, a escolarização deve ser realizada o mais cedo possível.

2) RESPOSTA:

fazer o caminho a pé: peregrinaram.

fazendo umas coisas que não é de cristão não: alguns comportamentos que, em princípio, não condizem com atitudes cristãs.

tem a ver com: diz respeito.

Nós achamos, os cristãos: se acreditarmos, como cristãos.

Deus criou a gente e tudo que existe, os bichos, a natureza: Deus nos criou e criou todos os elementos da natureza, bem como os demais seres vivos.

devia ser pecado não agir assim: deveria ser considerado pecado fazer o contrário.

3) RESPOSTA:

Texto 1: Aos dez minutos do segundo tempo, Yoav Ziv disputa a bola ao lado da linha lateral; é pisado por um adversário e perde a chuteira que é chutada por ele na direção do bandeirinha. Arrependido, o jogador desculpou-se prontamente, mas o mal estava feito. Resultado: recebeu o cartão vermelho diretamente e foi mais cedo para os vestiários.

Texto 2: De madrugada, os galos cantam; a fazenda acorda; os cães de guarda são acorrentados; a moça vai ordenhar as vacas; o vaqueiro coloca o seu cajado no ombro; a fila dos diaristas dirige-se ao campo – e o trabalho principia; esse trabalho que em Portugal é alegria garantida e festa sempre incansável, porque é todo feito cantando.

4) RESPOSTA:

Meu nome é Maria José e meu apelido é Zezé. Havia então um homem que tinha vários filhos que eram, porém, muito preguiçosos. Esse homem, que também era muito preguiçoso, apanhava todos os dias de sua mulher. Ela pegava um pedaço de pau e falava: "vai trabalhar, seu preguiçoso". Ele então colocava o machado nas costas e ia trabalhar. Um dia, ao sair chorando, ele encontrou Nossa Senhora que lhe falou o seguinte: "ô meu filho, o que está havendo com você?" Ele respondeu da seguinte maneira: "ah, eu estou sem destino, procurando um trabalho". Nossa Senhora disse então: "ô meu filho, eu vou te dar uma toalha e, onde for, você coloca a toalha e faça seu pedido." O homem foi embora com a toalha e falava: "me acompanha toalha" e a toalha o acompanhava. A toalha fazia surgir todo tipo de comida na mesa e o filho, a mulher comiam...

5) RESPOSTA:

Ai! Se fosse!...
Se um dia nós nos gostássemos;
Se um dia nós nos quiséssemos;
Se nós dois formássemos um par,
[...]
e a minha faca puxasse,
e o ventre do céu furasse?...
Talvez nós dois ficássemos
talvez nós dois caíssemos
e o céu furado arriasse
e as virgem todas fugissem!!!

6) RESPOSTA:

(1) *a ua vila que dizem Taraçona*: a uma cidade chamada Tarazona
(2) *a meter pazes antre*: para fazer as pazes entre

7) RESPOSTA:

Esse blush que eu vou mostrar já bomba tem um tempão... Eu sempre quis experimentar o bonitão, mas quem disse que eu encontrava? Sério, eu rodei por mil lugares e não achava ele em canto nenhum! Até que não teve jeito: tive que apelar para as bombadas lojas on-line! Eu pensei que seria mole, mas estava muito enganada! A parada é tão queridinha que está esgotada até na página da distribuidora da Fenzza! Me dei bem porque eu vi uma única cor sendo vendida num link que não é bichado. Era uma das tonalidades que eu queria, aí resolvi comprar!

8) RESPOSTA:

Tarefa 1: A expressão *e tal*, que convida o ouvinte a imaginar a sequência do que ocorreu, é usada cinco vezes pelo falante.

Tarefa 2: O falante usa, várias vezes, o item *aí* para iniciar uma fatia de informações e as conclui com o item *né?*, que serve para checar a compreensão do ouvinte e monitorar a elaboração da sua fala.

Tarefa 3: Algumas das características da *fala* que foram utilizadas são: o uso da palavra *tá* em lugar de *está*; *pra* no lugar de *para*; *tava* no lugar de *estava*; repetição das palavras *passando, passaram, falou, falando*; *pro* em lugar de *para o*; *subiu em cima* é redundante: bastava dizer *subiu em uma cadeira*; *tá ferrado* é também uma expressão típica da *fala*.

9) RESPOSTA:

Tarefa 1: *Olhe p'r'aquilo*; *aqueloutro*; *p'ra nada*; *pra*.

Tarefa 2: 1. Seus empregados têm trabalhado nesta pedreira sem consciência do que estão fazendo.

2. Consegui vestir a calça jeans até um pouco acima dos joelhos.

3. Deveriam tentar quebrá-la exatamente pelo outro lado, para não danificar os veios da pedra.

4. A partir desse momento, eu me dei conta de que estava gorda.

10) RESPOSTA:

Tarefa 1: Os autores dos dois textos utilizam as seguintes perguntas para mobilizar o leitor de maneira mais direta: *Mas em que ponto do cérebro essas mensagens são integradas? Alguns encontros inesperados têm o dom de dar um nó na nossa garganta, já reparou? Mas, e aí, o que fazer quando somos surpreendidas pelo cara?*

Tarefa 2: Ao usarem *você, nossos* e *somos*, os autores criam *generalizações*, ou seja, discorrem sobre fatos que, para eles, são válidos para o leitor, para o próprio autor e para qualquer um de nós. Voltaremos a falar das generalizações nos capítulos 2 e 5.

11) RESPOSTA:

Tarefa 1: T-shirt: *camiseta*; fast food: *local onde a comida é preparada e servida de forma rápida*; delivery: *entrega a domicílio*; selfie: *foto pessoal compartilhada por celular*; happy hour: *encontro de colegas ou amigos num bar após o expediente de trabalho*.

Tarefa 2: lanche, futebol, abajur, batom, garagem.

12) RESPOSTA:

Lili, que não amava ninguém, era amada por Joaquim. Este era amado por Maria e Raimundo a amava. Ele, por sua vez, era amado por Teresa e ela, enfim, era amada por João.

CAPÍTULO 2: O TEXTO E A ARGUMENTAÇÃO

1) RESPOSTA:

Tarefa 1: L1 pergunta a L2 se o marido dela gosta da carreira. L2 responde que gosta **demais** e, em seguida, L1 pergunta a L2 se ela se sentiu frustrada por ter parado de trabalhar para ter que tomar conta de casa. L2 interrompe a fala de L1 para responder que não se sentiu frustrada e que ela se preparou para ser mãe de muitos filhos e dona de casa e que não poderia **realmente** conciliar a profissão com os deveres do casamento.

Tarefa 2: usei as palavras *demais* e *realmente*, que são advérbios, e que também servem para enfatizar o que se quer dizer.

2) RESPOSTA:

Para esse exercício não preparei uma resposta: toda transcrição é uma resposta válida.

3) RESPOSTA:

1º Estado mental: arrependimento (ou desejo)
2º Estado mental: desagrado (ou nojo)
3º Estado mental: irritação (ou raiva)

4) RESPOSTA:

1) *desapontamento*: A mãe de Claudia não esperava que ela, que é uma moça tão ajuizada e estudiosa, participasse de passeatas de reivindicações políticas.

2) *exaltação*: O pai de Claudia, que já foi líder sindical, viu a participação da filha na passeata como um ato de heroísmo.

3) *ansiedade*: A mãe de Claudia, que ficou à espera da filha durante todo o dia, não conseguiu fazer seus afazeres domésticos e telefonava para a filha o tempo todo.

4 *hostilidade*: O chefe de Claudia no trabalho a tratou com grosseria quando foi informado por ela que faltaria naquele dia para participar da passeata.

5) *respeito*: Os professores de Claudia não só julgaram muito justa sua participação na passeata como se comprometeram em não lhe dar falta naquele dia.

5) RESPOSTA:

Texto 1: Ela pode estar manifestando sua mágoa ou irritação com o namorado devido a alguma atitude ou comportamento dele em relação a ela.

Texto 2: Como a relação entre namorados é muito íntima, o que torna um pouco estranho um agradecimento de um convite para jantar tão formal como o do texto do exercício, ela pode estar manifestando sua alegria por ter sido convidada para jantar, o que pode significar, colocando a imaginação para funcionar, que o namorado quer investir na relação após algumas dificuldades vividas por eles.

6) RESPOSTA:

1: oração narrativa; **2**: oração narrativa e descritiva; **3**: oração narrativa; **4**; oração narrativa e descritiva; **5**: oração narrativa; **6**: oração descritiva; **7**: oração descritiva; **8**: oração descritiva; **9**: oração narrativa e descritiva; **10**: oração narrativa e descritiva; **11**: oração narrativa; **12**: oração narrativa.

7) RESPOSTA:

A pessoa que vou descrever gosta muito da vida, tem sempre um sorriso aberto para as pessoas e, de maneira muito espontânea, busca interagir com todos de forma que o contato seja sempre de qualidade e de respeito. Ela se veste de uma maneira simples, porém, com muito bom gosto e seu estilo ligeiramente "hippie" a torna bastante jovial e atraente. Ela encara a vida como uma graça de Deus e uma oportunidade para "afinar os instrumentos", isto é, uma ocasião para o desenvolvimento espiritual, o que inclui promover o crescimento espiritual também das pessoas com quem se relaciona. Estão coerentes com seu modo de ser e pensar a vida, os seus cuidados com o seu corpo e com a sua saúde. Enfim, trata-se de uma pessoa excepcional que nos faz acreditar um pouco mais no ser humano.

8) RESPOSTA:

Há uma situação que, na verdade, me incomodava muito há alguns anos quando o meu filho ainda era adolescente. A partir dos 15 anos, ele começou a, como se diz hoje em dia, sair para a balada. Como fazem todos os jovens de sua idade, a partir de sexta-feira, saía à noite para se encontrar com colegas e se divertir. No início, essa situação nova preocupou-me bastante porque, na maioria das vezes, não sabia onde ele estava, o que fazia, com quem estava acompanhado e, mesmo com os meus pedidos insistentes, na maioria das vezes, não me ligava para avisar onde estava e a que horas chegaria em casa. Depois de um ou dois anos, compreendi sua necessidade de buscar seu próprio ambiente, fazer suas escolhas e afirmar sua identidade, o que, necessariamente, passou por uma revisão do valor da proteção paterna e por um questionamento dos desejos dos pais. Com a maturidade, creio que ele compreendeu minhas preocupações e conseguiu considerar com mais atenção minhas demandas em relação a ele.

9) RESPOSTA:

Participantes: o furacão Pauline (papel: causador); costa do México (papel: paciente).
Onde: na costa mexicana do lado do Pacífico.
Quando: no dia 9/10/1997.
O que resultou: na morte de 39 pessoas e ferimentos em 46 pessoas, além de devastação na cidade de Acapulco, o que incluiu destruição de residências, de árvores e de veículos; e o acúmulo de terra e rochas no centro da cidade.

10) RESPOSTA:

Já que o que parece estar em questão na discussão entre as duas autoridades não é, evidentemente, a cor concreta da imagem da santa, é preciso buscar a discordância entre eles por meio de reflexão sobre a significação, psicológica e social, das cores *branca* e *preta*. Está claro assim que *negro* e *branco* nos depoimentos se referem ao aspecto externo das pessoas, ou seja, àquilo que, comumente, se chama de raça. Assim, para o diretor do Museu Afro Brasil, Emanoel Araújo, que, seguramente, tem, como um dos objetivos a promoção social dos brasileiros afrodescendentes, é importante afirmar que a nossa padroeira é negra, o que favorece sua identificação com a maioria dos brasileiros. Por outro lado, o fato de o ex-presidente da CNBB, Raymundo Damasceno, recusar a condição de negra da santa pode estar vinculado à dificuldade de admitir que a santa, que representa a mãe de Jesus, possa ser da "raça negra", o que para ele não deve ser historicamente adequado pelo que conhecemos dos relatos e interpretações da Bíblia Sagrada.

11) RESPOSTA:

A pessoa que fez o depoimento reproduzido no exercício elabora narrações do que supõe que possa ocorrer com as pessoas em geral. Para isso, ela utiliza as palavras *você* e *cê* no início das suas orações. Assim, quando diz, por exemplo, *"você namora na expectativa de encontrar uma boa pessoa pra seguir uma vida a dois"*, ela narra um evento que ocorreu com ela e que, na sua opinião, acontece com as pessoas em geral. Nesse caso, as palavras *você* e *cê* não são um recurso para se dirigir à segunda pessoa, ou seja, à pessoa que a está escutando, e sim se refere à qualquer pessoa ou às pessoas em geral. O fato de ela criar orações narrativas que, da maneira como explicamos, *generalizam* os eventos narrados faz com que seu discurso tenha mais força argumentativa já que justifica, a seus olhos, a sua escolha de não ter se casado, isto é, as suas razões são "coisas" que a vida nos ensina e que podem ocorrer com todo mundo e não somente fatos específicos da sua vida que a levaram a fazer a escolha que fez.

12) RESPOSTA:

O autor se serve de argumentos emocionais e racionais para defender mais rigor na aplicação da chamada lei seca. Ele se utiliza de argumento emocional quando, por exemplo, compara o número de mortes no trânsito com o número de mortos numa guerra. O objetivo da comparação é chocar e alertar o leitor para o problema. Ora, de acordo com a nossa compreensão e crenças contemporâneas, uma guerra é, seguramente, o que há de mais negativo na convivência e história humanas. O autor também se utiliza de argumento racional quando menciona os custos, para a sociedade, dos atendimentos dos feridos e dos afastamentos de trabalho provocados por acidentes de trânsito.

13) RESPOSTA:

Tarefa 1: O argumento é que não precisamos controlar a imprensa porque não existe uma imprensa única com um único interesse. Para o autor, há imprensas de vários tipos, com interesses diversos, que competem entre si, e torna-se muito difícil haver um controle generalizado sobre esses diversos interesses.

Tarefa 2: Mesmo supondo que ele tenha razão, o fato de a imprensa não ser única e de haver interesses variados não invalida considerar que existem interesses privados das várias empresas que fazem parte da imprensa de um país, os quais podem ser contrários ao que é importante para o bem-estar da sociedade ou da maioria da população do nosso país.

14) RESPOSTA:

"Empresário acorrenta irmão que gastou R$ 8.000 em crack depois que usuário chegou a raspar as mãos com gilete para aproveitar o resíduo da droga".

Fonte: disponível em: <www.notícias.r7.com.br>, acesso em: 27 set. 2012.

Depoimentos como esse mostram o flagelo social que é o consumo de drogas no Brasil de hoje onde o crack está presente em 90% dos municípios. Apesar dessa realidade, em 2012, uma comissão de juristas, que discutiu a reforma do Código Penal, sugeriu descriminalizar o uso e o plantio de drogas no Brasil. O tema é também debatido por autoridades internacionais como ocorreu numa das reuniões da Comissão Latino-Americana sobre Drogas e Democracia. A organização não governamental tem à frente os ex-presidentes Fernando Henrique Cardoso (Brasil), César Gavíria (Colômbia) e Ernesto Zedillo (México), além de reunir especialistas no assunto e intelectuais.

O assunto é, evidentemente, bastante polêmico com argumentos sendo propostos nas duas direções, isto é, a favor e contra a descriminalização sugerida. A favor da descriminalização, milita o fato de que "a guerra está perdida", ou seja, apesar dos gastos elevados dos governos dos países em geral na repressão e na prevenção do narcotráfico – os Estados Unidos são sempre citados como o maior exemplo nesse caso –, o consumo só aumenta. O tráfico chegou a movimentar cerca de 30 milhões de reais por mês só na favela da Rocinha, a maior da América Latina. Um levantamento da ONU constatou que, no mundo, o tráfico movimenta aproximadamente US$ 400 bilhões por ano e tem cerca de 200 milhões de consumidores. Trata-se, portanto, de um grande negócio, de dimensões mundiais. A revista inglesa *The Economist* argumenta, assim, que a descriminalização, pelo menos, da maconha, favoreceria o desmantelamento do mercado internacional de drogas. Esses fatos reforçam os defensores da descriminalização que acreditam, além disso, que, com a venda de drogas regulamentada pelo Estado e implementada por empresas sujeitas à fiscalização oficial, evitam-se danos secundários das drogas: aids e DSTs (no caso das drogas injetáveis) e doenças variadas causadas pelas misturas que os traficantes fazem para tornar o produto mais rentável. Além disso, a venda legal também arrecadaria impostos, que poderiam ser revertidos para o tratamento daqueles que deixam a condição de usuários e se transformam em viciados.

Outro argumento muito citado pelos defensores da descriminalização é o suposto declínio de usuários nos países, como Holanda e Portugal, que são regidos por leis mais brandas no que se refere ao consumo de certas drogas, como a maconha.

Esse último argumento é muito contestado pelos que reprovam a descriminalização, pois há estatísticas que mostram, na realidade, um aumento do número de usuários, o que é também, por sua vez, combatido pelos defensores da descriminalização que replicam ter ocorrido nesses países, na realidade, que mais pessoas admitiram ser consumidoras de drogas antes ilícitas.

Contra a descriminalização, um grupo de juízes e promotores do Distrito Federal, que lidam com a realidade do combate ao consumo de drogas, traz para a discussão levantamentos de Varas de Entorpecente mostrando que 80% dos traficantes são consumidores de droga; 95% começaram o seu consumo na adolescência; 90% começaram com o consumo de maconha e 85% dos usuários de droga frequentaram a escola apenas até a 8ª série. Para eles, esses dados mostram não só uma escalada no mundo dos tóxicos, no qual o usuário de hoje é potencialmente o traficante de amanhã, mas também que a maconha, dentre as drogas ilícitas, continua sendo a porta de entrada para o consumo de outras drogas pesadas, como revela ainda que, dentre tantos outros fatores, a droga é um importante propulsor da evasão escolar.

Segundo, enfim, esse grupo de juristas, a descriminalização das drogas, caso aprovada, atormentaria a todos já que imporia às famílias a obrigação de permitirem que seus filhos, usuários de drogas, as consumissem dentro de casa para evitar que fossem presos por portar quantidades de drogas ilícitas na via pública. No contexto da nossa dificuldade cultural de fazer valer a lei e de punir a transgressão, esse eventual estado de fatos enfraqueceria o papel dos pais como responsáveis pela orientação, educação e formação dos filhos, assim como traria a insegurança para dentro do próprio núcleo familiar.

Outra questão levantada pelos que são contrários à descriminalização é a dificuldade, ou talvez impossibilidade, de implementar uma lei que consiga distinguir o usuário do traficante A discussão é saber o que caracteriza o traficante e o que caracteriza o usuário. Os defensores da descriminalização alegam que o usuário é aquele que carrega consigo a droga por determinado prazo. Mas é difícil decidir quando a quantidade é para uso pessoal ou para ser revendida, o que caracterizaria o tráfico. Uma pessoa pode estar com uma pedra de crack no bolso e ser traficante. Além disso, estaríamos diante de uma contradição difícil de ser sanada. Ora, o consumo de drogas não seria crime, mas o usuário para manter seu vício é obrigado a procurar um criminoso, o traficante, para obter a droga de que precisa. Enfim, de acordo com os que são contrários à descriminalização, a situação gerada pela eventual lei a ser implementada é insustentável, o que nos conduz – cientes de que o comportamento de adicção é inerente ao ser humano e de que nunca haverá consumo zero de drogas pela humanidade – a sempre implementar políticas de redução do consumo de drogas, o que deveria incluir também propostas para interromper o estímulo ao consumo também de drogas lícitas como o álcool e o tabaco.

15) RESPOSTA:

Os dois autores parecem, de fato, ter razão quando observamos os dados disponíveis sobre a economia do Brasil e sobre o nosso padrão de vida. É verdade que, nos últimos anos, a economia do Brasil deu um salto considerável já que estamos entre as dez maiores do mundo, o que significa que a quantidade de riqueza gerada por nós aumentou bastante e é elevada quando comparada com a de outros países. Uma das consequências desse fato é a diminuição da desigualdade, que foi impulsionada pelo aumento dos gastos sociais do governo. No entanto, a redução da desigualdade é ainda insuficiente, sobretudo porque o problema tem sido atacado, com mais seriedade, apenas a partir dos últimos 10 ou 15 anos. É também fato, portanto, o alto índice de analfabetismo e um percentual ainda considerável de habitantes que vivem abaixo da linha da pobreza. O nosso padrão de vida não pode, assim, ser comparado com o europeu. Será preciso haver crescimento econômico, num ritmo constante, que leve a um aumento de gastos públicos em políticas que privilegiem, de fato, a educação e a saúde da população para darmos impulso consistente em direção a uma realidade futura na qual o nosso país se tornará um país digno de se viver.

16) RESPOSTA:

No início do seu texto, o estudante utiliza o argumento da justiça quando defende que não é justo criança trabalhar já que há "coisas que não é para fazer quando é criança". O estudante deve estar se referindo ao fato de que as crianças estão em fase de formação e espera-se que elas tenham os estudos e as brincadeiras como principais atividades. Em seguida, o estudante torna a utilizar o argumento de justiça, mas, nesse caso, refletindo sobre a possibilidade de uma criança poder realizar afazeres domésticos quando a mãe estiver doente ou impossibilitada de realizá-los, ou seja, não é justo que uma mãe trabalhe quando não tem condições físicas para isso.

17) RESPOSTA:

Tarefa 1: Para o advogado João Bosco Kumaira, afeto diz respeito, sobretudo, ao amor que um pai pode sentir ou não por um filho. E como amor não é algo que seja obrigatório nem que se possa exigir que se sinta, não há o que punir quando um pai não demonstra afeto por um filho. Mas, para o advogado Rodrigo da Cunha Pereira, afeto não é apenas o sentimento que se sente ou não por um filho. Para ele, afeto inclui cuidados, educação e responsabilidades em relação ao filho. Nessa concepção, um pai negar afeto constitui atitude que pode ser punida por determinação da Justiça.

Tarefa 2: Segundo João Bosco Kumaira, as relações entre pai e filho estão abaladas afetivamente e ficarão *ainda mais* abaladas se o pai for punido com a obrigação de indenizar o filho, ou seja, seria a perda total de qualquer possibilidade de refazer a relação entre os dois.

Tarefa 3: O argumento da dedução lógica é utilizado da seguinte maneira por Rodrigo da Cunha Pereira: 1ª premissa: *a constituição prevê que afeto é direito*; 2ª premissa: *o pai nega-se a dar afeto ao filho*; conclusão: *logo, é legítimo que o pai seja punido*.

18) RESPOSTA:

Tarefa 1:	**Gêneros**	**Textos**
	Científico (político-econômico)	Texto 3
	Receita	Texto 6
	Notícia	Texto 1
	Declaração	Texto 2
	Crônica (literário)	Texto 5
	Divulgação científica (antropologia)	Texto 7
	Aforismo	Texto 4

Tarefa 2: O *texto 3*, do gênero científico, é do tipo argumentativo e quer convencer, ou seja, demonstrar um ponto de vista a respeito de que medidas é preciso tomar para recuperar a economia grega. O *texto 6*, do gênero receita, embora não proponha como fazer comida, recomenda uma combinação de alimentos com bebidas. O *texto 1*, do gênero notícia, pretende apenas informar o que ocorreu. A crônica, que é o *texto 5*, do gênero literário, quer nos fazer refletir, com humor, sobre a vida, seu significado e sobre as mudanças que ocorrem na vida de todos nós. O aforismo, do *texto 4*, tem uma intenção semelhante à da crônica; a diferença entre eles é o uso de orações sintéticas no caso dos aforismos que têm o estatuto de verdades vividas sobre a nossa existência. No *texto 2*, com uma declaração, o que se quer é apenas reproduzir o que foi dito por alguém; exime-se assim de interpretar o que foi dito, ou seja, a interpretação cabe ao leitor. Enfim, o *texto 7* é um artigo de divulgação científica que tem a intenção de informar conquistas ou descobertas obtidas pela ciência.

CAPÍTULO 3: AS CLASSES E O SIGNIFICADO DAS PALAVRAS E DAS ORAÇÕES

1) RESPOSTA:

Tarefa 1: 1. O autor compara o peso concreto de 200 kg com o sentimento incômodo de viver com "grilos e medos"; 2. A comparação, nesse caso, é a possibilidade de alguém se enfeitar concretamente com flores – margaridas – e com ternuras, isto é, ser terno com os outros pode também ser tomado como uma maneira de se enfeitar ou de ser atraente para os outros; 3. Estar no quintal de si mesma quer dizer que a pessoa está "no fundo", ou seja, escondendo seus desejos e sentimentos. Segundo ele, as pessoas devem se mostrar, expor mais o que sentem, o que equivale a ir para o jardim, ou ir para frente, com o intuito de ser notadas; 4. Acordar com gosto de caqui é estar sempre doce como a fruta e sorrir lírios é estar sempre aberto e mostrando sua beleza interna, ou seja, trata-se de se mostrar agradável, delicado e disponível com os outros que estão próximos de nós, ou, como no texto, que passam debaixo da nossa janela.

Tarefa 2: O autor propõe que o crescimento das pessoas do ponto de vista afetivo e existencial depende de uma certa dose de loucura, mas loucura, nesse caso, refere-se não a uma doença mental, e sim a um convite para que as pessoas busquem se encontrar consigo mesmas rejeitando tantas regras e atitudes impostas pelos outros e pela sociedade em geral.

2) RESPOSTA:

Tarefa 1: Elevar: "elevar" quer dizer "colocar num plano superior" e, nesse caso, refere-se ao aumento do valor das alíquotas de IOF ; **segurar**: o significado de segurar algo ou alguém é utilizado para dizer que se impediu o aumento do valor do real; **entrada**: compara-se nesse caso a entrada por uma porta, ou seja, de fora para dentro com a circulação ou depósitos de moedas estrangeiras, que vem de fora para dentro do Brasil; **baixada**: "baixar", que quer dizer "do alto para baixo" ou "descer", é usado nesse caso para significar que uma decisão do governo é expedida do "alto para baixo", isto é, elaborada por uma autoridade para ser cumprida por todos que estão abaixo do ponto de vista hierárquico; **quedas**: também essa palavra que significa "do alto para baixo" é empregada para se referir à redução de valor monetário.
Tarefa 2: A comparação subjacente a essa metáfora é entre as armas, disponíveis numa guerra, com o conjunto de medidas permitidas pelo Imposto sobre Operações Financeiras (IOF) que podem ser utilizadas na administração do mercado de capitais. Esse último é comparado, enfim, a uma guerra.

3) RESPOSTA:

O fato de os movimentos árabes de reivindicação política terem surgido na época da primavera favoreceu a comparação utilizada, ou seja, os movimentos sociais árabes demoraram a ocorrer assim como as flores custam a desabrochar após longo inverno – no caso do hemisfério norte. A mesma comparação é utilizada no caso de "despertar para", isto é, trata-se de atitudes que tardaram a ocorrer, assim como despertamos após um longo período de sono.

4) RESPOSTA:

Tarefa 1:
1. Um anjo pode ser utilizado como um símbolo de proteção e, quando tatuado, pode também simbolizar espiritualidade e devoção, isto é, uma relação com Deus.
2. A pomba branca com ramo simboliza a paz à qual tendem os aquarianos e a esperança de que a humanidade consiga adentrar a chamada Nova Era, uma nova época de paz e prosperidade.
3. A estrela de Davi simboliza o povo hebreu e sua cultura.
4. Esse símbolo é usado por artistas e seus fãs que apreciam o estilo musical conhecido por *heavy metal* ou rock pesado. Na sua origem, simboliza o louvor em rituais satânicos.

Tarefa 2:
Meu filho é um anjo.
Nesse caso, "anjo" é usado como uma metáfora, ou seja, estamos comparando a bondade e o espírito elevado do meu filho com a bondade e o espírito elevado que supomos caracterizar um anjo.

5) RESPOSTA:

No caso do exercício 4, há uma convenção que considera a representação de uma pomba branca como um símbolo da paz. No caso do gorila *Idi Amin* é diferente: falar do gorila com esse nome faz os habitantes de Belo Horizonte pensarem, de forma imediata, no zoológico dessa cidade, mas não dispomos – pelo menos por enquanto – de uma representação de Idi Amin, num desenho ou numa fotografia, por exemplo, que, por convenção, funcione como uma marca ou um símbolo desse zoológico.

6) RESPOSTA:

O seu rosto precisa estar maravilhoso em tudo que você faz!

7) RESPOSTA:

Tarefa 1: **psicopedagogos**: psico + pedagog + o + s
        dizem: diz + em
        geralmente: geral + mente
        organismo: organ + ismo
        argumentação: argument + a + ção
        seria: ser + ia
        interioridade: interior + idade
Tarefa 2: Psicanálise; pedagogia; gatos; dizer; pedem; em geral; felizmente, argumento; construção, órgão, socialismo; sermos, pedia, interiormente, felicidade.

8) RESPOSTA:

Tarefa 1: **-ção**: internação; nomeação; traição.
        -al: conjugal; estadual; campal.
        -ecer: rejuvenescer; amanhecer; amadurecer.
        re-: refazer; recolocar; repensar.
        des-: desfazer; desrespeitar; despregar.
        -oso: saboroso; charmoso; cheiroso.
Tarefa 2: **-ção**: resultado de uma ação.
        -al: relativo a algo.
        -ecer: o começo ou o desenvolvimento de um processo.
        re-: realizar algo de novo.
        des-: ação contrária.
        -oso: provido de algo.

9) RESPOSTA:

Tarefa 1: **A**: o significado principal nessa lista quer dizer *negação* e é representado por *não, nenh-, n-* e *nin-*. **B**: o significado principal nessa lista se refere ao nosso órgão do olfato e realiza-se como *nariz, nas-* e *-nê*. Nesse último caso, trata-se de um morfema de origem francesa, língua na qual *nez* significa *nariz*.
Tarefa 2: a conclusão que se pode tirar dessa atividade é que a identificação dos morfemas permite-te, às vezes, isolar uma palavra autônoma, como foi o caso de *não* e *nariz*, mas nem sempre isso acontece, ou seja, no caso, por exemplo, de *nin-* e *nas-*, não obtemos palavras autônomas.

10) RESPOSTA:

"Eu": **ni**; "você": **ti**; "estar faminto + tempo presente": **mayana**; "tempo futuro": **s**; "tempo passado": **ʔ**; "ação incompleta": **ya**.

11) RESPOSTA:

O conjunto de alomorfes (**in**-; **im**-; **ir**-; **i**-) significa *negação*. O conjunto (**not**-; **noite**) refere-se a *noite*. (**petr**-; **pedr**-) diz respeito a *pedra*. (**vida**; **vit**-) quer dizer *vida* e (**leg**-; **lei**) refere-se a *lei*.

12) RESPOSTA:

"Minha": (**h**-; **k**-); "tua": (**a**-; **aw**-); "sua": (**s**-; **y**-).

13) RESPOSTA:

Classes Lexicais: **Pax**: nome (próprio)
redondinha: adjetivo
traje: nome
compr: verbo
tinh-: verbo auxiliar
provavelmente: advérbio
muito: advérbio

Classes Funcionais: -**ou**; -**a**: flexão
até: preposição
mas: conjunção
e: conjunção
que: conjunção
de: preposição
aquela: determinante

14) RESPOSTA:

Tarefa 1: Medo, eternidade, chiclés, Recife, espécie, bala, bombom, cuidado, bala, vida, instante, rua, reino, histórias, príncipes, fadas, crianças, boca, bala, coisa, aparência, delicadeza, chiclé, boca.
Tarefa 2: Recife.
Tarefa 3: **Concretos**: Recife, bala, bombom, vida, instante, rua, reino, histórias, príncipes, fadas, coisa, aparência, crianças, chiclé(s), boca. **Abstratos**: medo, eternidade, espécie, cuidado, delicadeza.

15) RESPOSTA:

Ser, ser, é, ficar, pensando, seria, ler, é, ficar, olhando, passeiam, é, dobrar, chega, ficar, olhando, é, pensar, comer.

16) RESPOSTA:

1) **Pegar** significando "segurar alguma coisa":
  "...**pegô** a tualha foi imbora..."
  "ele **pegava** e colocava o machado nas costas né..."

2) **Pegar** com papel na organização da fala:
"Nossa Sinhora aí Nossa Sinhora **pegô** e falô: ô, meu filho..."
"o que que cê tem? Aí né ele **pegô** e falo assim: ah..."
"Nossa Sinhora **pegô** e falô: ô meu filho, eu vô te dá uma tualha..."
"intão aonde cê chegá cê põe ela cê **pega** e fala..."

17) RESPOSTA:

Era: *fenômeno da natureza*
Estava: *estado*
Parou: *atividade*
Havia: *existência*
Houve: *existência*
Dando: *atividade*
Eram: *estado*

18) RESPOSTA:

Tarefa 1: Fez: *verbo causativo*; tem: *verbo de posse*; furou: *verbo de ação*; tratou: *verbo de ação*.
Tarefa 2: Evento: fenômeno da natureza: *Fez muito calor ontem*; evento: existência: *Tem gente que é capaz de fazer isso*; evento: processo: *O balão furou*; evento: existência: *Trata-se do presidente da empresa*.

19) RESPOSTA:

chegada: a comparação é entre o significado de alguém ou alguma coisa atingir o final de um percurso de ida, ou de vinda, com o fato de um produto – o *color block* – já estar disponível para ser comercializado e poder ser adquirido e utilizado pelos consumidores.
inundar: a utilização, em grande escala, do *color block* nos desfiles de grifes famosas é comparado com o fato de um espaço físico poder ser, de forma abrupta, coberto de água.
explosão: de novo, a comparação toma por base o espaço físico: compara-se a área atingida por uma explosão com a utilização, em grande escala, dos tons fortes característicos da moda *color block*.
conquista: o uso dos tons fortes do *color block* domina o espaço das casas assim como se conquista, numa guerra, por exemplo, uma região ou um país.
abrir as portas: o significado de disponibilidade de se entrar num ambiente a partir da abertura das portas desse ambiente é usado para se referir à inauguração de um espaço cultural.
revela: deixar visível o que estava escondido é comparado à consentir – nesse caso, não consentir –, que se saiba o montante de dinheiro que foi utilizado no projeto cultural.
comandado: compara-se o comando que alguém pode exercer, por exemplo, em relação a uma tropa ou a um exército, com a direção, por um profissional, de um projeto empresarial.
ressuscitar: com base no fato religioso da ressurreição de Cristo, a comparação se dá entre a ideia de se voltar à vida com o retorno de um modelo de projeto cultural que vigorou num momento do passado.
centralizava: o centro de um espaço físico é relacionado com a alocação, num único espaço, de três tipos de casas comerciais que, na grande maioria das vezes, se encontram afastados e ocupando lugares distintos.

20) RESPOSTA:

Trocar gato por lebre: quando nos enganamos considerando que algo é o que, na realidade, não é.
À noite, todos os gatos são pardos: na falta de luz, não enxergamos ou não percebemos as coisas ou as pessoas como elas realmente são.
Não tinha um gato pingado: não tinha ninguém.
Gato escaldado tem medo de água fria: uma experiência dolorosa nos torna precavidos.
Quem não tem cão caça com gato: quando não se tem o que é preciso para realizar algo, encontra-se uma solução ao se improvisar ou utilizar um instrumento alternativo.

21) RESPOSTA:

Tarefa 1:
queria proteger: verbo principal; infinitivo.
tinha me acostumado: verbo principal; particípio.
vai se fazer: verbo principal; infinitivo.
pode chegar: verbo principal; infinitivo.
viesse a ser chamado: verbo principal; particípio.
Tarefa 2: Vai se fazer se refere a algo que poderia ocorrer num futuro distante, isto é, a possibilidade remota do autor completar 100 anos de vida. Nesse caso, **vai** é um verbo auxiliar. Já em **fui conferir**, o verbo **ir**, no passado, não é um auxiliar, e sim um verbo que indica *movimento* ou *deslocamento*, isto é, o autor se deslocou de onde estava para outro lugar a fim de visitar a cidade e as praias de Capri.

22) RESPOSTA:

Tarefa 1: A comparação entre **parar** de menstruar e *estar* **parando** de menstruar permite encontrar a seguinte alteração do significado: na primeira oração, o uso de **parar** dá a ideia de que a interrupção do fluxo menstrual é vista como uma possibilidade ou como algo que pode vir a ocorrer num futuro, mas que ainda não está ocorrendo ou não está inteiramente disponível; quando se coloca o verbo **estar**, como no segundo caso, a interpretação é diferente: é de algo que já está ocorrendo ou que está mais perto de ocorrer. A partir daí, todas as inclusões do auxiliar **estar** provocam essa mesma interpretação, ou seja, as locuções **está trazendo**, **está sendo** e **está sofrendo** são interpretadas como se a interrupção do fluxo menstrual já fosse ou pudesse ser uma realidade.
Tarefa 2: Nos outros casos, a troca de um verbo no presente por uma locução com **estar** e o gerúndio, como em **está apontando**, **estão querendo** e **estão afirmando**, não causou alteração de significado porque é muito frequente, no português do Brasil, usarmos a locução com gerúndio com o mesmo valor ou significado do verbo no presente.

23) RESPOSTA:

Pequenas, ácidas, estrangeira, vermelhas, internacionais, internacionais, sofisticadas.

24) RESPOSTA:

Nomes: *os dois feios, os dois bonitos, já o feio, o bonito assustou.*
Adjetivos: *uma mulher feia, improvisada em bonita, gente bonita, o menino bonito.*

25) RESPOSTA:

Tarefa 1: Quando, forte, devagar, fundo, muito, muito, assim, francamente, agora, ainda.
Tarefa 2: Forte e fundo: *Anderson Silva é um homem forte*; *eles cavaram um poço fundo*.

26) RESPOSTA:

Colheres de sopa, quilograma, garrafinha, gramas, pires, gotas, graus, minutos.

27) RESPOSTA:

Tarefa 1: Sou, digo, fui, fiz. Dá, escreve, lê e cita.
Tarefa 2: Escreve, cita.

28) RESPOSTA:

Tarefa 1: (1) Uma andorinha só não **faz** verão; (2) a artista **lança** o livro *Caderno de notações*; ela **prepara** o próximo trabalho; (3) ela **prepara** o próximo trabalho ou ela **está preparando** o próximo trabalho.
Tarefa 2: Todos os dias em que eu **saía** pelas ruas me **fazia** a seguinte proposição.
Tarefa 3: Em *tudo que* **visse seria** *dança, movimento*, a autora, que está situada no *presente*, faz menção a fatos que ela via (ou poderia ver) no *passado* e que seriam estímulos ou informações para se criar *dança, movimento,* que ocorreriam num momento *futuro* em relação ao que via (ou pudesse ver) no momento *passado* ao qual ela se referia.

29) RESPOSTA:

Tarefa 1: "...não **sou** Flamengo...", visto como um estado que podemos chamar de permanente, é concomitante com "...que **torno** pública..." e os dois eventos são concomitantes com o momento presente em que o autor escreve sua crônica. Já "...**passei** uma semana..." é passado em relação a esse momento em que o autor escreve a crônica. Em "**Era** primavera" e "...**havia** um congresso...", que se referem a eventos vistos em sua continuidade, ocorre concomitância com o passado de "...**passei** uma semana...".
Tarefa 2: (1) Ocorre concomitância entre "...**Estava** há dois ou três dias na cidade" e "quando me **pediram** para receber um brasileiro" e os dois eventos se situam no passado em relação ao momento da elaboração da crônica. O evento "...onde lhe **fora** reservado de fato um apartamento..." é passado em relação a "...**Estava** há dois ou três dias na cidade, quando me **pediram** para receber um brasileiro e encaminhá-lo ao hotel". (2) Em "...**tomou** uma atitude estranha e difusa..." e "...que a princípio me **surpreendeu**..." ocorre concomitância e os dois eventos estão situados no passado em relação ao momento em que o autor escreve a crônica. No caso de "...**ia** acabando por me indignar..." se estabelece concomitância em relação a esses dois últimos eventos e a ação é vista em sua continuidade. (3) "...**vi** que seu rosto..." é concomitante com " **tomava** uma expressão aflita..." e esse último exprime continuidade. Ambos estão no passado em relação ao momento em que o autor escreve seu texto.

30) RESPOSTA:

Tarefa 1: Modo subjuntivo: vá; modo imperativo: fica, faz e avise.
Tarefa 2: O uso do modo subjuntivo é determinado pelo verbo *querer* que, como expressa um desejo, seleciona esse modo verbal, expresso em *vá*. O uso do modo imperativo nos três verbos se deve ao fato de eles exprimirem sugestão, pedido ou ordem.

31) RESPOSTA:

Tarefa 1: A interpretação de *uma mulher* no texto 1 é, segundo o autor, a seguinte: *qualquer que seja a mulher, ela sofre...* A ausência de determinante em *recomendado para crianças* provoca uma interpretação semelhante a essa, podendo ser parafraseada como *recomendado para qualquer criança que tenha de 8 a 80 anos.*

Tarefa 2: *O homem*, do texto 1, não se refere a um homem específico, e sim aos homens em geral que fazem parte do conjunto de homens que são casados ou vivem juntos com as mulheres mencionadas antes. Já em *o autor*, do texto 2, trata-se de um único indivíduo, ou seja, o escritor Richard Dawkins. *O público jovem* é diferente dos outros casos, pois se refere a uma entidade única, ou seja, o *público jovem*, que, porém, designa uma pluralidade de indivíduos.

Tarefa 3: Para se referir às mulheres, o autor utiliza as palavras *muitas* e *uma* que são itens utilizados para indicar quantidade; já para se referir aos homens, o autor sempre usa o determinante *o*. A explicação dessa diferença parece ter a ver com o fato de o autor assumir o ponto de vista das mulheres, ou seja, parece estar mais solidário com as mulheres; ao usar *o* para os homens, o autor elabora uma generalização, ou seja, todos os homens teriam um comportamento padrão, mais previsível. De certa forma, o autor se distancia da perspectiva dos homens. Por outro lado, ao usar *muitas* e *uma* precedendo a palavra *mulher*, o autor fala de uma pluralidade que, no entanto, implica menos a totalidade do conjunto de mulheres: a mulher é mais particularizada pelo autor. Além disso, prova que ele assumiu o ponto de vista feminino é o fato de ele se incluir ao utilizar *a gente*, em "*a gente fica torcendo...*", que é também precedido por *elogiada* concordando no feminino.

32) RESPOSTA:

Tarefa 1: eu, meu, mim; ele, seu, o.
Tarefa 2: a gente.

33) RESPOSTA:

Aí está o texto original de Machado de Assis. Observe, sobretudo, os contextos em que o autor utiliza as formas fracas dos pronomes e os contextos em que as formas pronominais são "apagadas" ou, como veremos no capítulo 5, deixadas não pronunciadas.

No dia seguinte, como eu estivesse a preparar-me para descer, entrou no meu quarto uma borboleta, tão negra como a outra, e muito maior do que ela. Lembrou-me o caso da véspera, e ri-me; entrei logo a pensar na filha da D. Eusébia, depois de esvoaçar muito em torno de mim, pousou-me na minha testa. Sacudi-a, ela foi pousar na vidraça; e, porque eu a sacudisse de novo, saiu dali e veio parar em cima de um velho retrato de meu pai. Era negra como a noite. O gesto brando com que, uma vez posta, começou a mover as asas, tinha um certo ar escarninho, que me aborreceu muito. Dei de ombros, saí do quarto; mas eu tornando lá, minutos depois, e achando-a ainda no mesmo lugar, senti um repelão dos nervos, lancei mão de uma toalha, bati-lhe e ela caiu.

34) RESPOSTA:

Tarefa 1: primeira pessoa: **eu** e **me**; segunda pessoa: **cê**, **sua**, **ti** e **te**; terceira pessoa: **você**, **ela** (observe que *você*, nesse caso, não é a pessoa a quem o adolescente se dirige. Ele se dirige às pessoas em geral, ou seja, como veremos no capítulo 5, trata-se de um *sujeito generalizado*).

Tarefa 2: O fato de o adolescente que concedeu a entrevista ser cristão praticante e leitor da Bíblia explica por que ele usa as formas *tua* e *ti* e ainda a forma *abraça-me*, com o pronome fraco depois do verbo. Esses usos não são frequentes no dialeto mineiro, mas aparecem na Bíblia, o que deve ter favorecido sua presença na fala do rapaz.

35) RESPOSTA:

Quem *me vê* (que equivale a *a pessoa que me vê*); *numa casa* **onde** *as cotovias...*; *o prédio feio* **que** *lá está.*

36) RESPOSTA:

Do (de + o); **da** (de + a); **pelo** (por + o); **do** (de + o); **de**; **na** (em + a); **do** (de + o); **à** (a +a); **pela** (por + a); **de, de, de, entre, às** (a + as).

37) RESPOSTA:

Tarefa 1: sobre, sem, sob, sob.
Tarefa 2: Depois do.

38) RESPOSTA:

Conjunções: **assim, porque, que** (em "é que a linguagem"), **mas, isto é, portanto**.
Pronomes relativos: **que** (em "as mudanças que ocorrem"), que (em "ao mundo em que vivemos), **cujas**.

39) RESPOSTA:

Tarefa 1: Conjunções: **e** (5 ocorrências), **porque**; marcadores discursivos: **agora** (2 ocorrências), **é** (4 ocorrências), **aí** (3 ocorrências), **assim, né?**
Tarefa 2: (1) "...não querem emprestar a borracha pro outro **aí** briga...": podemos reescrever essa oração da seguinte maneira: *não querem emprestar a borracha pro outro e, por essa razão, brigam*, ou seja, *aí* é precedido por uma explicação do fato de haver briga. O exemplo (2) "...vai...passa... dano um tapa na cabeça de todo mundo da fila...**aí** volta...." pode ser reescrito da seguinte maneira: *vai passar dando um tapa na cabeça de todo mundo da fila e, depois disso, volta*, isto é, *aí* introduz o que acontece na sequência do evento.
Tarefa 3: No exemplo (1) "...*é uma bagunça assim enorme...*", *assim* significa *desse modo* e está relacionado com *enorme*. Em (2) "...*é muito difícil...e assim... tem vários outros casos...*", *assim* serve para dar prosseguimento à fala do informante; reforça essa análise o fato de *assim* se fazer preceder pela conjunção *e*.
Tarefa 4: Na oração "*eu vou agora pagar essa conta no banco*", *agora* indica aquele momento preciso do tempo, o que é diferente dos usos do texto no exercício, como em *isso depende muito das crianças...**agora**...já na minha sala...a maioria colabora...*em que *agora* é usado como marcador discursivo, ajudando a dar sequência ao discurso e apresentando um significado que classificaremos, no capítulo 6, como uma noção lógico-semântica de *adversidade*.

40) RESPOSTA:

Tarefa 1: *briluz*: advérbio; *lesmolisas*: nome; *touvas*: adjetivo; *roldavam*: verbo, *relviam*: verbo; *gramilvos*: nome; *mimisicais*: adjetivo; *pintalouvas*: nome; *momirratos*: nome; *grilvos*: nome.

Tarefa 2: Foram observados o lugar que as palavras ocupam e a presença da flexão nos nomes, verbos e adjetivos. Assim, o fato de *lesmolisas* aparecer depois do determinante e estar no plural são propriedades dos nomes; *roldavam* e *relviam* são verbos porque aparecem flexionados em relação ao número e pessoa e TEMPO; *gramilvos* é nome porque aparece depois de preposição e está flexionado em relação ao gênero e número; *momirratos* é um nome porque aparece depois do determinante e está no masculino e no plural; *grilvos* também é nome: está no plural e depois do verbo *davam*, que, como veremos no capítulo 5, "pede" um objeto; *mimisicais* é adjetivo porque está flexionado em número e aparece depois do verbo *estavam*. *Briluz* é advérbio devido ao fato de se alocar depois de *era* que, por sua vez, não dispõe de um nome precedendo-o (se houvesse um nome precedendo *era*, *briluz* poderia ser adjetivo).

CAPÍTULO 4: A CONCORDÂNCIA ENTRE AS PALAVRAS

1) RESPOSTA:

Tarefas 1 e 2: Brasileir**a**, crític**o**, tod**as as** épocas, tod**as as** escolas, tod**os os** matiz**es**, embrulhad**o**, errad**o**, **bom**, ótim**o**, **a**, adjetiv**os** sonor**os**, **os** períodos, bonit**o**, **o**, pompos**o**, asneira**s**, muita**s**, sant**o**, grandiloquente**s**, d**a**, algum**a**.

2) RESPOSTA:

Tarefa 1: Os alomorfes de –s estão nas seguintes palavras: lugar**es**, brunch**es**, jantar**es**, empresari**ais**, confraternizaç**ões**.
Tarefa 2: O adjetivo é *chiquérrimos*; o morfema é -*érrimo*; amicíssimo e facílimo.

3) RESPOSTA:

Tarefa 1: **nas casa** (**nas casas**); **dos meu filho** (**dos meus filhos**); **tudo pequeno** (**todos pequenos**); seis **ano** e **os otro** era **tudo pequeno** (seis **anos** e **os outros** eram **todos pequenos**); **as coisa** (**as coisas**); **dois ano** (**dois anos**).
Tarefa 2: Montes Claros, mês, férias.

4) RESPOSTA:

Tarefa 1: o/a **jazzista**, o/a **canadense**; o homem/a mulher **sexy**; o/a **instrumentista**.
Tarefa 2: musical (música e musicar); antiquados (antiquário e antiquar); toleradas (tolerância e tolerar); ilustrada (ilustração e ilustrar); rechaçada (rechaço e rechaçar).
Tarefa 3: No caso de *bem-vindas*, a primeira palavra, *bem*, é um advérbio e, portanto, invariável; em *cantoras-pianistas*, as duas palavras se flexionam porque ambas funcionam como nomes, ou seja, o segundo termo não tem papel de adjetivo. Veremos, no capítulo 5, que, quando funciona como um adjetivo, o segundo nome desempenha a função de *delimitador*.

5) RESPOSTA:

Tarefa 1: O novo calçado mais querido (quer dizer: mais desejado) da temporada.
Tarefa 2: femininíssimas.

6) RESPOSTA:

Já *existe* felizmente, em nosso país, uma consciência nacional – em formação, *é* certo – que *vai introduzindo* o elemento de dignidade humana em nossa legislação, e para a qual a escravidão, apesar de hereditária, *é* uma verdadeira mancha de Caim, que o Brasil *traz* na fronte...

Quanto a mim, *julgar-me-ei* mais do que recompensado, se as sementes da liberdade, direito e justiça, que estas páginas *contêm*, *darem* uma boa colheita no solo ainda virgem da nova geração; e se este livro *concorrer*, unindo em uma só legião os abolicionistas brasileiros, para *apressar* ainda que *seja* de uma hora, o dia em que *vejamos* a Independência completada pela Abolição, e o Brasil elevado à dignidade de país livre...

7) RESPOSTA:

Tarefa 1: duvide; sejam; questione. O uso do subjuntivo na tradução da fala de Barack Obama é o mais adequado porque ele menciona uma hipotética crítica da democracia americana no sentido de que não se trataria de uma verdadeira democracia já que membros de minorias raciais, como os afro-americanos, jamais poderiam alcançar o cargo máximo da nação. Ele afirma que essa eventual crítica é falsa já que um candidato afro-americano acabara de ganhar as eleições presidenciais.

Tarefa 2: duvida, são, questiona.

8) RESPOSTA:

Tarefa 1: **particípios verbais**: trazidas, aprovado, rechaçado, publicado, suspenso; **particípios adjetivais**: valorizada, subaproveitada.

Tarefa 2: suspenso.

Tarefa 3: trazida/*trago*; "o carvão foi *trago* por ele".

9) RESPOSTA:

Conversar, ensinar, estar, estarem e *gerar*. *Estarem* é a forma flexionada.

10) RESPOSTA:

Tarefa 1: quebrarem e encravarem.

Tarefa 2: forem muito fracas e forem fortes.

Tarefa 3: estar, lixar (em lixá-las), optar, usar (em usá-las), lixar, retirar.

Tarefa 4: lixando.

11) RESPOSTA:

vão (vamos); *nóis é*...(nós somos); *nóis brincava* (nós brincávamos); *elas foi*...(elas foram) e *nóis plantava* (nós plantávamos).

12) RESPOSTA:

Tarefa 1: Em *eles alugava uma casa*, a concordância padrão exige que se flexione o verbo da seguinte maneira: *eles alugavam*; é bem possível que o fator que levou à realização da concordância não padrão seja a pouca distinção fônica entre *alugava* e *alugavam*. O outro exemplo de concordância não padrão é *...mora uns filho e uns sobrinho aqui mesmo*. Nesse caso, deveríamos ter *...moram uns filhos e uns sobrinhos aqui mesmo*. Além da pouca distinção fônica entre *mora* e *moram*, o fato de os termos com os quais o verbo concorda estarem depois do verbo deve ter favorecido a concordância não padrão.

Tarefa 2: Também no texto 2, o fato de os termos com os quais os verbos concordam, isto é, *cabocla* e *pé-rapado*, aparecerem depois do verbo (e talvez também o fato de se tratar de uma *coordenação* com a conjunção *e*, como veremos no capítulo 6) deve ter levado Raquel de Queirós a optar por não flexioná-lo de acordo com o português padrão, que recomendaria a seguinte construção:... *onde só iam cabocla e pé-rapado*.

13) RESPOSTA:

Nós somos um povo = **a gente** é um povo; *Nós* não sabemos nos alimentar = **a gente** não sabe **se** alimentar; porque *a gente* não tem um mínimo = **nós** não temos um mínimo; *a gente* não tem a mínima preocupação com comida... = **nós** não temos a mínima preocupação com comida; tem mesmo esse problema com *a gente* = tem mesmo esse problema **conosco**.

14) RESPOSTA:

Mancebos (se os há aí que se deem às letras), vocês que encetam (= iniciam) a mui árdua e perigosa vereda que pelas letras conduz à fama, seja qual for o gênero de poesia para onde propendam (= pendam), seja qual for o não vulgar engenho de vocês, sejam quais forem os louvores que os velhos na arte concedam a vocês,... não se deem pressa de aparecer.

15) RESPOSTA:

Irregulares: *serem, é, faz, vem, tem, foi e sair*; regulares: *pensar, vencidas, mandou, superou, ficar, votou, incomoda, prepare-se*.

CAPÍTULO 5: AS FUNÇÕES E OS PAPÉIS TEMÁTICOS DOS SINTAGMAS

1) RESPOSTA:

No trecho 1, *Us carabizuras sirulidas blentiaram diraustas*, apenas o componente semântico não foi atuante já que não conseguimos interpretar as orações. Conseguimos pronunciar as palavras como se fossem palavras do português, o que significa que o componente fonético foi respeitado. Além disso, as palavras estão flexionadas e dispostas de acordo com a sintaxe da nossa língua, ou seja, também o componente sintático foi atuante.

No trecho 2, *üëbl krʔaõ kprt*, as palavras são impronunciáveis de acordo com o componente fonético da nossa língua; não são também interpretáveis nem há como aferir se estão dispostas de acordo com a nossa sintaxe. Em resumo, nenhum dos componentes foi atuante.

No trecho 3, *te eu chances muitas ofereci*, os componentes semântico e fonético são atuantes já que conseguimos extrair o que essa sequência quer dizer bem como conseguimos pronunciá-la. Apenas o componente sintático, já que a ordem de palavras não gera uma oração portuguesa gramatical, não atuou.

2) RESPOSTA:

Tarefa 1: *cadastro* é o núcleo do sintagma nominal [*um cadastro nacional que liste todos os políticos que tiveram as contas de campanha rejeitadas*]; *candidatos* é o núcleo de [*os candidatos às eleições municipais do mês de outubro*] e *decisão* é o núcleo de [*a decisão do Tribunal Superior Eleitoral (TSE) que torna inelegível o candidato que não conseguiu fechar o balanço do último pleito*].

Tarefa 2: *todos os políticos* e *as contas de campanha*; *as eleições municipais* e *o mês de outubro*; *o Tribunal Superior Eleitoral (TSE)* e *o balanço do último pleito*.

3) RESPOSTA:

Tarefa 1: *cresceu*; *inclui a Néa Ágora*; *continua existindo nessas áreas*; *é um ativo centro turístico, com ruas movimentadas e praia cheia*.

Tarefa 2: *aos poucos*; *no século 19*; *da década de 20*; *nessas áreas*; *com ruas movimentadas*.

Tarefa 3: *nova*; *fascista*; *italiana*; *públicos*; *grandiosos*; *nova*; *extensa*; *italiana*; *oeste*; *ativo*; *turístico*; *movimentadas*; *cheia*.

4) RESPOSTA:

Tarefa 1: **A. SN**: O Pedro, **SV**: ama a Maria; **B. SN**: O Carlos Henrique, **SV**: enviou um e-mail ao governador; **C. SAdv**: Felizmente, **SN**: Lucas, **SV**: mudou sua vida; **D. SN**: O pai do meu colega, **SV**: conseguiu a internação do filho; **E. SN**: O médico, **SV**: ficou bastante satisfeito com os exames.

Tarefa 2: **A. SN**: a Maria; **B. SN**: um e-mail, **SN** (precedido por preposição): ao governador; **C. SN**: sua vida; **D. SN** (precedido por preposição): do meu colega, **SN**: a internação do filho, **SN** (precedido por preposição): do filho; **E. SA**: bastante satisfeito com os exames, **SAdv**: bastante, **SN** (precedido por preposição): com os exames.

5) RESPOSTA:

(**1**) Lucas Reis é casado; (**2**) Não tem filhos; (**3**) É uma pessoa disciplinada; (**4**) Trabalha cerca de 12 horas por dia; (**5**) Ainda almoça em casa; (**6**) Frequenta academia todos os dias; (**7**) Nos fins de semana, participo por algum período; (**8**) Quando temos algum lançamento; (**9**) Sempre dedica parte de seus sábados e domingos à esposa.

Nota: excluímos as conjunções **e** e **mas** das orações já que elas servem apenas como itens que permitem articular os eventos.

6) RESPOSTA:

(1) **ele inteligente** em *eu achava ele inteligente*; (2) **ele culto** em *eu achava ele culto*.

7) RESPOSTA:

Orações declarativas: O telefone continuava; Ela arrancou num gesto o fone; Desligou violentamente; Se ele ligar outra vez, dou o telefone do Cemitério do Araçá; Houve um silêncio rápido.

Orações exclamativas: Não é aqui!; Que esbéra, nada! Vou fazer ele falar com defunto! **Orações imperativas**: Não me encha!; Esbéra mucinha! **Oração interrogativa**: A senhora é contralto?

8) RESPOSTA:

SUJEITO: O Pedro, O Carlos Henrique, Lucas, A ventania, O meu médico, O rapaz casado com Ana Cláudia.
PREDICADO: ama a Maria, enviou um e-mail ao governador, mudou sua vida, derrubou o varal, ficou bastante satisfeito com os exames, encontrou um apartamento barato.
OBJETO: a Maria, um e-mail, ao governador, sua vida, o varal, com os exames, um apartamento barato.
MODIFICADOR: Felizmente, bastante.
DELIMITADOR: casado com Ana Cláudia, barato.

9) RESPOSTA:

SUJEITO: Eu; eu; todos eles.
PREDICADO: trabalhava com crianças, adolescentes e adultos com deficiência auditiva; trabalhava...é...é com... várias crianças; tinham um fone ligado a um aparelho.
OBJETO: com crianças, adolescentes e adultos com deficiência auditiva; com... várias crianças; um fone ligado a um aparelho; a um aparelho.
MODIFICADOR: numa sala toda carpetada; toda.
DELIMITADOR: com deficiência auditiva; auditiva; toda carpetada; ligado a um aparelho.

10) RESPOSTA:

Tarefa 1: atividade: [a crise convida ao pessimismo ou ameaça descambar na depressão]; **estado:** [está na hora de ler]; **estado:** [não é chegado à leitura]; **atividade:** [Ele mergulhou no Proust sem escafandro e se sente mal quando vem à tona e respira o ar poluído aqui de fora]; **estado:** [Verdadeiro sábio era o Rubem Braga] (note que houve uma mudança de posição entre o sujeito e o predicado); **existência:** [Houvesse o que houvesse]; **atividade:** [No pequeno mundo do cotidiano, sabia como ninguém identificar as boas coisas da vida].
Tarefa 2: agente: a crise; **agente:** Ele; **identificado:** Rubem Braga; **tema:** as boas coisas da vida.

11) RESPOSTA:

Agente: [O intercâmbio]; **paciente:** [o]; **possuidor:** [a família]; **agente:** [ele]; **identificado:** [essas]; **tema:** [estágio]; **agente:** [Isso]; **destinatário:** [me]; **tema:** [uma ferramenta de semiologia]; **tema:** [o processo da pessoa]; **paciente:** [a pessoa]; **tema:** [seus reais objetivos]; **agente:** [A gente]; **quantidade:** [a maior parte do dia]; **lugar:** [na cozinha]; **identificado:** [ela].

12) RESPOSTA:

Lugar: [Numa esquina]; **tempo:** [num domingo de lua nova]; **modo:** [de repente]; **causador:** [no filho tantas vezes semeado]; **causador:** [na descontrolada fantasia da libido]; **modo:** [com doçura e esperança]; **finalidade:** [para recomeçar em todos os lugares].

13) RESPOSTA:

Tarefa 1:

Não: modificador de oração; **não:** modificador de oração; **comecinho de janeiro:** modificador de oração; **em janeiro:** modificador de oração; **logo:** modificador de oração; **mesmo:** modificador de sintagma nominal; **assim**: modificador de oração; **muito**: modificador de sintagma adjetival; **hoje**: modificador de oração; **bem**: modificador de sintagma adverbial; **provavelmente**: modificador de oração; **muito**: modificador de sintagma adjetival; **num...não**: modificadores de oração; **ontem**: modificador de oração; **muito**: modificador de sintagma adjetival.

Tarefa 2:

Não: negador; **não**: negador; **comecinho de janeiro**: tempo; **em janeiro**: tempo; **logo**: tempo; **mesmo**: destacador; **assim**: modo; **muito**: intensificador; **hoje**: tempo; **bem**: intensificador; **provavelmente**: opinião do falante; **muito**: intensificador; **num...não**: negador; **ontem**: tempo; **muito**: intensificador.

14) RESPOSTA:

à área: este sintagma desempenha a função de objeto porque é exigido pelo verbo *voltar*, ou seja, *quem volta volta a algum lugar necessariamente*.

à beira da rodovia Presidente Dutra: já este sintagma desempenha a função de modificador porque na oração a qual ele se vincula não há nenhum outro termo que o exige.

15) RESPOSTA:

Tarefa 1:

Afinal, [**c.v.**] deixei a contemplação das pombas e [**c.v**] fui-me à farmácia, a uma das farmácias que [**c.v.**] há naquela rua. [**c.v.**] Ia comprar um remédio; [**c.v.**] pediram-me por ele quantia grossa. Como eu estranhasse o preço, replicou-me o farmacêutico: "Mas o que quer o senhor que eu faça com este câmbio a 8?"...A vista era boa, serena, quase risonha. [**c.v.**] Quis raciocinar, mas raciocínio é uma cousa e medicamento é outra; [**c.v.**] saí de lá com o remédio e um acréscimo de quinhentos réis no preço. [**c.v.**] Contaram-me que já não [**c.v.**] há tostões nas farmácias, nem tostões, menos ainda vinténs. Tudo custa mil-réis, ou mil e quinhentos, dous mil-réis ou dous mil e quinhentos, e assim por diante...

Tarefa 2:

... que [**c.v.**] há naquela rua... e...já não [**c.v.**] há tostões nas farmácias.

16) RESPOSTA:

Tarefa 1: O texto original da reportagem da *Folha de S.Paulo*, assinada por Josias de Souza, é o seguinte: Após sumiço de três semanas, Eduardo Jorge desembarca hoje em Brasília. Vem do Rio de Janeiro. Traz consigo um lote de documentos. Deve se reunir ainda nesta sexta-feira com seu advogado, José Geraldo Grossi, para dar início à montagem de sua defesa...

Com o nome exposto ao Sol e à chuva, acha que chegou a hora de se defender.

Sabe que, se não o fizer, não haverá quem o faça. Enviou um recado aos procuradores da República que o investigam: está à disposição.

Mandou dizer que não será preciso nem mesmo que o intimidem. Basta um telefonema. Por isso, vem para Brasília onde fica mais à mão. Fica também mais próximo do ex-chefe. Mas não planeja encontrar FHC, para evitar constrangimentos [...].

Tarefa 2: O fato de o português poder dispor, no contexto de uma oração, de sujeito pronominal pronunciado ou não pronunciado deixa entender que escolher um ou outro recurso é opcional. No entanto, o exercício nos mostrou que não é bem assim: num texto, é necessário que algumas ocorrências do sujeito sejam não pronunciadas. A razão disso é uma tarefa da pesquisa linguística.

17) RESPOSTA:

Tarefa 1: Uma lenda comum entre os amantes da fotografia diz que Henri Cartier-Bresson, o grande gênio do fotojornalismo, sempre se ajoelhava ao [c.v.] **encontrar** o colega húngaro André Kertérz. Na sequência, [c.v.] lhe **oferecia** sua câmara e [c.v.] **pedia** que a abençoasse. A cena pode parecer afetada, mas [c.v.] **faz** todo o sentido...

Os [c.v.]s de...*encontrar o colega...,...lhe oferecia*... e... *pedia que a abençoasse*... são todas correferentes com *Henri Cartier-Bresson*; já o [c.v.] de... *faz todo o sentido*... é correferente com *A cena*.

Tarefa 2: Em *A cena pode parecer afetada,* não há um sujeito não pronunciado antes do verbo *parecer* porque, na verdade, o verbo *pode* é um auxiliar, quer dizer, *pode parecer* é uma locução verbal que tem um único sujeito, a saber, *A cena*.

18) RESPOSTA:

Sujeitos do verbo *haver* que são não pronunciados e não interpretados: *sempre [c.v.] há correntes ocultas de suspeita e desconfiança*; *[c.v.] haverá outro juízo.*

Sujeitos do verbo *haver* que recebem um papel temático:...*porque eles haviam se convertido*...; ...*E ele te haverá de devolver novamente.* Nesses casos, *haver* é um auxiliar e os sujeitos *eles* e *ele* recebem papel temático dos verbos *converter* e *devolver*.

19) RESPOSTA:

Tarefa 1: Sujeito determinado: **Eles** vivem passeando.

Sujeitos indeterminados: ...**Eles** ficaram de colocar as cortina; ...se **eles** vão colocar essa semana.

Tarefa 2: Sujeito determinado: ...não [c.v.] sentem não.

Sujeito indeterminado: ...ainda não [c.v.] colocaram.

20) RESPOSTA:

Tarefas 1 e 2:

1. Ao comprar um carro
2. Nós o alugamos, não é?
3. quando se acaba de pagá-lo
4. trocamos por outro
5. assim, continua-se alugando o carro
6. e não se tem carro nunca
7. e você vê....isso está descapitalizando o cidadão

21) RESPOSTA:

Texto 1:

O pronome na primeira pessoa do plural: ...*quase sempre **nós** a cobramos*...

Sujeito não pronunciado na primeira pessoa do plural: ...*temos muitos exemplos que*...; ...*Podemos citar o marechal Rondon*...; ...*Falamos hoje, com mais frequência.*

Verbo no infinitivo com sujeito não pronunciado: ...*É sempre bom **buscar** o sentido das palavras*...; ...*nossa forma de **pensar** o país*...

Texto 2:

Verbo na terceira pessoa do singular + o pronome se: ...*Quando **se** fala em trânsito...*

Uso de sintagmas nominais que generalizam os referentes: ...***os motoristas** devem ter jogo de cintura.*

22) RESPOSTA:

Uso do pronome *você*: ...*o primeiro é que é mais fácil **você** ir para a Europa...*; ...*Quando **você** planeja uma viagem para a Europa...*; ...*O problema é que na Amazônia **você** não vê bicho nunca.*

Uso de sintagmas nominais que generalizam os referentes: ...***O turista** viaja no escuro...*; ...***muitos brasileiros** têm uma expectativa errada em relação à Amazônia...*; ...*Seria muito melhor se **o sujeito** fosse para lá.*

Sujeito não pronunciado na terceira pessoa do plural: ...***Querem** ir para ver onça, arara, vitória-régia e índio pelado.*

Sujeito não pronunciado na terceira pessoa do singular: ...***pode** navegar dias...*; ...*E também não **vai** ver índio.*

Sujeito não pronunciado de verbo no infinitivo flexionado na terceira pessoa do plural: ...*de o **colocarem** para pescar piranha.*

Sujeito não pronunciado de verbo no infinitivo não flexionado: ...*sem **enxergar** nem um passarinho...*; ...*a fim de **ver** o que é um rio com 8 quilômetros de largura...*; ...***navegar** por esse rio...*; ...*e **ter** uma ideia das dimensões.*

Uso da forma forte do pronome de terceira pessoa do singular: ...*e o risco de **ele** se decepcionar...*; ...*das dimensões do país que **ele** habita.*

Uso da forma fraca do pronome de terceira pessoa do singular: ...*de **o** colocarem para pescar piranha.*

23) RESPOSTA:

— E o que que aconteceu lá?

— Depois...o delegado mandou que fosse reconhecer [**c.v.**], não é? Os ladrões...que eles tinham pego uma turma por aí, mas eu aconselhei [**c.v.**]e outras pessoas também a não querer reconhecer. Não adiantava mais, não ia recuperar [**c.v.**] mesmo. O dinheiro, ainda se ganha outro, mas... e o cordão? Que ele tinha estima. Já tinha ido, não é? O cordão das crianças também. Isso foi outra vez. Aqui em casa já fomos assaltado quatro vezes. Quatro vezes. Levaram calculadora, levaram um montão de coisa. E é assim. Se chamar para reconhecer, não vamos reconhecer não, porque não adianta. E eu não quero. É preferível não reconhecer nada. Deixa [**c.v.**] para lá. Deixa eles ganharem do outro lado.

24) RESPOSTA:

Tarefa 1: ...porque há momentos em que o governo não **vê** [**c.v.**] nem **ouve** [**c.v.**], em alguns casos por conveniência.

Tarefa 2: há momentos em que o governo não **vê as denúncias de corrupção** nem **as ouve**, em alguns casos por conveniência.

25) RESPOSTA:

redução **de orçamentos**.
contenção **de investimentos**.
A superlotação [**c.v.**].
uma revisão [**c.v.**].
O sucateamento **do sistema**.
a contratação **de mais funcionários**.
a modernização **dos equipamentos**.
a ampliação **da malha**.

26) RESPOSTAS:

Tarefa 1:
obsessiva **com o bem-estar incessante**.
Adepta **do zen budismo**.
Tarefa 2:
independentemente **de suas perdas**.

27) RESPOSTA:

Dea Ramalho Evagelista: **agente**; Quer *me* ver feliz?: **identificado**; *Me* coloque na cozinha: **paciente**; na cozinha: **lugar**; *as pessoas* saboreando...: **agente** ou **experienciador**; saboreando *um prato*: **paciente** ou **tema**; Quando *você* faz...: **agente**; ...faz *uma coisa*: **paciente**; *a pessoa* sente...: **experienciador**; ...sente *isso*: **tema**; *eu* sinto...: **experienciador**; *Ela* e *a vizinha Virma Quites Silva*: **identificado**.

CAPÍTULO 6: OS LUGARES DOS SINTAGMAS NAS ORAÇÕES

1) RESPOSTA:

(1) Verbos que "pedem" um objeto: *ler*; *respira*; *ver*.
(3) Verbos que "pedem" um objeto precedido por preposição: *descambar*; *mergulhou*; *sabia*; *vamos*.
(4) Verbos que "pedem" dois objetos e um deles é precedido por preposição: *convida*; *baixava*.

2) RESPOSTA:

Tarefa 1: Entrar: Ele entrou com o pedido; **começar:** O público começou a sair do estádio; **fazer;** Eles fizeram todos saírem; **levar:** Eu levei as crianças para passear; **passar:** Ele sabe passar roupa.
Tarefa 2: Acabar: Eu acabei o exercício. A empadinha acabou; **caber:** O salão cabe 100 pessoas. Não cabe a João resolver esse problema; **correr:** Era bem cedinho que eles corriam. Meus pais correram o mundo; **encher:** João encheu o pneu da bicicleta. O galão de gasolina encheu; **fechar:** A porta fechou. Eles fecharam o negócio; **igualar:** O pedreiro igualou o piso. Ele se igualou ao chefe; **levar:** Eu levei o carvão para o churrasco. O Fluminense levou a melhor; **ocupar:** Matilde se ocupa da vida dos outros. Eles ocuparam todo o terreno; **por:** Eu pus o envelope na gaveta. Ela se pôs a chorar; **seguir:** O cortejo seguiu. Eu segui os passos do meu pai; **tirar:** Ele tirou o carro do atoleiro. Meu filho tirou o dente do siso; **virar:** Carmen se virou no trabalho. Ela virou a mesa.

3) RESPOSTA:

O verbo é *trabalhar* que é usado das seguintes maneiras:
(1) com um objeto precedido de preposição: *eu trabalhava com cada criança.*
(2) com um objeto: *eu trabalhava a dificuldade individual de cada um.*
(3) sem objeto: *eu trabalhei muito mesmo.*

4) RESPOSTA:

Tarefa 1:

Orações objetivas: *que cada uma destas polícias exerça o papel constitucional que lhe cabe*; *que deve existir uma relação mais aberta, mais próxima também com a Secretaria...*
Orações modificadoras: *para entender a real situação da violência existente hoje no estado*; *desde que tomei posse.*
Oração subjetiva: *que a gente consiga estabelecer um equilíbrio na atuação e no relacionamento entre a Polícia Civil e a Polícia Militar* (nesse caso, a oração subjetiva está posposta em relação ao verbo, ou seja, a ordem básica seria: *que a gente consiga estabelecer um equilíbrio na atuação e no relacionamento entre a Polícia Civil e a Polícia Militar é fundamental.*)
Orações delimitadoras: *que lhe cabe*; *que as compõem.*

Tarefa 2:

A oração subjetiva encontra-se posposta em relação ao verbo porque é um constituinte pesado, ou seja, com mais de três palavras.

5) RESPOSTA:

Tarefa 1:

Orações subordinadas: *Quando não tinha aula de beisebol ou bateria*; *que eu não sabia falar inglês.*
Orações coordenadas: *No dia a dia, eu acordava às 7h30, preparava o café do menino, sua lancheira, jogava vídeo game e o levava à escola*; *Depois, ia à academia, almoçava e, às 15 horas, buscava o menino*; *ele ficava em casa de um amigo ou vinha com esse amigo brincar*; *Nessa primeira fase, N. me batia, me xingava, dizia que eu não sabia falar inglês*; *Eu recebia US$ 1000 por mês e S. Bancava meu curso de inglês, a gasolina, o celular e a academia...*

Tarefa 2:

Adição: *No dia a dia, eu acordava às 7h30, preparava o café do menino, sua lancheira, jogava vídeo game* **e** *o levava à escola*; *Depois, ia à academia, almoçava* **e**, *às 15 horas, buscava o menino*; *Nessa primeira fase, N. me batia, me xingava, dizia que eu não sabia falar inglês*; *Eu recebia US$ 1000 por mês* **e** *S. Bancava meu curso de inglês, a gasolina, o celular e a academia...*
Observe que, em algumas das orações, não aparece a conjunção **e**.
Escolha: *ele ficava em casa de um amigo* **ou** *vinha com esse amigo brincar.*

6) RESPOSTA:

A oração introduzida por *que*, introduzindo a noção lógico-semântica de razão é: ...**me ensinou novas técnicas, que ele era italiano**, ou seja, *ele ensinou novas técnicas porque era italiano*, o que pressupõe que italianos são bons professores de música.

7) RESPOSTA:

A oração modificadora é: *pra vê se acaba com essa coisa*; e a oração objetiva é: *pra eles reverem*. Nesse último caso, a oração funciona como objeto porque é *aquilo que é pedido*.

8) RESPOSTA:

de sair assim: oração subordinada na função de objeto do nome *medo*.

porque eu não posso andar sozinha: oração coordenada.

mas, aqui num, assim com meu irmão eu posso: oração coordenada.

que o meu...esse motorista, é meio assim: oração subordinada na função de predicado.

mas, normalmente é com a minha mãe ou o meu pai assim: oração coordenada.

que ela confia muito minha mãe: oração subordinada na função de objeto.

mas aqui eu posso andar de bicicleta com o meu irmão: oração coordenada.

que ela é muito legal: oração coordenada.

9) RESPOSTA:

Tarefa 1: *...escrever uma história...*

Tarefa 2: *...que chegasse a chorar...*

Tarefa 3: *...quando lesse minha história*. O uso do subjuntivo se deve ao fato de o texto criar uma situação hipotética que retrata o desejo do autor de escrever uma história para alegrar uma moça doente.

Tarefa 4: (Eu queria)... *Ah, que minha história fosse como um raio de sol, irresistivelmente louro, quente, vivo, em sua vida de moça reclusa, enlutada, doente.*

Tarefa 5: A ideia de *adversidade* é em relação à surpresa com o próprio riso, com o fato de achar a história tão engraçada.

10) RESPOSTA:

Tarefa 1: *A ameaça da revolução socialista desapareceu porque houve o colapso do bloco soviético e o começo da Era da Reforma na China.*

Tarefa 2: *Embora permanecem fora das normas liberais do livre mercado, Rússia e China fazem parte do mesmo ecúmero partilhando interesses políticos e econômicos em comum com os Estados Unidos, com os principais Estados europeus e com o Japão.*

11) RESPOSTA:

Tarefa 1: O economista Raul Velloso, *que é especialista em contas públicas do Brasil*, diz que está bastante preocupado...

Tarefa 2: ...bastante preocupado com o ritmo dos gastos *que é acelerado*...

12) RESPOSTA

Tarefa 1: Apesar de o aniversário da rádio Extra FM ser em 11 de maio, as comemorações ocorrerão até o fim do ano, com extensa programação e promoções...

Tarefa 2: Hoje é possível pessoas de outros países ouvirem nossa programação de rádio o qual está mais vivo do que nunca.

Tarefa 3: A Extra FM tem base em Belo Horizonte, mas também opera no interior, nas cidades de Uberlândia, com emissora própria, e em Rio Casca, por meio de parceria...

13) RESPOSTA:

Tarefa 1: *No e-mail, deverão constar os dados do autor e uma breve descrição da foto.*

Tarefa 2: A ordem básica seria: *Os dados do autor e uma breve descrição da foto deverão constar no e-mail.* O que garante a correta identificação do sujeito é a flexão que aparece junto ao auxiliar *deverão* que está no plural assim como o sujeito.

Tarefa 3: O sujeito *os dados do autor e uma breve descrição da foto* é mais natural no final da oração devido ao fato de ser "pesado", ou seja, é um sujeito composto de mais de três palavras.

14) RESPOSTA:

Tarefa 1: *todos os animais pra mim eu tenho afinidade...; cavalo tenho verdadeira paixão...*

Tarefa 2: Foram as preposições **com** em *Eu tenho afinidade* **com** *todos os animais* e **por** em *tenho verdadeira paixão por cavalos.*

15) RESPOSTA:

Tarefa 1: É...o estudo que pretendemos fazer.

Tarefa 2: O recurso é o *É....Que* (*Foi...Que*, etc.); outros exemplos: *Foi João que eu vi no shopping*; *É assim que se faz isso*; *Foram eles que pediram a conta.*

16) RESPOSTA:

Tarefa 1: *Correram-se as cortinas da tribuna real*; *Rompem as músicas*; *Chegou o rei*; *entra pelos camarotes o vistoso cortejo*; *ressoam brava alegria as trombetas, as charamelas e os timbales*; *Aparecem os cavaleiros, fidalgos*; *No semblante de todos brilham o ardor e o entusiasmo.*

Tarefa 2: *As cortinas da tribuna real correram-se. As músicas rompem. O rei chegou. O vistoso cortejo entra pelos camarotes. As trombetas, as charamelas e os timbales ressoam brava alegria. Os cavaleiros fidalgos aparecem. No semblante de todos, o ardor e o entusiasmo brilham.*

17) RESPOSTA:

"*Que os pequenos sempre foram influentes nas compras em supermercado, nas decisões do dia a dia* todo mundo já sabe." A ordem básica é: "todo mundo já sabe que os pequenos sempre foram influentes nas compras em supermercado, nas decisões do dia a dia."

18) RESPOSTA:

Tarefa 1: **VO**: *Deixe-me*; *Importe-se com a sua vida.* **OV**: *Que a deixe?*; *Que a deixe, por quê?*; *Porque lhe digo*; *Que lhe importa o meu ar?*; *o ar que Deus lhe deu.*

Tarefa 2: A ordem **OV** se deve à presença da conjunção **que** em 4 ocorrências e da conjunção **porque** em uma das ocorrências. As conjunções atraem o pronome fraco para uma posição antes do verbo.

19) RESPOSTA:

Tarefa 1: **SVO**: *Afastei-me*; *agitava-lhe*; *prestes a extinguir-se*; *ao acenar-lhe*; *voltei-me.* **SOV**: *ainda o vi*; *eu já me encaminhava*; *de quem horas antes eu me despedira.*

Tarefa 2: A presença dos advérbios **ainda** e **já**; a presença do pronome relativo **de quem**. Esses constituintes, normalmente, atraem o pronome para uma posição antes do verbo.

20) RESPOSTA:

Tarefa 1: *Como **vai** esta bela terra?; onde **comprou** você esta gravata?*
Tarefa 2: *o devia ele saber.*
Tarefa 3: *o espicaçassem **saudades do Rio**.*

21) RESPOSTA:

Discurso direto: *...por que ele não vai ficar bravo por eu estar tocando?* **Discurso indireto**: *ele falou que ia fazer melhor do que criar uma melodia. Ele disse que ia me ensinar a tocar, me dar aulas, para que eu mesmo fizesse isso.*

22) RESPOSTA:

Orações passivas: *essa divergência foi vencida pelo presidente do BCE, Mário Draghi; Draghi foi também apoiado por Merkel e Jörg Asmussen, chefe do BC alemão; as condições sejam cumpridas; títulos governamentais são comprados pelo BCE; todos esses problemas difíceis que não serão resolvidos perfeitamente.* **Orações ativas**: *O presidente do BCE, Mário Draghi, venceu essa divergência; Merkel e Jörg Asmussen, chefe do BC alemã, apoiaram Draghi; ...Os governos cumpram as condições; O BCE compram títulos governamentais; O BCE não vai resolver todos esses problemas difíceis perfeitamente.*

23) RESPOSTA:

Modificadores de oração: *desde sempre; só; quando se aproximam as finais; não; com temperatura acima de 17 graus; apenas quando a temperatura cai; nunca; tanto para fazer calor no eternamente chuvoso verão londrino.* **Modificadores de sintagma adjetival**: *aparentemente; eternamente.*

24) RESPOSTA:

Tarefa 1: **Prepostos**: *boa saúde humana; a presença de determinados tipos de câncer.* **Pospostos**: *em estágio avançado de treinamento; substâncias químicas voláteis; pelo olfato extremamente apurado.*
Tarefa 2: **Pospostos**: *saúde humana boa; a presença de tipos de câncer determinados.* **Prepostos**: *em avançado estágio de treinamento; * químicas voláteis substâncias; ? pelo extremamente apurado olfato* (essa última construção não é inteiramente natural, por isso o sinal de interrogação antes dela).

25) RESPOSTA:

Tarefa 2: O diálogo reflete com muita clareza a variação que ocorre no uso dos pronomes fortes e fracos no português do Brasil atual. As formas fortes como *ela* aparecem na função de sujeito, como em *Ela tinha a quitanda...*, mas também na função de objeto como em *conhecer ela* e *apresentar ela*. Observa-se também o uso de pronome fraco na função de objeto como em *...te levou* e *...me levou*. Esses fenômenos mostram que o emprego de pronomes fracos de terceira pessoa na função de objeto está em desuso enquanto os de primeira e segunda pessoas ainda são produtivos nessa função.

26) RESPOSTA:

Tarefa 1: Acrescento à mistura uma latinha de leite condensado. Não há uma medida exata para a quantidade de Nescau que coloco na mistura: depende da aparência e da consistência da massa. Feito isso, acrescento um pouquinho de manteiga; também nesse caso a quantidade depende da aparência e da consistência da massa. Após essa etapa, remexo a massa e quando estiver no ponto – embora eu tenha dificuldade de acertá-lo, ou seja, a massa fica sempre embolada –, deve-se desligar o forno; já deverá estar picado o biscoito de maisena. Pode-se agora amassar a mistura, com a mão mesmo. Em seguida, antes de começar a fazer o brigadeiro, amasse e pique a massa para fazer o biscoito. Por fim, após desligar o fogo, coloque o biscoito de maisena, misture-o e está pronto. Antes de servi-lo, espere esfriar. Fica muito bom!

Tarefa 2: Como se vê, as mudanças foram muitas. É preciso ter em mente, por outro lado, que o texto que resulta da retextualização é apenas uma maneira de fazê-lo; outras escolhas de recursos e de palavras são evidentemente possíveis e adequadas.

Em primeiro lugar, excluímos todos os chamados marcadores discursivos, ou seja, expressões como *sabe?* e *né?*, que favorecem a interação com o interlocutor. Em seguida, substituímos os itens que fazem articulação entre as informações, isto é, palavras como *aí* e *pegou*, por outros mais adequados num texto escrito como *feito isso, em seguida, após essa etapa* e *por fim*.

Foi preciso também substituir algumas palavras para deixar mais claras as informações e para evitar repetições. Por exemplo: usei *acrescentar* em lugar de *colocar*; *fico mexendo* por *remexer*, que significa *mexer repetidamente*; *vai a olho* ganhou a versão: *não há medida exata para a quantidade... depende da aparência e da consistência da massa*.

Trocamos igualmente os usos como sujeito generalizado de *você* e *cê* por outros recursos como *pode-se, deve-se* e o verbo no infinitivo sem sujeito pronunciado como em *antes de começar a fazer...* O pensamento que se interpôs no relato sobre o fato de a massa *ficar sempre embolada* foi articulada com o texto por meio de hifens.

Fizemos o esforço de preencher todas as ocorrências de objeto não pronunciado como em *misture-o* e *servi-lo* e, por fim, eliminamos sujeitos pronominais, como *eu*, deixando-os não pronunciados. Que tal?

REFERÊNCIAS BIBLIOGRÁFICAS

ACADEMIA BRASILEIRA DE LETRAS. *Vocabulário ortográfico da língua portuguesa*. São Paulo: Global, 2008.

AGUIAR, Gentil de. *Ortografia portuguesa e etimologia*. São Leopoldo: Editora Unisinos, 1984.

AGUILERA, Vanderci. *Atlas linguístico do Paraná*. Curitiba: Imprensa Oficial do Estado, 1994, 2v.

ALBALAT, Antônio. *A arte de escrever*. Lisboa: Livraria Clássica Editora, 1924.

ALCÂNTARA MACHADO, Antônio de. "Genialidade brasileira". Disponível em: <www.musicaquelembro.blogspot.com.br>. Acesso em: 9 nov. 2016.

ALMEIDA, Maria Inês de. "Os índios inclusive". *Revista Diversa*. a. 7, n. 13, 2008, pp. 19-21.

ALVES, Castro. *Navio negreiro e Vozes d'África*. Brasília: Biblioteca Digital da Câmara dos Deputados, 2013.

ANDRADE, Carlos Drummond de. *Alguma poesia*, Rio de Janeiro: Nova Aguillar, 1977.

ANDRADE, Mário de. *Os contos de Belazarte*. São Paulo: Livraria Martins, 1956.

ANDRADE, Oswald de. A mulher automática. In: *Obras completas*. Rio de Janeiro: Civilização Brasileira; Brasília: INL, 1971.

AZEREDO, Ronaldo. *Teoria da poesia concreta*: textos e manifestos críticos, 1950-1960. São Paulo: Duas Cidades, 1975.

AZEVEDO, Aluízio. *O cortiço*. Disponível em: <www.educarpracrescer.abril.com.br>. Acesso em: 10 nov. 2016.

BANDEIRA, Manuel. *Poesias*. Rio de Janeiro: José Olímpio, 1955.

BECHARA, Evanildo. *Ensino da gramática*. Opressão? Liberdade?. São Paulo: Ática, 1986.

BORTONI-RICARDO, Stella Maris. *Do campo para a cidade*: estudo sociolinguístico de migração e redes sociais. São Paulo: Parábola, 2011.

BRAGA, Rubem. *Meu ideal seria escrever... 200 crônicas escolhidas*. 24 ed. São Paulo: Record, 2005.

BRANDÃO,Cláudio. *Sintaxe clássica portuguesa*. Belo Horizonte: Imprensa da Universidade Federal de Minas Gerais, 1963.

BUNIM, Irving. *A ética do Sinai*: ensinamentos dos sábios do Talmud. São Paulo: Editora e Livraria Sêfer, 1998.

CÂMARA JR., Joaquim Mattoso. *Estrutura da língua portuguesa*. Petrópolis: Vozes, 1970.

_____. *Dicionário de linguística e gramática*. Petrópolis: Vozes, 1977.

CAMPOS, Odete de Souza. *O gerúndio no português*: estudo histórico-descritivo. Rio de Janeiro: Presença, 1980.

CAMPOS, Paulo Mendes. "O amor acaba". In: *Crônicas líricas e existenciais*. São Paulo: Companhia das Letras, 2013.

_____. "Salvo pelo Flamengo". In: PINHEIRO, Flávio (org.) *O gol é necessário*. Rio de Janeiro: Civilização Brasileira, 2000.

CANTARINO, Vicente. "Dante e o Islã". *Kriterion*. n. 67, 1974, pp. 14-31.

CARRILHO, Ernestina. "Sobre o expletivo ele em português europeu". *Estudos de Linguística Galega 1*, 2008, p. 7-26.

CASTELO BRANCO, Camilo. *Amor de perdição (amor de uma família)*. Disponível em: <www.dominiopublico.gov.br>. Acesso em: 10 out. 2016.

CASTILHO, Ataliba Teixeira de. *Gramática do português brasileiro*. São Paulo: Contexto, 2010.

CHAFE, Wallace. *Significado e estrutura linguística*. Rio de Janeiro: Livros Técnicos e Científicos, 1979.

CONFERÊNCIA NACIONAL DOS BISPOS DO BRASIL. *Bíblia sagrada*. São Paulo: Canção Nova, 2008.

CORRÊA, Maria Luiza Monteiro Sales. *O tempo nos verbos do português*. São Paulo: Parábola, 2005.

COUTINHO, Ismael de Lima. *Pontos de gramática histórica*. São Paulo: Companhia Editora Nacional, 1941.

CUNHA, Celso; CINTRA, Lindley. *Nova gramática do português contemporâneo*. Rio de Janeiro: Nova Fronteira, 1985.

FERNANDES, Francisco. *Dicionário de regimes de substantivos e adjetivos*. São Paulo: Globo, 1948.

_____. *Dicionário de verbos e regimes*. São Paulo: Globo, 1963.

FERNANDES, Millôr. "Ser gagá". In: *Lições de um ignorante*. 4. ed. Rio de Janeiro: Paz e Terra, 1977, pp. 128-31.

FERREIRA, Aurélio Buarque de Hollanda. *Novo dicionário da língua portuguesa*. Rio de Janeiro: Nova Fronteira, 1986.

FERREIRA, Carlota et al. *Atlas linguístico de Sergipe*. Salvador: Universidade Federal da Bahia; Fundação Estadual de Cultura de Sergipe, 1987.

FLEISCHMAN, Susan. *The Future in Throught and Language*. Diachronic Evidence from Romance. Cambridge: Cambridge University Press, 1982.

FISHER, Alec. *A lógica dos verdadeiros argumentos*. São Paulo: Novo Conceito, 2007.

FOLHA DE SÃO PAULO. *Ilhas gregas e Atenas*. São Paulo: Publifolha, 1998.

FONSECA, Rubem. *Bufo e Spallanzani*. Rio de Janeiro: Francisco Alves, 1985.

FONTANA, Niura; PAVIANI, Neires; PRESSANTO, Isabel. *Práticas de linguagem*: gêneros discursivos e interação. Caxias do Sul: Editora da Universidade de Caxias do Sul, 2009.

FREITAS, Maria Lucia. *A construção do texto argumentativo em contexto de sala de aula*: estratégias e padrões. Belo Horizonte, 2002. Tese (Doutorado) – Fale/UFMG.

GARCIA, Othon Melo. *Comunicação em prosa moderna*. Rio de Janeiro: Fundação Getúlio Vargas, 1973.

GÓIS, Carlos. *Sintaxe de regência*. Belo Horizonte: Paulo de Azevedo & Cia, 1943.

_____. *Sintaxe de concordância*. Belo Horizonte: Edição e Propriedade do Autor, 1940.

GUERRA DA CAL, Ernesto. *Língua e estilo de Eça de Queiroz*. São Paulo: Edusp, 1969.

GUIMARÃES ROSA, João. Sagarana. In: *Ficção completa*. Rio de Janeiro: Aguilar, 1994, v. 1.

HAUY, Amini. *Da necessidade de uma gramática-padrão da língua portuguesa*. São Paulo: Ática, 1986.

HECKER, Evaldo; BACK, Sebald; MASSING, Egon. *Estruturas das palavras*: famílias, morfologia, análise, origem. São Leopoldo: Unisinos, 1994.

HERCULANO, Alexandre. *Lendas e narrativas*. Disponível em: <www.luso-livros.net>. Acesso em: 29 jul. 2012 [1. ed. 1877].

JUCÁ FILHO, Cândido. *O fator psicológico na evolução sintática*. Rio de Janeiro: Edição da Organização Simões, 1953.

KOCH, Ingedore (org.) *Gramática do português falado*. Campinas: Editora da Unicamp, 1996, v. Desenvolvimentos.

KURY, Adriano da G. *Novas lições de análise sintática*. São Paulo: Ática, 1985.

LAKOFF, George; JOHNSON, Mark. *Metáforas da vida cotidiana*. São Paulo: Editora da PUC-SP; Mercado de Letras, 2002.

LAJONQUIÈRE, Leandro de. *De Piaget a Freud:* para uma clínica do aprender. Petrópolis: Vozes, 1992.

LEAL, Telma Ferraz; MORAIS, Artur Gomes. *A argumentação em textos escritos*: a criança e a escola. Belo Horizonte: Autêntica, 2006.

LEÃO, Danuza. "Um casal feliz". In: *As aparências enganam*. São Paulo: Publifolha, 2004 (coleção 101 Crônicas).

LEMLE, Myriam; NARO, Anthony Julius. *Competências básicas do português*. Rio de Janeiro: Fundação Movimento Brasileiro de Alfabetização, 1977.

LESSA, Luis Carlos. *O modernismo brasileiro e a língua portuguesa*. Rio de Janeiro: Grifo, 1976.

LEVIN, Beth. *English Verb Classes and Alternations*: a Preliminary Investigation. Chicago: University of Chicago Press, 1993.

LISPECTOR, Clarice. "Medo da eternidade". In: *A descoberta do mundo*. Rio de Janeiro: Rocco, 1999, pp. 289-91.

LINS DO REGO, José. *O moleque Ricardo*. 5. ed. Rio de Janeiro: Livraria José Olímpio, 1956.

LOPES, Célia Regina (org.) *Norma brasileira em construção*. Fatos linguísticos em cartas pessoais do século 19. Rio de Janeiro: Faperj/Universidade Federal do Rio de Janeiro, 2005

LUCCHESI, Dante; BAXTER, Alan; RIBEIRO, Ilza (orgs.) *O português afro-brasileiro*. Salvador: Editora da Universidade Federal da Bahia, 2009.

LUFT, Celso Pedro. *Dicionário prático de regência verbal*. São Paulo: Ática, 1987.

MACHADO, Aníbal. *João Ternura*. Rio de Janeiro: Livraria José Olímpio, 1965.

_____. *A morte da porta-estandarte e outras histórias*. Rio de Janeiro: Livraria José Olímpio, 1972.

MACHADO DE ASSIS, Joaquim. *Memórias póstumas de Brás Cubas*. São Paulo: Abril Cultural, 1978.

_____. "O anjo das donzelas". In: LEITE, Aluízio; CECILIO, Ana Lima; JAHN, Heloisa (orgs.) *Machado de Assis*. Obra completa em quatro volumes. Rio de Janeiro: Nova Aguilar, 2008, v. II.

_____. "O câmbio e as pombas". In: CARA, Salete Almeida (org.) *Melhores crônicas*. São Paulo: Global, 2003, pp. 347-51.

MARCUSCHI, Luiz Antônio. *Análise da conversação*. São Paulo: Ática, 1986.

_____. *Da fala para a escrita*: atividades de retextualização. São Paulo: Cortez, 2001.

MARTINS, Eduardo. *Manual de redação e estilo do jornal O Estado de São Paulo*. São Paulo: O Estado de São Paulo, 1997.

MATTOSO, José. *Narrativas dos livros de linhagens*. Lisboa: Imprensa Nacional; Casa da Moeda, 1983.

MYERS, David. *Introdução à psicologia geral*. Rio de Janeiro: LTC, 2000.

NABUCO, Joaquim. "O abolicionismo". In: SANTIAGO, Silviano (org.) *Intérpretes do Brasil*. Rio de Janeiro: Nova Aguilar, 2000, v. 1.

NEVES, Maria Helena de Moura. *A vertente grega da gramática tradicional*. São Paulo: Hucitec, 1987.

NICOLAU, Eunice. *Ausência da concordância verbal em português*: uma abordagem sociolinguística. Belo Horizonte, 1984. Dissertação (Mestrado) – Fale/UFMG.

OLIVEIRA, Manfredo. Araújo. de. *Reviravolta linguístico-pragmática na filosofia contemporânea*. São Paulo: Loyola, 2001.

PASSOS, Alexandre. *Arte de pontuar*. Rio de Janeiro: Irmãos Pongetti Editores, 1943.

PERINI, Mário Alberto. *Para uma nova gramática do português*. São Paulo: Ática, 1986.

_____. *Estudos de gramática descritiva*: as valências verbais. São Paulo: Parábola, 2008.

PIMENTA, Paula. *Fazendo meu filme*: o roteiro inesperado de Fani. Belo Horizonte: Gutenberg, 2010.

PINTO, Pedro Antonio. *Locuções e expressões na "Réplica" de Rui Barbosa*. Rio de Janeiro: Edição da "Organização Simões", 1954.

PLATÃO, Francisco Savioli; FIORIN, José Luiz. *Para entender o texto*. São Paulo: Ática, 2001.

PONTE PRETA, Stanislaw. "Perfil de tia Zulmira". In: CAVALCANTI, Valdemar (org.) *O melhor de Stanislaw Ponte Preta*: crônicas escolhidas. Ilustrações do Jaguar. 7. ed. Rio de Janeiro: José Olímpio, 1997, pp. 5-9.

_____. "A moça e a calça". *Primo Altamirando e elas*. 3. ed. Rio de Janeiro: Editora do Autor, 1962, pp. 140-2.

PONTES, Eunice. *O tópico do português do Brasil*. Campinas: Pontes, 1987.

_____. *Verbos auxiliares em português*. Petrópolis: Vozes, 1973.

PORTO, Sérgio. "A moça e a varanda". In: PAULILLO, Maria Célia Rua de Almeida (org.) *Porto Sérgio (Stanislaw Ponte Preta)*. São Paulo: Abril Educação, 1981, pp. 74-5 (Coleção Literatura Comentada).

PRETI, Dino (org.) *Análise de textos orais*. São Paulo: Humanitas Publicações; FFLCH/USP, 1993.

QUEIROZ, Raquel de. *100 crônicas escolhidas*. Rio de Janeiro: José Olímpio, 1958.

_____. *João Miguel*. Rio de Janeiro: José Olímpio, 1957.

RESENDE, Otto Lara. O pastel e a crise. In: SUZUKI JUNIOR, Matinas (org.) *Bom dia para nascer*: crônicas. São Paulo: Companhia das Letras, 1993.

REZENDE, Lucinéia. *Produção de texto no contexto escolar*. Belo Horizonte, 2004. Dissertação (Mestrado) – UFMG.

RIO, João do. *Vida vertiginosa*. Rio de Janeiro: Garnier, 1911.

ROSA, Carlota. *Introdução à morfologia*. São Paulo: Contexto, 2000.

RYAN, Maria Aparecida. *Conjugação dos verbos em português*. São Paulo: Ática, 1988.

SABINO, Fernando. *O encontro marcado*. 74. ed. Rio de Janeiro: Record, 2003.

SAID ALI, Manuel. *Dificuldades da língua portuguesa*. Rio de Janeiro: Livraria Acadêmica, 1950.

SANTOS, Joaquim Ferreira dos. *As cem melhores crônicas brasileiras*. Rio de Janeiro: Objetiva, 2005.

SEARLE, John. *Intencionalidade*. São Paulo: Martins Fontes, 2002.

SEVEN BOYS. *Revista Vida Integral da Seven Boys*. Belo Horizonte, 2008.

SILVA, Dinorá. *Pensar e argumentar*: a linguagem do adolescente. São Paulo: Cortez, 1998.

SILVA, Elane Calmon. *A gramaticalização do item agora no português brasileiro*. Belo Horizonte, 2010. Dissertação (Mestrado) – UFMG.

SILVA, Jane Quintiliano. *Tipologias textuais e a produção de textos na escola*. Belo Horizonte, 1995. Dissertação (Mestrado) – UFMG.

SILVA NETO, Serafim da. *Introdução ao estudo da língua portuguesa no Brasil*. Rio de Janeiro: Departamento de Imprensa Nacional, 1951.

SOUSA DA SILVEIRA, Álvaro Ferdinando de. *Trechos seletos*. Rio de Janeiro: Briguiet, 1966.

SOUZA, Wander Emediato de. *A fórmula do texto*: redação, argumentação e leitura – técnicas inéditas de redação e ensino médio. São Paulo: Geração, 2003.

STARLING, Maria Helena. *Interferências da língua oral no processo de estruturação da escrita escolar*. Belo Horizonte, 1990. Dissertação (Mestrado) – UFMG.

TELFORD, Charles; SAWREY, James. *O indivíduo excepcional*. Rio de Janeiro: Zahar, 1974.

TELLES, Lygia Fagundes. "Então, adeus!" *Figuras do Brasil*: 80 autores em 80 anos de Folha. São Paulo: Publifolha, 1997.

THOMAS, Francis-Noël; TURNER, Mark. *Clear and Simple as the Truth*. Writing Classic Prose. Princeton: Princeton University Press, 1994.

TRAUGOTT, Elizabeth; DASHER, Richard. *Regularity in Semantic Change*. Cambridge: Cambridge University Press, 2005.

URBANO, Hudinilson. "Marcadores conversacionais". In: PRETTI, D. (org.) *Análise e textos orais*. Projeto Nurc/SP. São Paulo: FFLCH/USP, 1993, pp. 81-101.

VASQUEZ, Tutty. "Dê uma chance ao ser humano". *Veja Rio*. Rio de Janeiro, 18 de janeiro de 2006. Disponível em: <http://veja.abril.com.br/vejarj/180106/cronica.html>. Acesso em: 10 nov. 2008.

VENTURA, Zuenir. "Um idoso na fila do Detran". *Crônicas de um fim de século*. Rio de Janeiro: Objetiva, 1999, pp. 25-7.

VERÍSSIMO, Érico. *Incidente em Antares*. Porto Alegre: Globo, 1974.

VERÍSSIMO, Luis Fernando. "Ed Mort e o anjo barroco". *Ed Mort e outras histórias*. Porto Alegre: L&PM, 1983, pp. 79-82.

VIEIRA, Sílvia; BRANDÃO, Sílvia (orgs.) *Ensino de gramática*. Descrição e uso. São Paulo: Contexto, 2007.

VITRAL, Lorenzo. "A forma 'cê' e a noção de gramaticalização". *Revista de Estudos da Linguagem*. 4 (1), 1996, pp. 115-24.

_____. "Por que ainda estudar gramática na escola". *Revista de Estudos da Linguagem*. v. 10, 2002, pp. 63-81.

_____. "A universalidade em *Grande sertão: veredas* e a noção de Gramática Universal". *Revista do GEL*. v. 6, n. 1, 2009, pp. 231-40.

_____. "O que faz um dialeto ser 'errado'?" In: RAMOS, Jânia; COELHO, Sueli (orgs.) *Português brasileiro dialetal*. Campinas: Mercado de Letras, 2013.

_____. *Gramaticalização*: uma abordagem formal. Rio de Janeiro: Tempo Brasileiro, 2006.

_____; RAMOS, Jânia.

_____; COELHO, Sueli (orgs.) *Estudos de gramaticalização em português*: metodologias e aplicações. Campinas: Mercado de Letras, 2010.

O AUTOR

Lorenzo Vitral

Professor da Faculdade de Letras da Universidade Federal de Minas Gerais (UFMG). Graduado em Psicologia pela Pontifícia Universidade Católica de Minas Gerais (PUC-MG); mestrado em Linguística pela UFMG; doutorado em Linguística pela Université Paris VIII; especializações em Linguística na Universidade Estadual de Campinas (Unicamp) e na Université Paris Diderot. Autor e organizador de livros e diversos artigos em veículos nacionais e estrangeiros.